JN418657

東洋古典譯註叢書 7

譯註 春秋左氏傳 7

鄭 太 鉉 譯註

傳統文化研究會

譯者 鄭太鉉 略歷

慶北 尙州 化北 出生
止山 林聖武 先生과 鳳西 吳禹善 先生 師事
民族文化推進會 國譯硏修院 卒業, 國譯部長, 國譯硏修院 敎授
한국고전번역원 부설 고전번역교육원 名譽漢學敎授(現)
傳統文化硏究會 理事 겸 副會長(現)

論文 및 譯書

〈栗谷의 改革思想〉
譯書 ≪孝經大義≫ ≪同春堂集≫
共譯 ≪五洲衍文長箋散稿≫ ≪星湖僿說≫ ≪宋子大全≫ ≪茶山詩文集≫
≪陽村集≫ ≪高峯集≫ ≪寒水齋集≫ ≪朝鮮王朝實錄≫ 등 多數

東洋古典譯註叢書를 발간하면서

우리의 古典國譯事業은 민족문화 진흥의 기초사업으로 1960년대부터 政府 支援으로 古文獻 現代化 작업을 추진하여 많은 成果를 거두었다. 당시 이 사업 추진의 先行課題로 東洋古典이라 일컬어지는 중국의 基本古典을 먼저 飜譯하여야 한다는 學界의 주장이 있었음에도 불구하고 우리 고전이 아니라는 일부의 偏狹한 視角과 財政 事情 등으로 인하여 배제되어 왔다.

전통적으로 중국의 기본고전은 우리 歷史와 함께 숨쉬며 각종 교육기관의 教科書로 활용됨은 물론이고 지식인들의 必讀書가 되어 왔으며, 우리 文化의 基底에 자리잡고 거의 모든 방면의 體系와 根幹을 형성하여 왔다. 그래서 학문연구의 기본서 역할을 해 왔을 뿐만 아니라 오늘날에도 우리의 國學徒 및 東洋學 研究者들에게 같은 역할을 하고 있음은 주지의 사실이다. 그럼에도 불구하고 中國古典은 우리 것이 아니라 하여 專門機關의 飜譯對象에 포함하지 않음으로써, 대부분 原典에서의 직접 번역이 아닌 重譯이나 拔萃譯의 방식이 주를 이루면서 教養水準으로 出版되어 왔다.

오늘날 東洋 三國 중에서 우리의 東洋學 연구가 가장 부진한 이유는, 東洋基本古典에 대한 폭넓은 이해의 부족과 漢文古典 讀解力의 저하에 기인함을 우리는 솔직히 인정하여야 한다. 따라서 이들 중국고전에 대한 신뢰할 만한 國譯이 이루어지는 것이 한국학 연구를 촉진시키는 시급한 先行課題라 할 수 있다.

이에 韓國學 및 東洋學의 연구와 古典現代化의 基盤構築을 위해서는, 전문기관으로 하여금 동양고전을 단기간에 각 분야의 專門 研究者와 漢學者가 상호 협동하여 연구번역하여 飜譯의 傳統性과 效率性, 研究의 專門性을 높일 수 있도록 政策的 配慮가 있어야 한다.

이에 本會에서는 元老 및 中堅 漢學者와 斯界의 專攻者로 하여금 協同研究飜譯하여 공부하는 사람들이 믿고 引用하거나 깊이 있는 註釋 등을 활용할 수 있게 하고, 知識人들의 教養을 증진시켜 줄 수 있는 東洋古典의 國譯書 간행을 지속적으로 추진해 왔다. 근래에 다행히 이 사업에 대하여 각계 지도층의 폭넓은 이해와 지원에 힘입어 2001년도부터 國

庫補助를 받아 東洋古典譯註叢書를 간행하게 되었다. 이를 계기로 우리 先學의 註釋과 見解를 반영하는 등 국역사업의 內實을 기하게 되었음을 이 자리를 빌어 衷心으로 감사드리며, 아울러 國譯에 參與하신 관계자 여러분의 勞苦에 깊은 謝意를 표한다.

끝으로 우리의 이러한 작업은 오랜 역사 위에 축적된 先賢들의 業績과 現代學問을 이어주는 튼튼한 架橋와 礎石이 되어 진정한 韓國學과 東洋學 발전에 기여할 것을 굳게 믿으며, 21세기를 우리 文化의 世紀로 열어 가는 밑거름이 되도록 우리의 力量을 本 事業에 경주하고자 한다. 江湖諸賢의 부단한 관심과 지원을 기대해 마지않는다.

社團法人 傳統文化研究會 會長 李 啓 晃

凡 例

1. 本書는 東洋古典譯註叢書 ≪春秋左氏傳≫의 제7책이다.
2. 본서의 國譯底本은 ≪春秋經傳集解≫(국립중앙도서관 소장, 保景文化社 影印本)이며, ≪春秋左傳正義≫(十三經注疏本), ≪春秋左傳杜林合注≫(四庫全書本), ≪春秋≫(學民文化社 影印本), ≪春秋≫(韓國經學資料集成 成均館大學校 大東文化硏究院 編)와 ≪韓國文集叢刊≫(民族文化推進會 編) 등을 참고하였다.(참고도서 목록 별첨)
3. ≪春秋≫의 經과 傳, 杜注, 附注는 完譯하고 原文도 함께 실었다. 다만 '音訓'은 제외하고 필요한 경우에는 譯文에 직접 반영하였다.
4. 飜譯은 原義에 充實하도록 하였다. 다만 難解한 부분은 意譯 또는 補充譯을 하였다.
5. ≪春秋≫의 經과 傳에는 ≪春秋經傳集解≫(서울大 奎章閣 所藏本)의 懸吐를 참고하여 譯者가 懸吐하였다.
6. 註釋은 '杜注'(杜預)와 '附注'(林堯叟, 朱申)와 '譯註'로 구분하였다.
7. '譯註'는 중국 歷代 註釋家들과 우리나라 先學들의 註說을 반영하였다.
8. 原文의 誤字와 脫字는 參考本과 校勘하여 譯註로 처리하였다.
9. 經文과 傳文은 큰 活字를, 注釋은 작은 活字를 사용하여 區分하였다.
10. 찾아보기에 편리하도록 紀年을 〈 〉 안에 넣어 小題目을 삼았다.
11. 본서에 사용된 주요 符號와 略號는 다음과 같다.

" " : 각종 引用	朱: : 朱(朱申)曰
' ' : 再引用, 强調	역주] : 譯者의 註
≪ ≫ : 書名이나 出典	( ) : 漢字의 音, 간단한 註釋
〈 〉 : 篇章節名, 作品名 또는 補充	〔 〕 : 原文 誤字에 대한 正字, 音이 다른 漢字 倂記
＊), ＊1) : 原註의 譯註	「 」 : 原文에서 衍文, 번역에서 ' ' 안의 인용
林: : 林(林堯叟)曰	

參考書目

≪十三經注疏≫ 北京大學 出版社 刊
≪論語正義≫ ≪孟子正義≫
≪毛詩正義≫ ≪尙書正義≫
≪周易正義≫ ≪禮記注疏≫
≪周禮注疏≫ ≪儀禮注疏≫
≪春秋左傳正義≫ ≪春秋公羊傳注疏≫
≪春秋穀梁傳注疏≫
≪春秋釋例≫ 四庫全書 文淵閣本
≪胡氏春秋≫ 同上
≪左傳杜林合注≫ 동상
≪四庫全書總目提要≫ 동상
≪史記≫ 동상
≪漢書≫ 동상
通志堂經解 春秋部
孫復, ≪春秋尊王發微≫
呂祖謙, ≪左氏傳說≫
黃仲炎, ≪春秋通說≫
張洽, ≪春秋集注≫
呂大圭, ≪春秋或問≫
家鉉翁, ≪春秋詳說≫
孫覺, ≪春秋經解≫
程端學, ≪春秋或問≫
趙汸, ≪春秋集傳≫
趙汸, ≪春秋左氏傳補註≫
李簾, ≪春秋會通≫
兪皐, ≪春秋集傳釋義≫
皇淸經解 春秋部 學海堂
顧炎武, ≪左傳杜解補正≫
王夫之, ≪春秋稗說≫
顧棟高, ≪春秋大事表≫
洪亮吉, ≪春秋左傳詁≫
沈欽韓, ≪左氏傳補注≫
崔述, ≪考信錄≫ 世界書局
楊伯峻, ≪春秋左傳注≫ 中華書局
楊伯峻, ≪春秋左氏詞典≫ 同上
竹添鴻光, ≪左氏會箋≫ 新文豊出版有限公司 印行
≪韓國文集叢刊≫ 民族文化推進會 刊
張維, ≪谿谷漫筆≫
任聖周, ≪鹿門集≫〈讀左傳晉文公逆王事〉
≪韓國經學資料集成≫〈春秋篇〉大東文化研究院 編
李恒福, ≪魯史零言≫
李惟樟, ≪春秋輯註≫
丁若鏞, ≪春秋考徵≫
李圭景, ≪五洲衍文長箋散稿≫
李震相, ≪春秋集傳≫
南九萬, ≪藥泉集≫〈春王正月記疑〉
朴致遠, ≪雪溪隨錄≫〈春秋〉
徐壽錫, ≪潁水全集≫〈春秋傳註抄纂〉
≪左氏春秋譯註≫ 吉林文化史 出版社 刊
≪春秋左傳全釋≫ 中州古籍 出版社 刊
≪春秋譯註≫ 上海古籍 出版社 刊
≪左傳直解≫ 浙江文藝 出版社 刊
學民文化社 影印本
≪論語集註≫ ≪書傳集註≫
≪孟子集註≫ ≪周易大全≫
≪詩傳集註≫ ≪禮記集說≫

目 次

鲁哀公 上 … 259

春秋左氏傳 제26권

魯昭公 七

〈二十七年, 丙戌 B.C.515〉

【經】 二十有七年春에 公如齊[1)]하다 公至自齊하야 居于鄆하다

27년 봄에 昭公이 齊나라에 갔다. 昭公이 齊나라에서 돌아와 鄆에 居住하였다.

1) 自鄆行
鄆에서 간 것이다.

【經】 夏四月에 吳弑其君僚[1)]하다

여름 4월에 吳나라가 그 임금 僚를 시해하였다.

1) 僚亟戰民罷 又伐楚喪 故光乘間而動 稱國以弑 罪在僚
僚가 자주 戰爭을 일으켜 백성이 疲弊한데도 또 楚나라에 國喪이 난 기회를 이용해 楚나라를 쳤다. 그러므로 光(闔廬)이 〈僚의 親衛軍이 出征한〉 기회를 틈타 〈평소의 뜻을〉 행동으로 옮겨 〈僚를 弑害하였다.〉 國人이 弑害한 것으로 稱한 것은 罪가 僚에게 있음을 말한 것이다.

【經】 楚殺其大夫郤宛[1)]하다

楚나라가 그 大夫 郤宛을 죽였다.

1) 無極 楚之讒人 宛所明知 而信近之 以取敗亡 故書名罪宛
費無極이 楚나라의 讒人이라는 것을 郤宛이 분명히 알면서도 그를 믿고 가까이하여 敗亡을 自招하였다. 그러므로 이름을 기록하여 郤宛에게 罪를 돌린 것이다.

【經】 秋에 晉士鞅宋樂祁犂衛北宮喜曹人邾人滕人會于扈[1)]하다

가을에 晉나라 士鞅이 宋나라 樂祁犂, 衛나라 北宮喜, 曹人, 邾人, 滕人과 扈에서 會合하였다.

1)〔附注〕林曰 外大夫自爲會
〔부주〕林: 外國의 大夫들이 스스로 會合한 것이다.

【經】 冬十月에 曹伯午卒[1)]하다

겨울 10월에 曹伯 午(悼公)가 卒하였다.

1) 無傳 未同盟而赴以名
傳이 없다. 同盟하지 않았으나 이름을 記載해 赴告하였기 때문에 〈經에 그 이름을 기록한 것이다.〉

【經】 邾快來奔[1)]

邾나라 快가 魯나라로 도망해 왔다

1) 無傳 快邾命卿也 故書
傳이 없다. 快는 邾나라 命卿(天子가 任命한 諸侯의 卿)이기 때문에 기록한 것이다.

【經】 公如齊[1)]하다 公至自齊하야 居于鄆[2)]하다

昭公이 齊나라에 갔다. 昭公이 齊나라에서 돌아와 鄆에 居住하였다.

1) 自鄆行
鄆에서 간 것이다.
2) 無傳
傳이 없다.

【傳】 二十七年春에 公如齊하다 公至自齊하야 處于鄆이라하니 言在外也[1)]라

27년 봄에 昭公이 齊나라에 갔다. 經에 "昭公이 齊나라에서 돌아와 鄆에 居住하였다."고 하였으니, 〈이는 魯나라 都城이 아닌〉 外地에 있었음을 말한 것이다.

1) 在外邑 故書地
外邑에 있었기 때문에 地名을 기록한 것이다.

【傳】 吳子欲因楚喪而伐之[1)]하야 使公子掩餘公子燭庸帥師圍潛[2)]하고 使延州來季子聘于上國[3)]하고 遂聘于晉以觀諸侯[4)]하다 楚莠尹然工尹麇帥師救潛[5)]하고

左司馬沈尹戌帥都君子與王馬之屬以濟師[6)]라가 **與吳師遇于窮**하고 **令尹子常以舟師及沙汭而還**[7)]하고 **左尹郤宛工尹壽帥師至于潛**[8)]하니 **吳師不能退**[9)]하다

吳子가 楚나라에 國喪이 난 기회를 이용해 楚나라를 치려 하여, 公子 掩餘와 公子 燭庸을 시켜 군대를 거느리고 가서 潛을 포위하게 하고, 延州來 季子를 보내어 上國(中國)을 聘問하게 하니, 季子는 드디어 晉나라로 가서 諸侯의 形勢를 살폈다. 楚나라는 莠尹 然과 工尹 麇이 군대를 거느리고 가서 潛을 救援하고, 左司馬 沈尹 戌이 都君子와 王馬官屬을 거느리고 增援하러 가다가 窮에서 吳軍과 만났다. 令尹 子常이 水軍을 이끌고 沙水까지 왔다가 돌아가고, 左尹 郤宛과 工尹 壽가 군대를 거느리고 潛에 이르니, 吳軍은 〈退路가 끊겨〉 물러갈 수 없었다.

1) 前年 楚平王卒
前年에 楚平王이 卒하였다.

2) 二子 皆王僚母弟 潛 楚邑 在廬江六縣西南
두 사람은 모두 王僚의 同母弟이다. 潛은 楚나라 邑으로 廬江 六縣 서남쪽에 있다.

3) 季子本封延陵 後復封州來 故曰 延州來〔附注〕林曰 上國 卽中國 吳居東鄉 故以中國爲上國
季子가 본래 延陵에 封해졌고, 뒤에 다시 州來에 봉해졌기 때문에 '延州來'라 한 것이다.
〔부주〕林: 上國은 바로 中國이다. 吳나라는 동쪽 지방에 있기 때문에 中國을 上國이라 한다.

4) 觀强弱
强弱의 형세를 살핀 것이다.

5) 二尹 楚官 然麇 其名
두 尹은 楚나라의 官名이고, 然과 麇은 그들의 이름이다.

6) 都君子 在都邑之士有復除者 王馬之屬 王之養馬官屬 校人也 濟 益也
都君子는 都邑의 사람으로 賦役을 免除받은 자들이고, 王馬之屬은 王의 말을 기르는 官屬으로 校人이다. 濟는 增益이다.

7) 沙水名〔附注〕林曰 子常又以舟師救潛 及沙水之曲而歸
沙는 江의 이름이다.
〔부주〕林: 子常이 또 水軍을 거느리고 潛을 救援하기 위해 沙水의 굽이까지 왔다가 돌아간 것이다.

8) 역주〕令尹子常以舟師及沙汭而還 左尹郤宛工尹壽帥師至于潛 : 楚軍과 吳軍이 沙水에서 對峙하고 있기 때문에 令尹이 左尹과 工尹을 곧장 潛으로 보내고 자기는 돌아간 것이

다. ≪左氏會箋≫

9) 楚師彊 故吳不得退去

楚軍이 彊하기 때문에 吳軍이 물러갈 수 없었다.

吳公子光曰 此時也니 **弗可失也**[1)]라하고 **告鱄設諸曰**[2)] **上國有言曰 不索**이면 **何獲**이리오하니라 **我**는 **王嗣也**니 **吾欲求之**[3)4)]하노라 **事若克**이면 **季子雖至**라도 **不吾廢也**[5)]리라 **鱄設諸曰 王可弑也**어니와 **母老子弱**하니 **是無若我何**[6)7)]오 **光曰 我**는 **爾身也**[8)]라하다

吳나라 公子 光이 말하기를 "지금이 기회〔時〕이니 놓칠 수 없다."고 하고서 鱄設諸에게 일러 말하기를 "上國에 '求하지 않으면 어찌 얻을 수 있는가?'라는 말이 있다. 나는 王位를 承繼할 사람이니 나는 王位를 구하고자 한다. 일이 이루어지면 季子가 돌아오더라도 나를 廢位시키지 않을 것이다."고 하였다. 鱄設諸가 말하기를 "王을 弑害할 수는 있습니다만 어머니는 늙으셨고 자식은 어리니 내가 없으면 이들이 어찌 살아갈 수 있겠습니까?"라고 하니, 光이 말하기를 "내 몸이 바로 네 몸이다."고 하였다.

1) 欲因其師徒在外 國不堪役 以弑王

王僚의 군대가 밖에 나가 있고, 國人이 戰役을 감당할 수 없어하는 기회를 이용하여 王을 弑害하려 한 것이다.

2) 역주〕 鱄設諸 : 昭公 20년에 伍員이 薦擧한 勇士이다.

3) 光 吳王諸樊子 故曰王嗣

光은 吳王 諸樊의 아들이다. 그러므로 '王嗣'라고 한 것이다.

4) 역주〕 我 王嗣也 : 吳王 壽夢이 諸樊·餘祭·夷昧·季札 등 네 아들을 낳았다. 季札이 賢能하니, 諸樊·餘祭가 나라를 아들에게 전하지 않고 아우에게 전한 것은 모두 나라가 季子에게 돌아가게 하기 위함이었다. 그러나 季子가 끝내 나라를 받지 않았으니, 그렇다면 諸樊의 아들 光이 王位를 承繼하는 것이 마땅한데, 夷昧의 아들인 僚가 王이 되었다. 그러므로 光이 스스로 '내가 王嗣'라고 한 것이다.

5) 至 謂聘還〔附注〕林曰 季札雖自上國而歸 必不廢我更立他君

至는 聘問에서 돌아옴을 이른다.

〔부주〕林: 季札이 비록 上國에서 돌아오더라도 반드시 나를 廢位하고서 다시 다른 사람을 임금으로 세우지 않을 것이라는 말이다.

6) 猶言我無若是何 欲以老弱託光

내가 없으면 이들이 어찌하겠느냐는 말과 같으니, 늙은 어머니와 어린 자식을 光에게 부탁하고자 한 것이다.

7) 역주〕是無若我何 : 杜注가 上下의 文意에 매우 符合하지만 이런 句法은 經傳에 실로 드물게 보인다. 〈楊注〉

8) 言我身猶爾身〔附注〕林曰 言事汝母當如我母 撫汝子當如我子也

내 몸이 네 몸과 같다는 말이다.

〔부주〕林: 네 어머니 섬기기를 당연히 내 어머니 섬기듯이 하고, 네 자식 어루만지기를 당연히 내 자식 어루만지듯이 하겠다는 말이다.

夏四月에 **光伏甲於堀室而享王**[1)]하다 **王使甲坐於道及其門**[2)3)]하니 **門階戶席**이 **皆王親也**[4)]라 **夾之以鈹**[5)]하야 **羞者獻體改服於門外**[6)]하고 **執羞者坐行而入**[7)]이면 **執鈹者夾承之**[8)]하야 **及體以相授也**[9)]하다 **光僞足疾**하고 **入于堀室**[10)]하니 **鱄設諸寘劒於魚中以進**[11)12)]하야 **抽劒刺王**하니 **鈹交於胸**[13)]하다 **遂弑王**하다 **闔廬以其子爲卿**[14)]하다

여름 4월에 光은 地下室〔堀室〕 안에 군대를 숨겨두고서 王을 招請해 享宴을 베풀었다. 王이 甲士들을 보내어 길에서부터 그 집 대문에 이르기까지 守備〔坐〕하게 하니, 大門서부터 庭階까지와 小門〔戶〕서부터 坐席에 이르기까지 모두 王의 親兵들이었다. 칼을 들고 좌우에서 護衛하면서 음식을 올리는 자에게 문밖에서 알몸을 드러내 보이고서 옷을 갈아입게 하고, 음식을 든 자가 무릎으로 기어서 들어가면 칼을 든 자가 좌우에서 그를 막고서〔承〕 칼을 그 몸에 대고 음식을 올리게 하였다. 光이 발에 병이 났다고 거짓말을 하고서 地下室로 들어가자, 鱄設諸가 생선의 뱃속에 칼을 숨겨 들어가서 칼을 꺼내어 王을 찌르니, 甲士의 칼이 번갈아 鱄設諸의 가슴을 찔렀다. 드디어 王을 弑害하였다. 闔廬는 그 아들을 卿으로 삼았다.

1) 堀地爲室

땅을 파서 房을 만든 것이다.

2) 坐道邊至光門

가는 道路邊을 守備〔坐〕하여 光의 집 大門에까지 이른 것이다.

3) 역주〕坐 : 守備함이다. 桓公 12년 傳에 '楚軍坐其北門 而覆諸山下 大敗之'의 杜注에 '坐는 守이다.'고 하였다.

4) 〔附注〕林曰 直門者直階者主戶者主席者 皆王僚親密之人

〔부주〕林: 대문을 守直하는 자와 庭階를 守直하는 자와 小門〔戶〕의 警備를 맡은 자와 坐席의 警備를 맡은 자가 모두 王僚의 親密한 사람이라는 말이다.

5)〔附注〕林曰 鈹 劒也 又夾之以劒 言守衛嚴密
〔부주〕林: 鈹는 劒이다. 劒을 들고 좌우에서 護衛했다는 것은 守衛를 嚴密히 하였다는 말이다.

6) 羞 進食也 獻體 解衣〔附注〕林曰 進食者必解衣易服于門外 防奸細也
羞는 음식을 올림이고, 獻體는 옷을 벗음이다.
〔부주〕林: 음식을 올리는 자는 반드시 문밖에서 옷을 벗고서 다른 옷으로 갈아입게 한 것이니, 奸細(간사한 행위)를 防備하기 위함이다.

7) 坐行 膝行
坐行은 膝行(무릎으로 기어감)이다.

8) 承執羞者
執羞者의 몸에 칼을 댐이다.

9) 鈹及進羞者體 以所食授王
칼을 進羞者의 몸에 대고서 음식을 王에게 올리게 한 것이다.

10) 恐難作王黨殺己 素避〔辟〕之
辯難이 일어나면 王의 무리가 자기를 죽일 것을 두려워하여 미리 피한 것이다.

11) 全魚炙
생선을 온전하게 구운 것이다.

12) 역주〕鱄設諸寘劒於魚中以進 : 생선을 온전하게 구웠기 때문에 그 속에 劍을 넣을 수 있었던 것이다.

13) 交鱄諸胸〔附注〕林曰 執鈹者 交擊鱄設諸之胸
左右의 護衛가 서로 鱄諸의 가슴을 찌른 것이다.
〔부주〕林: 칼을 들고 있던 자가 번갈아 鱄設諸의 가슴을 攻擊한 것이다.

14) 闔廬 光也 以鱄諸子爲卿
闔廬는 光이다. 鱄諸의 아들을 卿으로 삼은 것이다.

季子至曰 苟先君無廢祀하고 **民人無廢主**하며 **社稷有奉**하고 **國家無傾**이면 **乃吾君也**니 **吾誰敢怨**이리오 **哀死事生**하야 **以待天命**[1]하리라 **非我生亂**이니 **立者從之**[2]가 **先人之道也**[3]라하고 **復命哭墓**[4]하고 **復位而待**[5]하다 **吳公子掩餘奔徐**하고 **公子燭庸奔鍾吾**[6]하다 **楚師聞吳亂而還**[7]하다

季子가 돌아와서 말하기를 "가령 先君의 祭祀를 廢止함이 없고, 백성들이 주인을 버림이 없으며, 社稷을 받듦이 있고 國家가 기울어짐이 없다면 바로 나의 임금이니, 내

감히 누구를 원망하겠는가? 死者를 哀悼하고 生者를 섬기면서 天命을 기다리겠다. 내가 叛亂을 일으킨 것이 아니니 임금으로 선 분을 따르는 것이 先王의 道이다."라고 하고서 王僚의 무덤으로 가서 復命하고 哭하고서 자기의 자리로 돌아와서 王命을 기다렸다. 吳나라 公子 掩餘는 徐나라로 달아나고, 公子 燭庸은 鍾吾로 달아났다. 楚軍은 吳나라에 叛亂이 일어났다는 말을 듣고 還軍하였다.

1)〔附注〕林曰 哀王僚之死喪 事闔廬之生存
〔부주〕林: 王僚의 죽음을 哀悼하고 生存한 闔廬를 섬기겠다는 말이다.
2)〔附注〕朱曰 苟立爲君則從而事之
〔부주〕朱: 세워서 임금으로 삼았다면 따라서 섬긴다는 말이다.
3) 吳自諸樊以下 兄弟相傳而不立適 是亂由先人起也 季子自知力不能討光 故云爾
吳나라는 諸樊으로부터 이후로 나라를 兄이 아우에게 傳하였고 適子를 後嗣로 세우지 않았으니, 이번의 叛亂은 先人으로 인해 일어난 것이다. 季子는 자기의 힘이 光을 討伐할 수 없음을 알았기 때문에 이렇게 말한 것이다.
4) 復使命於僚墓
使命을 王僚의 무덤에 告한 것이다.
5) 復本位待光命
본래의 자리로 돌아가서 光의 命令을 기다린 것이다.
6) 鍾吾 小國
鍾吾는 小國이다.
7) 言聞吳亂 明郤宛不取賂而還
吳나라의 叛亂을 들었다고 말하여, 郤宛이 賂物을 받고 돌아간 것이 아님을 밝혔다.

【傳】郤宛直而和하니 國人說(열)之[1]하다 鄢將師爲右領[2]하야 與費無極比而惡之[3)4)]로되 令尹子常賄而信讒하다 無極譖郤宛焉하야 謂子常曰 子惡欲飮子酒[5]라하고 又謂子惡호대 令尹欲飮酒於子氏[6)7)]라하니 子惡曰 我賤人也라 不足以辱令尹하니 令尹將必來辱이면 爲惠已甚이라 吾無以酬之니 若何[8]오 無極曰 令尹好甲兵하니 子出之하라 吾擇焉[9]하리라 取五甲五兵[10]曰 寘諸門하라 令尹至면 必觀之하리니 而從以酬之[11]하라 及饗日하야 帷諸門左[12]하다 無極謂令尹曰 吾幾禍子로다 子惡將爲子不利하야 甲在門矣니 子必無往하라 且此役也[13]에 吳可以得志[14]어늘 子惡取賂焉而還하고 又誤群帥[15]하야 使退其師曰 乘亂不祥[16]이라하니라 吳乘我喪[17]하니 我乘

其亂이 不亦可乎아 令尹使視郤氏하니 則有甲焉이라 不往하고 召鄢將師而告之[18]한대 將師退[19]하야 遂令攻郤氏하고 且爇之[20]하라하니 子惡聞之하고 遂自殺也하다 國人弗爇이어늘 令曰 不爇郤氏면 與之同罪하리라 或取一編菅焉하고 或取一秉秆焉[21]하니 國人投之[22]하고 遂弗爇也한대 令尹炮之[23][24]하고 盡滅郤氏之族黨하고 殺陽令終與其弟完及佗[25]와 與晉陳及其子弟[26]하다 晉陳之族呼於國曰 鄢氏費氏自以爲王[27][28]하야 專禍楚國하고 弱寡王室[29]하야 蒙王與令尹以自利也[30]어늘 令尹盡信之矣니 國將如何오하니 令尹病之[31]하다

郤宛이 正直하면서도 溫和하니 國人들은 그를 좋아하였다. 鄢將師는 右領으로 費無極과 結託〔比〕하여 郤宛을 미워하는데도 令尹 子常은 財物을 탐하여 讒言을 믿었다. 無極이 子常에게 郤宛을 참소해 말하기를 "子惡(郤宛)이 당신에게 술 접대를 하고 싶어 합니다."고 하고, 또 子惡에게 "令尹이 그대의 집〔氏〕에 와서 술 접대를 받고 싶어 하십니다."고 하니, 子惡이 말하기를 "나는 卑賤한 사람이라서 令尹을 枉臨〔辱〕하게 할 만하지 못하니, 令尹께서 장차 반드시 枉臨하신다면 매우 큰 恩惠입니다. 그러나 나는 올릴 물건이 없으니 어쩌면 좋겠습니까?"라고 하자, 無極이 말하기를 "令尹은 갑옷과 兵器를 좋아하니 그대는 갑옷과 병기를 내어오시오. 내가 그 중에서 좋은 것을 고르겠소."라고 하고서, 다섯 벌의 갑옷과 다섯 종류의 병기를 고르고서 말하기를 "이것들을 문 앞에 놓아두시오. 令尹이 오시면 반드시 살펴보실 것이니, 그대는 기회를 보아 令尹에게 바치십시오."라고 하였다.

宴享日에 미쳐 郤宛은 문 왼쪽에 장막을 치고서 갑옷과 병기를 그 안에 陳列해 놓았다. 無極이 令尹에게 말하기를 "내가 거의 당신을 해칠 뻔하였습니다. 子惡이 당신에게 不利한 짓을 하려고(당신을 죽이려고) 갑옷을 대문 안에 숨겨두었으니, 당신께서는 부디 가지 마십시오. 그리고 이번 戰爭에서 우리가 吳나라에 勝利할 수 있었는데, 子惡이 吳나라의 賂物을 받고서 還軍하였고, 또 여러 將帥들을 속여 그 군대를 물리게 하며 말하기를 '남의 나라의 內亂을 틈타는 것은 상서롭지 못하다.'고 하였습니다. 吳나라가 우리나라에 國喪이 난 틈을 이용해 쳐들어왔으니 우리도 그들의 內亂이 일어난 틈을 이용하는 것이 옳지 않습니까?"라고 하였다.

令尹이 사람을 보내어 郤氏의 집을 살펴보게 하니 과연 갑옷이 있었다. 令尹은 가지 않고 鄢將師를 불러 이 사실을 告하자, 鄢將師는 물러나와 드디어 郤氏를 攻擊하라고 令을 내리고 또 郤氏의 집을 불태우라고 命하니, 子惡은 이 소식을 듣고 드디어 自殺하였다. 國人이 불을 지르려 하지 않으니, 鄢將師가 令을 내리기를 "郤氏의 집에 불을 지

르지 않으면 郤氏와 같은 罪로 處罰할 것이다."고 하였다. 〈이때〉 어떤 이는 거적 한 장을 가져오기도 하고 어떤 이는 볏짚 한 묶음을 가져오기도 했는데, 國人은 그것을 던져버리고 끝내 불을 지르지 않았다. 〈그러자 鄢將師는〉 尹(里尹)에게 명하여 불을 지르게 하고서 郤氏의 族黨을 모두 죽이고, 陽令終과 그 아우 完 및 佗와 晉陳 및 그 子弟를 죽였다. 그러자 晉陳의 族黨이 國都 안에서 고함쳐 말하기를 "鄢氏와 費氏가 임금으로 自處하여 權勢를 멋대로 부려 楚나라에 禍를 끼치고, 王室을 弱하고 외롭게 하여 王과 令尹을 속여 자신을 이롭게 하는데도 令尹은 이들의 말을 다 믿으니, 나라가 장차 어찌되겠는가?"라고 하니, 令尹은 이를 매우 근심하였다.

1) 以直事君 以和接類

正直한 道理로 임금을 섬기고, 溫和한 모습으로 사람들을 대한 것이다.

2) 右領 官名〔附注〕林曰 鄢將師 楚大夫

右領은 官名이다.

〔부주〕林: 鄢將師는 楚나라 대부이다.

3) 惡郤宛

郤宛을 미워한 것이다.

4) 역주〕比 : ≪論語≫ 〈爲政〉의 '小人比而不周'의 '比'이니, 서로 勾結(結託)함이다. 〈楊注〉

5) 子惡 郤宛

子惡은 郤宛이다.

6)〔附注〕朱曰 詐言子常欲飮酒於汝家

〔附注〕朱: 子常이 그대의 집에서 술을 마시고 싶어 한다고 거짓말한 것이다.

7) 역주〕子氏 : '子家'란 말과 같다. ≪呂覽≫ 〈愼行〉에는 '子之家'로 되어 있다. ≪左氏會箋≫

8) 酬 報獻

酬는 報答해 올림이다.

9) 擇取以進子常

골라서 子常에게 올리겠다는 말이다.

10)〔附注〕林曰 擇取甲兵各五事

〔부주〕林: 갑옷과 병기를 각각 다섯 벌씩을 고른 것이다.

11) 曰 無極辭

曰은 無極의 말이다.

12) 張帷陳甲兵其中

장막을 치고서 갑옷과 병기를 그 안에 진열한 것이다.

13) 此春救潛之役

此는 봄에 潛을 구원한 戰爭을 이른다.

14)〔附注〕林曰 楚可以得志於吳

〔부주〕林: 楚나라가 吳나라에게 뜻을 얻을 수 있었다는 말이다(楚나라가 吳나라에 勝利할 수 있었다는 뜻).

15) 역주〕群帥 : 蔿尹 然·工尹 麇·沈尹 戌·工尹 壽를 이른다. ≪左氏會箋≫

16)〔附注〕林曰 此曰字 擧郤宛當時之辭

〔부주〕林: 이 曰字는 郤宛이 當時에 한 말을 擧論한 것이다.

17)〔附注〕林曰 此以下 皆無極之辭 言吳乘我有平王之喪而伐我

〔부주〕林: 이 이하는 모두 無極의 말인데, 吳나라가 우리 平王의 喪이 난 틈을 이용해 우리나라를 攻伐한 것을 말한 것이다.

18) 告子惡門有甲兵 將害己

子惡이 門에 갑옷과 병기를 진열해둔 것은 장차 나를 殺害하고자 함이라고 告한 것이다.

19)〔附注〕林曰 稟命而退

〔부주〕林: 명을 받고 물러나온 것이다.

20) 爇 燒也〔附注〕林曰 且以火爇燒其家

爇은 불태우는 것이다.

〔부주〕林: 또 불을 질러 그 집을 태우게 한 것이다.

21) 編菅 苫也 秉 把也 秆〔稈〕*) 藁也〔附注〕朱曰 或取編菅 或取秉秆 將用以焚郤宛

編菅은 거적이고, 秉은 한 줌이고, 秆은 볏짚이다.

〔부주〕朱: 或者는 거적을 가져오고, 或者는 한 줌의 볏짚을 가져온 것은 이것을 사용해 郤宛의 집에 불을 지르려 한 것이다.

*) 역주〕저본에는 '稈'으로 되어 있으나, ≪十三經注疏≫本에 의거하여 '秆'으로 바로잡았다.

22)〔附注〕朱曰 國人怒而投棄其菅秆也

〔부주〕朱: 國人이 노하여 그 거적과 볏짚을 던져버린 것이다.

23) 炮 燔郤宛

炮는 郤宛의 집을 불태운 것이다.

24) 역주〕令尹炮之 : 劉樾은 "尹은 바로 里尹이다. 國人이 이미 불을 지르려 하지 않기 때문에 閭胥(마을의 胥吏)와 里宰(里長) 등에게 命하여 불을 질러 태우게 한 것이다."라고 하였다. 이 說을 취해 번역하였다. 〈楊注〉

25) 令終 陽匄子

令終은 陽匄의 아들이다.

26) 晉陳 楚大夫 皆郤氏黨

晉陳은 楚나라 大夫로 모두 郤氏의 黨이다.

27)〔附注〕林曰 自以爲楚王

〔부주〕林: 楚王으로 自處한 것이다.

28) 역주〕自以爲王 : 이때 楚昭王의 나이 겨우 7, 8세였으므로 諸人이 王으로 自處한 것이다.〈楊注〉

29)〔附注〕林曰 輕弱寡少楚之王室

〔부주〕林: 楚나라 王室을 약하고 외롭게 하였다는 말이다.

30) 蒙 欺也

蒙은 속임이다.

31) 爲下殺無極張本

下文에 無極을 죽인 張本이다.

【傳】 秋에 會于扈하니 令戍周오 且謀納[1]公也라 宋衛皆利納公하야 固請之[2]하다 范獻子取貨於季孫하고 謂司城子梁與北宮貞子[3]曰 季孫未知其罪어늘 而君伐之하니 請囚請亡호되 於是乎不獲[4]이라 君又弗克하고 而自出也[5]하니 夫豈無備而能出君乎[6]아 季氏之復은 天救之也[7)8)]라 休公徒之怒[9]하고 而啓叔孫氏之心[10]하니라 不然이면 豈其伐人而說甲執冰以游[11]리오 叔孫氏懼禍之濫[12]하야 而自同於季氏하니 天之道也[13)14)]라 魯君守齊로되 三年而無成이어늘 季氏甚得其民하고 淮夷與之[15]하며 有十年之備[16]하고 有齊楚之援[17]하며 有天之贊하고 有民之助하며 有堅守之心[18)19)]하고 有列國之權[20]이로되 而弗敢宣也[21)22)]하고 事君如在國[23)24)]이라 故鞅以爲難이라하로라 二子皆圖國者也로되 而欲納魯君하니 鞅之願也라 請從二子以圍魯라가 無成이면 死之[25]하리라 二子懼하야 皆辭어늘 乃辭小國[26]하고 而以難復[27]하다

가을에 扈에서 會合하였으니, 周나라에 군대를 보내어 戍衛할 것을 命하고, 또 魯昭公을 復位시키는 일을 상의하기 위함이었다. 宋나라와 衛나라가 모두 昭公의 復位를 이롭게 여겨 復位시킬 것을 강하게 要請하였다. 范獻子(晉나라 大夫 士鞅)는 季孫에게 뇌물을 받고서 〈季孫을 위해〉 司城子梁과 北宮貞子에게 말하기를 "季孫은 자기가 무슨 罪를 지었는지도 모르는데 魯君이 攻伐하니, 季孫은 囚禁되기를 請하고 亡命하기를 請하였으나, 이때 허락을 받지 못하였지요. 魯君은 도리어 勝利하지 못하고 스스로 出奔하였지요. 어찌 準備도 없으면서 임금을 逐出할 수 있겠습니까? 季氏가 다시 안정을 찾은 것은 하늘이 그를 救助한 것이지요. 그러므로 〈하늘이〉 公徒(昭公의 군대)의 憤

怒를 止息시키고 叔孫氏의 마음을 啓導한 것이지요. 그렇지 않다면 어찌 남을 치던 군대가 갑옷을 벗고서 箭筒〔冰〕을 들고 놀았겠습니까? 叔孫氏는 禍가 자기에게 미칠 것을 두려워하여 스스로 季氏에게 同調하였으니, 이는 하늘이 인도〔道〕한 것이지요.

魯君은 齊나라에 救援을 청하였으나 3년이 되도록 成功하지 못하였는데, 季氏는 백성들의 마음을 매우 얻었고 淮夷도 그를 도우며, 10년의 準備가 있고 齊楚의 援助가 있으며, 하늘의 도움이 있고 백성의 도움이 있으며, 굳게 지킬 마음이 있고 列國(諸侯)의 權勢가 있으되, 감히 威勢를 드러내지 않고서 임금을 國內에 계실 때와 같이 섬겼지요. 그러므로 나는 〈昭公을 復位시키는 일이〉 어려울 것으로 생각합니다. 두 분은 모두 國政을 圖謀하는 분인데, 魯君을 復位시키고자 하니 이는 나의 바람입니다. 두 분을 따라 魯나라를 포위하였다가 성공하지 못하면 죽기를 청합니다."고 하니, 두 사람은 겁이 나서 모두 謝絶하였다. 그러자 范宣子는 小國들에게 〈이 일을 할 수 없다고〉 謝絶하고, 〈돌아가서〉 晉侯에게 〈魯君을 復位시키는 일이〉 어렵게 되었다고 復命하였다.

1) 역주〕納 : 出亡한 임금을 諸侯들이 保護해 本國으로 들여보내어 復位시킴이다.

2)〔附注〕林曰 宋衛二國 與昭公相好 皆以納公爲利 固請于晉

〔부주〕林: 宋·衛 두 나라는 昭公과 서로 사이가 좋았으므로 모두 昭公을 復位시키는 것이 자기들에게 有利하다고 여겨서 晉나라에 강하게 要請한 것이다.

3) 子梁 宋樂祁也 貞子 衛北宮喜

子梁은 宋나라 樂祁이고, 貞子은 衛나라 北宮喜이다.

4) 역주〕請囚請亡 於是乎不獲 : 昭公 25년 9월에 昭公이 季氏의 집으로 쳐들어갔을 때 季平子가 費邑에 囚禁되기를 請하였으나 昭公이 허락하지 않고, 五乘으로 亡命하기를 청하였으나 허락하지 않은 일을 이른다.

5) 역주〕君又弗克 而自出也 : 三家가 聯合해 昭公의 군대를 公擊하니, 昭公은 敗戰하고서 齊나라로 도망간 일을 이른다. 昭公 25년 傳을 참고할 것.

6) 역주〕豈無備而能出君乎 : 昭公을 季氏가 逐出한 것이라면 季氏는 반드시 事前에 準備가 있었을 것이다. 그러나 지금 準備가 없었으니, 季氏가 임금을 축출한 것이 아니라 임금이 스스로 出亡(도망)한 것이라는 말이다. 〈楊注〉

7) 復 猶安也

復은 安과 같다.

8) 역주〕復 : 囚禁되기를 청하고 亡命하기를 청하였으나, 季氏는 여전히 地位와 權勢를 잃지 않았기 때문에 '復'이라 한 것이다. 〈楊注〉

9) 休 息也

休는 息(止息)이다.

10)〔附注〕朱曰 故使公徒休息其怒 又開啓叔孫氏之心以救季氏

〔부주〕朱: 그러므로 公徒로 하여금 그 憤怒을 止息하게 하고, 또 叔孫氏의 마음을 인도하여 季氏를 구원하게 하였다는 말이다.

11) 역주〕豈其伐人而說甲執冰以游 : 公徒가 갑옷을 벗고 箭筒 뚜껑을 손에 쥐고서 땅바닥에 쭈그리고 앉아 있었던 일을 이른다. 昭公 25년 傳을 참고할 것.

12) 역주〕禍之濫 : 濫은 바로 泛濫의 濫이니, 이는 假借해 쓴 말로 禍之延及(화가 번져 미침)과 같은 말이다. 〈楊注〉

13)〔附注〕林曰 叔孫氏懼季氏之禍泛濫及己 赴救季氏自與和同 此乃天道 非人事也

〔부주〕林: 叔孫氏는 季氏의 禍가 泛濫하여 자기에게 미칠 것을 두려워하여 달려가 季氏를 구원하며 스스로 季氏에게 同調하였으니, 이는 바로 하늘의 뜻이고 人事가 아니라는 말이다.

14) 역주〕天之道也 : '天道之也'의 倒置語로 보는 것이 옳을 것 같다. ≪左氏會箋≫에 "上文의 '天救之也'의 例를 따르면 '天道之也'라고 하는 것이 마땅한데, 그렇게 하지 않은 것은 '倒語'와 '順語'를 對로 맞춘 例이니, 昭公 4년 傳의 '遠惡(악이 멀리 전파됨)'과 德遠(덕이 멀리 전파됨)'을 對로 쓴 것과 같다."고 하였다.

15) 淮夷 魯東夷〔附注〕林曰 季氏甚得國民之心 魯之東夷皆與爲好

淮夷는 魯나라 동쪽에 있는 오랑캐이다.

〔부주〕林: 季氏는 매우 國民의 마음을 얻었고, 魯나라 동쪽에 있는 오랑캐들도 모두 季氏와 사이좋게 지낸다는 말이다.

16)〔附注〕朱曰 其所畜積 可備十年之用

〔부주〕朱: 季氏의 畜積이 10년의 用度를 對備할 만하다는 말이다.

17) 公雖在齊 言齊不致力

昭公이 비록 齊나라에 가서 있었지만 齊나라가 힘을 써주지 않았다는 말이다.

18)〔附注〕林曰 謂有十年之備

〔부주〕林: 10년을 쓸 수 있는 준비가 있음을 이른다.

19) 역주〕守 : 〈楊注〉에 '請求'로 註釋하고서, ≪漢書≫ 〈外戚傳〉의 '數守大將軍光 爲丁外公求侯'를 顔師古注에 '守 求請之'라 한 것과, ≪後漢書≫ 〈竇融傳〉의 '融於是日往守萌'을 李賢注에 '守 猶求也'라고 한 것을 典據로 제시하였다.

20)〔附注〕林曰 謂有齊楚之援

〔부주〕林: 齊·楚의 應援이 있음을 이른다.

21) 宣 用也

宣은 用이다.

22) 역주〕弗敢宣也 : 宣은 揚과 같으니, 감히 그 威力을 드러내지 않은 것이다. ≪左氏

會箋≫

23) 書公行告公至 是也

昭公이 떠난 것을 經에 기록하고, 昭公이 돌아온 것을 宗廟에 告한 것이 이것이다.

24) 역주〕事君如在國 : 당시에는 임금이 出奔하면 다른 사람을 임금으로 세우는 것이 常例였으되 魯나라는 감히 그렇게 하지 않았고, 昭公이 비록 國外에 나가 있었으되 如意(季平子)는 오히려 昭公을 임금의 禮로 섬겨, 해마다 말을 購買하고 從者들의 의복과 신발을 준비해 昭公에게 보내주었기 때문에 范宣子가 이렇게 말한 것이다. ≪左氏會箋≫

25)〔附注〕林曰 示不徒還 以恐二子

〔부주〕林: 거저 돌아오지 않겠다는 뜻을 보여 두 사람에게 겁을 준 것이다.

26) 역주〕小國 : 이번 會合에 參加한 曹·邾·滕을 이른다.

27) 以難納白晉君

復位시키기 어렵다는 것으로 晉君에게 復命한 것이다.

【傳】孟懿子陽虎伐鄆[1)]하니 **鄆人將戰**한대 **子家子曰 天命不慆久矣**[2)3)]니 **使君亡者**는 **必此衆也**[4)5)]리라 **天旣禍之**어늘 **而自福也**[6)]하니 **不亦難乎**[7)]아 **猶有鬼神**이면 **此必敗也**[8)9)]리라 **嗚呼**라 **爲無望也夫**[10)]ㄴ저 **其死於此乎**ㄴ저 **公使子家子如晉**하다 **公徒敗于且知**[11)12)]하다

孟懿子와 陽虎가 鄆을 치니, 鄆人이 맞아 싸우려 하자 子家子(懿伯)가 말하기를 "天命이 임금님을 버린 것을 의심할 게 없는지가 오래되었으니, 임금님을 敗亡하게 하는 자는 반드시 이 무리(魯軍과 戰爭하려 하는 무리)일 것입니다. 하늘이 이미 禍를 내렸는데 스스로 福을 구하려 하니 어렵지 않겠습니까? 만약〔猶〕鬼神이 있다면 이들이 반드시 失敗할 것입니다. 아! 希望이 없으니 아마도 이곳에서 죽게 될 것입니다."고 하였다. 昭公이 子家子를 晉나라에 使者로 보냈다. 公徒가 且知에서 敗北하였다.

1) 陽虎 季氏家臣 伐鄆 欲奪公[*)]

陽虎는 季氏의 家臣이다. 鄆을 쳐서 昭公을 奪取하고자 한 것이다.

*) 역주〕伐鄆 欲奪公 : 季氏는 諸侯가 昭公을 復位시키기를 꾀한다는 것을 듣고서 겁이 나서 昭公을 맞이해 들이고자 하였으나, 昭公의 從者들을 꺼렸다. 그러므로 鄆을 쳐서 昭公만을 奪取해 오고자 한 것이다. ≪左氏會箋≫

2) 慆 疑也 言棄君不疑

慆는 疑이니, 하늘이 임금을 버린 것을 의심할 게 없다는 말이다.

3) 역주〕天命不慆久矣 : 天命이 季氏에게 있는 것을 의심할 게 없는지가 이미 오래 되었다

는 말이다. 〈楊注〉

4) 言君據鄆衆以與魯戰 必敗亡

昭公이 鄆의 무리를 거느리고서 魯軍과 戰爭하면 반드시 敗亡한다는 것을 말한 것이다.

5) 역주] 使君亡者 必此衆也 : 亡은 外地에서 죽고 끝내 復歸하지 못한다는 말이고, 衆은 昭公의 從者들을 이른다. 이 말은 오로지 여러 從者들의 妄動을 꾸짖은 것일 뿐이다. 杜注는 옳지 않다. ≪左氏會箋≫

6) 역주] 天旣禍之 而自福也 : 天旣禍之는 昭公이 魯나라를 나온 것을 이른다. 自福은 從者들이 반드시 季氏를 擊滅하고서 그 權勢를 빼앗고자 하는 것을 이르니, 이것이 天命을 拒逆하고서 스스로 福을 구하는 것이라는 말이다. ≪左氏會箋≫

7) 〔附注〕 林曰 天旣降禍 使君出奔 而自稱福以鄆求勝 難也

〔부주〕 林: 하늘이 이미 禍를 내려서 임금이 국외로 도망가게 되었는데도, 季氏를 몰아내고 정권을 탈취하는 福을 구할 수 있는 기회라고 자칭하면서 鄆의 무리를 거느리고 전쟁하여 승리하기를 구하려 하니, 어렵지 않겠느냐는 말이다.

8) 〔附注〕 林曰 猶有鬼神共鑑此事此擧 必有敗亡之禍

〔부주〕 林: 鬼神이 있어서 이 일과 이 행동을 함께 살펴보고 있는 것과 같아서 반드시 失敗하는 禍가 있을 것이라는 말이다.

9) 역주] 猶有鬼神 此必敗 : 이것은 반드시 勝戰하지 못한다는 것을 말한 것이다. 猶는 疑辭이다. 鬼神이 없다면 모르겠지만 만약 鬼神이 있다면 하늘이 이미 禍를 내렸으니, 僥倖을 바라고 함부로 행동하는 것이 어찌 敗亡을 면할 수 있겠느냐는 말이다. ≪左氏會箋≫

10) 역주] 嗚呼 爲無望也夫 : 이번에 戰爭하였다가 勝利하지 못하면 昭公의 앞길이 더욱 막혀서 다시는 魯나라로 復歸할 希望이 없기 때문에 '嗚呼'라고 탄식하여 昭公을 가엾게 여긴 것이다. ≪左氏會箋≫

10) 且知 近鄆地也

且知는 鄆에서 가까운 地域이다.

11) 역주] 公使子家子如晉 : 昭公은 戰爭하고자 하였으나, 子家子가 반대하기 때문에 그를 晉나라에 使臣으로 보낸 것이다.

【傳】 楚郤宛之難으로 國言未已[1)]하야 進胙者莫不謗令尹[2)3)]하다 沈尹戌言於子常曰 夫左尹與中廐尹이 莫知其罪어늘 而子殺之하야 以興謗讟하야 至于今不已[4)]하니 戌也惑之하노라 仁者는 殺人以掩謗이라도 猶弗爲也어늘 今吾子殺人以興謗코도 而弗圖하니 不亦異乎아 夫無極은 楚之讒人也를 民莫不知라 去朝吳[5)]하고 出蔡侯朱[6)]하며

喪大子建하고 **殺連尹奢**[7)]하며 **屛王之耳目**하야 **使不聰明**이라 **不然**이면 **平王之溫惠共儉**이 **有過成莊**이오 **無不及焉**[8)]이리라 **所以不獲諸侯**는 **邇無極也**[9)]라 **今又殺三不辜**하야 **以興大謗**[10)]하야 **幾及子矣**로되 **子而不圖**하니 **將焉用之**[11)]리오 **夫鄢將師矯子之命**하야 **以滅三族**하니 **國之良也**라 **而不愆位**[12)]하니라 **吳新有君**[13)]하야 **疆埸日駭**[14)]하니 **楚國若有大事**면 **子其危哉**[15)]ㄴ저 **知者除讒以自安也**어늘 **今子愛讒以自危也**하니 **甚矣**라 **其惑也**[16)]여 **子常曰 是瓦之罪**니 **敢不良圖**리오 **九月己未**에 **子常殺費無極與鄢將師**하고 **盡滅其族**하야 **以說于國**[17)18)]하니 **謗言乃止**하다

楚나라는 郤宛이 禍難을 당한 일로 國人들의 誹謗하는 말이 그치지 않아, 胙肉을 進獻하는 자들이 令尹을 비방하지 않는 자가 없었다. 沈尹 戌이 子常에게 말하기를 "저 左尹과 中廏尹에 대해 사람들은 그들이 무슨 罪를 지었는지 모르는데, 당신은 그들을 죽여서 사람들의 비방을 불러일으키어 지금까지 비방이 그치지 않고 있으니, 나는 疑惑스럽습니다. 仁者는 사람을 죽여서 비방을 막을 수 있어도 오히려 하지 않는데, 지금 당신은 사람을 죽여 비방을 불러일으키고도 바로잡을 방도를 생각하지 않으니 怪異하지 않습니까?

저 無極은 楚나라에서 가장 讒訴 잘하는 人間이라는 것을 모르는 백성이 없습니다. 朝吳를 除去하고 蔡侯 朱를 出奔하게 하였으며, 大子 建의 地位를 잃게 하고 連尹 奢를 죽였으며, 임금의 耳目을 가리어 밝게 듣고 볼 수 없게 하였습니다. 그렇지 않았다면 平王의 溫和하고 慈惠하며 恭遜하고 勤儉한 德이 成王・莊王보다 지나쳤을 것이고 못하지 않았을 것입니다. 諸侯들의 推戴를 받지 못한 것은 無極을 가까이하였기 때문입니다.

지금 또 無辜한 세 사람을 죽여 큰 비방을 불러일으키어 그 비방이 거의 당신에게 미쳤는데도 당신께서는 바로잡기를 생각하지 않으시니, 이런 讒人을 장차 어디에 쓰려는 것입니까? 저 鄢將師는 당신의 命令을 假託하여 세 家門의 宗族을 滅亡시켰는데, 이 세 가문은 楚나라의 善良한 가문으로 그들이 職位에 있는 동안 허물이 없었습니다. 吳나라에 새 임금이 들어서서 邊境의 사정이 날로 두려워지고 있으니, 楚나라에 만약 전쟁을 하는 일이 생긴다면 당신이 위험해질 것입니다. 지혜로운 사람은 讒人을 제거하여 자신의 安寧을 도모하는데, 지금 당신은 讒人을 사랑하여 자신을 위태롭게 하니 당신의 迷惑이 심하다 하겠습니다."라고 하자, 子常이 말하기를 "이는 나의 罪이니 감히 좋은 방도를 생각하지 않겠는가?"라고 하였다.

9월 己未日에 子常이 費無極과 鄢將師를 죽이고서 그 宗族까지 다 죽여 國人에게 解明〔說〕하니 비방이 그쳤다.

1)〔附注〕林曰 國人之謗言 尙未止

〔부주〕林: 國人의 비방하는 말이 아직까지 그치지 않고 있다는 말이다.

2) 進胙 國中祭祀也 謗 詛也

進胙는 國中의 祭祀이다. 謗은 헐뜯음〔詛〕이다.

3) 역주〕進胙者 : 私家의 祭祀에 쓴 고기를 임금에게 進獻하는 사람이다. 天子나 諸侯가 廟祭를 지내고서 그 祭肉을 卿·大夫들에게 나누어주는 것을 '致胙' 또는 '致燔'이라 하고, 臣下가 家廟에 제사하고서 그 제육을 임금에게 進獻하는 것을 '進胙'라 한다. 그러나 杜氏는 '進胙 國中祭祀'라고 하였으니, 國家의 廟祭에 쓴 고기를 받는 臣下의 뜻으로 이해한 것이다.

4) 左尹 郤宛也 中廏尹 陽令終

左尹은 郤宛이고, 中廏尹은 陽令終이다.

5) 在十五年

昭公 15년에 있었다.

6) 在二十一年

昭公 21년에 있었다.

7) 在二十年

昭公 20년에 있었다.

8)〔附注〕朱曰 其德有過於先君成王莊王 無不及於二王者

〔부주〕朱: 그 德이 先君인 成王·莊王보다 지나침이 있고, 두 先王에 미치지 못함이 없다는 말이다.

9) 邇 近也

邇는 近(가까이함)이다.

10) 三不辜 郤氏陽氏晉陳氏

세 不辜는 郤氏·陽氏·晉陳氏이다.

11)〔附注〕朱曰 汝尙不自爲謀 將安用此讒人哉

〔부주〕朱: 당신이 오히려 자신을 위해 〈비방을 없앨 방도를〉 꾀하지 않으니, 장차 이 讒人을 어디에 쓰려는 것이냐고 〈물은 것이다.〉

12) 在位無愆過

職位에 있는 동안 허물이 없었다는 말이다.

13) 光新立也

光(闔廬)이 새로 吳王이 된 것을 이른다.

14)〔附注〕林曰 楚之疆竟 日有侵伐之懼

〔부주〕林: 楚나라 國境에 날마다 侵伐을 받을 두려움이 있다는 말이다.

15) 〔附注〕 林曰 楚國若有軍旅大事 衆情不附 恐生他變 此危道也
〔부주〕 林: 楚나라에 만약 군대를 일으키는 큰 일이 생기면 民衆의 마음이 歸附하지 않아, 다른 變故가 생길까 두려우니 이것이 위태로운 길이다.

16) 역주〕 甚矣 其惑也 : 上文의 '戌也惑之'의 惑은 疑惑이고, 이곳의 惑은 迷惑(昏亂)이다. ≪左氏會箋≫

17) 〔附注〕 朱曰 以解說於國人
〔부주〕 朱: 이렇게 함으로써 國人에게 해명〔說〕한 것이다.

18) 역주〕 以說于國 : 令尹은 앞서 저지른 모든 惡行을 두 사람에 돌려 그들을 죽이고서, 그 宗族까지 다 죽임으로써 자신의 罪가 아니라는 것을 國人에게 解明하였다는 말이다.

【傳】 冬에 **公如齊**하니 **齊侯請饗之**[1)]하다 **子家子曰 朝夕立於其朝**[2)]어늘 **又何饗焉**이리오 **其飮酒也**니저 **乃飮酒**[3)]할새 **使宰獻而請安**[4)5)]하다 **子仲之子曰重**이 **爲齊侯夫人**이라 **曰 請使重見**[6)]하노라 **子家子乃以君出**[7)]하다

겨울에 昭公이 齊나라에 가니, 齊侯가 饗禮를 베풀어 접대하겠다고 昭公을 招請하였다. 그러자 子家子가 〈招請狀을 가지고 온 使者에게〉 말하기를 "〈우리 임금님께서〉 항상 齊나라 朝廷에 서서 계시니, 또 무엇 때문에 饗禮를 베풀 것이 있겠습니까? 술을 마시는 예를 사용하는 것이(宴禮를 베푸는 것이) 좋겠습니다."고 하였다. 술을 마실 때 〈齊景公은〉 宰夫를 시켜 昭公에게 술을 따라 올리게 하고서 자기는 자리에서 물러가 편히 쉬기를 청하였다. 子仲의 딸 重이 齊景公의 夫人이 되었는데, 景公이 말하기를 "重으로 하여금 나와서 公을 뵙게 하겠다."고 하니, 子家子는 이에 昭公을 모시고 나왔다.

1) 設饗禮
饗禮를 베풀려 한 것이다.

2) 역주〕 朝夕 : 古語에는 '항상'과 같은 뜻으로 쓰였다. 昭公이 비록 鄆에 있었으나 齊나라를 主人으로 삼았고, 이해에 이미 齊나라에 두 차례 갔기 때문이 이렇게 말한 것이다. ≪左氏會箋≫

3) 〔附注〕 林曰 其用宴禮飮酒可也 乃用飮酒之禮
〔부주〕 林: 만일 宴禮를 사용한다면 술을 마시는 것이 가능하다. 이에 술을 마시는 예를 사용한 것이다.

4) 比公於大夫也 禮 君不敵臣 晏大夫使宰爲主 獻 獻爵也 請安 齊侯請自安 不在坐也
昭公을 大夫와 같이 대우한 것이다. 禮에 의하면 임금은 신하를 상대하지 않고, 晏大夫

가 宰夫로 하여금 主人이 되어 〈客에게 술을 올리게 한다.〉 獻은 술잔을 올리는 것이다. 請安은 齊侯가 스스로 편히 쉬기를 청하고서 자리에서 떠난 것이다.

5) 역주〕 使宰獻 : 古禮에 의하면 諸侯가 서로 술을 마실 때에 身分이 서로 같으면 직접 술을 따라 客에게 올리지만, 임금이 신하를 접대하는 경우에는 宰夫를 시켜 술을 따라 客에게 올리게 한다. 지금 재부를 시켜 술을 올리게 하였으니, 이는 齊侯가 魯昭公을 齊나라의 신하로 대우한 것이다. ≪左氏會箋≫

6) 子仲 魯公子慭也 十二年謀逐季氏 不能而奔齊 今行飲酒禮 而欲使重見 從宴媟也[*)] 〔附注〕 林曰 子仲有女子 名曰重

子仲은 魯나라 公子 慭이다. 昭公 12년에 季氏를 逐出하려고 謀議하였으나, 成功하지 못하고 齊나라로 出奔하였다. 지금 飮酒禮를 거행하면서 重으로 하여금 昭公을 謁見하고서 서로 어울려 술을 마시며 親狎하게 한 것이다.

〔부주〕 林: 子仲에게 딸이 있었으니 이름이 '重'이다.

*) 역주〕 從宴媟 : 明確히 알 수는 없으나, '相從宴飮而媟狎之'를 줄여서 이렇게 쓴 것이 아닌지 모르겠다.

7) 辟齊夫人

齊나라 夫人을 피한 것이다.

【傳】 十二月에 晉籍秦致諸侯之戍于周나 魯人辭以難[1)]하다

12월에 晉나라 籍秦이 〈周나라를〉 戍衛할 諸侯의 군대를 周나라로 보냈으나, 魯人은 國難을 이유로 謝絶하고 보내지 않았다.

1) 經所以不書戍周 籍秦 籍談〔談〕[*)]子

〈이것이〉 經에 戍周를 기록하지 않은 이유이다. 籍秦은 籍談의 아들이다.

*) 역주〕 저본에는 '談'로 되어 있으나, ≪十三經注疏≫本에 의거하여 '談'으로 바로잡았다.

〈二十八年, 丁亥 B.C.514〉

【經】 二十有八年春王三月에 葬曹悼公[1)]하다

28년 봄 周王 3월에 曹悼公을 葬事 지냈다.

1) 無傳 六月而葬 緩

傳이 없다. 여섯 달 만에 장사 지냈으니 너무 늦었다.

【經】 公如晉하야 次于乾侯[1)]하다

昭公이 晉나라로 가서 乾侯에 머물렀다.

1) 乾侯 在魏郡斥丘縣 晉竟內邑

乾侯는 魏郡 斥丘縣에 있는 晉나라 境內의 邑이다.

【經】 夏四月丙戌에 鄭伯寧卒[1)]하다

여름 4월 丙戌日에 鄭伯 寧이 卒하였다.

1) 無傳 未同盟而赴以名

傳이 없다. 同盟하지 않았으나, 이름을 記載해 赴告하였기 때문에 〈經에 그 이름을 기록한 것이다.〉

【經】 六月에 葬鄭定公[1)]하다

6월에 鄭定公을 장사 지냈다.

1) 無傳 三月而葬 速

傳이 없다. 석 달 만에 장사 지냈으니 너무 빨랐다.

【經】 秋七月癸巳에 滕子寧卒[1)]하다

가을 7월 癸巳日에 滕子 寧이 卒하였다.

1) 無傳 未同盟而赴以名

傳이 없다. 同盟하지 않았으나, 이름을 記載해 赴告하였기 때문에 〈經에 그 이름을 기록한 것이다.〉

【經】 冬葬滕悼公[1)]

겨울에 滕悼公을 장사 지냈다.

1) 無傳

傳이 없다.

【傳】 二十八年春에 公如晉하야 將如乾侯[1)]한대 子家子曰 有求於人호대 而卽其安이면

人孰矜之[2)]리까 **其造於竟**[3)4)]하소서 **弗聽**하고 **使請逆於晉**[5)]한대 **晉人曰 天禍魯國**하야 **君淹恤在外**[6)]호대 **君亦不使一个辱在寡人**[7)8)]하고 **而卽安於甥舅**[9)]이러니 **其亦使逆君**[10)]가하고 **使公復于竟而後逆之**[11)]하다

28년 봄에 昭公이 晉나라로 가서 乾侯로 가려 하자, 子家子가 말하기를 "남의 도움을 구하면서 자기가 편안한 곳으로 간다면 어느 누가 가엾게 여기겠습니까? 晉·魯의 國境으로 가서 기다리소서."라고 하였으나, 昭公은 듣지 않고 晉나라로 使者를 보내어 자기를 맞이해주기를 청하였다. 그러자 晉人이 말하기를 "하늘이 魯나라에 禍를 내려 임금께서 오랫동안 外國에 머물러 있으면서도 임금께서는 한 명의 使者를 보내어 寡人의 안부를 묻지 않고 편안한 甥舅의 나라로 가셨으면서 어찌 또 우리에게 맞이하라고 하십니까?"라고 하고서 昭公을 다시 國境으로 나아가게 한 뒤에 사람을 보내어 昭公을 맞이하였다.

1) 齊侯卑公 故適晉

齊侯가 昭公을 蔑視〔卑〕하기 때문에 晉나라로 간 것이다.

2)〔附注〕林曰 有求於晉 而先就其所安 以往乾侯 如此則人誰矜而憐之

〔부주〕林: 晉나라에 도움을 求하면서 먼저 임금님이 편안한 곳으로 가기 위해 이와 같이 乾侯로 가신다면 어느 누가 임금님을 가엾게 여겨 동정하겠느냐는 말이다.

3) 欲使次於竟以待命

昭公으로 하여금 國境에 머물면서 晉나라의 命을 기다리게 하고자 한 것이다.

4) 역주〕其造於竟 : 其는 請願을 表現하는 副詞이고, 造는 適이고, 竟은 魯나라와 晉나라의 接境이니, 晉·魯의 國境으로 나가기를 청한 것이다.

5)〔附注〕林曰 使人請迎于晉

〔부주〕林: 晉나라에 사람으로 보내어 자기를 맞이해주기를 청한 것이다.

6)〔附注〕林曰 淹留憂恤在於外國

〔부주〕林: 오랫동안 근심걱정하며 外國에 머문 것이다.

7) 一个 單使

一个는 한 사람의 使者이다.

8) 역주〕不使一个辱在寡人 : 辱은 屈尊의 뜻으로 敬辭이고, 在는 存問이니, 곧 尊貴하신 몸을 굽혀 使者를 한 사람이라도 보내어 寡人의 安否를 묻지 않았다는 말이다.

9)〔附注〕林曰 卽就便安於甥舅之齊

〔부주〕林: 편안한 甥舅의 나라인 齊나라로 갔다는 말이다.

10) 言自使齊逆君

齊나라에게 魯君을 맞이하게 하라는 말이다.

11) 逆著乾侯也 言公不能用子家 所以見辱 〔附注〕 林曰 使魯公復還于晉之境土而後迎著乾侯

맞이해 乾侯에 定着〔著〕하게 한 것이다. 昭公이 子家의 말을 듣지 않았기 때문에 侮辱을 당한 것을 말한 것이다.

〔부주〕 林: 魯昭公으로 하여금 다시 晉나라의 國境으로 돌아가게 한 뒤에 맞이하여 乾侯에 定着하게 한 것이다.

【傳】晉祁勝與鄔臧通室[1)]하다 **祁盈將執之**[2)]하야 **訪於司馬叔游**[3)]한대 **叔游曰 鄭書有之**하니 **惡直醜正**이 **實蕃有徒**[4)5)]라하니라 **無道立矣**[6)]니 **子懼不免**[7)]이로라 **詩曰 民之多辟**하니 **無自立辟**[8)9)]이라하니 **姑已若何**[10)11)]오 **盈曰 祁氏私有討**니 **國何有焉**[12)]이오하고 **遂執之**하다 **祁勝賂荀躒**[13)]한대 **荀躒爲之言於晉侯**하니 **晉侯執祁盈**[14)15)]하다 **祁盈之臣曰 鈞將皆死**[16)]니 **憖**[17)]**使吾君聞勝與臧之死也以爲快**[18)19)]하리라하고 **乃殺之**하다 **夏六月**에 **晉殺祁盈及楊食我**[20)]하다 **食我**는 **祁盈之黨也**라 **而助亂**이라 **故殺之**하고 **遂滅祁氏羊舌氏**[21)22)]하다

晉나라 祁勝과 鄔臧이 서로 아내를 바꾸어 情을 通하였다. 祁盈이 그들을 체포하려고 司馬 叔游에게 意見을 묻자, 叔游가 말하기를 "鄭書에 다음과 같은 말이 있소. '정직한 사람을 미워하는 무리가 실로 많다.'고 하였소. 지금 無道한 자가 높은 地位에 있으니 그대가 禍를 면하지 못할까 두렵소. ≪詩經≫에 '백성들에 邪辟한 자가 많으니 스스로 법을 세우지 말라.'고 하였으니, 우선 그들을 놓아두는 것이 어떻겠소."라고 하니, 祈盈이 말하기를 "이는 우리 祁氏 家門이 사사로이 討伐하는 것이니 國家와 무슨 관계가 있겠습니까?"라고 하고서 드디어 두 사람을 逮捕하였다.

祁勝이 荀躒(知文子)에게 뇌물을 바치니, 荀躒은 祁勝을 위해 晉侯에게 잘 말하였다. 그러자 晉侯는 祁盈을 체포하였다. 祁盈의 家臣이 말하기를 "장차 모두 죽음을 당하기는 마찬가지이니, 차라리〔憖〕 우리 主君으로 하여금 勝과 臧이 죽었다는 말을 듣고 속이 시원하게 해드리겠다."고 하고서 祈勝과 鄔臧을 죽였다. 여름 6월에 晉侯가 祁盈과 楊食我를 죽였다. 食我는 祁盈의 黨으로 祁盈을 도와 亂을 일으켰기 때문에 죽인 것이다. 드디어 祁氏와 羊舌氏를 멸망시켰다.

1) 二子 祁盈家臣也 通室 易妻

두 사람은 祁盈의 家臣이다. 通室은 아내를 바꿈이다.

2) 盈 祁午之子

盈은 祁午의 아들이다.

3) 叔游 司馬叔侯之子

叔游는 司馬 叔侯의 아들이다.

4) 鄭書 古書名也 言害正直者 實多徒衆〔附注〕林曰 醜 亦惡也

鄭書는 古書의 이름이다. 正直을 해치는 무리가 실로 많다는 말이다.

〔부주〕林: 醜도 惡와 같다.

5) 역주〕鄭書 : 襄公 30년 傳에 子産도 鄭書를 인용하였으니, 대개 鄭나라 先代의 글인 듯하다. 惡는 醜와 同義이고 直은 正과 同義이니 惡直은 바로 醜正과 뜻이 같은 複合語이다. 正直한 사람을 嫉害하는 자가 많다는 말이다. 〈楊注〉

6) 역주〕無道立矣 : 立은 在位이다. 〈楊注〉에 "세상이 어지러워 무도한 사람이 높은 지위에 있다는 말이다."고 하였다.

7) 言世亂讒勝

세상이 어지러우면 참소하는 무리가 正直한 사람을 이긴다는 말이다.

8) 詩 大雅〔附注〕林曰 辟 法也 言當同流合汙 無自立辟法以違於衆

詩는 ≪詩經≫ 〈大雅 板〉의 詩句이다.

〔부주〕林: 辟은 法이다. 유행하는 風俗에 동조하고 더러운 世俗에 迎合함이 마땅하니, 스스로 法을 세워 대중을 어기지 말아야 한다는 말이다.

9) 역주〕無自立辟 : 無道한 시대에는 法으로 다스릴 수 없다는 말이다. ≪左氏會箋≫

10) 姑 且也 已 止也

姑는 잠시이고, 已는 그침이다.

11) 역주〕姑已若何 : 잠시 그들을 놓아두고 체포하지 않는 것이 어떻겠느냐는 말이다.

12) 言討家臣 無與國事

家臣을 치는 일이니 國事와 無關하다는 말이다.

13) 역주〕荀躒 : 荀盈(知悼子)의 아들이다.

14) 以其專戮

祈盈이 〈晉侯에게 告하지도 않고〉 마음대로 〈두 사람을〉 懲罰〔戮〕하였기 때문이다.

15) 역주〕晉侯執祁盈 : 晉侯는 祁盈이 보고하지도 않고 마음대로 두 사람을 체포하였다 하여 祁盈을 잡은 것이다.

16) 鈞 同也〔附注〕林曰 三人同被執 皆將戮死

鈞은 同(마찬가지)이다.

〔부주〕林: 세 사람이 같이 체포되었으니, 모두 장차 死刑을 받아 죽을 것이라는 말이다.

17) 역주〕憖 : 寧(차라리)이다. 〈楊注〉에 "憖과 寧은 〈그 뜻이〉 서로 가깝다."고 하였다.

18) 慭 發語之音〔附注〕林曰 吾君 謂祁盈

慭은 發語音이다.

〔부주〕林: 吾君은 祁盈을 이른다.

19) 역주〕鈞將皆死 : 鈞은 同이다. 祁勝과 鄔臧을 죽이더라도 祁盈은 죽음을 당할 것이고, 죽이지 않더라도 祁盈은 죽음을 당할 것이다. 〈이러나 저러나〉 모두 죽음을 당하기는 마찬가지이니, 祁勝과 鄔臧을 죽여 祁盈으로 하여금 듣고서 속이 시원해지게 하는 것만 못하다는 말이다. 《春秋左傳正義》

20) 楊 叔向邑 食我 叔向子伯石也

楊은 叔向의 食邑이다. 食我는 叔向의 아들 伯石이다.

21)〔附注〕林曰 又滅楊食我之族

〔부주〕林: 또 楊食我의 宗族을 滅亡시킨 것이다.

22) 역주〕羊舌氏 : 楊氏이다. 叔向의 食邑이 楊이기 때문에 그 아들을 楊食我로 稱한 것이다.

初에 叔向欲娶於申公巫臣氏[1)]하니 其母欲娶其黨[2)]하다 叔向曰 吾母多而庶鮮하니 吾懲舅氏矣[3)4)]라 其母曰 子靈之妻가 殺三夫[5)6)]一君[7)8)]一子[9)]하고 而亡一國[10)]兩卿矣[11)]니 可無懲乎아 吾聞之하니 甚美면 必有甚惡이라하니 是鄭穆少妃姚子之子오 子貉之妹也[12)]라 子貉早死無後에 而天鍾美於是[13)14)]하니 將必以是大有敗也[15)16)]리라 昔有仍氏生女하니 黰黑[17)18)]而甚美하야 光可以鑑[19)20)]이어늘 名曰玄妻[21)]라하다 樂正后夔取之[22)]하야 生伯封하니 實有豕心[23)]하야 貪惏無饜하고 忿纇無期하니 謂之封豕[24)]라하다 有窮后羿滅之하니 夔是以不祀[25)]하다 且三代之亡과 共子之廢도 皆是物也[26)]니 女何以爲哉[27)]오 夫有尤物에 足以移人이니 苟非德義면 則必有禍[28)29)]리한대 叔向懼하여 不敢取하다 平公强使取之하야 生伯石하다 伯石始生에 子容之母走謁諸姑[30)]曰 長叔姒生男[31)32)]하니 姑視之하라 及堂하야 聞其聲而還曰 是豺狼之聲也라 狼子野心[33)]이라 非是면 莫喪羊舌氏矣[34)]라하고 遂弗視하다

당초에 叔向이 申公巫臣氏의 딸을 아내로 맞이하려 하니, 그 어머니는 자기 親黨의 딸을 며느리로 삼고자 하였다.

叔向이 말하기를 "저에게는 庶母가 많았으나 庶兄弟가 적었으니 저는 外家의 女人들을 경계〔懲〕로 삼습니다."고 하니, 그 어머니가 말하기를 "子靈의 아내는 세 남편과 한

임금과 한 자식을 죽이고 한 나라를 망치고 두 卿을 도망가게 하였으니, 경계로 삼아야 하지 않겠느냐? 내 듣건대 매우 아름다운 사람은 반드시 매우 惡毒하다고 한다. 夏姬〔是〕는 바로 鄭穆公의 少妃 姚子의 딸이고 子貉(鄭靈公)의 누이다. 子貉이 일찍 죽어 後嗣가 없자, 하늘이 아름다움을 夏姬〔是〕에게 모아주었으니, 장차 반드시 이 여자로 인해 크게 敗亡함이 있을 것이다. 옛날에 有仍氏가 딸을 낳았는데, 머리숱이 많고 검으며 매우 아름다워서 광택이 사람을 비추니 그 이름을 '玄妻'라 하였다. 樂正 后夔가 그 여자를 아내로 취하여 伯封을 낳았는데, 실로 돼지 같은 심보가 있어 탐욕이 심해 만족이 없고 포학이 끝이 없으니 사람들은 그를 '封豕'라 하였다. 有窮 后羿가 그를 멸망시키니 夔는 이로 인해 후사가 끊겼다. 그리고 또 三代의 滅亡과 共子의 廢黜도 모두 美色〔物〕때문이었는데, 너는 무엇 때문에 美女를 아내로 취하려 하느냐? 대체로 뛰어난 美人〔尤物〕은 사람의 마음을 흔들기에 충분하니, 만약 德義로써 自制하지 않는다면 반드시 禍가 있을 것이다."고 하니, 叔向은 두려워서 감히 취하지 않았다.

그런데 平公이 강제로 취하게 하여 伯石(楊食我)을 낳았다. 伯石이 처음 출생하였을 때 子容의 어머니가 달려가 시어머니에게 고하기를 "큰 시숙(叔向)의 동서가 아들을 낳았습니다."고 하니, 숙향의 어머니가 보려고 가다가 마루에 미쳐 아이의 울음소리를 듣고는 되돌아와서 말하기를 "이 아이의 울음소리는 바로 이리의 소리이다. 이리는 野心이 있으니 이 아이가 아니면 羊舌氏의 집안을 망칠 자가 없을 것이다."고 하고서 마침내 보지 않았다.

1) 夏姬女也[*)]

夏姬의 딸이다.

*) 역주] 夏姬 : 鄭穆公의 딸로 陳나라 大夫 御叔(夏徵舒의 父親)에게 出嫁하였는데, 御叔이 죽은 뒤에 여러 차례 改嫁하였고, 숫하게 淫行을 저지른 淫婦이다. 宣公 9년 傳, 成公 2년 傳을 참고할 것.

2) 〔附注〕 林曰 娶於舅氏

〔부주〕 林: 外叔의 딸을 아내로 맞이하게 하고자 한 것이다.

3) 言父多妄〔妾〕[*1)]媵 而庶子鮮少 嫌母氏性不曠[*2)]

아버지에게 妾媵이 많았으나 庶子가 많지 않은 것은 어머니의 성품이 너그럽지 못해서 그런 것으로 의심된다는 말이다.

*1) 역주] 저본에는 '妄'으로 되어 있으나, ≪十三經注疏≫本에 의거하여 '妾'으로 바로잡았다.

*2) 역주] 不曠 : 妬忌가 심한 것을 에둘러 말한 것이다.

4) 吾母多而庶鮮 吾懲舅氏矣 : '아버지에게 妾媵이 많았으나 庶子가 적었던 것은 어머니의 妬忌가 심하여 妾媵의 侍寢을 막았기 때문입니다. 女子의 妬忌는 家風에서 유래하니, 어머니의 친정 여인을 아내로 맞으면 역시 그러할 것이므로 저는 어머니의 투기를 경계로 삼아 外家의 女人을 꺼립니다.'는 뜻이다. 懲은 지난 일을 경계로 삼음이다.

5) 子靈 巫臣 妻 夏姬也 三夫 陳御叔 楚襄老及巫臣也 時巫臣已死
子靈은 巫臣이고 妻는 夏姬이다. 세 남편은 陳나라 御叔, 楚나라 襄老와 巫臣이다. 이때 巫臣은 이미 죽었다.

6) 역주] 子靈之妻殺三夫 : 成公 2년 傳에 "巫申이 '夏姬는 子蠻을 夭死하게 하고, 御叔을 죽게 하였다.'"고 하였으니, 子蠻이 바로 夏姬의 첫 번째 남편이고, 御叔이 두 번째 남편이고, 巫申이 세 번째 남편이다. 〈楊注〉

7) 陳靈公
一君은 陳靈公이다.

8) 역주] 殺三夫一君 : 殺一君은 夏徵舒가 陳靈公을 弑害한 것을 이른다. 宣公 10년 傳을 참고할 것.

9) 夏徵舒
一子는 夏徵舒이다.

10) 陳也
一國은 陳나라이다.

11) 孔寧 儀行父
二卿은 孔寧과 儀行父이다.

12) 子貉 鄭靈公夷
子貉은 鄭靈公 夷이다.

13) 是 夏姬也 鍾 聚也 子貉死在宣四年
是는 夏姬를 이른다. 鍾은 모임이다. 子貉의 죽음은 魯宣公 4년에 있었다.

14) 역주] 天鍾美於是 : 鄭靈公이 夭死하고 夏姬가 아름다웠던 것으로 인하여 이렇게 미루어 말한 것뿐이고, 오라비가 일찍 죽으면 그 누이가 반드시 아름답다는 것은 아니다. 〈正義〉

15) [附注] 林曰 將必用夏姬 大有所禍敗於人
[부주] 林: 장차 반드시 夏姬로 인해 크게 사람에게 禍와 敗亡을 끼침이 있을 것이라는 말이다.

16) 역주] 將必以是大有敗也 : 〈楊注〉에는 매우 아름다운 사람은 매우 악독하기 때문에 장차 반드시 크게 패망함이 있을 것이라는 뜻으로 해석하였다.

17) 有仍 古諸侯也 美髮爲黰

有仍은 옛날의 諸侯이다. 아름다운 黑髮을 鬒이라 한다.

18) 역주] 鬒黑 : 鬒은 바로 鬒(숱이 많고 검음)이다. ≪詩經≫〈鄘風 君子偕老〉에 '鬒髮如雲'이라 하였으니, 머리숱이 많고 검다는 말이다.〈楊注〉

19) 髮膚光色 可以昭〔照〕*) 人

머리와 피부의 색깔이 사람들의 눈을 부시게 한다는 말이다.

*) 역주] 저본에는 '昭'로 되어 있으나, ≪十三經注疏≫本에 의거하여 '照'로 바로잡았다.

20) 역주] 甚美 光可以鑑 : 甚美는 그 姿色을 말한 것이고, 光可以鑑은 姿色이 해맑고 아름다움을 極讚한 것이다. 머리와 피부의 光澤이 사람을 비출 수 있다는 말이다. ≪左氏會箋≫

21) 以髮黑故

머리가 검기 때문에〈이름을 '玄妻'로 지은 것이다.〉

22) 夔 舜典樂之君長

夔는 舜임금 때 音樂을 맡았던 長官이다.

23) 역주] 豕心 : 그 마음이 돼지와 같아 탐욕스러워 수치를 모른다는 말이다. ≪左氏會箋≫

24) 纇 戾也 封 大也〔附注〕朱曰 貪財嗜食 不知厭足 忿怒狠戾 無所期度

纇는 戾이고 封은 大이다.

〔부주〕朱: 재물을 탐하고 음식을 즐겨 滿足할 줄을 모르고, 忿怒와 狠戾(凶暴해 도리를 거스름)가 限度〔期度〕가 없음이다.

25) 羿 簒夏后者

羿는 夏后의 王位를 簒奪한 자이다.

26) 夏以妺喜 殷以妲己 周以褒姒 三代所由亡也 共子 晉申生 以驪姬廢

夏나라는 妺喜로 인해 망하고, 殷나라는 妲己로 인해 망하고, 周나라는 褒姒로 인해 망하였으니, 三代가 망한 것은 모두 美女가 그 원인이었다. 共子는 晉나라 太子 申生인데, 역시 驪姬로 인해 廢黜되었다.

27)〔附注〕林曰 汝何以夏姬之女爲美哉

〔부주〕林: 너는 무엇 때문에 夏姬의 딸을 아름답게 여기느냐는 말이다.

28) 尤 異也〔附注〕朱曰 有尤異之物 足以動人之心 苟不以德義自制其心 則爲其蠱惑而流禍矣

尤는 뛰어남이다.

〔부주〕朱: 뛰어난 人物(美女)은 충분히 사람의 마음을 흔들 수 있으니, 만약 德義로 그 마음을 制御하지 않으면 그 美色에 蠱惑되어 禍에 빠져든다는 말이다.

29) 역주] 尤物 足以移人 : 이렇게 말하였으니, 巫臣의 딸도 반드시 뛰어난 美色이 있었던 것이다. ≪左氏會箋≫

30) 子容母 叔向嫂 伯華妻也 姑 叔向母

子容의 어머니는 叔向의 兄嫂이니, 伯華(羊舌赤)의 아내이다. 姑는 叔向의 어머니이다.

31) 兄弟之妻相謂姒

兄弟의 아내끼리 서로를 姒(동서)라 한다.

32) 역주] 長叔 : 子容은 伯華의 아들이다. 그 형제 중에 伯華가 맏이이고 叔向이 둘째이다. 나머지 아우들은 모두 叔向보다 나이가 적기 때문에 叔向을 長叔이라 한 것이다. 〈正義〉

33) 〔附注〕 林曰 豺狼之子 山野之心[*] 不可馴服

〔부주〕 林: 豺狼의 새끼는 山野의 마음이 있기 때문에 길들여 복종시킬 수 없다는 말이다.

*) 역주] 山野之心 : '狼子野心'이란 말이 이미 宣公 4년 傳에 나왔는데, 그곳의 林注에는 '心在山野'라고 하였다.

34) 〔附注〕 朱曰 若非此子 何以喪羊舌氏之族哉 言其必有滅族之禍

〔부주〕 朱: '이 아이가 아니면 어찌 羊舌氏의 宗族이 멸망하겠느냐?'는 말은 이 아이로 인해 반드시 滅族의 禍가 있을 것임을 말한 것이다.

【傳】 秋에 **晉韓宣子卒**하니 **魏獻子爲政**[1]하야 **分祁氏之田以爲七縣**[2]하고 **分羊舌氏之田以爲三縣**[3]하고 **司馬彌牟爲鄔大夫**[4]하고 **賈辛爲祁大夫**[5]하고 **司馬烏爲平陵大夫**하고 **魏戊爲梗陽大夫**[6]하고 **知徐吾爲塗水大夫**[7]하고 **韓固爲馬首大夫**[8]하고 **孟丙爲盂大夫**[9]하고 **樂霄爲銅鞮大夫**[10]하고 **趙朝爲平陽大夫**[11]하고 **僚安爲楊氏大夫**[12]하다 **謂賈辛司馬烏爲有力於王室**[13]이라 **故擧之**하고 **謂知徐吾趙朝韓固魏戊**는 **餘子之不失職**하고 **能守業者也**[14]라하다 **其四人者 皆受縣而後**에 **見於魏子**하니 **以賢擧也**[15][16]니라

가을에 晉나라 韓宣子(韓起)가 卒하니 魏獻子(魏舒)가 執政이 되어, 祁氏의 田地를 나누어 일곱 개의 현으로 만들고, 羊舌氏의 田地를 나누어 세 縣으로 만들어서, 司馬彌牟를 鄔의 大夫로, 賈辛을 祁의 大夫로, 司馬烏를 平陵의 大夫로, 魏戊를 梗陽의 大夫로, 知徐吾를 塗水의 大夫로, 韓固를 馬首의 大夫로, 孟丙을 盂의 大夫로, 樂霄를 銅鞮의 大夫로, 趙朝을 平陽의 大夫로, 僚安을 楊氏의 大夫로 삼았다. 魏獻子는 賈辛과 司馬烏가 王室에 공이 있다고 여겼으므로 그들을 擧用한 것이고, 知徐吾·趙朝·韓固·魏戊는 餘子로서 그 직분을 잃지 않고 그 家業을 잘 지켰다고 여겼다. 이 네 사람은 모두 현을 받은 뒤에 魏獻子를 알현하였으니, 賢能하므로 擧用하였음을 알 수 있다.

1) 獻子魏舒 〔附注〕 林曰 魏舒將中軍爲政

獻子는 魏舒이다.

〔부주〕林: 魏舒가 중군을 거느리고 집정이 된 것이다.

2) 七縣 鄔祁平陵梗陽塗水馬首盂也

七縣은 鄔, 祁, 平陵, 梗陽, 塗水, 馬首, 盂이다.

3) 銅鞮平陽楊氏

三縣은 銅鞮, 平陽, 楊氏이다.

4) 大原鄔縣

大原 鄔縣이다.

5) 大原祁縣

大原 祁縣이다.

6) 戊 魏舒庶子 梗陽 在大原晉陽縣南

魏戊는 魏舒의 庶子이다. 梗陽은 大原 晉陽縣 남쪽에 있다.

7) 徐吾 知盈孫 塗水 大原榆次縣

徐吾는 知盈의 손자이다. 塗水는 大原 榆次縣이다.

8) 固 韓起孫

韓固는 韓起의 손자이다.

9) 大原盂縣

大原 盂縣이다.

10) 上黨銅鞮縣

上黨 銅鞮縣이다.

11) 朝 趙勝曾孫 平陽平陽縣

趙朝는 趙勝의 증손이다. 平陽 平陽縣이다.

12) 平陽 楊氏縣

平陽 楊氏縣이다.

13) 二十二年 辛鳥帥師 納敬王

22년에 辛鳥가 군대를 거느리고 가서 敬王을 경사로 모셔드렸다.

14) 卿之庶子爲餘子〔附注〕林曰 餘子 晉官名

卿의 庶子를 餘子라 한다.

〔附注〕林: 餘子는 晉나라의 官名이다.

15) 四人 司馬彌牟孟丙樂霄僚安也 受縣而後見 言采衆而擧 不以私也

四人은 司馬彌牟, 孟丙, 樂霄, 僚安이다. 縣大夫의 관직을 받은 뒤에 魏獻子를 謁見하였다는 것은 大衆에서 選拔하여 擧用한 것이고, 사사로이 擧用한 것이 아님을 말한 것이다.

16) 역주〕 受縣而後見 以賢擧也：縣大夫의 官職을 받은 뒤에 魏獻子를 謁見한 것에서 獻子가 대중 속에서 賢能한 사람을 擧用한 것이고 평소부터 알고 지내던 사람을 사사로이 擧用한 것이 아님을 알 수 있다는 말이다.

魏子謂成鱄[1)]호되 吾與戊也縣[2)]하니 人其以我爲黨乎[3)]아 對曰 何也오 戊之爲人也 遠不忘君[4)]하고 近不偪同[5)]하며 居利思義[6)]하고 在約思純[7)8)]하야 有守心而無淫行[9)10)]하니 雖與之縣이라도 不亦可乎아 昔武王克商하고 光有天下[11)]에 其兄弟之國者 十有五人[12)]이오 姬姓之國者 四十人이니 皆擧親也라 夫擧無他라 唯善所在니 親疏一也[13)]라 詩曰 唯此文王을 帝度其心하고 莫其德音하니 其德克明이라 克明克類하고 克長克君이라 王此大國하야 克順克比하니 比于文王[14)]하야 其德靡悔하니 旣受帝祉하야 施于孫子[15)]라하니라 心能制義曰度[16)17)]이오 德正應和曰莫[18)19)]이오 照臨四方曰明이오 勤施無私曰類[20)]오 敎誨不倦曰長[21)]이오 賞慶刑威曰君[22)23)]이오 慈和徧服曰順[24)25)]이오 擇善而從之曰比[26)]오 經緯天地曰文[27)28)]이니 九德不愆하야 作事無悔[29)]라 故襲天祿하야 子孫賴之[30)]하니라 主之擧也가 近文德矣니 所及其遠哉[31)]ㄴ저

魏子가 成鱄에게 말하기를 "내가 〈나의 庶子〉 戊에게 縣大夫의 官職을 주었으니, 사람들이 어찌 내가 私心에 치우친 人事를 하였다고 하지 않겠는가?"라고 하니, 成鱄이 다음과 같이 대답하였다. "어찌 그리 생각하겠습니까? 戊의 사람됨이 멀리하여도 國君을 잊지 않았고 가까이하여도 同僚를 핍박하지 않았으며, 財利를 보면 義理를 생각하고 貧窮〔約〕에 處해서는 純正을 생각하여 禮義를 지키는 마음이 있어서 淫行(禮義를 犯하는 행위)이 없었으니, 비록 그에게 현대부의 관직을 주어도 합당하지 않겠습니까?

옛날에 武王이 商나라를 이기고 빛나게 天下를 소유하였을 때 그 兄弟로서 封國을 받고 간 자가 15人이고, 姬姓으로 封國을 받고 간 자가 40인이었으니, 이는 모두 親屬을 擧用한 것입니다. 人才를 선발해 등용함에는 다른 것이 없고 오직 賢能〔善〕만을 볼 뿐이니, 親疏를 구별할 게 없습니다.

≪詩經≫에 '이 文王에게 上帝(하느님)가 그 마음으로 하여금 道義를 헤아리게〔度〕 하니, 그 德音(政令)이 淸靜〔莫〕하여 그 德이 밝으셨다. 밝으시고 善〔類〕하시어 師長이 되고 君王이 되시어, 大國을 다스리니 〈천하가〉 順從하고 〈선을〉 따랐다〔比〕. 옛날 文德을 가졌던 先王〔文王〕에 비교해 그 德이 부족함〔悔〕이 없으니 하늘의 복을 받아

그 복이 뻗쳐 자손에게 미쳤다.'고 하였습니다.

마음으로 헤아려 事宜에 맞게 制定하는 것을 '度'이라 하고, 德이 公正하여 상대가 應和(應答)하는 것을 '莫'이라 하고, 사방을 비추는 것을 '明'이라 하고, 부지런히 施惠하되 사사로움이 없는 것을 '類'라 하고, 가르치기를 게을리하지 않는 것을 '長'이라 하고, 賞을 주어 경사롭게 하고 형벌을 주어 두렵게 하는 것을 '君'이라 하고, 인자하고 온화하여 모두가 복종하는 것을 '順'이라 하고, 善을 가려 따르는 것을 '比'라 하고, 하늘을 날줄로 삼고 땅을 씨줄로 삼는 것을 '文'이라 하니, 이 아홉 가지 德에 잘못이 없어서 일에 후회가 없었기 때문에 天祿을 받아 子孫이 힘입은 것입니다. 이번에 主(獻子를 이름)께서 擧用하신 일이 文德이 가까우니, 그 덕이 뻗쳐 미치는 바가 아마 長遠할 것입니다."

1) 鱄 晉大夫
 鱄은 晉나라 大夫이다.
2) 〔附注〕 林曰 我以縣與魏戊
 〔부주〕 林: 내가 縣을 魏戊에게 주었다는 말이다.
3) 역주〕 人其以我爲黨乎 : 여기서 其는 '豈不'의 訓으로 쓰인 듯하다.
4) 遠 疏遠也
 遠은 疏遠이다.
5) 不偪同位
 同僚〔同位〕를 逼迫하지 않은 것이다.
6) 不苟得
 부당하게 구차히 얻지 않은 것이다.
7) 無濫心
 貪心이 없는 것이다.
8) 역주〕 遠不忘君……在約思純 : 遠不忘君은 그 관직이 비록 소원한 자리였어도 마음이 국가(公室)에 있어서 항상 충성하고 공경하였다는 말이고, 近不偪同은 친근한 자리에서 총애를 받아도 同僚를 핍박하지 않고 항상 겸손하고 공순하였다는 말이고, 居利思義는 財利를 당해서는 의리를 생각하여 取할 만하여야 취하였다는 말이고, 在約思純은 貧窮한 처지에 있어도 純正하기를 생각한다는 말이다.
9) 〔附注〕 林曰 有固守之心 而無淫邪之行
 〔부주〕 林: 굳게 지키는 마음이 있어서 淫邪한 행위가 없는 것이다.
10) 역주〕 有守心而無淫行 : 困窮한 처지에 있어서도 純正하기를 생각하여 탐하는 마음이 없었다는 말이다. 〈正義〉

11) 光 大也

光은 大이다.

12) 〔附注〕 林曰 之 往也 按武王兄弟封國者 管蔡郕霍魯衛毛聃郜雍曹滕畢原酆郇凡十六人 此言十五人 紀載不同 不必强爲之說

〔부주〕 林: 之는 往(감)이다. 武王의 兄弟로 封國을 받은 자를 고찰하건대, 管, 蔡, 郕, 霍, 魯, 衛, 毛, 聃, 郜, 雍, 曹, 滕, 畢, 原, 酆, 郇 등 모두 16인인데, 여기에는 15인으로 말하였다. 紀載된 내용이 같지 않으나 억지로 해설할 필요는 없다.

13) 역주〕 擧無他 惟善所在 親疏一也 : 人才를 등용하는 기준은 다른 것이 없고 오직 善(賢能)만을 기준으로 삼아야 하니, 親疏를 막론하고 동일한 기준을 적용해야 한다는 말이다.

14) 역주〕 唯此文王……比于文王 : ≪詩經≫에는 '唯'가 '維'로, '文王'이 '王季'로 되어 있다. '帝度其心'한 것이 王季라면 '比于文王'을 '文王에 이르러서'로 해석할 수 있지만, '帝度其心'한 것이 文王이라면 '比于文王'을 '문왕에 이르러서'로 해석할 수 없다. 그러므로 〈正義〉의 說을 취하여 '옛날 文德이 있었던 先王들에 비교하여'로 번역하였다.

15) 詩大雅 美文王能王大國 受天福 施及子孫

詩는 ≪詩經≫ 〈大雅 皇矣〉篇의 詩句인데, 文王이 大國을 잘 다스려〔王〕 하늘의 福祿을 받아, 그 복록이 자손에까지 뻗쳐 미친 것을 찬미한 것이다.

16) 帝度其心

上帝가 文王의 마음으로 하여금 道義에 맞게 헤아리게 하였다는 말이다.

17) 역주〕 心能制義曰度 : 마음으로 時事를 制斷하여 事宜에 맞게 하는 것이 바로 잘 揆度(헤아림)하는 것이니, 앞으로 올 일을 미리 헤아려 모두 事宜에 맞게 하는 것을 이른다.〈正義〉

18) 莫然清淨

莫然(淸淨한 모양)히 淸淨(깨끗함)한 것이다.

19) 역주〕 德正應和曰莫 : 德이 이미 바르고 政治가 淸淨하기 때문에 시행하는 일을 백성이 모두 應和(呼應)한 것이다. 〈正義〉

20) 施而無私 物得其所 無失類也

부지런히 은혜를 베풀되 치우침이 없어 상대〔物〕가 모두 합당한 처소를 얻었기 때문에 類(善)를 잃음이 없었던 것이다. 〈正義〉

21) 教誨長人之道

백성을 敎誨하는 것은 長人(君王)의 도리이다.

22) 作威作福 君之職也

刑罰을 주기도 하고 賞을 주기도 하는 것〔作威作福〕은 君王의 職分이다.

23) 역주] 賞慶刑威曰君 : 賞罰의 權限을 가지고서 賞으로 사람들을 권면하고 刑罰로 사람들을 두렵게 하는 것은 君王의 도리이다. 〈正義〉

24) 唯順 故天下徧服

順從하기 때문에 天下가 모두 복종한 것이다.

25) 역주] 慈和徧服曰順 : 임금이 慈愛로운 마음으로 아랫사람들에게 은혜를 베풀고, 온화하고 善良한 모습으로 사람들을 대하면 천하가 모두 복종해 순종하기 때문에 '順'이라 한 것이다. 〈正義〉

26) 比方善事 使相從也

善한 일을 비교하여 서로 따르게 한 것이다.

27) 經緯相錯 故織成文

씨줄과 날줄이 서로 교차하기 때문에 織物에 무늬를 형성한다.

28) 역주] 經緯天地曰文 : 〈正義〉에 "德이 하늘을 順應하여 하늘의 行爲를 따르는 것이 마치 씨줄과 날줄이 서로 교차하여 무늬를 이루는 것과 같기 때문에 '文'이라 한 것이다."고 하였다. 經緯天地는 經天緯地와 같은 말로, 天地의 법도를 본받아 천하를 經營한 帝王과, 그런 德을 가진 聖人을 이르는 말로 쓰인다.

29) 九德 上九曰也 皆無愆過 則動無悔吝

九德은 위의 아홉 개의 '曰'이다. 九德에 모두 잘못이 없으면 행동에 悔恨〔悔吝〕이 없다는 말이다.

30) 襲 受也

襲은 받음이다.

31) 也〔擧〕[*1]魏戊等 勤施無私也 其四人者 擇善而從 故曰近文德 所及遠也[*2] 〔附注〕 朱曰 可謂近於文王之德矣 其德亦將及於子孫也

魏戊 등을 擧用한 것이 勤施無私이다. 그 네 사람도 善(有能)을 선택하여 등용〔從〕하였기 때문에 '文德이 가까우니, 미치는 바가 長遠할 것이다.'고 한 것이다.

〔부주〕 朱: 文王의 德에 가깝다고 할 만하니, 그 德 또한 장차 子孫에 미칠 것이라는 말이다.

*1) 역주] 底本에는 '也'로 되어 있으나, ≪十三經注疏≫本에 의거하여 '擧'로 바로잡았다.

*2) 역주] 近文德 所及遠也 : 文王에게 이런 德이 있었기 때문에 그 덕이 뻗쳐 자손에게 미쳤듯이 魏獻子에게도 이미 이런 덕이 있으니, 역시 장차 미치는 바가 長遠할 것이라는 말이다.

賈辛將適其縣할새 見於魏子한대 魏子曰 辛아 來하라 昔叔向適鄭에 鬷蔑惡[1]이러니 欲

觀叔向[2)]하야 從使之收器者[3)]而往하야 立於堂下하야 一言而善이어늘 叔向將飮酒라가 聞之하고 曰 必鬷明也[4)]라하고 下執其手以上曰 昔賈大夫惡[5)]이러니 娶妻而美하야 三年不言不笑[6)]하니라 御以如皐[7)]하야 射雉獲之하니 其妻始笑而言이어늘 賈大夫曰 才之不可以已로다 我不能射면 女遂不言不笑夫리라 今子少不颺[8)]하니 子若無言이면 吾幾失子矣리라 言之不可以已也如是로다하고 遂如故知하니라 今女有力於王室일새 吾是以擧女[9)]니라 行乎ㄴ저 敬之哉하야 毋墮乃力[10)]하라

賈辛이 장차 그 縣으로 가려 할 적에 魏子를 謁見하니 魏子가 말하기를 "辛이여! 어서 오게나. 옛날에 叔向이 鄭나라에 갔을 적에 얼굴이 醜惡한 鬷蔑이 叔向을 만나보고자 하여 그릇을 수습하는 심부름꾼을 따라 들어가서 堂下에 서서 도리에 맞는 착한 말을 한마디 하자, 叔向이 술을 마시려다가 그 말을 듣고 '이 자는 반드시 鬷明(鬷蔑)일 것이다.'고 하고서 堂下로 내려가서 鬷明의 손을 잡고 올라와서 말하기를 '옛날에 賈大夫는 얼굴이 醜惡하였는데 맞은 아내는 美人이었답니다. 그 아내는 3년 동안 말도 하지 않고 웃지도 않았는데, 하루는 賈大夫가 그녀를 수레에 태우고 皐澤으로 가서 꿩을 쏘아 잡으니 그 아내는 비로소 웃으며 말을 하였답니다. 그러자 賈大夫는 「사람은 才能이 없어서는 안 되겠구려. 내가 만약 활을 잘 쏘지 못하였다면 그대는 끝내 말도 하지 않고 웃지도 않았겠지.」라고 하였다고 합니다. 지금 그대도 용모가 그다지 俊秀하지 못하니 그대가 만약 말을 하지 않았다면 나는 거의 그대를 알아보지 못하였을 것입니다. 말을 하지 않아서는 안 되는 것이 이와 같습니다.'라고 하고서 드디어 오래된 親知처럼 대하였다네. 지금 그대가 王室에 功이 있기 때문에 나는 그대를 擧用한 것이니, 任地로 가서 일처리를 敬謹히 하여 그대의 前功을 무너뜨리지 말게나."라고 하였다.

1) 惡 貌醜

惡은 용모가 醜惡한 것이다.

2) 역주] 欲觀叔向 : 叔向의 풍채와 안모를 보고자 한 것이다. ≪左氏會箋≫

3) 從 隨也 隨使人應斂俎豆者

從은 따름이니, 俎豆를 거두는 심부름꾼〔使人〕을 따라간 것이다.

4) 素間〔聞〕[*)]其賢 故間〔聞〕[*)]其言而知之 〔附注〕 林曰 鬷明 卽鬷蔑이다.

평소에 그가 賢明한 사람이라는 소문을 들었기 때문에 그의 말을 듣고서 그를 알아본 것이다.

〔부주〕 林: 鬷明은 곧 鬷蔑이다.

*) 역주] 저본에는 '間'으로 되어 있으나, ≪十三經注疏≫本에 의거하여 '聞'으로 바로잡

았다.

5) 賈國之大夫 惡 亦醜也

賈大夫는 賈國의 大夫이다. 惡도 醜이다.

6) 〔附注〕 朱曰 妻惡其醜 故三年不言笑

〔부주〕 朱: 아내는 그 남편의 얼굴이 醜惡한 것을 미워하였기 때문에 3년 동안 말도 하지 않고 웃지도 않은 것이다.

7) 爲妻御之皐澤

아내를 위해 수레를 몰고 皐澤으로 간 것이다.

8) 顔貌不揚顯

顔貌가 揚顯(俊秀)하지 못한 것이다.

9) 因賈辛有功而後擧之 言人不可無能

賈辛이 功이 있은 뒤에 그를 擧用한 것을 인해 사람은 재능이 없어서는 안 된다는 것을 말한 것이다.

10) 墮 損也

墮는 損壞함이다.

仲尼聞魏子之擧也하고 **以爲義曰 近不失親**[1)]하고 **遠不失擧**[2)]하니 **可謂義矣**로다 **又聞其命賈辛也**하고 **以爲忠**[3)]이라 **詩曰 永言配命**이 **自求多福**이라하니 **忠也**[4)5)]라 **魏子之擧也義**하고 **其命也忠**하니 **其長有後於晉國乎**ㄴ저

仲尼께서 魏子가 사람을 擧用한 일을 듣고는 그 일이 道義에 맞았다고 여겨 말씀하기를 "〈人才를 擧用함에 있어〉 가까이로는 親屬을 버리지 않고 멀리로는 거용할 만한 사람을 버리지 않았으니 도의에 맞았다고 이를 만하다."고 하고, 또 魏子가 賈辛에게 명한 말을 듣고는 그 말이 忠誠스럽다고 여겨 "詩에 '〈모든 행위가〉 항상〔永〕 天命에 符合하는 것이 스스로 많은 복을 구하는 것이다.'고 하였으니, 이는 충성스럽기 때문이다. 魏子가 사람을 거용한 것이 도의에 맞고, 그 명한 말이 충성스러웠으니, 그 後孫이 長久히 晉나라에서 福祿을 누릴 것이다."고 하셨다.

1) 謂擧魏戊

魏戊를 거용한 것을 이른다.

2) 以賢擧

賢才를 擧用하였기 때문이다.

3) 先賞王室之功 故爲忠

王室의 功에 대해 먼저 賞을 주었기 때문에 '忠'이라 한 것이다.

4) 詩 大雅 永 長也 言能長配天命 致多福者 唯忠[*)]

詩는 ≪詩經≫ 〈大雅 文王〉篇의 詩句이다. 永은 長이니, 〈모든 행위가〉 항상 天命에 부합하여 많은 복을 부르는 것은 오직 충성뿐이라는 말이다.

*) 역주] 唯忠 : 충성하면 그렇게 된다는 말이다. 〈正義〉

5) 역주] 永言配命 : ≪毛詩≫ 箋에 "永은 常이다."고 하였다. 〈楊注〉에 "言은 句中助辭로 뜻이 없고, 配는 合이다."고 하였다.

【傳】 冬에 梗陽人有獄이어늘 魏戊不能斷하야 以獄上[1)]하다 其大宗賂以女樂[2)]하니 魏子將受之하다 魏戊謂閻沒女寬[3)]曰 主以不賄聞於諸侯[4)5)]어늘 若受梗陽人[6)]이면 賄莫甚焉이니 吾子必諫하라 皆許諾하다 退朝하야 待於庭[7)8)]하다 饋入에 召之[9)]하다 比置[10)]에 三歎[11)]하니 旣食에 使坐[12)]하다 魏子曰 吾聞諸伯叔[13)]컨대 諺曰 唯食忘憂라하야늘 吾子置食之間三歎하니 何也오 同辭而對曰 或賜二小人酒하야 不夕食[14)]일새 饋之始至에 恐其不足[15)]이라 是以歎호라 中置에 自咎曰 豈將軍食之而有不足이리오 是以再歎[16)]하고 及饋之畢에 願以小人之腹으로 爲君子之心하야 屬厭而已[17)18)]라하니 獻子辭梗陽人[19)]하다

겨울에 梗陽 사람의 訴訟이 있었는데, 魏戊는 〈그 是非를〉 判斷할 수 없어서 그 訟事를 魏子에게 올려 보냈다. 一方의 訴訟當事者〔其〕의 宗人이 魏子에게 女樂(舞姬)을 뇌물로 보내니 魏子가 그것을 받으려 하였다. 그러자 魏戊가 閻沒과 女寬에게 말하기를 "主께서는 뇌물을 받지 않는 것으로 諸侯 사이에 소문난 분인데, 만약 梗陽 사람의 뇌물을 받는다면 이보다 큰 뇌물이 없으니, 그대들은 반드시 諫하시오."라고 하니 두 사람 모두 허락하였다.

두 사람은 朝廷에서 물러나와서 뜰에서 위자를 기다렸다. 음식이 들어가자 魏子는 두 사람을 불러들여 음식을 먹게 하였는데, 두 사람은 음식을 차려놓을 때에 미쳐 세 차례 한숨을 지으니, 식사를 마친 뒤에 魏子는 그들을 앉게 하고서 말하기를 "내가 伯叔에게 듣건대 속담에 '식사하는 동안만은 근심을 잊는다.'고 하였는데 그대들은 음식을 차려놓을 때에 세 차례 한숨을 지은 것은 어째서인가?"라고 묻자, 두 사람이 같은 말로 대답하기를 "〈어제 저녁에〉 어떤 자가 저희 두 사람에게 술을 주어 저녁밥을 먹지 못하였기 때문에 음식이 처음 들어올 때는 음식이 부족할까 두려웠습니다. 그러므로 한숨을 지은 것입니다. 음식이 절반쯤 들어왔을 때에 저희들은 '將軍께서 우리를 먹이

시는데 어찌 不足함이 있겠는가?'라고 스스로 책망하였습니다. 그러므로 재차 한숨을 지었고, 음식이 다 들어옴에 미쳐서는 小人들이 배가 부르면 오히려 만족할 줄을 아는 것으로써 君子의 마음도 응당 그럴 것으로 여겨 〈세 번째 한숨을 지은 것이니,〉 적당히 만족하면 그만두기를 바랍니다."고 하니, 獻子는 梗陽 사람의 뇌물을 사절하였다.

1) 上魏子
　魏子에게 올려 보낸 것이다.

2) 訟者之大宗
　訴訟하는 자의 大宗이다.

3) 二人 魏子之屬大夫
　두 사람은 魏子의 屬大夫이다.

4) 〔附注〕 朱曰 主 謂魏子也
　〔부주〕 朱: 主는 魏子를 이른다.

5) 역주〕 主 : 卿大夫의 僚屬이 卿大夫를 稱하는 말이다.

6) 〔附注〕 朱曰 受女樂之賂
　〔부주〕 朱: 뇌물로 주는 女樂을 받으려 한 것이다.

7) 魏子朝君退 而待於魏子之庭
　魏子가 임금을 朝見하고 물러나올 때까지 魏子의 집 뜰에서 기다린 것이다. 〈楊注〉

8) 역주〕 退朝 : ≪左氏會箋≫에는 "두 사람이 魏子를 朝謁(謁見)하고 물러나와서 그대로 뜰에 서서 불러들이기를 기다린 것이고, 魏子가 임금을 朝見한 것이 아니다."고 하였다. 〈楊注〉에는 "두 사람이 朝廷에서 먼저 물러나와서 魏子의 집 뜰에서 魏子를 기다린 것이다."고 하였다. 이 說을 취해 번역하였다.

9) 召二大夫食 〔附注〕 林曰 饋膳旣入 召二大夫共食
　두 大夫를 불러들여 음식을 먹게 한 것이다.
　〔부주〕 林: 饋膳(飯菜)이 들어온 뒤에 두 大夫를 불러 함께 먹은 것이다.

10) 역주〕 比置 : 比는 及이고, 置는 빈 그릇과 음식을 상 위에 陳列〔置〕함이다.

11) 〔附注〕 林曰 二大夫 自始食至食盡 三次歎息
　〔부주〕 林: 두 大夫가 食事를 시작할 때부터 식사가 끝날 때까지 세 차례 탄식한 것이다.

12) 更命之令坐
　다시 명하여 앉게 한 것이다.

13) 〔附注〕 朱曰 伯叔 猶言前輩長者也
　〔부주〕 朱: 伯叔은 先輩 어른이라는 말과 같다.

14) 或 他人也 言飢甚〔附注〕朱曰 昨日偶有人 以酒賜我二人 因飮醉而不曾晩食
或은 他人이다. 매우 배가 고프다는 말이다.
〔부주〕朱: 어제 우연히 어떤 사람이 우리 두 사람에게 술을 주어, 마신 술이 취함으로 인해 저녁밥을 먹지 못하였다는 말이다.

15) 역주〕或賜二小人酒……恐其不足 : 어떤 사람이 우리 두 사람에게 술을 먹였기 때문에 마신 술이 크게 취하여 저녁밥을 먹지 못하였다. 그러므로 지금 매우 배가 고픔으로 인해 음식이 처음 들어올 때는 배불리 먹기에 부족할까 두려웠다는 말이다.

16) 魏子中軍帥 故謂之將軍
魏子가 中軍帥이기 때문에 그를 將軍이라 한 것이다.

17) 屬 足也 言小人之腹飽 猶知厭足 君子之心亦宜然
屬은 足이니, 小人도 배가 부르면 오히려 만족할 줄을 아니, 君子의 마음도 응당 그럴 것이라는 말이다.

18) 역주〕屬厭而已 : 屬은 適(적당)이고, 厭은 足(만족)이고, 已는 止이다. 〈楊注〉

19) 傳言魏氏所以興也
傳文은 魏氏가 興盛하게 된 까닭을 말한 것이다.

〈二十九年, 戊子 B.C.513〉

【經】 二十有九年春에 **公至自乾侯**하야 **居于鄆**[1)2)]하다

29년 봄에 昭公이 乾侯에서 돌아와서 鄆에 거처하였다.

1) 以乾侯至 不得見晉侯故
乾侯에서 돌아왔다는 것으로써 宗廟에 告한 것은 晉侯를 만나보지 못하였기 때문이다.

2) 역주〕至自乾侯 : 지난해에 昭公이 晉나라로 가서 乾侯에 머물렀다. 비록 晉나라의 境內로 들어갔으나, 晉侯를 만나보지 못하였기 때문에 經에 '至自乾侯'로 기록한 것이다. 乾侯에서 돌아온 것으로 宗廟에 告한 것은 晉侯를 만나보지 못하였기 때문이다. 〈正義〉

【經】 齊侯使高張來唁公[1)]하다

齊侯가 高張을 보내와서 昭公을 慰問〔唁〕하였다.

1) 唁公至晉不見受 高張 高偃子
昭公이 晉나라에 갔으나 받아들임을 받지 못한 것을 위문한 것이다. 高張은 高偃의 아들이다.

【經】 公如晉하야 次于乾侯[1]하다

昭公이 晉나라로 가서 乾侯에 머물렀다.

1) 復不見受 往乾侯

다시 받아들임을 받지 못하였기 때문에 乾侯로 간 것이다.

【經】 夏四月庚子에 叔詣卒[1]하다

여름 4월 庚子日에 叔詣가 卒하였다.

1) 無傳

傳이 없다.

【經】 秋七月이라

가을 7월이다.

【經】 冬十月에 鄆潰[1]하다

겨울 10월에 鄆人이 흩어져 도망하였다.

1) 無傳 民逃其上曰潰 潰散叛公

傳이 없다. 백성이 그 윗사람에게서 도망하는 것을 '潰'라 하니, 백성이 흩어져 도망하여 昭公을 背叛한 것이다.

【傳】 二十九年春에 公至自乾侯하야 處于鄆하니 齊侯使高張來唁公호대 稱主君[1]하니 子家子曰 齊卑君矣니 君祇辱焉[2]이리라 公如乾侯[3]하다

29년 봄에 昭公이 乾侯에서 돌아와서 鄆에 居處하니 齊侯가 高張을 보내와서 昭公을 慰問하면서 소공을 '主君'으로 칭하였다. 子家子가 말하기를 "齊나라가 임금님을 蔑視〔卑〕하는 것이니 임금님께서는 단지 恥辱만을 취하게 될 뿐입니다."라고 하니, 소공이 乾侯로 갔다.

1) 比公於大夫〔附注〕林曰 大夫稱主君

昭公을 大夫와 같이 여긴 것이다.

〔부주〕林: 大夫를 主君으로 칭한다.

2) 言往事齊 適取辱

가서 齊나라를 섬기는 것은 단지 치욕만을 취하게 될 뿐이라는 말이다.

3) 爲齊所卑 故復適晉冀見恤

齊나라의 賤視를 당하였기 때문에 다시 晉나라로 가서 救恤해주기를 바란 것이다.

【傳】 三月己卯에 京師殺召伯盈尹氏固及原伯魯之子[1)]하다 尹固之復也[2)]에 有婦人遇之周郊하야 尤之[3)]曰 處則勸人爲禍하고 行則數日而反[4)]하니 是夫也 其過三歲乎[5)]아

3월 己卯日에 京師가 召伯盈·尹氏固 및 原伯魯의 아들을 죽였다. 尹固가 〈亡命에서〉 돌아올 때에 어떤 婦人이 그를 周나라 國都의 郊外에서 만나 꾸짖기를 "國內에 있을 때는 사람(子朝)을 권하여 禍亂을 일으키게 하고, 國外로 도망가서는 며칠이 되지 않아 다시 돌아오니, 이런 사내가 어찌 3년을 넘길 수 있겠는가?"라고 하였다.

1) 皆子朝黨也 稱伯魯子 終不說(열)學[*)]

이들은 모두 子朝의 黨이다. 伯魯의 아들이라고 칭한 것은 끝내 학문을 좋아하지 않았기 때문이다.

*) 역주〕終不說學 : 原伯魯의 아들의 이름을 기록하지 않은 것에 대해 杜氏는 '끝내 학문을 좋아하지 않았기 때문이다.'고 하였다. 原伯魯가 好學하지 않은 것은 昭公 18년 傳에 보이지만, 아비의 不好學이 그 아들과 무슨 관계가 있는가? 杜注는 믿을 만하지 못하다.〈楊注〉

2) 二十六年 尹固與子朝俱奔楚而道還

26년에 尹固가 子朝와 함께 楚나라로 도망가다가 중도에서 돌아왔다.

3)〔附注〕林曰 尤怪尹固責之

〔부주〕林: 尹固를 매우 이상하게 여겨 꾸짖은 것이다.

4)〔附注〕林曰 尹固處周則勸子朝爲禍亂 出奔則數日而亟反

〔부주〕林: 尹固가 周나라에 있을 때에는 子朝를 권하여 禍亂을 일으키게 하고, 出奔하여서는 며칠도 되지 않아 이내 돌아왔다는 말이다.

5)〔附注〕林曰 是夫 賤尹固之稱

〔부주〕林: 是夫는 尹固를 賤하게 여긴 呼稱이다.

【傳】 夏五月庚寅에 王子趙車入于鄻以叛하니 陰不佞敗之[1)]하다

여름 5월 庚寅日에 王子 趙車가 鄻으로 들어가서 叛亂을 일으키니, 陰不佞이 〈군대를 거느리고 가서〉 敗北시켰다.

1) 趙車 子朝之餘也 見王殺伯盈等 故叛 鄻 周邑
 趙車는 子朝의 餘黨이다. 周王이 伯盈 등을 죽이는 것을 보았기 때문에 반란을 일으킨 것이다. 鄻은 周나라 邑이다.

【傳】 平子每歲賈馬[1)]하고 具從者之衣屨하야 而歸之于乾侯러니 公執歸馬者하고 賣之[2)]한대 乃不歸馬[3)]하다

季平子가 해마다 말을 사고 從者들의 옷과 신발을 준비〔具〕하여 乾侯로 보냈는데, 昭公이 말을 몰고 간 사람을 체포하고 그 말을 파니, 이에 平子는 말을 보내지 않았다.

1) 賈 買也
 賈는 사는 것이다.

2) 賣其馬
 그 말을 판 것이다.

3) 〔附注〕 林曰 平子乃絶 不歸馬
 〔附注〕 林: 平子는 이에 斷絶하고서 말을 보내지 않았다.

衛侯來獻其乘馬하니 曰 啓服[1)]이라 塹而死[2)]하니 公將爲之櫝[3)]하다 子家子曰 從者病矣니 請以食(사)之[4)5)]하소서 乃以帷裹之[6)]하다

衛侯가 使者를 보내와서 그 乘馬(수레를 끌던 말) 啓服을 昭公에게 바쳤는데, 그 말이 해자〔塹〕에 빠져 죽으니 소공은 그 말을 위해 棺을 마련하려 하였다. 그러자 子家子가 말하기를 "從者들이 모두 지쳤으니 이 말고기를 종자들에게 먹이소서."라고 하니, 昭公은 이에 휘장으로 그 말을 싸서 묻게 하였다.

1) 啓服 馬名
 啓服은 말의 이름이다.

2) 墮塹死也
 해자에 빠져 죽은 것이다.

3) 爲作棺也
 말을 위하여 관을 만들게 한 것이다.

4) 〔附注〕 林曰 請以作棺之費 飮食從者

〔부주〕林: 棺을 만드는 데 드는 費用으로 從者들에게 飮食을 마련해주기를 청한 것이다.

5) 역주〕食之 :〈正義〉에는 "馬肉을 從者들에게 먹이기를 청한 것이다."고 하였다.

6) 禮曰 蔽〔敝〕[*]幃不棄 爲埋馬也

≪禮記≫〈檀弓〉에 "해진 휘장을 버리지 않는 것은 죽은 말을 싸기 위함이다."고 하였다.

*) 역주〕저본에는 '蔽'로 되어 있으나, ≪十三經注疏≫本에 의거하여 '敝'로 바로잡았다.

公賜公衍羔裘하야 **使獻龍輔於齊侯**[1]러니 **遂入羔裘**[2]한대 **齊侯喜**하야 **與之陽穀**[3]하다 **公衍公爲之生也**[4]에 **其母偕出**[5]하다 **公衍先生**이어늘 **公爲之母曰 相與偕出**하니 **請相與偕告**[6]하노라 **三日**에 **公爲生**커늘 **其母先以告**하니 **公爲爲兄**[7]하다 **公私喜於陽穀**하고 **而思於魯**[8]**曰 務人爲此禍也**[9]라 **且後生而爲兄**하니 **其誣也久矣**라하고 **乃黜之**하고 **而以公衍爲太子**하다

昭公이 公衍에게 羔裘를 下賜하고서 그에게 齊나라로 가서 齊侯에게 龍輔를 바치게 하였는데, 公衍이 드디어 羔裘까지 바치니, 齊侯는 기뻐하여 그에게 陽穀을 封地로 주었다.

公衍과 公爲가 出生할 때 그 어머니들이 함께 産室로 나가 있었다. 公衍이 먼저 出生하자, 公爲의 어머니가 "함께 나왔으니 〈내가 出産한 뒤에〉 함께 〈가서 임금님께〉 告합시다."라고 하였다. 3일 뒤에 公爲가 出生하자, 公爲의 어머니는 먼저 가서 昭公에게 告하였다. 그러므로 公爲가 兄이 되었다.

昭公은 마음속으로 〈公衍이〉 陽穀을 얻어 온 것을 기뻐하고, 魯나라에 있을 때의 일을 생각하며 말하기를 "이 禍는 務人이 만든 것이다. 그리고 또 뒤에 출생하였으면서 兄이 되었으니 나를 속인 지가 오래이다." 하고서 이에 公爲를 廢黜하고 公衍을 太子로 삼았다.

1) 龍輔 玉名

龍輔는 玉의 이름이다.

2)〔附注〕林曰 公衍遂以羔裘繼入爲獻

〔부주〕林: 公衍이 드디어 羔裘를 가지고 들어가서 바친 것이다.

3) 陽穀 齊邑

陽穀은 齊나라 邑이다.

4)〔附注〕林曰 公衍公爲 皆昭公子

〔부주〕林: 公衍과 公爲는 모두 昭公의 아들이다.

5) 出之產舍

產舍로 나간 것이다.

6) 留公衍母 使待己共白公

公衍의 어머니가 〈出產을 報告하려는 것을〉 挽留하여 자기가 출산하기를 기다려 함께 公에게 아뢰게 한 것이다.

7)〔附注〕林曰 先告 故公爲爲兄 而公衍反爲弟

〔부주〕林: 먼저 告하였기 때문에 公爲가 兄이 되고, 公衍이 도리어 아우가 된 것이다.

8)〔附注〕林曰 昭公私以得陽穀爲喜 且追思失魯之禍

〔부주〕林: 昭公은 마음속으로 陽穀을 얻은 것을 기뻐하면서 魯나라를 잃은 禍를 생각한 것이다.

9) 務人 公爲也 始與公若謀逐季氏

務人은 公爲이다. 당초에 公若과 함께 季氏의 逐黜을 謀議하였다.

【傳】秋에 龍見于絳郊[1]하니 魏獻子問於蔡墨[2]曰 吾聞之컨대 蟲莫知於龍이라 以其不生得也로 謂之知라하니 信乎아 對曰 人實不知오 非龍實知[3]니라 古者畜龍이라 故國有豢龍氏하고 有御龍氏[4]니라 獻子曰 是二氏者를 吾亦聞之어니와 而不知其故로라 是何謂也오 對曰 昔有飂叔安[5]에 有裔子하니 曰董父[6]라 實甚好龍하야 能求其耆欲以飲食(사)之하니 龍多歸之하니라 乃擾畜龍하야 以服事帝舜하니 帝賜之姓曰董[7]이라하고 氏曰豢龍[8]이라하야 封諸鬷川하니 鬷夷氏其後也[9]라 故帝舜氏世有畜龍하니라 及有夏孔甲하야 擾于有帝[10]하니 帝賜之乘龍하니 河漢各二[11]오 各有雌雄하니라 孔甲不能食(사)하야 而未獲豢龍氏[12]하니라 有陶唐氏既衰에 其後有劉累[13]하야 學擾龍于豢龍氏하야 以事孔甲하야 能飲食之하니 夏后嘉之하야 賜氏曰御龍[14]이라하고 以更豕韋之後[15]하니라 龍一雌死커늘 潛醢以食夏后[16]하니 夏后饗之하고 既而使求之[17]한대 懼而遷于魯縣[18]하니 范氏其後也[19]라 獻子曰 今何故無之오 對曰 夫物은 物有其官[20]하니 官修其方[21]을 朝夕思之니라 一日失職이면 則死及之[22]하고 失官不食[23]이니라 官宿其業[24][25]이면 其物乃至[26][27]어니와 若泯棄之면 物乃坻伏[28][29]하야 鬱湮不育[30]이라 故有五行之官하니 是謂五官이라 實列受氏姓[31]하야 封爲上公[32]하고 祀

爲貴神[33)]하야 社稷五祀에 是尊是奉[34)]하나니라 木正曰句芒[35)]이오 火正曰祝融[36)]이오 金正曰蓐收[37)]요 水正曰玄冥[38)]이오 土正曰后土[39)]라 龍은 水物也니 水官棄矣라 故龍不生得[40)]이니라 不然이면 周易有之[41)]하니 在乾䷀[42)]之姤䷫[43)]曰 潛龍勿用[44)]이라하고 其同人䷌[45)]曰 見龍在田[46)]이라하고 其大有䷍[47)]曰 飛龍在天[48)]이라하고 其夬䷪[49)]曰 亢龍有悔[50)]라하고 其坤䷁[51)]曰 見群龍無首 吉[52)]이라하고 坤之剝䷖[53)]曰 龍戰于野[54)]라하니라 若不朝夕見(현)이면 誰能物之[55)]리오 獻子曰 社稷五祀는 誰氏之五官也[56)57)]오 對曰 少皞氏有四叔[58)]하니 曰重 曰該 曰修 曰熙라 實能金木及水[59)]하니 使重爲句芒[60)]하고 該爲蓐收[61)]하고 修及熙爲玄冥[62)]하니 世不失職하야 遂濟窮桑하니 此其三祀也[63)64)]라 顓頊氏有子하니 曰犂라 爲祝融[65)]하고 共工氏有子하니 曰句龍이라 爲后土[66)]하니 此其二祀也[67)]라 后土爲社[68)]오 稷은 田正也[69)]라 有烈山氏之子曰柱가 爲稷[70)]하니 自夏以上祀之[71)]하고 周棄亦爲稷[72)]하니 自商以來祀之[73)]하니라

가을에 晉나라 絳都의 郊外에 龍이 出現하니, 魏獻子가 蔡墨에게 “내가 듣건대 蟲類 중에는 龍보다 지혜로운 짐승이 없다고 한다. 용은 산 채로 잡을 수 없기 때문에 용을 지혜롭다고 하니, 참으로 그러한가?”라고 묻자, 蔡墨이 대답하기를 “사람들이 실로 지혜롭지 못해서이지 용이 실로 지혜로워서가 아닙니다. 옛날에는 집에서 용을 길렀습니다. 그러므로 나라 안에 豢龍氏가 있고 御龍氏가 있습니다.”고 하니, 獻子가 말하기를 “이 두 氏가 있다는 것은 나도 들었지만 그 까닭은 알지 못하였다. 이들은 어째서 氏를 ‘豢龍·御龍’이라 하였는가?”라고 물었다.

蔡墨이 대답하기를 “옛날에 飂나라의 임금 叔安에게 董父라는 後裔가 있었는데, 실로 龍을 매우 좋아하여, 용이 좋아하는 먹이가 무엇인지를 硏求하여 그 먹이를 먹여 기르니 많은 용들이 그의 집으로 몰려왔습니다. 董父는 이에 용을 길들여 기르는 일로 帝舜을 섬기니, 帝舜은 그에게 ‘董’이란 姓과 ‘豢龍’이란 氏를 내리고서 鬷川에 封하였으니, 鬷夷氏가 그 後孫입니다. 그러므로 帝舜氏 이후로는 대대로 龍을 길들여 기르는 官員이 있었습니다.

夏나라 孔甲에 이르러 孔甲이 上帝께 순종하니, 上帝가 그에게 수레에 메울 네 마리의 용을 下賜하였으니 黃河와 漢水의 용 두 마리씩으로 각각 암수였습니다. 孔甲은 이 용을 잘 먹일 수가 없어서 豢龍氏의 후손을 찾았으나 찾지 못하였습니다. 陶唐氏가 衰

落한 뒤에 그 후손에 劉累란 자가 있었는데, 용을 길들여 기르는 기술을 豢龍氏에게 배워서 孔甲을 섬겨 용을 잘 먹여 기르니 夏后(孔甲)는 이를 가상히 여겨 '御龍'이란 氏를 내리고서 豕韋의 後孫를 대신하게 하였습니다. 얼마 뒤에 암룡 한 마리가 죽자, 劉累는 은밀히 용의 고기로 젓을 담궈 夏后에게 먹였는데, 夏后는 이 젓갈을 먹어보고는 이윽고 劉累에게 사람을 보내어 다시 젓갈을 요구하였습니다. 그러자 劉累는 두려워서 魯縣으로 옮겨갔으니, 范氏가 바로 그 후손입니다."라고 하였다.

獻子가 "지금은 어째서 용이 없는가?"라고 묻자, 蔡墨이 대답하기를 "物에는 物마다 그 物을 맡아서 다스리는 官員이 있으니, 官員은 그 물을 다루는 방법을 修行하기를 밤낮으로 항상 생각해야 합니다. 하루라도 그 職分을 다하지 않으면 죽음이 이르고, 官員으로 職分을 제대로 수행하지 못하면 祿을 먹지 못합니다. 관원이 〈대대로 이어가며〉 그 業務를 오랫동안〔宿〕 수행하면 그 物이 이르지만 만약 업무를 廢棄〔泯棄〕하면 그 物은 잠복하여 침체되고 막혀 繁殖〔育〕하지 못합니다.

그러므로 五行을 맡아 다스리는 관원이 있었으니 이를 五官이라 합니다. 이 五官은 실로 나란히 氏와 姓을 받아 生前에는 封爵을 받아 上公이 되고 死後에는 제사를 받는 尊貴한 神이 되어, 社稷과 五祀의 제사에 配享되어 王者의 尊奉을 받았습니다. 나무를 맡은 官長〔木正〕을 句芒이라 하고, 불을 맡은 관장〔火正〕을 祝融이라 하고, 쇠를 맡은 관장〔金正〕을 蓐收라 하고, 물을 맡은 관장〔水正〕을 玄冥이라 하고, 흙을 맡은 관장〔土正〕을 后土라 합니다.

龍은 水中의 生物이니 물을 맡은 관장이 그 직분을 廢棄하였기 때문에 용을 산 채로 잡을 수 없게 된 것입니다. 그렇지 않다면 〈어찌〉 ≪周易≫에 다음과 같은 말들이 있었겠습니까? 乾卦 初九〔姤〕에 '潛龍勿用(잠복해 있는 용이니 쓰지 말라)'이라 하고, 그 九二〔同人〕에 '見龍在田(出現한 용이 地上(田)에 있음)'이라 하고, 그 九五〔大有〕에 '飛龍在天(나는 용이 하늘에 있음)'이라 하고, 그 上九〔夬〕에 '亢龍有悔(끝까지 올라간 용이니 後悔가 있으리라)'라 하고, 그 用九〔坤〕에 '見群龍 無首 吉(뭇 용을 보되 머리가 없으면 길하다)'이라 하고, 坤卦 上六〔剝〕에 '龍戰于野(용이 들에서 싸운다)'라고 하였으니, 만약 아침저녁으로 용이 出現하지 않았다면 누가 그 物象을 이렇게 자세히 描寫할 수 있었겠습니까?"라고 하였다.

獻子가 다시 "社稷과 五祀는 어느 帝王 때의 五官인가?"라고 묻자, 蔡墨이 다음과 같이 대답하였다. "少皞氏의 자손〔叔〕에 重·該·修·熙라는 네 사람이 있었는데, 실로 쇠와 나무와 물을 잘 다루니, 重을 句芒으로, 該를 蓐收로, 修와 熙를 玄冥으로 삼았습니다. 이들은 대대로 그 직분을 잘 지켜 마침내 窮桑의 成功을 도왔으니, 이들이 五祀

중의 三祀이고, 顓頊氏에게 犂라는 아들이 있었는데 祝融(官名)이 되고, 共工氏에게 句龍이란 아들이 있는데 后土(官名)가 되었으니, 이들이 五祀 중의 二祀입니다. 〈살아서〉 后土의 〈官職을 맡아 그 직무를 잘 수행한 사람은 죽어서〉 社(土地神)가 되고, 〈죽어서〉 稷(穀神)이 된 사람은 〈살았을 때 農政을 맡아 그 직무를 잘 수행한〉 田正(農政을 맡은 官長)입니다. 烈山氏에게 柱라는 아들이 있었는데, 〈稷(農政을 맡은 官長)이 되어 職務를 잘 수행하였으므로 죽은 뒤에 그를〉 稷(穀神)으로 삼아, 夏나라 이전에는 이에게 제사하였고, 周나라의 始祖 棄도 〈稷(農政을 맡은 관장)이 되어 그 직무를 잘 수행하였으므로 죽은 뒤에 그를〉 稷神으로 삼아, 商나라 이후로는 그에게 제사하였습니다."

1) 絳 晉國都

絳은 晉나라 國都이다.

2) 蔡墨 晉太史

蔡墨은 晉나라 太史이다.

3) 言龍無知 乃人不知之耳

龍이 無知하다는 것을 사람들이 알지 못할 뿐이라는 말이다.

4) 豢御 養也

豢과 御는 기름이다.

5) 飂 古國也 叔安 其君名

飂는 옛날의 나라이고, 叔安은 그 나라 임금의 이름이다.

6) 裔 遠也 玄孫之後爲裔

裔는 遠이니, 玄孫의 後孫을 裔라 한다.

7) 擾 順也〔附注〕林曰 順龍所欲而畜養之

擾는 順(따름)이다.

〔부주〕林: 龍이 원하는 바에 따라 먹여 기른 것이다.

8) 豢龍 官名 官有世功 則以官氏

豢龍은 官名이다. 官職을 맡아 대대로 功이 있으면 그 官名으로 氏를 삼는다.

9) 鬷水上夷 皆董姓

鬷水가에 사는 夷族은 모두 董姓이다.

10) 孔甲 少康之後九世君也 其德能順於天

孔甲은 少康의 後孫으로 商나라의 제9代 君王이다. 그 德이 天命에 順應하였다는 말이다.

11) 合爲四〔附注〕林曰 天帝賜孔甲以四龍

모두 네 마리이다.

〔부주〕 林: 天帝가 孔甲에게 네 마리의 龍을 下賜한 것이다.

12) 〔附注〕 林曰 未得豢龍之官

〔부주〕 林: 龍을 기를 官員을 얻지 못하였다는 말이다.

13) 陶唐 堯所治地 〔附注〕 林曰 劉累 堯之子孫

陶唐은 堯가 다스리던 땅이다.

〔부주〕 林: 劉累는 堯의 子孫이다.

14) 夏后 孔甲

夏后는 孔甲이다.

15) 更 代也 以劉累代彭姓之豕韋 累尋遷魯縣 豕韋復國 至商而滅 累之後世復承其國爲豕韋氏 在襄二十四年

更은 代이다. 劉累에게 彭姓의 豕韋國을 대신 맡게 한 것이다. 오래지 않아 劉累가 魯縣으로 옮겨가자, 豕韋가 다시 나라를 회복하였는데, 商나라 때에 이르러 멸망하니 劉累의 후손이 다시 그 나라를 이어받아 豕韋氏가 된 것이 襄公 24년에 보인다.

16) 潛 藏也 藏以爲醢 明龍不知

潛은 숨김〔藏〕이다. 〈용이 죽은 것을〉 숨기고서 그 용의 고기로 肉醬을 담근 것이다. 龍이 지혜롭지 않다는 것을 밝힌 것이다.

17) 求致龍也

龍의 고기로 담근 젓갈을 요구한 것이다.

18) 不能致龍 故懼 遷魯縣 自貶退也 魯縣 今魯陽也

龍의 젓갈이 다하여 더 이상 바칠 수 없기 때문에 〈죄를 받을까〉 두려워 스스로 물러나 魯縣으로 옮겨간 것이다. 魯縣은 지금의 魯陽이다.

19) 晉范氏也

晉나라의 范氏이다.

20) 〔附注〕 朱曰 大凡天下之物 每物各有其官以主掌之

〔부주〕 朱: 대체로 天下의 物에는 物마다 각각 맡은 관원이 있어서 그 일을 주관한다.

21) 方 法術

方은 法術이다.

22) 失職有罪

職分을 제대로 수행하지 못하면 罪罰이 있다는 말이다.

23) 不食祿

祿을 먹지 못한다는 말이다.

24) 宿 猶安也

宿은 安과 같다.

25) 역주] 官宿其業 : 宿은 久이니, 관원이 대대로 이어가며 그 업무를 오랫동안 修行하는 것이다. 下文의 世不失職이 바로 官宿其業의 뜻이다. ≪左氏會箋≫

26) 設水官修則龍至

水官을 設置하여 그 職分을 잘 修行하면 龍이 이른다는 말이다.

27) 역주] 其物乃至 : 物은 龍을 이른다. 대대로 이어가며 오랫동안 그 일을 잘 관리하면 그 官員이 관리하는 物인 龍이 이른다는 말이다.

28) 泯 滅也 坻 止也〔附注〕林曰 若泯滅棄絶其官守 則其物乃坻止伏匿

泯은 滅이고 坻는 止이다.

〔부주〕林: 만약 그 物을 맡은 官員이 그 職分을 버리면 그 物은 〈出現을 멈추고서〉 잠복해 숨는다는 말이다.

29) 역주] 若泯棄之 物乃坻伏 : 泯棄는 滅棄와 같은 말로 그 職分을 제대로 修行하지 않고 廢棄함이고, 坻伏은 隱伏이다. ≪左氏會箋≫에 "그 업무를 滅棄하고 수행하지 않으면 맡아 관리하는 物이 隱伏하고 出現하지 않는다는 것을 말한 것이다."고 하였다.

30) 鬱 滯也 湮 塞也 育 生也

鬱은 沈滯이고, 湮은 壅塞이고, 育은 生産이다.

31)〔附注〕林曰 實竝列而受賜氏賜姓之寵

〔부주〕林: 실로 〈朝廷에〉 나란히 서서 氏를 下賜하고 姓을 下賜하는 恩寵을 받았다는 말이다.

32) 爵上公〔附注〕林曰 當其生則封以上公之爵

上公의 官爵을 받은 것이다.

〔부주〕林: 그 생전에는 上公의 官爵에 封해졌다는 말이다.

33)〔附注〕林曰 及其死則享以貴神之祀

〔부주〕林: 그 死後에는 尊貴한 神(社稷과 五祀의 神)의 祭祀에 配食한다는 말이다.

34) 五官之君長能修其業者 死皆配食於五行之神 爲王者所尊奉

자신의 일을 잘 수행한 五官의 군장은 죽으면 모두 五行의 신의 제사에 配食하여 王者의 尊奉을 받는 대상이 된 것이다.

35) 正 官長也 取木生句曲而有芒角也 其祀重焉

正은 官長이다. 나무가 처음 싹이 나올 때 갈고리처럼 구부정하고 뾰족한 잎이 있으므로 〈그 모양을 취하여 木正을 句芒이라 한 것이다.〉 이때(봄)에 重에게 祭祀한다.

36) 祝融 明貌 其祀犂焉

祝融은 밝은 모양이다. 〈그 모양을 취하여 火正을 祝融이라 한 것이다.〉 이때(여름)에 犂에게 제사한다.

37) 秋物摧蓐而可收也[*] 其祀該焉

가을이 되면 萬物이 摧蓐(摧折)하여 收斂할 수 있으므로 〈그 뜻을 취하여 金正을 蓐收라 한 것이다.〉 이때(가을)에 該에게 제사한다.

*) 역주] 秋物摧蓐而可收也 : 摧蓐는 摧折과 같다. 가을이 되면 草木의 原形이 摧折(毁傷)되기 때문에 거두어다가 器物을 만들 수 있기 때문에 金正의 名稱을 蓐收라고 하였다는 말이다.

38) 水陰而幽冥 其祀修及熙焉

水는 陰寒하고 어두컴컴하므로 〈그 뜻을 취하여 水正을 玄冥이라 한 것이다.〉 이때(겨울)에 修와 熙에게 제사한다.

39) 土爲群物主 故稱后也 其祀句龍焉 在家則祀中霤 在野則爲社

土는 모든 生物의 주인이기 때문에 '后'라고 칭한 것이다. 이때(季夏)에 句龍에게 제사한다. 그 제사를 집에서 지낼 경우에는 中霤에 지내고 들에서 지낼 경우에는 社에 지낸다.

40) 棄 廢也

棄는 廢(職務를 제대로 修行하지 않음)이다.

41) 言若不爾 周易無緣有龍

만약 그렇지 않다면 ≪周易≫에 龍을 말했을 까닭이 없다는 말이다.

42) 乾下乾上乾

下卦도 乾이고 上卦도 乾인 것이 乾卦이다.

43) 巽下乾上姤 乾初九變

下卦가 巽이고 上卦가 乾인 것이 姤卦이니, 乾卦의 初九가 변한 것이다.

44) 乾初九爻辭

乾卦 初九의 爻辭이다.

45) 離下乾上同人 乾九二變

下卦가 離이고 上卦가 乾인 것이 同人卦이니, 乾卦의 九二가 변한 것이다.

46) 乾九二爻辭

乾卦 九二의 爻辭이다.

47) 乾下離上大有 乾九五變

下卦가 乾이고 上卦가 離인 것이 大有卦이니, 乾卦의 九五가 변한 것이다.

48) 乾九五爻辭

乾卦 九五의 爻辭이다.

49) 乾下兌上夬 乾上九變

下卦가 乾이고 上卦가 兌인 것이 夬卦이니, 乾卦의 上九가 변한 것이다.

50) 乾上九爻辭
乾卦 上九의 爻辭이다.

51) 坤下坤上坤 乾六爻皆變
下卦도 坤이고 上卦도 坤인 것이 坤卦이니, 乾卦의 六爻가 모두 변한 것이다.

52) 乾用九爻辭
乾卦 用九의 爻辭이다.

53) 坤下艮上剝 坤上六變
下卦가 坤이고 上卦가 艮인 것이 剝卦이니, 坤卦의 上六이 변한 것이다.

54) 坤上六爻辭
坤卦 上六의 爻辭이다.

55) 物 謂上六卦所稱龍各不同也 今說易者 皆以龍喩陽氣 如史墨之言 則爲皆是眞龍
物은 위 여섯 卦에 稱한 龍이 각각 같지 않음을 말한 것이다. 오늘날 ≪周易≫을 해설하는 자들은 모두 龍을 陽氣에 비유하지만 史墨의 말에 따르면 이 龍들은 모두 眞龍이다.

56) 問五官之長皆是誰
五官의 長이 모두 누구냐고 물은 것이다.

57) 역주〕 誰氏之五官也 : 上古時代에는 帝王을 '氏'라 하였다. 下文의 少皥氏·烈山氏 같은 類이니, 바로 어느 帝王 때의 五官이냐고 물은 것이다. 〈楊注〉

58) 少皥 金天氏〔附注〕林曰 子孫有四人
少皥는 金天氏이다.
〔부주〕 林: 子孫 네 사람이 있었다는 말이다.

59) 能治其官
그 맡은 일을 잘 다스렸다는 말이다.

60) 木正
나무를 맡은 官長이다.

61) 金正
쇠를 맡은 官長이다.

62) 二子相代爲水正
두 사람이 서로 번갈아가며 물을 管理하는 官長이 된 것이다.

63) 窮桑 少皥之號也 四子能治其官 使不失職 濟成少皥之功 死皆爲民所祀 窮桑地在魯北
窮桑은 少皥의 號이다. 네 사람은 맡은 官職을 잘 修行하여 職務를 잘못되지 않게 해서 少皥가 공을 이루도록 도왔으므로 죽은 뒤에 모두 백성들의 제사를 받게 되었다. 窮桑의 땅은 魯나라 북쪽에 있었다.

64) 역주] 遂濟窮桑 : 〈正義〉에 "少皥가 窮桑에 살면서 帝位에 올랐기 때문에 천하가 그를 窮桑帝라 한다."고 하였으니, 이 네 사람의 자손이 대대로 그 職分을 修行하여 少皥가 帝王이 되도록 도왔다는 말이다.

65) 犂爲火正

犂가 불을 맡은 官長이 된 것이다.

66) 共工在大皥後神農前 以水名官者 其子句龍能平水土 故死而見祀

共工은 大皥의 뒤와 神農의 앞에 있었는데, 水로써 官職의 이름을 삼았다. 그 아들 句龍이 水土를 平定하였기 때문에 죽은 뒤에 제사를 받았다.

67) 〔附注〕 林曰 二子死 皆爲民所祀 此火土之二祀*)

〔부주〕 林: 두 사람은 죽은 뒤에 모두 백성들의 제사를 받았으니, 이들이 火土의 두 제사이다.

*) 역주] 火土之二祀 : 顓頊氏의 아들 犂가 生前에 불을 맡는 祝融이 되어 그 직무를 잘 수행하고, 共工氏의 아들 句龍이 生前에 토지를 맡는 后土가 되어 그 직무를 잘 수행하였기 때문에 죽은 뒤에 火神과 土神에 지내는 두 제사를 받는 神이 되었다는 뜻이다.

68) 方答社稷 故明言爲社

蔡墨이 바야흐로 社稷에 대해 대답하였기 때문에 〈后土가〉 社가 되었다고 분명히 말한 것이다.

69) 掌播殖也

씨앗을 뿌려 가꾸는 일을 맡은 것이다.

70) 烈山氏 神農世諸侯

烈山氏는 神農氏 때의 諸侯이다.

71) 祀柱

柱에게 제사한 것이다.

72) 棄 周之始祖 能播百穀 湯旣勝夏 廢柱而以棄代之

棄는 周나라 始祖로 百穀의 씨앗을 뿌렸다. 湯王이 夏나라를 이긴 뒤에 柱의 神을 廢黜하고 棄의 神을 대신 稷神으로 삼았다.

73) 傳言蔡墨之博物

傳文은 蔡墨의 博物(사물에 대한 지식이 該博함)을 말한 것이다.

【傳】 冬에 晉趙鞅荀寅帥師城汝濱[1)]하고 遂賦晉國一鼓鐵하야 以鑄刑鼎[2)3)]하야 著范宣子所爲刑書焉[4)5)]하다 仲尼曰 晉其亡乎ㄴ저 失其度矣[6)]로다 夫晉國將守唐叔之所受法度하야 以經緯其民[7)]하고 卿大夫以序守之[8)]라야 民是以能尊其貴[9)]

하고 貴是以能守其業이라 貴賤不愆이 所謂度也니 文公是以作執秩之官[10)]하고 爲被廬之法[11)]하야 以爲盟主어늘 今棄是度也하고 而爲刑鼎하니 民在鼎矣[12)13)]라 何以尊貴[14)]며 貴何業之守[15)]리오 貴賤無序면 何以爲國이리오 且夫宣子之刑은 夷之蒐也니 晉國之亂制也[16)]라 若之何以爲法이리오 蔡史墨曰 范氏中行氏其亡乎[17)]ㄴ저 中行寅爲下卿而干上令[18)]하고 擅作刑器하야 以爲國法하니 是法姦也[19)]어늘 又加范氏焉하야 易之亡也[20)21)]로다 其及趙氏[22)]리니 趙孟與焉[23)]일새니라 然不得已니 若德이면 可以免[24)]하리라

겨울에 晉나라 趙鞅(趙簡子)과 荀寅(中行文子)이 군대를 거느리고 가서 汝水가에 성을 쌓고서, 드디어 晉나라 國都의 백성들에게 1鼓(480근)씩의 鐵을 徵收하여 刑鼎을 鑄造하고 范宣子가 制定한 刑書를 새겨 넣었다.

仲尼가 이에 대해 말하기를 "晉나라는 아마도 망할 것이다. 그 법도를 喪失하였다. 저 晉나라는 응당〔將〕 唐叔이 전한 法度를 지켜 그 백성을 다스리고 卿大夫가 位次에 따라 그 법도를 지키게 하면 백성은 이로 인해 貴人을 尊待하고 貴人은 이로 인해 그 家業을 지킬 수 있다. 貴賤이 모두에게 허물이 없는 것이 이른바 '法度'이니, 文公이 이로 인해 官職의 位次를 管掌하는 官職을 設置하고 被廬法을 制定하여 盟主가 되었는데, 이제 이 法度를 버리고서 刑鼎을 鑄造하였으니, 백성들은 刑政만을 살필〔在〕 것이니 어찌 貴人을 존경할 것이며 貴人이 어찌 家業을 지킬 수 있겠는가? 貴賤의 차별이 없으면 무엇으로 나라를 다스리겠는가? 그리고 또 宣子의 刑書는 夷에서 軍事訓鍊할 때 제정한 것으로 晉나라를 어지럽힌 制度이니 어찌 그것을 法으로 삼을 수 있겠는가?"라고 하였다.

蔡史墨이 말하기를 "范氏와 中行氏는 아마도 亡할 것이다. 中行寅은 下卿으로서 上司의 명을 범하고서 마음대로 刑器를 만들어 이를 國法으로 삼았으니, 바로 奸邪를 法으로 삼은 것인데, 또 范氏의 법을 다시 施行하여 范氏를 망하게 하였다. 그 禍가 趙氏에게도 미칠 것이니 趙孟이 그 일에 참여하였기 때문이다. 그러나 마지못해 참여한 것이니 만약 德을 닦는다면 禍를 면할 수 있을 것이다."고 하였다.

1) 趙鞅 趙武孫也 荀寅 中孫〔行〕[*)]荀吳之子 汝濱 晉所取陸渾地

趙鞅은 趙武의 손자이고, 荀寅은 中行荀吳의 아들이다. 汝濱은 晉나라가 취한 陸渾의 땅이다.

*) 역주〕 저본에는 '孫'으로 되어 있으나, ≪十三經注疏≫本에 의거하여 '行'으로 바로잡

았다.

2) 令晉國各出功力 共鼓石爲鐵 計令一鼓而足 因軍役而爲之 故言遂〔附注〕林曰 鼓 猶冶〔冶〕[*]也 以橐扇韛 謂之鼓 此鼓石爲鐵也

晉나라에 令을 내려 집집마다 각각 功力(勞動力)을 내어 함께 鑛石을 製鍊하여 總計가 1鼓에 차게 한 것이다. 軍役으로 인해 그 일을 하였기 때문에 '遂'라고 말한 것이다.

〔부주〕林: 鼓는 冶(풀무)와 같다. 풀무로 부치는 것을 '鼓'라 하니, 이것이 '鼓石爲鐵(鑛石을 鎔鑛爐에 넣고 풀무로 부쳐 鐵을 만듦이다)'이다.

*) 역주〕저본에는 '冶'로 되어 있으나, ≪十三經注昭≫本에 의거하여 '冶'로 바로잡았다.

3) 역주〕遂賦晉國一鼓鐵 : 遂는 한 가지 일을 끝내고서 다음 일로 옮겨갈 때 쓰는 말이다. 여기서는 築城을 끝내고서 鑄鼎의 일로 옮겨갔기 때문에 '遂'字를 쓴 것이다. 〈楊注〉에 "鼓는 衡器 또는 量器의 이름이다. ≪孔子家語≫ 〈正論〉篇에도 이 글이 실려 있는데, 그 注에 '30斤이 鈞이고 4鈞이 石이고 4石이 鼓이다.'고 하였으니, 1鼓는 480斤이다."고 하였다. 이 說을 취해 번역하였다.

4) 〔附注〕林曰 宣子 卽范匄 曾作刑書 今取而著之於鼎

〔부주〕林: 宣子는 바로 范匄이다. 일찍 刑書를 지었는데, 지금 그 刑書를 가져다가 鼎에 드러낸 것이다.

5) 역주〕范宣子所爲刑書 : 范宣子가 執政이 되어 제정한 刑律을 이른다. 그 내용이 文公 6년 傳에 자세히 보인다.

6) 〔附注〕朱曰 失其爲國之法度

〔부주〕朱: 나라를 다스리는 法度를 잃었다는 말이다.

7) 〔附注〕林曰 唐叔 晉始封君 言將守唐叔所受於周之法度 用之於民 如經緯之於布帛[*]

〔부주〕林: 唐叔은 晉나라의 始封君이다. 唐叔이 周王에게 받은 法度를 지켜 백성에게 사용하여 布帛에 經線과 緯線이 있는 것과 같이 해야 한다는 말이다.

*) 역주〕用之於民 如經緯之於布帛 : 포백이 날실과 씨실이 어울려 무늬를 이루듯이 이 법도를 백성들에게 사용하여 백성들로 하여금 秩序가 있게 해야 한다는 뜻이다.

8) 序 位次也

序는 位次이다.

9) 〔附注〕林曰 賤而爲民者 畏威懷德 是以能尊奉其所尊

〔부주〕林: 賤한 백성들이 위엄을 두려워하고 德을 생각하기 때문에 그 존귀한 사람을 존경해 받든다는 말이다.

10) 〔附注〕林曰 作執秩主爵之官

〔부주〕林: 官爵의 등급과 封爵을 主管하는 官職을 만든 것이다.

11) 僖二十七年 文公蒐被廬 修唐叔之法[*]

僖公 27년에 文公이 被廬에서 軍事訓鍊〔蒐〕을 실시하고서 唐叔의 法을 修明하였다.

*) 역주〕 文公蒐被廬 修唐叔之法 : 僖公 27년 傳에는 唐叔의 法에 대한 言及이 없고 단지 '대대적으로 군사훈련을 거행하여 少長과 貴賤의 禮를 밝히고〔大蒐以示之禮〕, 執秩을 新設하여 官爵의 等級을 바로잡았다.〔作執秩以正其官〕'는 말만이 보인다. 杜氏는 이것을 唐叔의 法이라 한 것이다.

12) 〔附注〕 林曰 民知爭端皆在鼎矣

〔부주〕 林: 백성들이 爭訟하는 일에 대한 刑이 모두 鼎에 새긴 刑書에 있다는 것을 안다는 말이다.

13) 역주〕 民在鼎 : 在는 察이니 백성들이 鼎을 살펴 刑을 안다는 말이다. 〈楊注〉

14) 棄禮徵書 故不尊貴

禮를 버리고 刑書만을 믿기 때문에 貴人을 존경하지 않는다는 말이다.

15) 民不奉上 則上失業

백성들이 윗사람을 존경해 받들지 않으면 윗사람은 家業을 喪失한다는 말이다.

16) 范宣子所用刑 乃夷蒐之法也 夷蒐在文六年 一蒐而三易中軍帥 賈季箕鄭之徒遂作亂 故曰亂制

范宣子가 만든 刑書는 바로 夷에게 軍事訓鍊할 때 만든 법이다. 夷에서 軍事訓鍊한 것은 文公 6년에 있었다. 한 차례의 훈련에서 中軍帥를 세 번 바꾸어, 賈季・箕鄭 등으로 하여금 드디어 叛亂을 일으키게 하였기 때문에 '亂制'라 한 것이다.

17) 蔡史墨 卽蔡墨

蔡史墨은 바로 蔡墨이다.

18) 〔附注〕 林曰 干犯上人之權令

〔부주〕 林: 윗사람의 權令을 범한 것이다.

19) 〔附注〕 林曰 是以奸邪爲可法也

〔부주〕 林: 이것이 奸邪를 法으로 삼은 것이다. 〈그러므로 奸邪가 법이 될 만한 것이다.〉

20) 范宣子刑書 中旣廢矣 今復興之 是成其咎 〔附注〕 林曰 今復興之 是加范氏 是交易范氏速之使亡也*)

范宣子의 刑書는 중간에 이미 廢棄되었는데 지금 다시 일으켰으니, 이는 范氏의 禍〔咎〕를 助成한 것이다.

〔부주〕 林: 지금 그 법을 다시 일으켰으니, 이것이 바로 范氏의 〈罪惡을〉 增加시켜 范氏와 交易하여 迅速히 亡하게 한 것이다.

*) 역주〕 是交易范氏 速之使亡 : 무슨 말인지 모르겠다. 交易范氏가 范氏의 법을 貿易했다는 말인지 范氏와 往來했다는 말인지 모르겠고, 速之使亡도 禍를 불러 망하게 하였다는

말인지 迅速하게 망하게 하였다는 말인지 모르겠다. 모르는 것은 제쳐놓는 것이 마땅하지만 空欄으로 비워둘 수 없어서 그저 글자에 따라 새겨놓았을 뿐이다.

21) 역주〕又加范氏焉 易之亡也 : 〈楊注〉에 "杜注에 의하면 易은 改變이다. 范氏의 法이 이미 廢棄되었는데, 지금 中行寅이 다시 施行하니, 이것이 바로 改易이다."고 하였으니, 이 說은 이미 廢棄된 范氏의 法을 다시 시행하여 范氏를 亡하게 하였다는 뜻이다.

22)〔附注〕林曰 禍必及於趙氏

〔부주〕林: 화가 반드시 趙氏에 미칠 것이라는 말이다.

23)〔附注〕林曰 趙孟卽趙鞅 亦與於鑄鼎之役

〔부주〕林: 趙孟은 바로 趙鞅이다. 그 또한 刑鼎을 鑄造하는 일에 참여하였다.

24) 鑄刑鼎 本非趙鞅意 不得已而從之 若能修德 可以免禍 爲定十三年荀寅士吉射入朝歌以叛

刑鼎을 鑄造하는 것이 본래 趙鞅의 뜻이 아니었으나 마지못해 따른 것이니, 만약 덕을 닦는다면 禍를 면할 수 있다는 말이다. 定公 13년에 荀寅과 士吉射(范昭子)이 朝歌로 들어가서 叛亂을 일으킨 배경이다.

〈三十年, 己丑 B.C.512〉

【經】 三十年春王正月에 公在乾侯[1]하다

30년 봄 正月에 昭公이 乾侯에 있었다.

1) 釋不朝正于廟[*]

宗廟에 朝正하지 않은 것을 해석한 것이다.

*) 역주〕釋不朝正于廟 : 經에 '正月 公在某地'라고 기록한 것은 公이 外國에 나가 있어 朝正의 禮를 거행하지 않은 것을 설명한 것이라는 말이다. 朝正은 正月 元旦에 宗廟에 제사를 올리는 것이다.

【經】 夏六月庚辰에 晉侯去疾卒[1]하다

여름 6월 庚辰日에 晉侯 去疾이 卒하였다.

1) 未同盟而赴以名

〈經에 그 이름을 기록한 것은〉 同盟하지 않았으나 이름을 적어 赴告하였기 때문이다.

【經】 秋八月에 葬晉頃公[1]하다

가을 8월에 晉頃公을 장사 지냈다.

1) 三月而葬 速
세 달 만에 장사 지냈으니 너무 빨랐다.

【經】 冬十有二月에 吳滅徐하니 徐子章羽奔楚[1)2)]하다

겨울 12월에 吳나라가 徐나라를 擊滅하니, 徐子 章羽가 楚나라로 도망갔다.

1) 徐子稱名 以名告也
〈經에〉 徐子의 이름을 稱한 것은 이름을 적어 通告하였기 때문이다.

2) 역주] 章羽 : 傳文에는 '章禹'로 되어 있고, 公羊傳에도 '章禹'로 되어 있다. '羽'字와 '禹'字는 옛 음이 같다. 〈楊注〉

【傳】 三十年春王正月에 公在乾侯하다 不先書鄆與乾侯는 非公이오 且徵過也[1)]라

30년 봄 周王 正月에 昭公이 乾侯에 있었다. 〈經에〉 昭公이 앞서 鄆과 乾侯에 있었던 것을 기록하지 않은 것은 昭公을 非難한 것이고 또 허물을 밝힌 것이다.

1) 徵 明也 二十七年 二十八年 公在鄆 二十九年 公在乾侯 而經不釋朝正之禮者 所以非責公之妄 且明過謬猶可掩 故不顯書其所在 使若在國然 自是鄆人潰叛 齊晉卑公 子家忠謀 終不能用 內外棄之 非復過誤所當掩塞 故每歲書公所在
徵은 밝힘이다. 27년과 28년에 昭公이 鄆에 있었고, 29년에 昭公이 乾侯에 있었는데, 經에 朝正의 禮를 해석하지 않은 것은 昭公의 망령됨을 책망하고, 또 그 허물을 오히려 덮을 만하다는 것을 밝히기 위한 이유이다. 그러므로 소공의 所在地를 드러내 기록하지 않고 마치 國內에 있는 것처럼 만든 것이다. 이때부터 鄆人이 반란을 일으켜 뿔뿔이 흩어지고, 齊侯와 晉侯가 昭公을 멸시하는데도 子家의 충성스러운 計策을 끝내 따르지 않았으므로 內外가 모두 소공을 버렸으니, 다시 덮어줄 만한 過誤가 아니다. 그러므로 해마다 소공의 소재지를 기록한 것이다.

【傳】 夏六月에 晉頃公卒하다 秋八月에 葬하다 鄭游吉弔하고 且送葬하다 魏獻子使士景伯詰之曰 悼公之喪에 子西弔하고 子蟜送葬[1)]이러니 今吾子無貳는 何故[2)3)]오 對曰 諸侯所以歸晉君은 禮也라 禮也者는 小事大하고 大字小之謂니 事大는 在共其時命[4)]하고 字小는 在恤其所無라 以敝邑居大國之間으로 共其職貢[5)]과 與其備御不虞之患이니 豈忘共命[6)]이리오 先王之制에 諸侯之喪엔 士弔하고 大夫送葬하며 唯嘉好聘享三軍之事[7)]에 於是乎使卿이라 晉之喪事에 敝邑之閒이면 先君有所助執紼矣[8)9)]

어니와 若其不閒이면 雖士大夫라도 有所不獲數矣[10)11)]라 大國之惠는 亦慶其加[12)13)]하고 而不討其乏하며 明底其情[14)15)]하야 取備而已[16)]하야 以爲禮也니라 靈王之喪[17)]에 我先君簡公在楚하고 我先大夫印段實往하니 敝邑之少卿也[18)]로되 王吏不討는 恤所無也라 今大夫曰 女盍從舊[19)]오하니 舊有豐有省이라 不知所從이로라 從其豐이면 則寡君幼弱이라 是以不共하고 從其省이면 則吉在此矣니 唯大夫圖之하라 晉人不能詰[20)21)]하다

여름 6월에 晉頃公이 卒하였다. 가을 8월에 葬禮를 거행하였다. 鄭나라 游吉이 가서 弔喪하고 또 送葬(會葬)하였다. 魏獻子가 游吉에게 士景伯을 보내어 詰問(責問)하기를 "悼公의 喪事 때는 子西가 와서 弔喪하고 子蟜가 와서 送葬하였는데, 이번에는 두 사람이 오지 않은 것은 어째서입니까?"라고 물었다.

游吉이 대답하기를 "諸侯들이 晉나라에 歸服하는 것은 晉나라에 禮가 있기 때문입니다. 禮는 小國이 大國을 섬기고 大國이 小國을 慈愛〔字〕하는 것을 이릅니다. 大國을 섬기는 道理는 대국의 時命을 공경해 따르는 데 있고, 소국을 자애하는 도리는 소국의 所無(禮에 정한 人員을 갖추지 못함)를 가엾게 여기는 데 있습니다. 우리나라는 大國(晉・楚) 사이에 끼어 있어, 대국에 職貢을 바치는 일과 意外의 患亂을 防備〔備御〕하는 일로 〈미처 禮數를 갖추지 못하였을 뿐이니〉 어찌 命을 따라야 함을 잊었겠습니까? 先王의 制度에 諸侯의 喪事에는 士가 弔喪하고 大夫가 送葬하며 오직 嘉好와 聘享과 三軍의 일에만 卿을 보낸다고 하였습니다. 〈지난날〉 晉나라의 喪事 때에 우리나라가 한가(泰平)하면 先君께서 직접 오시어 執紼을 도우신 적이 있었지만, 한가하지 못하면 비록 士와 大夫도 禮數대로 보내지 못한 때도 있었습니다. 大國의 은혜는, 常禮보다 厚하게 시행한 것은 讚美〔善〕하고 禮數를 갖추지 못한 것은 책망하지 않고 우리나라의 實情을 밝게 살피고서 禮儀를 갖춘 것만을 취하여 이를 禮에 맞는다고 하신 점입니다.

靈王의 喪事 때에 우리 先君 簡公께서 楚나라에 가서 계셨으므로 〈先君께서 직접 오실 수가 없어서〉 우리 先大夫 印段이 왔습니다. 印段은 우리나라의 少卿(下卿)이었는데도 王室의 官吏는 責望하지 않았으니, 이는 우리나라의 所無를 가엾게 여긴 것입니다. 그런데 지금 大夫는 '너희 나라는 어찌하여 종전의 禮를 따르지 않느냐?'고 나무라셨습니다. 종전에는 常禮보다 豐厚한 때도 있었고 상례보다 減省한 때도 있었으니 어느 쪽을 따라야 할지 모르겠습니다. 풍후한 쪽을 따르면 〈응당 우리 임금께서 직접 오셔야 하지만〉 우리 임금께서 아직 어리기 때문에 명을 받들 수 없고, 減省한 쪽을 따르면 〈士와 大夫도 보내지 않아야 하지만 그럴 수가 없어서 上卿인〉 나 游吉이 이곳에 온

것이니, 大夫는 깊이 헤아리기 바랍니다."고 하니, 晉人이 더 이상 詰問하지 못하였다.

1) 在襄十五年
   襄公 15년에 있었다.
2) 弔葬共使 〔附注〕 林曰 貳 副也
   한 사람이 弔問使와 送葬使를 겸한 것이다.
   〔부주〕 林: 貳는 副使이다.
3) 역주〕 無貳 : 당시의 禮는 送葬을 弔喪보다 중하게 여겼으므로 送葬使의 地位가 반드시 弔喪使보다 높았다. 그런데 지금 游吉이 弔喪使와 送葬使를 겸하였기 때문에 '無貳'라고 한 것이다. 〈楊注〉
4) 隨時共所求
   때에 따라 大國이 要求에 이바지함이다.
5) 역주〕 職貢 : 諸侯가 天子와 侯伯(盟主)에게 約定한 時期에 貢物을 바치는 것을 이른다.
6) 言不敢忘共命 以所備御者多 不及辦之
   命을 공경히 받들어 따라야 함을 감히 잊지 않았으나, 防備에 관한 일이 많으므로 인해 미처 命을 받들지 못하였다는 말이다.
7) 역주〕 嘉好聘享三軍之事 : 〈楊注〉에 "嘉好는 朝會이다. 定公 4년 傳에 '嘉好之事'를 杜注에 '嘉好는 朝會이다.'고 하였다. 聘享은 聘問과 享宴이다. 聘問에는 반드시 享宴이 있기 때문에 聘享 두 글자를 連書한 것이다."고 하였다. 三軍之事는 軍事에 관한 일을 이른다.
8) 紼 挽〔輓〕[*1)]索也 禮 送葬必執紼 〔附注〕 林曰 如〔知〕[*2)]晉之有喪事 其遇鄭國閑暇之時 鄭之先君 亦有會葬于晉者矣
   紼은 喪輿를 당기는 끈이다. 禮에 "送葬하는 자는 반드시 紼을 잡는다."고 하였다.
   〔부주〕 林: 晉나라에 喪事가 있을 때 鄭나라가 閑暇한 경우에는 鄭나라의 先君도 晉君의 葬事에 會葬한 적이 있었다는 것을 알 수 있다.

＊1) 역주〕 저본에는 '挽'로 되어 있으나, ≪十三經注疏≫本에 의거하여 '輓'으로 바로잡았다.

＊2) 역주〕 저본에는 '如'로 되어 있으나, ≪四庫全書 左傳杜林合注≫本에 의거하여 '知'로 바로잡았다.

9) 역주〕 紼 : 喪柩를 끄는 끈인데, 綍로 쓰기도 한다. ≪周禮≫ 〈地官 遂人〉과 ≪禮記≫ 〈喪大記〉·〈雜記〉 等篇에 의거하면 天子의 葬事에는 6綍을 사용하는데 당기는 자가 1千 人이고, 諸侯는 4綍인데 당기는 자가 5百 人이고, 大夫는 2綍인데 당기는 자가 3百 人이다. 〈楊注〉

10) 不得如先王禮數[*)]

先王의 禮數와 같이 할 수 없었다는 말이다.

*) 역주〕禮數 : 身分에 따라 사용하는 禮의 等級을 이른다.

11) 역주〕若其不閒……有所不獲數矣 : 士를 보내어 弔喪하고 大夫를 보내어 送葬하는 것이 先王이 정한 禮數이지만 鄭나라에 戰亂이 있을 때에는 士와 大夫도 보내지 못하였다는 말이다.

12) 慶 善也 謂善其君自行

慶은 善이니, 鄭君이 직접 온 것을 좋게 여겼다는 말이다.

13) 역주〕大國之惠 亦慶其加 : '亦慶其加 而不討其乏 明底其情 取備而已 以爲禮也'가 晉나라의 恩惠라는 말이다. 加는 定해진 禮보다 厚하게 待遇함이니, 鄭君이 직접 가서 執紼한 것을 이른다.

14) 底 致也〔附注〕林曰 明致小國有無之情

底는 致(精緻)이다.

〔부주〕林: 小國의 有無의 實情을 밝게 앎이다.

15) 역주〕不討其乏 : 乏은 禮數를 갖추지 못한 것을 이른다.

16) 역주〕取備而已 : 禮儀를 갖춘 것만을 取하고 禮數를 갖추지 못한 것을 責望하지 않았다는 말이다. 〈楊注〉

17) 在襄二十九年

襄公 29년에 있었다.

18) 少 年少也

少는 나이가 젊음이다.

19) 盍 何不也

盍은 何不이다.

20) 傳言大叔之敏

傳文은 太叔의 敏捷함을 말한 것이다.

21) 역주〕晉人不能詰 : 魯昭公 21년에 子產이 죽고, 游吉이 그 뒤를 이어 執政(上卿)이 되었다. 上卿이 가서 弔喪하고 送葬하였으니, 定해진 禮數보다 厚하게 待遇하였다고 할 수 있는데, 晉人은 鄭獻公이 직접 오기를 바랐다. 그러므로 子太叔(游吉)이 '寡君幼弱'이라고 대답한 것이다. 〈楊注〉

【傳】 吳子使徐人執掩餘하고 使鍾吾人執燭庸[1)]하니 二公子奔楚[2)]하다 楚子大封而定其徙[3)]하고 使監馬尹大心逆吳公子하야 使居養[4)]하고 莠尹然左司馬沈尹戌

城之[5)]하고 取於城父與胡田以與之[6)]하니 將以害吳也라 子西諫曰 吳光新得國하야 而親其民하야 視民如子하야 辛苦同之하니 將用之也라 若好吳邊疆하야 使柔服焉이라도 猶懼其至[7)]어늘 吾又彊其讐하야 以重怒之하니 無乃不可乎[8)]아 吳는 周之胄裔也[9)]라 而棄在海濱[10)]하야 不與姬通이러니 今而始大[11)]하야 比于諸華하고 光又甚文[12)13)]하야 將自同於先王[14)]하니 不知天將以爲虐乎[15)]아 使翦喪吳國而封大異姓乎[16)]아 其抑亦將卒以祚吳乎[17)]아 其終不遠矣[18)19)]니 我盍姑億吾鬼神[20)]하고 而寧吾族姓하야 以待其歸[21)]오 將焉用自播揚焉[22)]가 王不聽하다

吳子가 徐人을 보내어 掩餘를 잡게 하고, 鍾吾人을 보내어 燭庸을 잡게 하니, 두 公子는 楚나라로 도망갔다. 楚子는 그들에게 큰 封地를 주어 옮겨와 살 곳을 정해놓고서 監馬尹 大心을 보내어 吳나라 公子를 맞이해 와서 養邑에 살게 하고, 莠尹 然과 左司馬 沈尹 戌를 보내어 養邑에 城을 쌓게 하고서, 城父와 胡田을 취하여 두 公子에게 주었으니, 이는 두 公子를 이용하여 吳나라를 해치고자 해서였다.

子西가 諫하기를 "吳光(吳王 闔廬)이 새로 임금이 되어, 백성을 親愛하여 백성을 자식처럼 보아 辛苦를 함께하니, 이는 장차 그 백성들을 사용하기 위해서입니다. 吳나라 邊疆 사람들과 사이좋게 지내며 그들을 懷柔하여 服從시키려 해도 오히려 吳軍이 쳐들어올까 두려운데, 우리는 도리어 吳光의 원수를 强하게 하여 吳光의 憤怒를 加重시키니 不可하지 않습니까? 吳나라는 周나라의 後裔이지만 周나라를 버리고 海濱으로 와서 살았으므로 中原의 姬姓 諸侯와 交通하지 못하였더니, 지금에서야 비로소 强大해져서 〈그 세력이〉 중원의 제후들과 같아졌고, 光은 또 知識〔文〕이 있어서 스스로 先王과 같은 功業을 이루려 합니다. 하늘이 장차 그로 하여금 暴虐한 짓을 하게 할는지, 또는 그로 하여금 스스로 그 나라를 滅亡하게 하여 異姓國으로 하여금 그 封地를 擴大하게 할는지, 혹은 끝내 保佑하여 吳나라에 福을 내릴는지를 알 수 없습니다. 그 결과〔終〕를 알 수 있는 날이 멀지 않으니, 우리는 어찌 우선 우리의 鬼神(先祖의 神)을 안정시키고 우리 族姓(同族)을 安寧하게 하고서, 그 結果〔歸〕를 기다리지 않고 무엇 때문에 스스로 일을 일으키려 하십니까?"라고 하니 楚王은 그 말을 듣지 않았다.

1) 二十七年奔故

昭公 27년에 楚나라로 도망갔기 때문이다.

2) 역주〕 二公子 : 掩餘와 燭庸이다. 이들은 吳王 僚의 同母弟로 僚의 命으로 出征하여 楚나라의 潛邑을 包圍하고 있었는데, 이때 國內에 政變이 일어나 公子 光(闔廬)이 王僚를

弑害하고 스스로 임금이 되었다. 이 소식을 들은 掩餘는 徐國으로 도망가고 燭庸은 鍾吾國으로 도망갔다. 이 일은 昭公 27년 傳에 자세히 보인다.

3) 大封與土田 定其所徙之居

많은 土地를 封地로 주어 두 公子가 옮겨와서 살 곳을 定해준 것이다.

4) 二子奔楚 楚使逆之於竟也 養 卽所封之邑〔附注〕林曰 監馬尹 名大心

두 公子가 楚나라로 도망가자, 楚王이 國境으로 사람을 보내어 그들을 맞이한 것이다. 養은 바로 그들에게 封地로 준 邑이다.

〔부주〕林: 監馬尹의 이름이 大心이다.

5) 城養

養邑에 城을 쌓은 것이다.

6) 胡田 故胡子之地〔附注〕林曰 又取城父之田與故胡子之田 以與吳公子

胡田은 옛 胡子의 땅이다.

〔부주〕林: 또 城父의 土地와 옛 胡子의 토지를 취하여 吳公子에게 준 것이다.

7) 柔服 謂不與吳構怨〔附注〕林曰 若與吳之邊鄙疆場 結好棄怨 以柔道制之 使吳自服 猶恐吳人恃强以師來至

柔服은 吳나라와 怨恨을 맺지 않음을 이른다.

〔부주〕林: 만약 吳나라의 邊境〔邊鄙疆場〕사람들과 友好를 맺어 怨恨을 버리고서 懷柔의 도리로 그들을 制裁하여 吳人이 스스로 服從하게 하더라도 오히려 吳人이 强盛함을 믿고서 군대를 거느리고 쳐들어올까 두렵다는 말이다.

8) 讐 謂二公子

讐는 두 공자를 이른다.

9) 역주〕周之冑裔 : 吳나라의 始祖 太伯이 周太王의 長子였다. 그러므로 周나라의 後裔라고 한 것이다.

10) 역주〕棄在海濱 : 스스로 周나라를 버리고 海邊으로 와서 살았다는 말이다.

11) 역주〕今而始大 : 〈楊注〉에 "而는 乃와 같다."고 하였으니, 이제야 비로소 강대해졌다는 말이다.

12)〔附注〕林曰 闔廬又甚有文采

〔부주〕林: 闔廬는 또 매우 文采가 있다는 말이다.

13) 역주〕文 : 知識이 있음을 이른다. 〈楊注〉

14) 先王 謂大王王季 亦自西戎始比諸華

先王은 太王과 王季를 이른다. 이들도 西戎으로부터 시작하여 〈勢力이〉 中原의 諸侯들〔諸華〕과 같아졌다.

15)〔附注〕林曰 不知天意將使之爲暴虐乎

〔부주〕林: 하늘의 뜻이 장차 闔廬로 하여금 暴虐한 짓을 하게 하려는 것인지 알 수 없다는 말이다.

16)〔附注〕林曰 使闔廬用兵以自翦削 喪滅吳國 而以其土地 封大異姓諸侯乎

〔부주〕林:〈하늘의 뜻이〉闔廬로 하여금 戰爭을 일으켜 스스로 땅이 줄어들고 군대가 약해지게 하여, 吳나라를 멸망시키고서 그 土地로써 異姓諸侯의 封地를 擴大하게 하려는 것인지〈알 수 없다는 말이다.〉

17)〔附注〕林曰 或者 其終以福祚吳國乎

〔부주〕林: 혹은 하늘이 끝내 吳나라에 福을 주려는 것인지〈알 수 없다는 말이다.〉

18) 言其事行可知不久

그 일을 오래지 않아 알 수 있다는 말이다.

19) 역주〕其終不遠 : 그 결과를 오래지 않아 알 수 있다는 말이다.

20) 億 安也

億은 安이다.

21) 善惡之歸

善惡의 結果이다.

22) 播揚 猶勞動也

播揚은 勞動과 같다.

吳子怒[1)]하다 **冬十二月**에 **吳子執鍾吾子**하고 **遂伐徐**하야 **防山以水之**[2)]하야 **己卯**에 **滅徐**하다 **徐子章禹斷其髮**[3)]하고 **攜其夫人以逆吳子**[4)]한대 **吳子唁而送之**하고 **使其邇臣從之**하니 **遂奔楚**[5)]하다 **楚沈尹戌帥師救徐**나 **弗及**하다 **遂城夷**하야 **使徐子處之**[6)]하다

吳子가 怒하였다. 겨울 12월에 吳子는 鍾吾子를 逮捕하고 드디어 徐國을 토벌하여 山谷을 막아 물을 가두었다가 그 물로 徐國을 공격하여 己卯日에 徐國을 멸망시켰다. 徐子 章禹가 頭髮을 짧게 자르고 夫人을 帶同하고서 吳子를 맞이하자, 吳子는 徐子를 위로해 보내면서 그의 近臣들에게 侍從하게 하니, 徐子는 드디어 楚나라로 亡命하였다. 楚나라 沈尹 戌이 군대를 거느리고 徐國을 救援하기 위해 왔으나 미치지 못하였다. 드디어 夷에 성을 쌓아 徐子를 그곳에 살게 하였다.

1) 역주〕吳子怒 : 吳子는 楚나라가 두 公子를 養邑에 封해주었다는 소식을 듣고서 怒한 것이다.

2) 防壅山水以灌徐

山谷에 堤防을 쌓아 물을 가두어 그 물을 徐國으로 흘려보낸 것이다.

3) 斷髮自刑 示懼

頭髮을 잘라 스스로 모습을 毁損〔自刑〕한 것이니, 두려움을 보인 것이다.

4)〔附注〕林曰 徐子自攜其妻以迎吳闔廬 而服之

〔부주〕林: 徐子가 스스로 그 아내를 帶同하고서 吳王 闔廬를 맞이하여 降服한 것이다.

5) 邇 近也〔附注〕林曰 使徐子之近臣從其行

邇는 近이다.

〔부주〕林: 徐子의 近臣으로 하여금 徐子를 隨行하게 한 것이다.

6) 夷 城父也

夷는 城父이다.

【傳】吳子問於伍員曰 初而言伐楚[1]에 **余知其可也**[2]나 **而恐其使余往也**[3]하고 **又惡人之有余之功也**[4]라 **今余將自有之矣**니 **伐楚何如**오 **對曰 楚執政衆而乖**하야 **莫適任患**[5]하니 **若爲三師以肄焉**[6)7]하야 **一師至**면 **彼必皆出**하리라 **彼出則歸**하고 **彼歸則出**이면 **楚必道敝**[8]하리라 **亟肄以罷之**[9]하고 **多方以誤之**[10]하야 **旣罷而後**에 **以三軍繼之**면 **必大克之**하리라 **闔廬從之**하니 **楚於是乎始病**[11]하다

吳子가 伍員에게 "당초에 그대가 楚나라를 토벌하자고 말하였을 때, 나도 그것이 可하다는 것을 알았으나, 王僚가 나에게 군대를 거느리고 가게 할 것이 두려웠고, 또 남이 나의 功을 차지할 것이 싫었다. 이제 나는 그 功을 나의 것으로 만들려 하니, 楚나라를 치는 것이 어떻겠는가?"라고 물으니, 伍員이 대답하기를 "楚나라에는 國政을 담당하는 사람이 많은데 서로 사이가 좋지 못하여 누구도 국가의 患難을 책임지려 하지 않습니다. 만약 군대를 세 部隊로 만들어 갑자기 襲擊하고 迅速하게 後退하게 하고서, 한 部隊가 楚나라 땅에 쳐들어가면 저들은 全軍이 다 出動할 것입니다. 저들이 출동하면 우리는 돌아오고, 저들이 돌아가면 우리가 다시 출동할 경우 楚軍은 반드시 오가느라 길에서 지칠 것입니다. 자주 습격하였다가 후퇴하여 저들을 지치게 하고, 여러 방법으로 저들을 그르치게 하여, 저들이 지친 뒤에 三軍이 뒤를 이어 공격하면 반드시 크게 승리할 것입니다."라고 하였다. 闔廬가 이 말을 따르니 楚나라는 이에 困難을 겪기 시작하였다.

1) 在二十年〔附注〕朱曰 而 汝也

〈伍員이 楚나라를 討伐하자고 한 일은〉 昭公 20년에 있었다.

〔부주〕 朱: 而는 汝(너)이다.

2) 역주] 余知其可 : 나도 討伐이 成功할 수 있다는 것을 알았다는 뜻이다.

3) 〔附注〕 林曰 恐其使我帥師以伐楚

〔부주〕 林: 王僚가 나에게 군대를 거느리고 가서 楚나라를 치게 할 것이 두려웠다는 말이다.

4) 〔附注〕 林曰 人 謂王僚 又惡伐楚之功爲王僚所有

〔부주〕 林: 人은 王僚를 이른다. 또 楚나라를 토벌한 功이 王僚의 차지가 되는 것이 싫었다는 말이다.

5) 역주] 楚執政衆而乖 莫適任患 : 楚나라에는 國政을 담당한 사람이 많은데 意向이 서로 달라 統一되지 않으므로 누구도 國家를 위하여 患難을 책임지려 하지 않는다는 말이다. 〈林注〉

6) 肄 猶勞也 〔附注〕 朱曰 可分爲三師 更迭以敝楚

肄는 勞와 같다.

〔부주〕 朱: 세 부대로 나누어 번갈아가며 楚軍을 지치게 하는 것이다.

7) 역주] 肄 : ≪左氏會箋≫에는 "肄와 肆는 古書에 通用이었다. ≪詩經≫ 〈大雅 皇矣〉篇의 '是伐是肆'의 肆를 ≪毛傳≫에 '疾(신속)'이라고 하였으니, 이곳의 肆도 군대를 출동시켜 不意에 신속히 敵을 襲擊하는 것을 말한다."고 하였고, 〈楊注〉에는 "肄는 肆로 읽어야 한다. 바로 文公 12년 傳의 '若使輕者肆焉'의 肆와 같으니, 갑자기 襲擊하고 갑자기 물러나는 것이다."고 하였다. 이 두 注說을 취하여 번역하였다.

8) 罷敝於道

道路에서 지치는 것이다.

9) 亟 數也

亟는 자주이다.

10) 〔附注〕 林曰 聲東擊西 使之迷誤

〔부주〕 林: 동쪽을 친다고 宣言해놓고서 실지로는 서쪽을 쳐서 敵을 迷惑시켜 일을 그르치게 함이다.

11) 爲定四年吳入楚傳

定公 4년에 吳人이 楚나라에 進入한 傳文의 배경이다.

〈三十一年, 庚寅 B.C.511〉

【經】 三十有一年春王正月에 公在乾侯하다

31년 봄 周王 正月에 昭公이 乾侯에 있었다.

【經】 季孫意如會晉荀躒于適歷[1)]하다

季孫意如가 晉나라 荀躒과 適歷에서 會合하였다.

1) 適歷 晉地

適歷은 晉나라 땅이다.

【經】 夏四月丁巳에 薛伯穀卒[1)]하다

여름 4월 丁巳日 薛伯 穀이 卒하였다.

1) 襄二十五年 盟重丘

襄公 25년에 重丘에서 同盟하였다.

【經】 晉侯使荀躒唁公于乾侯[1)]하다

晉侯가 荀躒을 乾侯로 보내어 昭公을 慰問하였다.

1) 將使意如迎公 故荀躒來唁

장차 季孫意如(季平子)로 하여금 昭公을 맞이하게 하려 하였기 때문에 荀躒이 와서 위문한 것이다.

【經】 秋에 葬薛獻公[1)]하다

가을에 薛나라 獻公을 장사 지냈다.

1) 無傳

傳이 없다.

【經】 冬에 黑肱以濫來奔[1)]하다

겨울에 黑肱이 濫邑을 가지고 도망해 왔다.

1) 黑肱 邾大夫 濫 東海昌慮縣 不書邾 史闕文〔附注〕林曰 其不係之邾 濫嘗自別於邾也[*)] 圍戚不曰圍衛戚 取鄆不曰取我鄆 皆如二君之辭也

黑肱은 邾나라 大夫이다. 濫은 東海 昌慮縣이다. 邾를 쓰지 않은 것은 史官이 글자를 빠뜨린 것이다.

〔부주〕 林: 濫邑을 邾나라에 매어 기록하지 않은 것은 濫邑이 일찍이 스스로 邾나라와 訣別하였기 때문이다. 哀公 3년 經에 '戚을 포위한 것'을 衛나라 戚을 포위하였다고 하지 않은 것과, 昭公 元年 經에 '鄆을 취한 것'을 우리의 땅인 鄆을 취하였다고 하지 않은 것은 모두 두 임금처럼 말을 만든 것이다.

*) 역주〕 濫嘗自別於邾 : 〈正義〉에 "濫을 黑肱에게 封해주어 別個의 나라가 되게 하였으므로 邾나라에 매어 기록하지 않은 것이다."고 하였다.

【經】 十有二月辛亥朔에 **日有食之**하다

12월 초하루 辛亥日에 日食이 있었다.

【傳】 三十一年春王正月에 **公在乾侯**라하니 **言不能外內也**[1)]라

31년 봄 周王 正月에 公이 乾侯이 있었다고 하였으니, 이는 昭公이 國外와 國內에서 容納되지 못했음을 말한 것이다.

1) 公內不容於臣子 外不容於齊晉 所以久在乾侯

昭公이 國內에서는 臣子에게 容納되지 못하고, 國外에서는 齊나라와 晉나라에 용납되지 못하였으므로 오랫동안 乾侯에 있은 것이다.

【傳】 晉侯將以師納公하다 **范獻子曰 若召季孫而不來**면 **則信不臣矣**니 **然後伐之**가 **若何**오 **晉人召季孫**하다 **獻子使私焉曰 子必來**하라 **我受其無咎**[1)2)]하리라 **季孫意如會晉荀躒于適歷**하다 **荀躒曰 寡君使躒謂吾子**호되 **何故出君**가 **有君不事**는 **周有常刑**[3)]하니 **子其圖之**하라 **季孫練冠麻衣**로 **跣行**[4)5)]하야 **伏而對曰 事君**은 **臣之所不得也**니 **敢逃刑命**[6)]가 **君若以臣爲有罪**면 **請囚于費**하야 **以待君之察也**리니 **亦唯君**[7)]이오 **若以先臣之故**로 **不絶季氏**하고 **而賜之死**[8)]오 **若弗殺弗亡**[9)]이면 **君之惠也**니 **死且不朽**라 **若得從君而歸**면 **則固臣之願也**니 **敢有異心**[10)]가

晉侯(晉定公)가 군대로써 魯昭公을 護送해 魯나라로 들여보내려 하였다. 范獻子가 말하기를 "만약 季孫(平子)을 불러도 오지 않는다면 진실로 臣下의 도리를 버리는 것이니, 그런 뒤에 토벌하는 것이 어떻겠습니까?"라고 하니, 晉人이 季孫을 오라고 불렀다. 獻子가 季孫에게 사람을 보내어 은밀히 말하기를 "그대는 반드시 오십시오. 내가

그대에게 災禍가 없을 것을 保證하겠소."라고 하니, 季孫意如는 〈晉나라로 가서〉 晉나라 荀躒과 適歷에서 會合하였다.

荀躒이 말하기를 "우리 임금께서 나를 보내어 그대에게 '무슨 이유로 임금을 逐出하였는가? 임금이 있는데도 섬기지 않는 자에게는 周나라 王朝에 일정한 刑法이 있다.'고 일러주라고 하셨으니, 그대는 깊이 생각하십시오."라고 하니, 季孫은 練冠을 쓰고 麻衣를 입고 맨발로 걸어가서 땅에 엎드려 다음과 같이 대답하였다. "임금님을 섬기는 일은 내가 하고 싶어도 할 수 없었던 바이니, 어찌 감히 刑罰의 命을 피하겠습니까? 우리 임금께서 만약 나에게 罪가 있다고 여기신다면 나를 費邑에 囚禁하고서 임금님께서 〈죄의 유무를〉 살피시기를 기다리게 해주십시오. 이 또한 임금님께서 명하시는 대로 따를 것입니다. 임금님께서 만약 先臣의 일로 인해 季氏의 後嗣를 斷絶하지 않고 나에게만 죽음을 내리시거나, 만약 나를 죽이지도 國外로 亡命하게 하지도 않으신다면 이는 임금님이 은혜이니 죽어도 그 은혜를 잊지 않겠습니다. 만약 임금님을 따라 歸國하는 일이라면 본디 臣이 원한 바이니 어찌 딴마음이 있겠습니까?"

1) 言我爲子受無咎之任

내가 그대를 위하여 禍가 없게 할 任務를 받았다는 말이다.

2) 역주] 受其無咎 : ≪左氏會箋≫에 "保其無咎(그대에게 災禍가 없을 것을 保證함)와 같다. ≪尙書≫ 〈召誥〉에 '保受王威命明德'이라 하고, ≪儀禮≫ 〈士冠禮 字辭〉에 '永受保之'라 하였으니, 受와 保는 字義가 서로 비슷하다."고 하였으니, 곧 그대의 安全을 保證하겠다는 뜻이다.

3) 역주] 常刑 : 일정한 刑法을 이른다. ≪周禮≫ 〈大司職〉에 "放弑其君則殘之(그 임금을 追放하거나 弑害하면 죽인다)"라고 하였다.

4) 示憂慼

憂慼(근심으로 마음이 괴로움)을 表示한 것이다.

5) 역주] 練冠麻衣跣行 : 練冠은 喪服의 하나로 練祭(小祥) 때에 쓰는 冠이고, 麻衣는 삼베옷으로 당시의 深衣이다. 跣行은 맨발로 걷는 것이다. ≪禮記≫ 〈問喪〉에 "親始死徒跣(어버이가 死亡한 처음에는 그 아들은 맨발로 지낸다.)"고 하였으니, 신을 신지 않고 맨발로 다니는 것이다. 季孫은 임금을 섬길 수 없기 때문에 憂慼이 깊음을 표시한 것이다. 〈正義〉

6) 言願事君 君不肯還 不敢辟罪

임금님 섬기기를 원하지만 임금님이 돌아오려 하지 않으시니, 감히 罪를 피하지 않겠다는 말이다.

7) 〔附注〕林曰 以待魯君察罪有無之命

〔부주〕 林: 魯君이 罪의 有無를 살피겠다는 命을 기다리겠다는 말이다.

8) 雖賜以死 不絶其後

비록 〈나에게〉 죽음을 내리더라도 季孫의 後嗣를 斷絶시키지 않는 것이다.

9) 〔附注〕 林曰 得免於死亡

〔부주〕 林: 죽음과 亡命을 면하는 것이다.

10) 君 皆謂魯侯也 蓋季孫探言罪己輕重 以答荀躒

君은 모두 魯侯를 이른 것이다. 季孫이 자기에 대한 處罰〔罪〕의 輕重을 探索해 말하여 荀躒에게 답한 것이다.

夏四月에 **季孫從知伯如乾侯**[1)2)]하다 **子家子曰 君與之歸**[3)]하소서 **一慙之不忍**이면 **而終身慙乎**[4)5)]잇가 **公曰 諾**다 **衆曰 在一言矣**니 **君必逐之**[6)7)]하소서 **荀躒以晉侯之命唁公**하고 **且曰 寡君使躒以君命討於意如**하니 **意如不敢逃死**[8)]니이다 **君其入也**하소서 **公曰 君惠顧先君之好**하야 **施及亡人**[9)]하야 **將使歸糞除宗祧以事君**[10)11)]하니 **則不能見夫人**하리라 **已所能見夫人者**면 **有如河**[12)13)]라 **荀躒掩耳而走**[14)]**曰 寡君其罪之恐**하니 **敢與知魯國之難**[15)]이리까 **臣請復於寡君**하리다하고 **退而謂季孫**호대 **君怒未怠**하니 **子姑歸祭**[16)]하라 **子家子曰 君以一乘入于魯師**면 **季孫必與君歸**하리이다 **公欲從之**나 **衆從者脅公**하니 **不得歸**[17)]하다

여름 4월에 季孫이 知伯(荀躒)을 따라 乾侯로 갔다. 子家子가 말하기를 "임금님께서는 그와 함께 돌아가소서. 한때의 치욕〔慙〕을 참지 못하시면 終身의 치욕을 어찌하시겠습니까?"라고 하니, 昭公이 "그리하겠다."고 하였다. 그러자 衆臣들이 말하기를 "한마디 말씀에 달렸으니 임금님께서는 반드시 季孫을 逐出하게 하소서."라고 하였다. 荀躒이 晉侯의 명으로 昭公을 慰問하고서, 또 말하기를 "우리 임금께서 나 躒을 보내시어 君命(晉君의 명)으로 意如를 責問〔討〕하라 하시기에 〈제가 가서 責問하였더니〉 意如는 감히 죽음을 피하지 않았습니다. 그러니 임금님께서는 魯나라로 들어가소서."라고 하니, 昭公이 말하기를 "晉君께서 先君의 友好를 생각하시어 도망해 온 이 사람에게 은혜를 베푸시어 나로 하여금 魯나라로 돌아가서 宗祧(宗廟)를 掃除하고서 晉君을 섬기게 하려 하시니, 〈만약 내가 돌아가게 된다면 맹세코 季孫을 축출할 것이고,〉 나는 저 사람을 만나보지 않을 것이오. 내가 만약 〈맹서를 어기고서〉 저 사람을 만나본다면 河水의 神이 禍를 내릴 것이오."라고 하였다.

荀躒이 귀를 막고 빠른 걸음으로 떠나며 말하기를 "우리 임금께서는 그 罪를 두려워

할 뿐이니, 어찌 魯나라의 禍難에 干與하시겠습니까? 臣은 우리 임금님께 復命하겠습니다."고 하고 물러나와 季孫에게 이르기를 "魯君의 노여움이 아직 풀리지 않았으니, 그대는 우선 돌아가서 魯나라의 祭祀를 主管하시오."라고 하였다. 子家子가 말하기를 "임금님께서 한 채의 수레를 타고 魯軍으로 들어가시면 季孫은 반드시 임금님을 모시고 함께 돌아갈 것입니다."고 하니, 昭公은 그의 말을 따르고자 하였으나, 여러 從者들이 昭公을 협박하니, 돌아가지 못하였다.

1) 知伯 荀躒

知伯은 荀躒이다.

2) 역주〕季孫從知伯如乾侯 : 季孫이 昭公을 모시고 魯나라로 돌아가기 위해 知伯과 함께 乾侯로 간 것이다.

3)〔附注〕林曰 勸昭公因季孫來迎 與之俱歸魯

〔부주〕林: 昭公에게 季孫이 맞이하기 위해 온 기회를 이용하여 그와 함께 魯나라로 돌아가도록 권한 것이다.

4)〔附注〕朱曰 若不忍此一時之慙 則擯死於外 爲終身之慙矣

〔부주〕朱: 만약 이 한때의 恥辱을 참지 못한다면 〈끝내〉 버림을 받고 外國에서 죽게 되어 평생의 恥辱이 될 것이라는 말이다.

5) 역주〕一慙之不忍 而終身慙乎 : 한때의 치욕을 참지 못한다면 장차 종신의 치욕이 된다는 말이다. 一慙은 季孫과 함께 돌아가는 치욕을 이르고, 終身慙은 外國에서 죽는 치욕을 이른다. ≪左氏會箋≫

6) 言晉旣憂君 君一言使晉 晉必逐之

晉君이 이미 魯君의 처지를 근심하고 있으니, 魯君이 한마디 말로 晉君에게 〈季孫을 逐出하도록〉 시킨다면 晉君은 반드시 季孫을 축출할 것이라는 말이다.

7) 역주〕衆曰 在一言矣 君必逐之 : 衆人은 魯昭公이 한마디만 하면 晉나라가 季孫을 逐出해줄 것으로 誤認하고서 晉나라에 말하여 季孫을 逐出하게 하라고 한 것이다.

8) 역주〕不敢逃死 : 감히 死罪를 回避하지 않고 받아들였다는 뜻이다.

9) 역주〕施 : 延(뻗침)이다. 〈楊注〉

10)〔附注〕林曰 糞 掃也 將使歸國 糞掃除治宗廟 以事晉君

〔부주〕林: 糞은 淸掃함이다. 장차 나로 하여금 魯나라로 돌아가서 宗廟를 淸掃하여 먼지를 제거하고서 晉君을 섬기게 하려는 것이라는 말이다.

11) 역주〕糞除宗祧 : 糞除는 淸掃하여 먼지를 제거함이고, 宗祧는 宗廟이니, 곧 君權을 行使하여 宗廟의 祭祀를 主管함을 이른다.

12) 夫人 謂季孫也 言若見季孫 己當受禍 明如河以自誓

夫人은 季孫을 이른다. 만약 季孫을 만나본다면 내가 응당 禍를 받을 것이 분명하기가 河水와 같을 것이라고 말하여 스스로 盟誓한 것이다.

13) 역주] 所能見季孫者 有如河 : 그를 만나지 않겠다고 盟誓한 말이다. 만약 이 맹서를 어기고서 그를 만난다면 河水의 神이 禍를 내릴 것이라는 뜻이다. 所는 假設連辭로 誓詞中에 많이 쓰인다. 僖公 24년 傳의 "所不與舅氏同心者 有如白水"의 譯註 참고할 것.

14) 怪公所言 示不忍聽

昭公의 말을 괴이하게 여겨 차마 들을 수 없다는 뜻을 표시한 것이다.

15) 言恐獲不納君之罪 今納而不入 何敢復知邪

魯君을 魯나라로 들여보내지 않은 罪를 얻을까 두려웠는데, 이제는 들여보내려 해도 본인이 들어가지 않으니, 어찌 감히 다시 참견해 알려 할 필요가 있겠느냐는 말이다.

16) 歸攝君事

돌아가서 임금의 일을 代行〔攝〕하라는 말이다.

17) 傳言君弱不得復自在*) 〔附注〕 林曰 衆從者 恐公獨歸 不得復入 故脅制不得單車而歸

傳文은 임금이 약하여 다시 自意로 결정하지 못한 것을 말한 것이다.

〔부주〕 林: 여러 從者들은 昭公이 혼자 돌아가면 〈자기들은〉 다시 魯나라로 들어갈 수 없을 것을 두려워하여 昭公을 威脅해 制止해서 單車로 돌아가지 못하게 한 것이다.

*) 역주] 自在 : 自由와 같은 말로 남의 束縛을 받지 않고 자기 마음대로 행동함이다.

【傳】 **薛伯穀卒**하다 **同盟**이라 **故書**[1]하다

薛伯 穀이 卒하였다. 同盟하였기 때문에 〈그 이름을〉 기록한 것이다.

1) 謂書名也 入春秋來 薛始書名 故發傳 經在荀躒唁公上 傳在下者 欲魯事相次

이름을 기록한 것을 이른다. 春秋時代로 들어온 이래로 薛君의 이름을 비로소 기록하였기 때문에 傳을 단 것이다. 經文에는 〈薛伯 穀이 卒한 것이〉 荀躒이 昭公을 위문한 위에 있는데, 傳文에는 아래에 있는 것은 魯나라의 일을 연달아 기록하고자 해서이다.

【傳】 **秋**에 **吳人侵楚**하야 **伐夷**하고 **侵潛六**[1]하다 **楚沈尹戌帥師救潛**한대 **吳師還**하다 **楚師遷潛於南岡而還**이어늘 **吳師圍弦**하다 **左司馬戌右司馬稽帥師救弦**하야 **及豫章**[2]이어늘 **吳師還**하니 **始用子胥之謀也**[3]라

가을에 吳人이 楚나라에 侵入하여 夷를 토벌하고 潛과 六을 侵攻하였다. 楚나라 沈尹 戌이 군대를 거느리고 가서 潛을 救援하자, 吳軍은 돌아갔다. 楚軍이 潛의 住民을 南岡으로 옮기고서 還軍하자, 吳軍은 다시 弦邑을 포위하였다. 楚나라 左司馬 戌과 右

司馬 稽가 군대를 거느리고 弦을 구원하기 위해 출발하여 豫章에 이르자, 吳軍은 돌아갔으니, 비로소 子胥의 計謀를 사용한 것이다.

1) 皆楚邑
모두 楚나라의 邑이다.

2) 左司馬 沈尹 戌
左司馬 沈尹 戌이다.

3) 謀在前年
子胥의 計謀는 前年 傳에 보인다.

【傳】冬에 邾黑肱以濫來奔하다 賤而書名은 重地故也[1]라 君子曰 名之不可不愼也如是[2]하니 夫有所有名而不如其已[3)4]니라 以地叛이면 雖賤이나 必書地하고 以名其人하니 終爲不義하야 弗可滅已[5]니라 是故君子動則思禮하고 行則思義하야 不爲利回[6)7]하고 不爲義疚[8]니라 或求名而不得[9]하고 或欲蓋而名章[10]은 懲不義也라 齊豹爲衛司寇하야 守嗣大夫[11)12]하야 作而不義하니 其書爲盜[13)14]하고 邾庶其[15]莒牟夷[16]邾黑肱以土地出은 求食而已[17]오 不求其名이로되 賤而必書[18]하니 此二物者는 所以懲肆而去貪也[19]라 若艱難其身[20]하야 以險危大人[21]코도 而有名章徹[22)23]이면 攻難之士將奔走之[24]오 若竊邑叛君以徼大利코도 而無名[25)26]이면 貪冒之民將寘力焉[27]이라 是以春秋書齊豹曰盜라하고 三叛人名하야 以懲不義하고 數惡無禮하니 其善志也[28)29]라 故曰 春秋之稱은 微而顯[30)31]하고 婉而辨[32)33]하니 上之人能使昭明[34]이면 善人勸焉하고 淫人懼焉이라 是以君子貴之니라

겨울에 邾나라 黑肱이 濫邑을 가지고 魯나라로 도망해 왔다. 그 地位가 卑賤한데도 經에 그 이름을 기록한 것은 땅을 중하게 여겨서이다.

君子는 이에 대해 다음과 같이 論評하였다. "이름을 얻는 일에 삼가지 않아서는 안 됨이 이와 같으니, 한때에 이름이 있는 것이 도리어 없는 것만 못함이 있기 때문이다. 한 地方을 占據하여 叛亂을 일으키면 비록 지위가 卑賤한 자라 하더라도 반드시 그 땅을 기록하고 그 이름을 기록하니, 영원히 의롭지 못한 사람이 되어 〈그 惡名을〉 지울 수 없게 된다. 그러므로 행동할 때에는 禮를 생각하고 일을 처리할 때에는 義를 생각하여, 이익을 위해 禮를 이기지 않고 義를 행하여 마음에 부끄러움[疚]이 없게 해야 한다.

≪春秋≫에서 혹 이름나기를 구하였으되 도리어 그 이름을 기록하지 않고, 혹 惡行을 숨기고자 하였으되 도리어 그 이름을 드러내기도 한 것은 의롭지 못한 행위를 懲罰한 것이다. 齊豹는 衛나라의 司寇로 世襲한 大夫였으되 행위가 의롭지 못하니 ≪春秋≫에 '盜'라고 기록하였고, 邾나라 庶其와 莒나라 牟夷와 邾나라 黑肱이 土地를 가지고서 出奔한 것이 먹고살기를 구한 것일 뿐이고 이름나기를 구한 것이 아니었으되 그 지위가 비천한데도 ≪春秋≫에 반드시 그 이름을 기록하였으니, 이 두 事例는 放肆한 자를 懲罰하고 탐욕스런 자를 물리친 것이다.

만약 몸소 禍難〔艱難〕을 일으켜 大人을 위험에 빠뜨리고도 그 이름이 밝게 드러난다면 叛亂을 일으키려는 자들이 그 일에 달려들 것이고, 만약 城邑을 竊取하고 임금을 배반하여 큰 이익을 바라고도 惡名이 없다면 이익을 탐하는 백성들이 그 일에 힘을 다할 것이다. 그러므로 ≪春秋≫에 齊豹를 '盜'라고 기록하고 三叛人의 이름을 기록한 것은 不義를 懲罰하고 惡行과 無禮를 꾸짖은 것이니 이는 참으로 記述을 잘한 것이다. 그러므로 ≪春秋≫의 敍述〔稱〕은 글은 隱微하되 뜻은 분명하고 말은 婉曲하되 是非는 밝게 分辨하였으니, 윗사람이 능히 이 ≪春秋≫의 大義를 밝힌다면 善人을 勸奬하고 惡人을 두렵게 할 수 있다. 그러므로 君子가 ≪春秋≫를 貴重하게 여긴다."

1) 黑肱非命卿 故曰賤

黑肱은 命卿이 아니기 때문에 '賤'이라 한 것이다.

2) 是 黑肱也

是는 黑肱을 이른다.

3) 有所 謂有地也 言雖有名 不如無名 已 止也〔附注〕朱曰 有所 謂書其地 有名 謂書其人 言有名之辱 不若無名也

有所는 有地를 이른다. 비록 名聲이 있어도 名聲이 없는 것만 못하다는 말이다. 已는 止이다.

〔부주〕朱: 有所는 ≪春秋≫에 그 땅을 기록한 것을 이르고, 有名은 그 사람을 기록한 것을 이르니, 이름이 있는 恥辱이 이름이 없는 것만 못하다는 말이다.

4) 역주〕有所有名而不如其已 : 所는 處所이다. 처소는 일에 따라 바뀌니, 혹은 人으로써 말하기도 하고, 혹은 時로써 말하기도 하고, 혹은 事로써 말하기도 한다. 이름은 사람들이 얻고자 하는 바이지만 때로는 이름이 있는 것이 도리어 없는 것만 못하다는 말이다. ≪左氏會箋≫

5)〔附注〕林曰 終身爲不義之人 傳之萬世不可泯滅

〔부주〕林: 終身(永遠)토록 不義한 짓을 한 사람이 되어 그 惡名이 萬世에 전해져서

없어지지 않는다는 말이다.

6) 回正心也

바른 마음으로 돌아옴이다.

7) 역주] 不爲利回 : 回는 違(어김)이니 禮를 어김이다. 利益을 위하여 禮를 어기지 않는 것을 이른다. 〈楊注〉

8) 疚 病也 見義則爲之〔附注〕朱曰 不以不義爲身之病

疚는 病(恥辱)이다. 義를 보면 그 義를 행하는 것이다.

〔부주〕朱: 道義에 어르러지는 짓을 하여 자기 몸에 病(恥辱)이 되게 하지 않는 것이다.

9)〔附注〕林曰 或本於〔欲〕*)求名 而春秋不書其名

〔부주〕林: 본래의 생각은 그 이름나기를 구하고자 한 것이데, ≪春秋≫에 그 이름을 記載하지 않은 것을 이른다.

*) 역주] 저본에는 '於'로 되어 있으나, ≪四庫全書 左傳杜林合注≫本에 의거하여 '欲'으로 바로잡았다.

10)〔附注〕林曰或本欲隱蓋 而春秋稱著其名

〔부주〕林: 본래의 생각은 惡行을 덮고자 한 것인데, ≪春秋≫에 그 이름을 기록〔稱〕해 드러낸 것을 이른다.

11) 守先人嗣 言其尊

先人의 後嗣를 지킨 것이다. 그 지위가 높음을 말한 것이다.

12) 역주] 守嗣大夫 : 昭公 20년 傳의 '承嗣大夫' 및 16년 傳의 '嗣大夫'와 같은 말로 世襲하여 卿大夫가 된 자를 이른다. 〈楊注〉

13) 求名而不得也 二十年豹殺衛侯兄 欲求不畏彊禦之名

명성이 나기를 구하였으나 얻지 못한 것이다. 昭公 20년에 豹가 衛侯의 兄을 죽인 것은 彊禦(權勢가 있는 사람)를 두려워하지 않는다는 이름을 구하고자 한 것이다.

14) 역주] 其書爲盜 : 齊豹가 衛侯의 兄 縶을 殺害한 것은 權勢家를 두려워하지 않는 勇士라는 이름을 얻고자 해서인데, ≪春秋≫에 그를 '盜'라고 기록하고 그 이름을 기록하지 않은 것을 이른다.

15) 在襄二十一年

邾庶其의 일은 襄公 21년에 보인다.

16) 在五年

莒牟夷의 일은 昭公 5년에 보인다.

17) 역주] 邾庶其莒牟夷邾黑肱以土地出 求食而已 : 邾庶其가 漆閭丘를 가지고 魯나라로 도망 오고, 莒牟夷가 牟婁와 防과 玆를 가지고 도망 오고, 邾黑肱이 濫邑을 가지고 도망해 온 것은 그 땅을 食邑으로 삼고자 한 데 불과하였을 뿐이라는 말이다. ≪四庫全書 左傳

杜林合注≫

18) 春秋叛者多 唯取三人來適魯者 三人皆小國大夫 故曰賤

春秋 때에 반란을 일으킨 자가 많았으나, 오직 魯나라로 도망해 온 세 사람만을 취하여 기재하였다. 三人은 모두 작은 나라의 大夫였기 때문에 '賤'이라고 한 것이다.

19) 物 事也 肆 放也 齊豹書盜 懲肆也 三叛人名 去貪也

物은 事이고, 肆는 放이다. 齊豹를 '盜'로 기록한 것은 放肆를 懲罰한 것이고, 세 叛人의 이름을 기록한 것은 貪欲을 물리친 것이다.

20) 身爲艱難

몸소 禍難〔艱難〕을 일으킴이다.

21) 大人 在位者

大人은 높은 地位에 있는 사람이다.

22) 謂得勇名

勇敢하다는 名聲을 얻음을 이른다.

23) 역주〕 章徹 : 章과 徹은 同義로 밝음이다. 〈楊注〉

24) 攻 猶作也 奔走 猶赴趣也

攻은 作과 같고, 奔走는 赴趣(달려듦)와 같다.

25) 謂不書其人名

그 사람의 이름을 기재하지 않은 것을 이른다.

26) 역주〕 無名 : 惡名이 없는 것이다. ≪左氏會箋≫

27) 盡力爲之 不顧於見書

〈竊邑叛君의 일에〉 힘을 다할 것이고 〈惡名이〉 史書에 실리는 것은 생각지 않을 것이라는 말이다.

28) 無禮惡逆 皆數而不忘 記事之善者也

無禮와 惡逆을 모두 計數하고 잊지 않은 것은 일을 잘 기록한 것이라는 말이다.

29) 역주〕 數惡無禮 : 數는 責(꾸짖음)이다. 惡人을 꾸짖음에는 대체로 그 罪를 세어〔數〕 꾸짖는다. 그러므로 數는 責의 뜻이 되어야 하는데, 杜氏는 計數의 數로 풀었다. ≪春秋≫에 齊豹를 盜로 기록하고 세 叛人의 이름을 기록한 것이 바로 '數惡無禮'이니, 그렇다면 數는 責의 뜻이고 計數의 뜻이 아니다. ≪左氏會箋≫

30) 文微而義著 〔附注〕 林曰 稱 權衡也

글은 은미하지만 뜻은 분명함이다.

〔부주〕 林: 稱은 權衡(저울대)이다.

31) 역주〕 春秋之稱 微而顯 : '春秋之稱'은 〈楊注〉에 "稱은 述이니, 國史에 일을 敍述한 것을 이른다."고 하였다. 이 설을 취해 번역하였다. '微而顯'은 글은 隱微하지만 뜻은 밝게

드러냈다는 말로 齊豹에 대한 記述를 이른다.

32) 辭婉而旨別

말은 婉曲하지만 뜻은 是非를 辨別함이다.

33) 역주〕婉而辨 : 말은 婉曲하지만 그 是非는 분명하게 分辨하였다는 말로 세 叛人에 대한 記述을 이른다.

34) 上之人 謂在位者 在位者能行其法 非賤人所能

上之人은 높은 地位에 있는 사람이다. 地位에 있는 사람만이 그 법을 행할 수 있고 賤人이 행할 수 있는 바가 아님을 이른다.

【傳】 十二月辛亥朔에 日有食之하다 是夜也에 趙簡子夢에 童子羸而轉以歌[1)]하다 旦占諸史墨曰 吾夢如是어늘 今而日食하니 何也[2)]오 對曰 六年及此月也하야 吳其入郢乎ㄴ저 終亦弗克[3)]하리라 入郢必以庚辰[4)]하리니 日月在辰尾[5)6)]라 庚午之日에 日始有謫하니라 火勝金이라 故弗克[7)]이니라

12월 초하루 辛亥日에 日食이 있었다. 그날 밤에 趙簡子가 꿈을 꾸었는데, 童子가 발가벗고 뒹굴면서 노래를 불렀다. 다음날 아침에 史墨을 불러 꿈의 길흉을 점치게 하며 말하기를 "내가 이런 꿈을 꾸었는데 오늘 일식이 일어났으니 이것이 무슨 징조인가?"라고 하니, 史墨이 다음과 같이 대답하였다. "6년 뒤 이달에 미쳐 吳軍이 아마도 楚나라 郢都로 進入할 것입니다. 하지만 끝내 勝利하지는 못할 것입니다. 郢都로 들어가는 일이 반드시 庚辰日에 있을 것이니, 이날은 해와 달이 辰尾에 있기 때문입니다. 庚午日에 해가 비로소 變化〔謫〕하기 시작하니 〈楚나라가 災禍를 입겠지만〉 火(楚를 뜻함)는 金(兵器를 뜻함)을 이기기 때문에 〈吳가〉 勝利하지 못합니다."

1) 轉 婉轉也〔附注〕林曰 童子羸體而婉轉以歌

轉은 뒹구는 것이다.

〔부주〕林: 동자가 발가벗고 뒹굴면서 노래를 부른 것이다.

2) 簡子夢適與日食會 謂咎在己 故問之

簡子가 꿈을 꾼 날이 마침 日食이 일어난 날과 마주쳤으므로 簡子는 災殃〔咎〕이 자기에게 닥칠 것으로 여겼다. 그러므로 물은 것이다.

3) 史墨知夢非日食之應 故釋日食之咎 而不釋其夢〔附注〕林曰 要其終雖入其國 亦不能勝楚

史墨은 꿈이 日食의 呼應이 아님을 알았기 때문에 日食의 災變〔咎〕만을 풀이하고, 그 꿈을 풀이하지 않은 것이다.

〔부주〕林: 결국 비록 그 國都에 들어가게 되더라도 楚나라를 이기지는 못할 것이라는

말이다.

4) 庚日有變 日在辰尾 故曰以庚辰 定四年十一月庚辰 吳入郢

庚日에 해에 변화가 있어 해가 辰尾에 있기 때문에 '以庚辰'이라 한 것이다. 定公 4년 11월 庚辰日에 吳軍이 郢都로 進入하였다.

5) 辰尾 龍尾也 周十二月 今之十月 日月合朔[*]於辰尾而食

辰尾는 龍尾이다. 周正의 12월은 지금의 10월이다. 해와 달이 辰尾에서 合朔하면 日食이 일어난다.

*) 역주] 合朔 : 달이 해와 地球의 중간으로 들어가 일직선이 되는 것을 이른다.

6) 역주] 辰尾 : 東方 七宿 중의 尾宿를 이른다.

7) 謫 變氣也 庚午 十月十九日 去辛亥朔四十一日 雖食在辛亥 更以始變爲占也 午 南方 楚之位也 午 火 庚 金也 日以庚午有變 故災在楚 楚之仇敵唯吳 故知入郢必吳 火勝金者 金爲火妃 食在辛亥 亥 水也 水數六 故六年也〔附注〕林曰 午火勝庚金 楚氣猶旺 故終亦不克

謫은 變化하는 기운이다. 庚午는 10월 19일이니, 辛亥朔까지 41일의 차이가 있다. 비록 日食이 辛亥日에 일어났지만 변화를 시작한 날로 점을 친 것이다. 午는 南方으로 楚나라의 位置이다. 午는 火이고 庚은 金이다. 해가 庚午日에 變化하였기 때문에 災禍가 楚나라에 있다고 한 것이다. 楚나라의 仇敵은 오직 吳나라뿐이므로 郢都로 쳐들어가는 나라가 반드시 吳나라임을 안 것이다. 火는 金을 이긴다. 金은 火의 아내가 되기 때문에 日食이 辛亥日에 일어난다. 亥는 水이고 水의 數는 六이기 때문에 六年이라고 한 것이다.

〔부주〕林: 午火가 庚金을 이긴다. 楚나라 기운이 오히려 왕성하기 때문에 吳나라가 끝내 楚나라를 이기지 못한다는 말이다.

〈三十二年, 辛卯 B.C.510〉

【經】三十有二年春王正月에 **公在乾侯**하야 **取闞**[1)]하다

32년 봄 周王 正月에 昭公이 乾侯에 있으면서 闞을 취하였다.

1) 無傳 公別尾〔居〕[*]乾侯 遣人誘闞而取之 不用師徒

傳이 없다. 昭公이 乾侯에 別居하면서 사람을 보내어 闞人을 誘引해 取하였는데, 군대를 사용하지 않았다.

*) 역주] 저본에는 '尾'로 되어 있으나, ≪十三經注疏≫本에 의거하여 '居'로 바로잡았다.

【經】夏에 **吳伐越**하다

여름에 吳나라가 越나라를 侵伐하였다.

【經】 秋七月

가을 7월이다.

【經】 冬에 仲孫何忌會晉韓不信齊高張宋仲幾衛世叔申鄭國參曹人莒人薛人杞人小邾人城成周하다

겨울에 仲孫何忌가 晉나라 韓不信, 齊나라 高張, 宋나라 仲幾, 衛나라 世叔申, 鄭나라 國參, 曹人, 莒人, 薛人, 杞人, 小邾人과 會合하여 成周에 성을 쌓았다.

1) 世叔申 世叔儀孫也 國參 子産之子 不書盟 時公在外 未及告公 公已薨〔附注〕林曰 諸侯有事于京師 皆不書 僖十三年十六年戍周不書 襄二十四年城周不書 以是爲常事也 書城成周 則請而後城之 是非常也 是役也 晉魏舒南面 韓不信專執于京師 宋仲幾不受功 齊高張後 大夫之無王甚矣 其不曰京師而曰成周 以見周與列國等耳

世叔申은 世叔儀의 손자이고, 國參은 子産의 아들이다. 盟約한 것을 기록하지 않은 것은 이때 昭公이 外國에 있어 미처 소공에게 告하지 못하였는데, 소공이 이미 薨하였다.

〔부주〕 林: 諸侯가 京師에 일(諸侯가 王室을 도운 일)이 있은 것을 모두 기록하지 않았다. 僖公 13년과 16년에 군대를 보내어 周나라를 戍衛한 일을 기록하지 않았고, 襄公 24년에 周에 성을 쌓은 일(齊人城郟을 이름)을 기록하지 않았으니, 이는 이렇게 하는 것을 正常으로 여긴 것이고, 이번에 成周에 성을 쌓은 것을 기록한 것은 周나라가 요청한 뒤에 성을 쌓았기 때문이니, 이는 正常이 아니다.

이번 城役에 晉나라 魏舒는 南面하여 令을 내리고, 韓不信은 京師에서 멋대로 사람을 逮捕하였고, 宋나라 仲幾는 功을 接受하지 않았고, 齊나라 高張은 뒤늦게 왔으니, 大夫가 周王을 무시함이 심하였다. 그러므로 ≪春秋≫에 '京師'라고 하지 않고 '成周'라고 하여 周나라가 列國과 對等하게 되었음을 나타내었다.

【經】 十有二月己未에 公薨于乾侯[1]하다

12월 己未日에 昭公이 乾侯에서 薨하였다.

1) 十五日

己未는 15일이다.

【傳】 三十二年春王正月에 公在乾侯라하니 言不能外內오 又不能用其人也[1)]라

32년 봄 周王 正月에 昭公이 乾侯에 있었다고 〈經에 기록〉하였으니, 이는 國外나 國內에서 용납되지 못하고, 또 능히 그 사람을 쓰지 못한 것을 말한 것이다.

1) 其人 謂子家羈也 言公不能用其人 故於今猶在乾侯
 其人은 子家羈(子家子)를 이른다. 昭公이 子家羈의 말을 따르지 않았기 때문에 지금까지 오히려 乾侯에 있게 되었다는 것을 말한 것이다.

【傳】 夏에 吳伐越하니 始用師於越也[1)]라 史墨曰 不及四十年하야 越其有吳乎[2)]ㄴ저 越得歲而吳伐之하니 必受其凶[3)]하리라

여름에 吳나라가 越나라를 쳤으니 비로소 越나라에 大兵을 사용한 것이다. 史墨이 말하기를 "앞으로 40년이 되기 전에 越나라가 아마 吳나라를 占有하게 될 것이다. 越나라에 歲星이 머물러 있는데 吳나라가 越나라를 쳤으니 吳나라는 반드시 歲星의 재앙을 받을 것이다."고 하였다.

1) 自此之前 雖疆事小爭 未嘗用大兵
 이전에도 國境의 일로 작은 戰爭은 있었으나, 大兵을 사용한 적은 없었다.
2) 存亡之數 不過三紀 歲星三周 三十六歲 故曰不及四十年 哀二十二年 越滅吳 至此三十八歲
 存亡의 數는 三紀(36년)를 지나지 않는다. 歲星(木星)이 天體를 세 바퀴 도는 데는 36년이 걸리기 때문에 '不及四十年'이라고 한 것이다. 今年부터 哀公 22년에 越나라가 吳나라를 擊滅했으니 38년이었다.
3) 此年歲在星紀[*1)] 星紀吳越之分[*2)]也 歲星所在 其國有福 吳先用兵 故反受其殃
 이해에 歲星이 星紀에 있었으니, 星紀는 吳나라와 越나라의 分野이다. 歲星이 머물러 있는 곳에는 그 나라에 福이 있다. 그러나 吳나라가 먼저 무력을 사용하였기 때문에 도리어 그 재앙을 받은 것이다.
 *1) 역주] 星紀 : 12星次의 하나로 28宿 중의 斗宿와 牛宿가 이에 屬한다. 襄公 28년 傳文 및 杜注 참고할 것.
 *2) 역주] 分 : 分野이다. 古代에 中國 全域을 하늘의 12星次에 나누어 配屬한 天文學 用語인데, 이를테면 秦나라의 分野는 鶉首, 周나라는 鶉火, 燕나라는 析木, 吳나라와 越나라는 星紀 따위이다.

【傳】秋八月에 王使富辛與石張如晉하야 請城成周[1)]하다 天子曰 天降禍于周하야 俾我兄弟竝有亂心하야 以爲伯父憂[2)3)]로라 我一二親昵甥舅 不遑啓處[4)]가 於今十年[5)6)]이오 勤戍五年[7)8)]이라 余一人無日忘之[9)]하야 閔閔焉如農夫之望歲하야 懼以待時[10)11)]하니 伯父若肆大惠하야 復二文之業하야 弛周室之憂[12)]하고 徼文武之福하야 以固盟主하야 宣昭令名이면 則余一人有大願矣라 昔成王合諸侯城成周하야 以爲東都하야 崇文德焉[13)14)]하시니 今我欲徼福假靈于成王[15)]하야 修成周之城하야 俾戍人無勤하노니 諸侯用寧[16)]하고 蝥賊遠屛이면 晉之力也[17)18)]라 其委諸伯父하노니 使伯父實重圖之하야 俾我一人無徵怨于百姓[19)20)]이면 而伯父有榮施니 先王庸之[21)22)]시리라

가을 8월에 周王이 富辛과 石張을 晉나라로 보내어 成周에 성을 쌓아주기를 청하였다. 天子가 다음과 같이 말하였다. "하늘이 周나라에 禍를 내려 나의 兄弟로 하여금 모두 亂心을 품게 하여 伯父(晉侯를 이름)의 근심이 되게 하였소. 나의 몇몇 近親한 甥舅國(異姓諸侯)들도 편안히 지내지 못한 지가 지금 10년이 되었고, 諸侯의 군대들이 와서 戍衛에 勤勞하는 지도 5년이 되었소. 나는 하루도 이들의 勞苦를 잊을 수 없어서 깊은 근심이 마치 農夫가 豊年을 바라며 〈날씨가 순조롭지 못할까〉 두려워하면서 풍년을 기다리는 심정과 같으니, 伯父가 만약 큰 은혜를 베풀어 文侯와 文公의 大業을 恢復하여 周나라 王室의 근심을 풀어주고, 文王 武王께 福을 받아 盟主의 지위를 鞏固히 하여 아름다운 名聲을 宣揚한다면 나의 큰 所願이 이루어지는 것이오.

옛날에 成王께서 諸侯를 會合하여 成周에 성을 쌓아 東都로 삼으시고서 文德을 崇尙하셨으니, 지금 나도 成王께 福을 빌고 威靈을 빌려 成周의 城을 重修하여 戍人들로 하여금 〈더 이상〉 勤勞하지 않게 하고자 하니, 諸侯를 편안하게 하고 蝥賊을 멀리 逐出한다면 이는 晉나라의 功〔力〕이오. 그러므로 이 일은 伯父에게 맡기노니, 가령 伯父가 진실한 마음으로 거듭 생각하여 나로 하여금 백성들의 원망을 사는 일이 없게 한다면 伯父에게는 功德을 베풀었다는 榮譽가 있을 것이니, 先王께서 그 功德을 報償하실 것이오."

1) 子朝之亂 其餘黨多在王城 敬王畏之 徙都成周 成周狹小 故請城之
子朝의 叛亂에 가담한 餘黨이 王城에 많이 남아 있으니, 敬王은 이를 두려워하여 成周로 遷都하였다. 成周가 狹小하므로 晉나라에게 성을 쌓아주기를 청한 것이다.

2) 俾 使也 兄弟 謂子朝也 伯父 謂晉侯

俾는 使(하여금)이다. 兄弟는 子朝를 이르고, 伯父는 晉侯를 이른다.

3) 역주] 兄弟 : 子朝의 黨을 이른다.

4) 역주] 不遑啓處 : 당시의 日常語이다. 啓는 바로 지금의 坐이고 處는 居이니, 편안히 居處할 겨를이 없다는 말이다. 〈楊注〉

5) 謂二十三年 二師圍郊 至于今

23년에 郊邑을 包圍한 二師(王師, 晉師)가 지금까지 계속 포위하고 있는 것을 이른다.

6) 역주] 於今十年 : 王室이 叛亂이 일어난 때로부터 지금까지 11년이 되었는데, '十年'이라 한 것은 成數를 든 것이다. 杜氏의 說은 거짓에 가깝다. ≪左氏會箋≫

7) 謂二十八年 晉籍秦致諸侯之戍 至于今

28년에 晉나라 籍秦이 보낸 諸侯의 戍兵이 지금까지 戍衛하고 있는 것을 이른다.

8) 역주] 勤戍五年 : 昭公 27년 12월에 晉나라 籍秦이 諸侯의 戍兵을 周나라로 보냈으나, 戍兵에 周나라에 당도한 것은 28년이었기 때문에 '五年'이라 한 것이다. ≪左氏會箋≫

9) 念諸侯勞

諸侯의 勞苦를 생각함이다.

10) 閔閔 憂貌 王憂亂 常閔閔冀望安定 如農夫之憂飢 冀望來歲之將熟 〔附注〕 朱曰 畏懼以待天時

閔閔은 근심하는 모양이다. 周王이 叛亂을 근심하여 항상 안정되기를 바라는 것이 農夫가 饑餓를 근심하여 내년의 豊作을 바라는 것과 같다는 말이다.

〔부주〕 朱: 두려워하면서 天時를 기다림이다.

11) 역주] 閔閔焉如農夫之望歲 懼以待時 : 閔閔은 憂愁하는 모양이고, 歲는 풍성한 收穫을 이르고, 時는 收穫할 때를 이른다. 〈楊注〉

12) 肆 展放也 二文 謂文侯仇文公重耳也 弛 猶解也

肆는 展放(폄)이다. 二文은 晉文侯 仇와 晉文公 重耳를 이른다. 弛는 解와 같다.

13) 作成周 遷殷民 以爲京師之東都 所以崇文王之德

成周를 만들어 殷民을 옮겨 京師의 東都로 삼은 것은 文王의 德을 尊崇하기 위함이라는 것이다.

14) 역주] 崇文德 : 東都는 오로지 朝會를 위해 建設한 것이다. 崇文德은 武功의 反對語이니, 굳이 '崇文王之德'으로 해석할 필요가 없다. ≪論語≫ 〈季氏〉에 '遠人不服則修文德以來之'라 하였다. ≪左氏會箋≫

15) 〔附注〕 朱曰 今我欲徼成王之福祚 假成王之威靈

〔부주〕 朱: 지금 나는 成王께 복을 빌고 成王의 威靈(神靈의 威力)을 빌리고자 한다는 말이다.

16) 역주] 戍人無勤 諸侯用寧 : 諸侯의 戍兵들이 衛戍의 일을 거두고서 本國으로 돌아가면

諸侯가 이로 인해 편안해질 수 있다는 말이다.〈楊注〉

17) 蟊賊 喩災害

蟊賊은 災害를 비유한 것이다.

18) 역주] 蟊賊 : 곡식 싹의 뿌리와 마디를 갉아먹는 害蟲이다. 사람을 비유한 것이고 災害를 비유한 것이 아니니, 바로 子朝의 黨으로 王城에 있는 자들을 비유한 것이다. ≪左氏會箋≫

19) 徵 召也

徵은 召(부름)이다.

20 역주] 俾我一人無徵怨于百姓 : 周나라가 單獨의 힘만으로 成周의 城을 修築하면 백성들이 그 勞役을 감당할 수 없어서 반드시 王을 원망할 것이므로 '나로 하여금 백성의 원망을 부르게 하지 말라.'고 한 것이다. ≪左氏會箋≫

21) 庸 功也 先王之靈 以爲大功

庸은 功이니, 先王의 神靈이 大功으로 여길 것이라는 말이다.

22) 역주] 庸 : 여기서는 動詞로 쓰였으니 功을 報答하는 것이다. 先王이 장차 너의 공을 보답하여 복을 내려 保佑할 것이라는 말이다.〈楊注〉

范獻子謂魏獻子曰 與其戍周가 **不如城之**니라 **天子實云**[1]하시니이어니와 **雖有後事**라도 **晉勿與知可也**[2][3]니라 **從王命**이면 **以紓諸侯**오 **晉國無憂**니 **是之不務**하고 **而又焉從事**리오 **魏獻子曰 善**타하고 **使伯音對**[4]**曰 天子有命**하시니 **敢不奉承**하야 **以奔告於諸侯**리까 **遲速衰序**[5][6]는 **於是焉在**[7]니이다

范獻子가 魏獻子에게 말하기를 "戍兵을 보내어 周나라를 戍衛하는 것이 성을 쌓아주는 것만 못합니다. 天子께서도 실로 그리 말씀하셨지만, 〈성을 쌓아준다면〉 가령 앞으로 〈周나라에〉 일이 생기더라도 우리 晉나라가 다시 간여〔與知〕하지 않아도 괜찮을 것입니다. 王命을 따르면 諸侯들은 負擔을 덜고 우리 晉나라는 근심이 없어질 것이니, 이 일에 힘쓰지 않고 도리어〔又〕 무슨 일에 힘을 쓰겠습니까?"라고 하니, 魏獻子는 "좋습니다."라고 하고서 伯音(韓不信)을 보내어 대답하기를 "天子의 命이 계셨으니, 감히 그 명을 받들고 諸侯에게로 달려가 通告하지 않겠습니까마는 〈工程의〉 遲速과 作業量을 各國에 配分하는 등급은 周나라가 命하실 바입니나."라고 하였다.

1) 云欲罷戍而城

戍衛를 作罷하고 城을 쌓고자 한다고 말한 것이다.

2)〔附注〕林曰 築城之後 或有他變異之事 晉勿復與知其事

〔부주〕 林: 城을 쌓아준 뒤에는 周나라에 혹 異變의 일이 생기더라도 晉나라는 다시 그 일에 干與하지 말라는 말이다.

3) 역주〕 雖有後事 晉勿與知可也 : 성을 쌓아주면 앞으로 周나라가 外侵을 당하는 일이 있어도 晉나라가 救援하지 않아도 별 탈이 없을 것이라는 뜻이다.

4) 晉伯〔伯音〕*) 韓不信

伯音은 韓不信이다.

*) 역주〕 저본에는 '晉伯'으로 되어 있으나, 傳文에 의거하여 '伯音'으로 바로잡았다.

5) 衰 差也 序 次也

衰는 差(等級)이고 序는 次(차례)이다.

6) 역주〕 遲速衰序 : 遲速은 作業의 進度를 이르고, 衰序는 作業量을 各國에 分配하는 等級을 이른다. 〈楊注〉

7) 在周所命

周나라가 命하는 바에 달렸다는 말이다.

冬十一月에 **晉魏舒韓不信如京師**하야 **合諸侯之大夫于狄泉**하야 **尋盟**하고 **且令城成周**[1)]하다 **魏子南面**[2)]하니 **衛彪傒曰 魏子必有大咎**하리라 **干位以令大事**[3)]하니 **非其任也**[4)]라 **詩曰 敬天之怒**하야 **不敢戲豫**하며 **敬天之渝**하야 **不敢馳驅**[5)6)]라하야늘 **況敢干位以作大事乎**아

겨울 11월에 晉나라 魏舒와 韓不信이 京師로 가서 諸侯의 大夫들과 狄泉에서 會合하여 옛 盟約을 重修하고, 또 成周에 성을 쌓으라고 命令하였다. 이때 魏子가 南面해 앉아서 명을 내리니, 衛나라 彪傒가 다음과 같이 말하였다. "魏子는 반드시 큰 禍를 당할 것이다. 신하의 몸으로 임금의 자리에 앉아서 諸侯에게 大事를 명하였으니, 이는 그의 職任이 아니다. ≪詩經≫에 '하늘의 노여움을 敬畏하여 감히 安樂하지 말 것이며 하늘의 災變〔渝〕를 경외하여 감히 放縱〔馳驅〕하지 말라.'고 하였는데, 하물며 감히 君位를 侵犯하여 大役事를 일으킴이겠는가?"

1) 尋平丘盟

〈昭公 13년 가을에〉 平丘에서 맺은 盟約을 重修한 것이다.

2) 居君位

임금의 자리에 앉은 것이다.

3) 역주〕 干位 : 南面한 것을 이른다. 임금만이 남쪽을 향해 서거나 앉을 수 있는데, 魏舒는 신하의 몸으로 임금처럼 南面하였기 때문에 位를 犯〔干〕하였다고 한 것이다.

4) 彪傒衛大夫

彪傒는 衛나라 大夫이다.

5) 詩 大雅 戒王者 言當敬畏天之譴怒 不可遊戲逸豫 馳驅自恣 渝 變也

詩는 ≪詩經≫ 〈大雅 板〉篇의 詩句이다. 王을 경계하는 자가 "하늘의 譴怒(譴責)을 敬畏해야 하고 遊戲逸豫(놀고 즐기며 安逸하게 지냄)하거나 馳驅自恣(말을 달리며 放縱함)하여서는 안 된다."고 말한 것이다. 渝는 變이다.

6) 역주〕馳驅 : ≪毛詩≫에 "自恣(放縱)이다."고 하였다.

己丑에 **士彌牟營成周**호되 **計丈數**[1)]하고 **揣高卑**[2)]하며 **度厚薄**하고 **仞溝洫**[3)]하며 **物土方**하고 **議遠邇**[4)]하며 **量事期**[5)]하고 **計徒庸**[6)]하며 **慮材用**[7)]하고 **書糇糧**[8)]하며 **以令役於諸侯**[9)]호되 **屬役**[10)]**賦丈**[11)12)]하다 **書以授帥**[13)]하고 **而效諸劉子**[14)]하다 **韓簡子臨之**하야 **以爲成命**[15)16)]하다

己丑日에 士彌牟(士景伯)가 成周城의 築造計劃書를 작성하되, 성벽의 丈數(길이), 高度, 두께 및 水路의 깊이를 계산하고, 土石을 採取해 올 곳을 살피고 그 거리의 遠近를 討議하며, 工期를 계산하고 필요한 人力, 資材, 糧食을 계산해 기록하고, 諸侯에게 出役을 명하되 나라의 대소에 따라 役人의 수와 築造할 工程를 配定하였다. 이 計劃書를 제후의 大夫들에게 나누어주고서, 이어 劉子에게 올렸다. 韓簡子가 이 일을 監督〔臨〕하면서 이 計劃書를 成命(成案)으로 삼아 〈그대로 따라 執行하였다.〉

1) 計所當城之丈數也

築造해야 할 城壁의 丈數(尺數)를 계산한 것이다.

2) 度高曰揣

高度를 계산하는 것을 '揣'라 한다.

3) 度深曰仞

깊이를 계산하는 것을 '仞'이라 한다.

4) 物 相也 相取土之方面遠近之宜

物은 봄이니, 흙을 採取할 방면과 遠近(거리)이 適宜한지를 살피는 것이다.

5) 知事幾時畢

언제쯤 役事가 끝날지를 알아보는 것이다.

6) 知用幾人功

몇 사람의 功力을 써야 할지를 알아보는 것이다.

7) 知費幾財用

얼마의 재물을 支出〔費〕해야 할지를 알아보는 것이다.

8) 知用幾糧食

얼마의 糧食을 사용해야 할지를 알아보는 것이다.

9)〔附注〕林曰 號令於諸侯 使供其役

〔부주〕林: 諸侯에게 號令하여 그 일에 이바지하게 함이다.

10)〔附注〕林曰 屬 所當役之數

〔부주〕林: 屬은 응당 服役할 役夫의 數를 배정함이다.

11) 付〔賦〕[*] 所當城丈尺

賦는 응당 쌓아야 할 성의 길이〔丈尺〕를 정해줌이다.

*) 역주〕 저본에는 '付'로 되어 있으나, ≪四庫全書 左傳杜林合注≫本에 의거해 '賦'로 바로잡았다.

12) 역주〕 屬役賦丈 : 屬役의 屬은 囑의 假借字로 分付의 뜻이고, 賦丈의 賦는 賦與의 뜻이니, 곧 나라의 대소에 따라 差出할 役夫의 數를 分付하고, 築造할 工役의 분량을 정해줌이다.

13) 帥 諸侯之大夫

帥는 諸侯의 大夫이다.

14) 效 致也

效는 致(바침)이다.

15) 臨履其事 以命諸侯 經所以不書魏舒〔附注〕林曰 韓簡子 卽韓不信

韓簡子가 그 일을 監督〔臨〕해 巡視〔履〕하면서 諸侯에게 命을 내렸기 때문에 經에 魏舒를 기록하지 않은 것이다.

〔부주〕林: 韓簡子는 바로 韓不信이다.

16) 역주〕 臨之 : 이 工程을 監督함이다. 〈楊注〉

【傳】 十二月에 公疾하다 徧賜大夫[1])하니 大夫不受하다 賜子家子雙琥[2])「虎」[3])一環一璧輕服[4])한대 受之하니 大夫皆受其賜하다 己未에 公薨커늘 子家子反賜於府人[5])曰 吾不敢逆君命也라 大夫皆反其賜하다 書曰 公薨于乾侯라하니 言失其所也[6)7)]라

12월에 昭公이 病을 앓았다. 大夫들에게 두루 물건을 下賜하니 大夫들은 받지 않았다. 子家子에게 琥 한 쌍과 玉環 하나와 玉璧 하나와 輕服 한 벌을 하사하자 이를 받으니, 大夫들도 모두 昭公의 하사품을 받았다. 己未日에 昭公이 薨하자 子家子는 그 하사품을 府人에게 返還하며 말하기를 "〈내가 이것을 받은 것은〉 감히 君命을 거역할 수 없

어서였다."고 하니, 大夫들도 모두 그 하사품을 返還하였다. 經에 "公이 乾侯에서 薨하였다."고 기록한 것은 公이 죽을 곳에서 죽지 못한 것을 말한 것이다.

1) 從公者
昭公을 侍從하던 자들이다.
2) 琥 玉器
琥는 玉器이다.
3) 저본에는 '虎'字가 있으나, ≪十三經注疏≫本에 의거하여 생략하였다.
4) 細好之服
細布로 지은 좋은 옷이다.
5) 역주〕府人 : 昭公의 財貨를 맡아 管理한 자인 듯하다.〈楊注〉
6) 不薨路寢爲失所
路寢에서 薨하지 못하였으니 죽을 곳을 잃은 것이 된다.
7) 역주〕失其所 : 도망해 나와 外地에서 죽은 것을 이른다.〈楊注〉

趙簡子問於史墨曰 季氏出其君이로되 **而民服焉**하고 **諸侯與之**하며 **君死於外**로되 **而莫之或罪也**오 **對曰 物生有兩有三有五有陪貳**라 **故天有三辰**[1)]하고 **地有五行**[2)]하며 **體有左右**[3)]하야 **各有妃耦**[4)5)]하며 **王有公**하고 **諸侯有卿**하니 **皆有貳也**라 **天生季氏**하야 **以貳魯侯**가 **爲日久矣**니 **民之服焉**이 **不亦宜乎**아 **魯君世從其失**[6)]하고 **季氏世修其勤**[7)]하니 **民忘君矣**라 **雖死於外**나 **其誰矜之**리오 **社稷無常奉**[8)]하고 **君臣無常位**는 **自古以然**[9)]이라 **故詩曰 高岸爲谷**하고 **深谷爲陵**[10)]이라하니 **三后之姓**이 **於今爲庶**는 **主所知也**[11)12)]라 **在易卦**에 **雷乘乾曰大壯**☳[13)]이니 **天之道也**[14)]라 **昔成季友**는 **桓之季也**오 **文姜之愛子也**라 **始震而卜**[15)16)]하니 **卜人謁之曰 生有嘉聞**[17)]이오 **其名曰友**요 **爲公室輔**라하더니 **及生如卜人之言**하야 **有文在其手曰友**어늘 **遂以名之**하니라 **旣而有大功於魯**[18)]하야 **受費以爲上卿**이러니 **至於文子武子**[19)]하야 **世增其業**하고 **不廢舊績**하니라 **魯文公薨**에 **而東門遂殺適立庶**[20)]하니 **魯君於是乎失國**[21)]하야 **政在季氏**가 **於此君也**에 **四公矣**[22)]라 **民不知君**하니 **何以得國**이리오 **是以爲君愼器與名**하야 **不可以假人**[23)]이니라

趙簡子가 史墨에게 "季氏는 그 임금을 國外로 도망가게 하였는데도 백성들이 그에게 복종하고 諸侯들이 그를 도우며, 임금이 外國에서 죽었는데도 季氏에게 죄를 묻는 이

가 없는 것은 어째서인가?"라고 물으니, 史墨이 다음과 같이 대답하였다. "事物의 生成에는 둘이 있기도 하고, 셋이 있기도 하며, 다섯이 있기도 하고, 輔佐〔陪貳〕가 있기도 합니다. 그러므로 하늘에는 三辰(日・月・星)이 있고 땅에는 五行(水・火・木・金・土)이 있으며, 몸에는 左右가 있고 〈사람에게는〉 각각 妃耦(配偶)가 있으며, 王에게는 公이 있고 諸侯에는 卿이 있으니, 모두 輔佐〔貳〕가 있는 것입니다. 하늘이 季氏를 내어 魯侯를 보좌하게 한 지가 오래이니 백성들이 그에게 복종하는 것이 당연하지 않습니까? 魯君은 대대로 安逸〔失〕에 방종하고, 季氏는 대대로 그 勤勉을 遵行〔修〕하였으니, 백성들은 임금을 잊었습니다. 임금이 비록 外國에서 죽었으나 누가 그 임금을 가엾게 여기겠습니까? 社稷(國家)에 奉祀者(君王)가 永久히 固定된 적이 없었고, 君臣 사이에 그 地位가 永久히 고정된 적이 없었던 것은 예로부터 그러하였습니다. 그러므로 ≪詩經≫에 '높은 언덕이 골짜기가 되고 깊은 골짜기가 언덕이 된다.'고 하였으니, 三后(虞・夏・商)의 자손〔姓〕이 지금 庶民이 된 것은 主께서도 아시는 바입니다.

≪周易≫의 卦에 雷卦가 乾卦 위에 있는 것을 大壯이라 하니, 이것이 하늘의 常道입니다. 옛날에 成季 友는 桓公의 季子이고 文姜의 愛子입니다. 처음 姙娠했을 적에 〈卜楚丘에게〉 거북점을 치게 하니, 卜人이 告하기를 '出生한 뒤에 아름다운 名聲이 있을 것이고 그 이름은 '友'로 불릴 것이며 公室의 輔佐가 될 것입니다.'고 하였습니다. 출생한 뒤에 과연 卜人의 말처럼 손바닥에 '友'字 꼴의 文樣이 있으므로 드디어 이름을 '友'라고 하였습니다. 얼마 뒤에 魯나라에 큰 功을 세워 費邑을 封地로 받고 上卿이 되었는데, 文子와 武子에 이르러 대대로 家業을 늘리고 先祖의 功績을 廢棄하지 않았습니다. 魯文公이 薨하자 東門遂가 適子를 죽이고 庶子를 세우니, 魯君은 이때부터 國家의 政權을 喪失하여, 政權이 季氏에게 돌아간 것이 이 임금(昭公)에 이르기까지 네 임금이었습니다. 백성이 그 임금들을 알아주지 않았으니, 그 임금들이 어찌 國家의 權力을 얻을 수 있었겠습니까? 그러므로 임금이 된 자는 器와 名을 신중히 지켜 다른 사람에게 빌려주어서는 안 되는 것입니다."

1) 謂有三

셋이 있음을 이른다.

2) 謂有五

다섯이 있음을 이른다.

3) 謂有兩

둘이 있음을 이른다.

4) 謂陪貳

陪貳(輔佐)가 있음을 이른다.

5) 역주〕各有妃耦 : 사람마다 모두 夫婦가 서로 配偶가 됨을 이른다. 〈楊注〉

6) 〔附注〕林曰 魯君世世從其愆失

〔부주〕林: 魯君은 대대로 그 잘못을 따랐다는 말이다.

7) 역주〕魯君……世修其勤 : 失은 佚로 읽어야 한다. 佚은 勤과 정반대이니, 魯君은 대대로 그 安逸에 放縱하여 백성을 잃었고, 季氏는 대대로 그 勤勉을 修行하여 백성을 얻었다는 것을 말한 것이다. ≪左氏會箋≫

8) 奉之無常人 言唯德也

社稷(國家)의 奉祀者(君王)는 永遠히 固定된 사람이 없었다는 것은 오직 德이 있는 사람만이 그 社稷의 主人이 된다는 말이다.

9) 史墨跡古今以實言

史墨이 古今의 자취를 더듬어 사실을 말한 것이다.

10) 詩小雅 言高下有變易

詩는 ≪詩經≫〈小雅 十月之交〉篇의 詩句이다. 高下에 變易이 있음을 말한 것이다.

11) 三后 虞夏商〔附注〕林曰 今或降而爲衆庶 此言貴賤有時而變易也 大夫稱主

三后는 虞·夏·商이다.

〔부주〕林: 지금은 혹 身分이 떨어져서 衆庶가 된 것이니, 이것은 貴賤은 때로 變易이 있다는 것을 말한 것이다. 大夫를 主라고 칭한다.

12) 역주〕三后之姓……主所知也 : 三后는 虞·夏·商이다. 姓은 바로 昭公 4년 傳의 '問其姓'의 姓(아들)이다. 여기서는 子孫을 이른다. 卿大夫의 僚屬이 경대부를 '主'라고 指稱한다. 〈楊注〉

13) 乾下震上大壯 震在乾上 故曰雷乘乾

下卦가 乾이고 上卦가 震인 것이 大壯이다. 震卦가 乾卦 위에 있기 때문에 雷乘乾이라 한 것이다.

14) 乾爲天子 震爲諸侯 而在乾上 君臣易位 猶臣大强壯 若天上有雷

乾은 天子가 되고 震은 諸侯가 되는데, 震卦가 乾卦 위에 있으니 君臣의 地位가 바뀐 것이다. 신하가 크게 强壯하여 天上에 우뢰〔雷〕가 있는 것과 같다.

15) 〔附注〕林曰 震 妊娠也 始妊娠而卜之

〔부주〕林: 震은 妊娠이다. 처음 임신하였을 때 거북점을 친 것이다.

16) 역주〕始震而卜 : 이 일은 閔公 2년 傳에 자세히 보인다.

17) 嘉名聞於世

아름다운 名聲이 세상에 소문나는 것이다.

18) 立僖公

大功은 僖公을 세운 일을 이른다.

19) 文子行父 武子宿

文子 行父와 武子 宿이다.

20) 역주〕殺適立庶 : 東門襄仲이 太子 惡을 죽이고서 文公의 庶子 宣公을 임금으로 세운 일을 이른다.

21) 失國權

國家의 統治權을 喪失한 것이다.

22)〔附注〕林曰 宣成襄昭

〔부주〕林: 四公은 宣公, 成公, 襄公, 昭公이다.

23) 器 車服 名 爵號

器는 車服이고 名은 爵號이다.

春秋左氏傳 제27권

魯定公 上*

* 公名宋 襄公之子 昭公之弟 謚法 安民大慮曰定
公의 이름은 宋이다. 襄公의 아들이고 昭公의 아우이다. 謚法에 백성을 安定시킬 遠大한 計謀를 품은 것을 定이라 한다.

周 敬王十一年
周：敬王 11년이다.

鄭 獻公五年 定九年 獻公卒 子聲公勝立
鄭：獻公 5년이다. 魯定公 九年에 獻公이 卒하고, 그 아들 聲公 勝이 즉위하였다.

齊 景公三十九年
齊：景公 39년이다.

宋 景公八年
宋：景公 8년이다.

晉 定公三年 晉魏舒爲政 是年卒 范鞅爲政 定十四年 晉逐范中行氏 趙鞅歸于晉 自是晉知氏 轄〔韓〕*)氏魏氏趙氏竝彊 分晉之勢成矣
晉：定公 3년이다. 晉나라 魏舒가 執政하다가 이해에 卒하니, 范鞅이 執政하였다. 魯定公 14년에 晉나라가 范中行氏를 축출하니 趙鞅이 晉나라로 돌아왔다. 이때부터 晉나라에는 知氏, 韓氏, 魏氏, 趙氏가 다같이 强盛하여, 晉나라가 分離될 형세가 이루어졌다.
*) 역주〕 저본에는 '轄'로 되어 있으나, ≪史記≫에 의거하여 '韓'으로 바로잡았다.

衛 靈公二十六年
衛：靈公 26년이다.

蔡 昭侯十年
蔡：昭侯 10년이다.

曹 隱公元年 魯定公四年 聲公弟露 弑隱公代立 是爲靖公 定八年 靖公卒 子伯陽立
曹：隱公 元年이다. 魯定公 4년에 聲公의 아우 露가 隱公을 弑害하고서 대신 임금이 되었으니 이가 靖公이다. 魯定公 8년에 靖公이 卒하고 그 아들 伯陽이 즉위하였다.

滕 頃公四年

滕 : 頃公 4년이다.

陳 惠公二十一年 魯定公四年 惠公卒 子懷公柳立 定八年 懷公卒 子閔公越立

陳 : 惠公 21년이다. 魯定公 4년에 惠公이 卒하고 그 아들 懷公 柳가 즉위하였다. 魯定公 8년에 懷公이 卒하고 그 아들 閔公 越이 즉위하였다.

杞 悼公九年 魯定公四年 悼公卒 子隱公乞立 是年七月 隱公弟過 弑隱公自立 是爲僖公

杞 : 悼公 9년이다. 魯定公 4년에 悼公이 卒하고 그 아들 隱公 乞이 즉위하였다. 이해 7월에 隱公의 아우 過가 隱公을 弑害하고서 스스로 임금이 되었으니 이가 僖公이다.

薛 襄公二年 魯定公十二年 襄公卒 比立 定十三年 比弑 惠公夷立 又名寅

薛 : 襄公 2년이다. 魯定公 12년에 襄公이 卒하고 比가 즉위하였다. 魯定公 13년에 比가 弑害되니, 惠公 夷가 즉위하였다. 또 하나의 이름은 寅이다.

莒 郊公

莒 : 郊公이다.

邾 莊公三十三年 魯定公三年 莊公卒 隱公益立

邾 : 莊公 33년이다. 魯定公 3년에 莊公이 卒하고 隱公 益이 즉위하였다.

許 許男斯十四年 魯定公六年 鄭滅許 以斯歸 元公成立

許 : 許男 斯의 14년이다. 魯定公 6년에 鄭나라가 許나라를 擊滅하고서 斯를 잡아가니, 元公 成이 즉위하였다.

小邾 〈詳見昭公元年〉*)

小邾 : 〈昭公 元年에 자세히 보인다.〉

*) 역주〕詳見昭公元年 : 저본에는 없으나, ≪四庫全書 左傳杜林合注≫本에 의거하여 補充해 넣었다.

楚 昭王七年 魯定公四年 吳入楚 楚令尹子常奔鄭 惠王復國 子西爲令尹

楚 : 昭王 7년이다. 魯定公 4년에 吳軍이 楚나라로 쳐들어갔다. 楚나라 令尹 子常이 鄭나라로 도망가니 惠王이 復國하였다. 子西가 令尹이 되었다.

秦 哀公二十八年 魯定公九年 哀公卒 孫惠公立

秦 : 哀公 28년이다. 魯定公 9년에 哀公이 卒하고 그 손자 惠公이 즉위하였다.

吳 闔廬六年 魯定公四年 吳入楚 於越入吳 定十四年 於越敗吳于檇李 闔廬傷而卒 子夫差立

吳 : 闔廬 6년이다. 魯定公 4년에 吳軍이 楚나라로 쳐들어가니, 越人은 〈그 틈을 타〉 吳나라로 쳐들어갔다. 魯定公 14년에 越나라가 檇李에서 吳軍을 敗北시켰다. 이때 闔廬가 상처를 입고 卒하니 그 아들 夫差가 즉위하였다.

越 允常 魯定公四年 越入吳 定十四年 允常卒 句踐立 吳闔廬聞允常死 吳師伐越 越句踐襲敗吳于檇李 射殺闔廬

越 : 允常이다. 魯定公 4년에 越人이 吳나라로 쳐들어갔다. 魯定公 14년에 允常이 卒하고 句踐이 즉위하였다. 吳王 闔廬가 允常이 죽었다는 말을 듣고서 吳나라 군대가 越나라를 討伐하니, 越나라 句踐이 檇李에서 吳軍을 襲擊하여 패배시키고 闔廬를 쏘아 죽였다.

〈元年, 壬辰 B.C.509〉

【經】 元年春 王[1)]三月에 晉人執宋仲幾于京師[2)]하다

元年 봄 周王 3월에 晉人이 京師에서 宋나라 仲幾를 逮捕하였다.

1) 公之始年 而不書正月 公卽位在六月故

定公의 첫해인데도 正月이라고 기록하지 않은 것은 定公의 卽位가 6월에 있었기 때문이다.

2) 晉執人于天子之側 而不以歸京師 故但書其執 不書所歸 〔附注〕 林曰 大夫專執 於是始

晉나라가 天子의 곁에서 사람을 체포하고서도 〈그 사람을〉 京師로 보내지 않았다. 그러므로 다만 체포한 것만을 기록하고 보낸 곳은 기록하지 않은 것이다.

〔부주〕 林: 大夫가 멋대로 사람을 체포하는 것이 이때부터 비롯하였다.

【經】 夏六月癸亥에 公之喪至自乾侯[1)]하다

여름 6월 癸亥日에 昭公의 喪柩가 乾侯에서 돌아왔다.

1) 告於廟 故書至

宗廟에 告하였기 때문에 '至'라고 기록한 것이다.

【經】 戊辰에 公卽位[1)]하다

戊辰日에 定公이 卽位하였다.

1) 定公不得以正月卽位 失其時 故詳而日之 記事之宜 無義例

定公이 正月에 卽位하지 않았으니 그 時期를 잃은 것이다. 그러므로 그 날짜를 상세히 기록한 것이다. 大事를 기록하는 道理일 뿐이고 〈날짜를 기록하는〉 義例는 없다.

【經】 秋七月癸巳에 **葬我君昭公**[1)]하다

가을 7월 癸巳日에 우리 임금 昭公을 장사 지냈다.

1) 公在外薨 故八月乃葬

昭公이 外國에서 薨하였기 때문에 여덟 달 만에 장사 지낸 것이다.

【經】 九月에 **大雩**[1)]하다

9월에 雩祭(祈雨祭)를 지냈다.

1) 無傳 過也[*)]

傳이 없다. 때가 지난 것이다.

*) 역주〕 過 : 建巳月(4월)에 지내야 할 雩祭를 9월에 지냈으니, 때가 지난 뒤에 지낸 것을 기록한 것이라는 말이다. 桓公 5년 傳과 그 注를 參考할 것.

【經】 立煬宮[1)]하다

煬宮(煬公의 祠堂)을 세웠다.

1) 煬公 伯禽子也 其廟已毁 季氏禱之 而立其宮 書以譏之

煬公은 伯禽의 아들이다. 그 廟를 이미 毁撤하였는데, 季氏가 煬公에게 祈禱하고서 그 廟를 세웠으므로 이를 기록하여 비난한 것이다.

【經】 冬十月에 **隕霜殺菽**[1)]하다

겨울 10월에 서리가 내려 콩잎을 죽였다.

1) 無傳 周十月今八月 隕霜殺菽 非常之災

傳이 없다. 周正의 10월은 지금의 8월이다. 〈8월에〉 서리가 내려 콩잎을 죽인 것은 예사롭지 않은 天災이다.

【傳】 元年春王正月辛巳에 **晉魏舒合諸侯之大夫于狄泉**하니 **將以城成周**라 **魏子涖政**[1)]하다 **衛彪傒**[2)]**曰 將建天子**[3)]**而易位以令**하니 **非義也**[4)5)]라 **大事奸義**하니

必有大咎[6)]리라 **晉不失諸侯**면 **魏子其不免乎**[7)]ㄴ저 **是行也**에 **魏獻子屬役於韓簡子及原壽過**[8)]하고 **而田於大陸**하야 **焚焉**[9)]하다 **還**이라가 **卒於甯**[10)]하다 **范獻子去其柏**椁하니 **以其未復命而田也**[11)12)]ㄹ새니라

元年 봄 周王 正月 辛巳日에 晉나라 魏舒가 狄泉에서 諸侯의 大夫들과 會合하였으니, 이는 成周에 城을 修築하기 위해서였다. 魏子가 天子의 大夫를 대신해 그 政務(築城에 관한 일)를 처리하였다. 衛나라 彪傒가 말하기를 "天子를 위하여 城牆을 建造하려 하면서 자기의 地位를 넘어 명령을 내렸으니, 이는 道義가 아니다. 중대한 일에 도의를 범하였으니, 반드시 큰 禍가 있을 것이다. 晉나라가 諸侯를 잃지 않는다면 魏子가 아마도 화를 면하지 못할 것이다."고 하였다. 이번 걸음에 魏獻子는 築城의 일을 韓簡子와 原壽過에게 맡기고서, 자기는 大陸으로 가서 사냥을 하면서 불을 놓아 짐승을 잡았다. 사냥을 마치고 돌아오다가 甯에서 죽었다. 〈그를 장사 지낼 때〉 范獻子가 측백나무로 만든 그의 外椁을 除去하였으니, 이는 그가 復命도 하지 않고서 사냥하였기 때문이다.

1) 涖 臨也 代天子大夫爲政

涖는 臨이니, 天子의 大夫를 대신하여 政事를 처리한 것이다.

2) 衛大夫

彪傒는 衛나라 大夫이다.

3) 立天子之居

天子의 居處에 城을 세운 것이다.

4) 〔附注〕 林曰 以晉大夫 代周大夫爲政 是易位以號令諸侯

〔부주〕 林: 晉나라 大夫로서 周나라 大夫를 대신하여 政事를 처리하였으니, 이것이 바로 위치를 넘어 諸侯를 號令한 것이다.

5) 역주〕 易位以令 : 去年 傳에 魏子가 南面하여 諸侯의 大夫에게 명령한 것을 이른다.

6) 〔附注〕 林曰 爲大事而奸犯君臣大義

〔부주〕 林: 중대한 일을 하면서 君臣의 大義를 범하였다는 말이다.

7) 〔附注〕 林曰 晉若不失諸侯 墮其霸業 魏舒其必不免於禍

〔부주〕 林: 晉나라가 만약 諸侯를 잃어 그 霸業이 衰頹〔墮〕하지 않는다면 魏舒는 아마도 禍를 면하지 못할 것이라는 말이다.

8) 簡子 韓起孫不信也 原壽過 周大大

簡子는 韓起의 손자 不信이고, 原壽過는 周나라 大夫이다.

9) 禹貢 大陸 在鉅鹿北 嫌絶遠 疑此田在汲郡吳澤荒蕪之地 火田 幷見燒也 爾雅 廣平曰陸

〈禹貢〉에 의거하면, 大陸은 鉅鹿 북쪽에 있다. 매우 머니, 아마도 이 사냥은 汲郡 吳澤

의 荒蕪地에서 한 듯하다. 불을 놓아 사냥하면〔火田〕 모든 것이 불태워짐을 당한다. ≪爾雅≫에 "廣大한 平原을 '陸'이라 한다."고 하였다.

10) 甯 今修武縣 近吳澤

甯은 지금의 修武縣으로, 吳澤에서 가깝다.

11) 范獻子代魏子爲政 去其柏椁 示貶之

范獻子가 魏子의 뒤를 이어 執政이 되어, 魏子의 柏椁을 제거하여 貶下의 뜻을 보인 것이다.

12) 역주〕 柏椁 : ≪禮記≫ 〈喪大記〉에 의하면 임금은 松椁을 사용하고 대부는 柏椁을 사용하고 士는 雜木椁을 사용한다.

孟懿子會城成周[1]하야 **庚寅**에 **栽**[2]하다 **宋仲幾不受功曰 滕薛郳**는 **吾役也**[3]라 **薛宰**[4] **曰 宋爲無道**하야 **絶我小國於周**하야 **以我適楚**라 **故我常從宋**하니라 **晉文公爲踐土之盟**[5]**曰 凡我同盟**은 **各復舊職**하라하니 **若從踐土**어나 **若從宋**은 **亦唯命**[6]하리라 **仲幾曰 踐土固然**[7]이라 **薛宰曰 薛之皇祖奚仲居薛**하야 **以爲夏車正**[8]하고 **奚仲遷于邳**[9]에 **仲虺居薛**하야 **以爲湯左相**[10]하니 **若復舊職**이면 **將承王官**이어늘 **何故以役諸侯**[11][12]리오 **仲幾曰 三代各異物**하니 **薛焉得有舊**[13]리오 **爲宋役**이 **亦其職也**니라 **士彌牟曰 晉之從政者新**[14][15]하니 **子姑受功歸**하라 **吾視諸故府**[16][17]하리라 **仲幾曰 縱子忘之**라도 **山川鬼神其忘諸乎**[18][19]아 **士伯怒**[20]하야 **謂韓簡子曰 薛徵於人**[21]하고 **宋徵於鬼**[22]하니 **宋罪大矣**라 **且已無辭**하고 **而抑我以神**하니 **誣我也**[23]라 **啓寵納侮**가 **其此之謂矣**[24][25]리라 **必以仲幾爲戮**하리라하고 **乃執仲幾以歸**하다 **三月**에 **歸諸京師**[26][27]하다

〈魯나라는〉 孟懿子가 〈役徒을 거느리고 가서〉 成周에 성을 쌓는 일에 참가하여 庚寅日에 板築을 설치하였다. 宋나라 仲幾가 割當된 功程을 받아들이지 않으며 말하기를 "滕나라, 薛나라, 郳나라에서 온 役徒는 우리 宋나라를 대신해 온 役徒입니다."고 하자, 薛나라의 宰臣(宰相)이 말하기를 "宋나라가 無道하여 우리 小國들을 周나라와 관계를 단절시키고 楚나라를 따르게〔適〕 하였습니다. 그러므로 우리는 항상 宋나라에 복종하였습니다. 그런데 晉文公이 踐土에서 會盟할 때 '우리 同盟國들은 각각 옛 職位를 회복하라.'고 하였으니, 혹은 踐土의 盟約을 따를 것인지, 혹은 宋나라를 따를 것인지는 晉나라가 命하는 대로 따르겠습니다."고 하였다. 仲幾가 말하기를 "踐土의 會盟에서 約定

한 것은 본래 그대 나라가 우리 宋나라에 服屬하는 것이었소."라고 하니, 薛나라 宰臣이 말하기를 "薛나라의 皇祖 奚仲께서 薛에 사시면서 夏나라의 車正이 되셨고, 奚仲이 邳로 옮겨가신 뒤에 仲虺가 薛에 사시면서 湯王의 左相이 되셨으니, 만약 옛 職位로 회복한다면 우리 薛나라는 王朝의 官職을 받는 것이 마땅〔將〕한데, 무엇 때문에 諸侯에게 服役하겠습니까?"라고 하였다. 仲幾가 말하기를 "三代는 각각 事情〔物〕이 다르니 薛나라가 어찌 〈夏·殷 時代에 지낸 官職을 가지고〉 舊職이라 할 수 있겠소. 宋나라에 服役하는 것이 그대들의 職責이오."라고 하였다. 士彌牟가 말하기를 "晉나라의 從政者(城役의 總監督을 이름)가 새 사람으로 바뀌었으니, 그대는 우선 공역을 받고 돌아가시오. 내 故府에 있는 文書를 살펴보겠소."라고 하자, 仲幾가 말하기를 "비록 그대는 잊는다 하더라도 山川의 鬼神이야 어찌 잊겠소?"라고 하니, 士伯이 怒하여 韓簡子에게 말하기를 "薛나라는 사람을 가지고 증명하는데 宋나라는 鬼神을 가지고 증명하니 宋나라의 罪가 큽니다. 그리고 또 자기는 도리에 맞는 말을 하지 못하면서 우리를 鬼神으로 抑壓하니 이는 터무니없는 말을 꾸며 우리를 무시하는 것입니다. 寵愛를 보였다가 업신여김을 받는다는 말이 아마 이런 경우를 이름일 것입니다. 반드시 仲幾를 懲罰〔戮〕하겠습니다."고 하고서 仲幾를 잡아 가지고 돌아갔다가 三月에 仲幾를 京師로 보냈다.

1) 不書公 未卽位〔附注〕林曰 孟懿子 卽仲孫何忌

公을 기록하지 않은 것은 아직 卽位하지 않았기 때문이다.

〔부주〕林: 孟懿子는 바로 仲孫何忌이다.

2) 栽 設板築*)

栽는 板築을 設置함이다.

*) 역주〕板築 : 板은 담이나 성을 쌓을 때 양쪽에 세우는 널빤지이고, 築은 흙을 다지는 工具이다.

3) 欲使三國代宋受功役也 郳 小邾

세 나라로 하여금 宋나라를 대신해 功役을 받게 하고자 한 것이다. 郳는 小邾이다.

4)〔附注〕林曰 薛大夫

〔부주〕林: 薛나라 大夫이다.

5) 在僖二十八年

僖公 28년에 있었다.

6) 역주〕若從踐土 若從宋 亦唯命 : 若은 或이다. 혹은 踐土의 盟約을 따라 옛 職位를 회복하여 周天子에게 直屬할 것인지, 혹은 宋나라에 복종하여 그들의 僕役(종)이 될 것인지는 晉나라가 명하는 내로 따르겠다는 말이다. 〈楊注〉

7) 固曰從舊 薛舊爲宋役
 군이 옛 職位를 따르겠다고 한다면 薛나라의 옛 직위는 宋나라의 僕役이었다는 말이다.

8) 皇 大也 奚仲爲夏禹掌車服大夫
 皇은 大이다. 奚仲은 夏禹의 車服을 맡은 大夫였다.

9) 邳 下邳縣
 邳는 下邳縣이다.

10) 仲虺 奚仲之後 〔附注〕 林曰 當如奚仲仲虺 奉天子爲王官
 仲虺은 奚仲의 後裔이다.
 〔부주〕 林: 奚仲과 仲虺처럼 天子를 받드는 王朝의 官員이 되어야 마땅하다는 말이다.

11) 承 奉也
 承은 奉(받듦)이다.

12) 역주〕 將承王官 何故以役諸侯 : 將은 當이다. 만약 踐土의 盟約처럼 옛 職位를 회복한다면 奚仲과 仲虺처럼 天子를 받드는 王官이 되는 것이 마땅한데, 무엇 때문에 天子를 버리고 宋나라에 복종하여 諸侯의 使役을 받겠느냐는 말이다.

13) 言居周世 不得以夏殷爲舊 〔附注〕 林曰 言夏殷周三代 物事各有不同
 周나라 時代에 살면서 夏나라와 殷나라 때에 지낸 職位를 舊職으로 삼을 수 없다는 말이다.
 〔부주〕 林: 夏, 殷, 周 三代의 物事(事情)는 각각 같지 않음이 있다는 말이다.

14) 言范獻子新爲政 未習故事
 范獻子가 새로 卿〔政〕이 되어 아직 故事를 익히 알지 못한다는 말이다.

15) 역주〕 晉之從政者新 : 上文에 '魏獻子가 城役을 韓簡子에게 맡겼다.'고 하였으니, 韓不信(韓簡子)이 築城의 일을 主持한 것이다. 이것은 韓不信이 새로 卿이 된 것을 가리킨 것이다. 〈楊注〉

16) 求故事 〔附注〕 林曰 吾視諸晉之府庫 求其故事
 故事를 찾아보겠다는 말이다.
 〔부주〕 林: 내가 晉나라 府庫에 있는 文書를 살펴 그 故事를 찾아보겠다는 말이다.

17) 역주〕 視諸故府 : 故府는 檔案(文書)을 보관한 곳이니, 돌아가서 檔案을 照查하여 決定하겠다는 말이다. 〈楊注〉

18) 山川鬼神 盟所告 〔附注〕 林曰 子 謂士彌牟 蓋仲幾忿甚 以此抑晉也
 山川의 鬼神은 〈盟約을 맺은 뒤에 그〉 盟約한 〈내용을〉 告하는 對象〔所〕이다.
 〔부주〕 林: 子는 士彌牟를 이른다. 仲幾가 매우 忿怒하여 이 말로써 晉나라를 抑壓한 것이다.

19) 역주〕山川鬼神其忘諸乎 : 踐土의 會盟에서 薛이 宋에 服屬한다고 約定한 盟約을 山川의 神에게 告하였으므로 神이 그 내용을 알고 있으니, 만약 그 맹약을 어긴다면 神이 晉나라에 禍를 내릴 것이라는 뜻이다.

20)〔附注〕林曰 士彌牟怒

〔부주〕林: 士彌牟가 怒한 것이다.

21) 典籍故事 人所知也

典籍에 실린 故事는 사람이 알 수 있는 바이다.

22) 取證於鬼神

鬼神에게 證明해주기를 구한 것이다.

23)〔附注〕林曰 宋無辭以答我 而沮我以鬼神 是以不可考證之事 誣罔我也

〔부주〕林: 宋나라는 도리에 맞는 말로 우리에게 대답하지 못하고 鬼神으로 우리에게 겁을 주었으니, 이는 考證할 수 없는 일로써 우리를 속인 것이다.

24) 開寵過分 則納受侵侮

분수에 넘치는 총애를 보였다가 침범해 업신여김을 받는다는 말이다.

25) 역주〕啓寵納侮 : ≪古文尙書≫ 〈說命 中〉에 보인다. 남을 寵愛하면 그는 반드시 총애를 믿고 主人에게 버릇없이 구니, 이것이 총애하였다가 도리어 업신여김을 받는 것이다.

26) 知以歸不可 故復歸之京師

仲幾를 잡아 가지고 晉나라로 돌아간 것이 옳지 않은 일임을 알았기 때문에 다시 그를 京師로 보낸 것이다.

27) 역주〕歸諸京師 : 이때 晉侯가 會合에 참여하지 않았기 때문에 仲幾를 먼저 晉나라로 보냈다가 뒤에 晉侯의 命에 따라 그를 京師로 보낸 것이다. 兪樾의 ≪群經評議≫

城三旬而畢하니 **乃歸諸侯之戍**[1]하다 **齊高張後**하야 **不從諸侯**[2]하다 **晉女叔寬曰 周萇弘齊高張皆將不免**[3]하리라 **萇叔違天**하고 **高子違人**[4]이라 **天之所壞**는 **不可支也**오 **衆之所爲**는 **不可奸也**[5]니라

30일 만에 城의 築造가 完成되니 이에 諸侯의 戍兵을 돌려보냈다. 齊나라 高張은 〈役人을 거느리고〉 뒤늦게 와서 諸侯가 〈築城하는 功役에〉 참여하지 못하였다. 晉나라 女叔寬이 말하기를 "周나라 萇弘과 齊나라 高張은 모두 장차 禍를 면하지 못할 것이다. 萇叔은 하늘의 뜻을 어겼고, 高子는 사람의 뜻을 어겼다. 하늘이 무너뜨리는 나라는 支援할 수 없고, 大衆이 하는 일은 어길 수 없는 것이다."고 하였다.

1) 역주〕 乃歸諸侯之戍 : 昭公 27년에 晉나라 籍秦이 보냈던 諸侯의 戍兵을 돌려보낸 것이다.
2) 後期 不及諸侯之役
時期가 지난 뒤에 와서 諸侯의 城役에 미치지 못한 것이다.
3) 叔寬 女寬也
叔寬은 女寬이다.
4) 天既厭周德 萇弘欲遷都以延其祚 故曰違天 諸侯相帥以崇天子 而高子後期 故曰違人
하늘이 이미 周나라의 行爲〔周德〕를 싫어하고 있는데도 萇弘은 遷都하여 周나라의 國運을 延長시키려 하였기 때문에 '違天'이라 하고, 諸侯가 서로 이끌고 와서 天子의 命을 존경해 받드는데도 高子는 뒤늦게 왔기 때문에 '違人'이라 한 것이다.
5) 爲哀三年周人殺萇弘 六年高張來奔起
哀公 3년에 周人이 萇弘을 죽이고, 6년에 高張이 魯나라로 도망쳐 오게 된 원인이다.

【傳】 夏에 叔孫成子逆公之喪于乾侯[1)]에 季孫曰 子家子亟言於我러니 未嘗不中吾志也[2)3)]라 吾欲與之從政하니 子必止之[4)]하고 且聽命焉[5)6)]하라 子家子不見叔孫하야 易幾而哭[7)8)]하다 叔孫請見子家子하니 子家子辭曰 羈未得見하고 而從君以出[9)]이라 君不命而薨하시니 羈不敢見[10)]하노라 叔孫使告之曰 公衍公爲實使群臣不得事君[11)12)]하니 若公子宋主社稷이면 則群臣之願也[13)]라 凡從君出而可以入者는 將唯子是聽[14)]하리라 子家氏未有後[15)]하니 季孫願與子從政이라 此皆季孫之願也[16)]로새 使不敢以告[17)]하니라 對曰 若立君인댄 則有卿士大夫與守龜在하니 羈弗敢知[18)]오 若從君者ㄴ댄 則貌而出者는 入可也[19)20)]어니와 寇而出者는 行可也[21)]라 若羈也는 則君知其出也[22)]오 而未知其入也니 羈將逃也리라 喪及壞隤에 公子宋先入하고 從公者皆自壞隤反[23)24)]하다

여름에 叔孫成子를 乾侯로 보내어 昭公의 喪柩를 맞이해 오게 할 때 季孫이 말하기를 "子家子가 昭公에게 자주 나에 대해 말하였는데, 그 말이 나의 뜻에 맞지 않은 적이 없었소. 나는 그와 함께 政事를 처리하고자 하니, 그대는 반드시 그를 만류하고서 그의 命을 들으시오."라고 하였다. 子家子는 叔孫을 만나지 않으려고 시간을 바꾸어 哭하였다. 叔孫이 子家子를 만나기를 청하니, 子家子는 사절하며 말하기를 "나는 당신을 만나보지 않고 임금님을 따라 도망해 나왔습니다. 임금님께서 〈당신을 만나보라는〉 命을 내리지 않으시고 薨逝하셨으니 나는 감히 당신을 만날 수 없습니다."라고 하였다. 叔孫

이 사람을 보내어 子家子에게 告하기를 "사실은 公衍(太子)과 公爲가 群臣들로 하여금 임금님을 섬길 수 없게 하였으니, 만약 公子 宋이 社稷을 主管한다면 이는 群臣이 원하는 바이오. 그리고 임금님을 따라 나온 자들 중에 歸國시킬 만한 자들을 選別하는 일은 장차 그대의 指示을 따르겠소. 〈그대가 魯나라로 돌아가지 않는다면〉 子家氏 중에 後嗣로 세울 만한 사람이 없으니, 季孫은 그대와 함께 魯나라의 政事를 처리하기를 원하오. 이것은 모두 季孫의 원하는 바이기 때문에 나 不敢을 보내어 그대에게 告하게 한 것이오."라고 하니, 子家子가 대답하기를 "임금을 세우는 일이라면 卿士, 大夫와 守龜者가 있으니 내가 감히 알 바가 아니고, 임금님을 따른 자들을 처리하는 일이라면 겉으로만 충성을 내세워 임금님을 따라 나온 자들은 入國해야 하지만, 季孫을 원수로 여겨 나온 자들은 다른 나라로 가야 합니다. 나 羈로 말하면 임금님께서 내가 나온 것만을 아시고 내가 들어가는 것은 모르시니 나는 장차 다른 나라로 도망가겠습니다."고 하였다. 昭公의 喪柩가 壞隤에 미쳤을 때 公子 宋만이 먼저 魯나라로 들어가고, 昭公을 따르던 자들은 모두 壞隤에서 발길을 돌려 出奔하였다.

1) 成子 叔孫婼之子

成子는 叔孫婼의 아들이다.

2) 〔附注〕 林曰 季孫意如告叔孫成子言 子家羈屢諫昭公言我之事 其所言 皆與我志合

〔부주〕 林: 季孫意如가 叔孫成子에게 告해 말하기를 "子家羈가 누차 昭公에게 諫히며 나에 대해 말한 일이 있었는데, 그가 말한 바가 모두 나의 뜻과 合致하였다."고 한 것이다.

3) 역주〕 亟言于我 未嘗不中吾志也 : '亟言于我'는 子家子가 昭公에게 "意如之事君 不敢不改(25년)"라고 한 말과 "君以一乘入于魯師 季孫必與君歸(31년)"라고 한 말을 이른다. 季孫의 뜻이 실로 그러하였기 때문에 '未嘗不中吾志也'라고 한 것이다. 〈正義〉

4) 〔附注〕 林曰 必留子家子 勿聽其去

〔부주〕 林: 반드시 子家子를 만류하여 그가 다른 나라로 가는 것을 허락하지 말라는 말이다.

5) 衆事皆諮問子家子

모든 일을 다 子家子에게 諮問하라는 말이다.

6) 역주〕 聽命焉 : 임금을 따라 나온 자들에 대한 處理는 子家子의 指示를 받아 決定하라는 말이다.

7) 幾 哭會也 不欲見叔孫 故朝夕哭不同會

幾는 모여서 哭함이다. 子家子는 叔孫을 만나고자 하지 않았다. 그러므로 朝夕의 哭을 함께 모여서 하지 않은 것이다.

8) 역주〕 易幾 : 幾는 期이니, 哭하는 시간을 바꾼 것이다. 朝哭과 夕哭은 정해진 時期에 群臣이 모여 함께 擧行하는 것인데, 子家子는 叔孫을 만나지 않으려고 정해진 시기보다 먼저 가서 哭하거나 늦게 가서 곡한 것이다. 參考文獻 ≪左氏會箋≫

9) 出時 成子未爲卿

昭公을 따라 도망 나올 때 成子는 아직 卿이 아니었다.

10) 言未受昭公之命 託辭以距叔孫

昭公의 명을 받지 못하였다는 말로 핑계대어 叔孫의 요청을 거절한 것이다.

11) 二子 始謀逐季氏

두 사람은 당초에 季氏의 逐出을 謀議한 자들이다.

12) 역주〕 公衍公爲實使群臣不得事君 : 昭公 29년 傳에 의거하면 季氏의 逐出을 謀議한 자는 公爲였고, 公衍(太子)은 간여하지 않았으나, 季氏는 昭公의 太子를 임금으로 세우고 싶지 않았다. 그러므로 公衍을 誣陷한 것이다. 〈楊注〉

13) 宋 昭公弟定公

宋은 昭公의 아우 定公이다.

14) 〔附注〕 朱曰 汝意欲歸之者 卽與之歸

〔부주〕 朱: 그대의 생각에 돌려보내고 싶은 자들은 즉시 歸國하도록 허락하겠다는 말이다.

15) 역주〕 子家氏未有後 : 子家羈는 歸父의 아들이다. 歸父가 宣公 18년에 季文子에 의해 逐出되었으므로 子家子가 돌아가지 않으면 그 宗族 중에 大夫職를 承繼하여 奉祀할 사람이 없다는 말이다.

16) 역주〕 此皆季孫之願也 : 此는 公子 宋을 임금으로 세우는 것과, 昭公을 따라 나온 사람 중에 누구를 歸國시키느냐 하는 것은 子家羈에게 決定하도록 하는 것과, 子家羈와 함께 國政을 처리하여 子家氏로 하여금 魯나라에 後嗣가 있게 하는 것을 이른다. 〈楊注〉

17) 不敢 叔孫成子名

不敢은 叔孫成子의 이름이다.

18) 역주〕 若立君 則有卿士大夫與守龜在 羈弗敢知 : 太子 公衍을 임금으로 세우지 않고 다른 사람을 임금으로 세우려 한다면 卿士 및 大夫와 商議하고, 또 거북점을 쳐서 결정할 일이니, 내가 감히 알 바가 아니라는 말이다. 守龜는 天子나 諸侯가 점칠 때 사용하는 龜甲인데, 龜人이 맡아 지킨다. 그러므로 '守龜'라 한다.

19) 貌出 謂以義從公 與季氏無實怨

貌出은 의리로써 昭公을 따랐고, 季氏와는 실로 怨恨이 없는 사람들을 이른다.

20) 역주〕 貌而出者 : 겉으로만 忠誠을 내세워 따라 나왔을 뿐이고, 진정으로 충성하는 마음이 없는 자들을 이른다.

21) 與季氏爲寇讐者 自可去
季氏와 원수가 된 자들은 스스로 떠나야 한다는 말이다.

22) 君 昭公
君은 昭公이다.

23) 出奔
出奔한 것이다.

24) 역주] 反 : 魯나라로 들어가지 않고 되돌아간 것이다. 杜注에 '出奔'이라 하였으니, 從者 중에 한 사람도 魯나라로 들어간 자가 없는 것이다. 〈楊注〉

【傳】 六月癸亥에 公之喪至自乾侯하다 戊辰에 公卽位[1)]하다 季孫使役如闞公氏하야 將溝焉[2)3)]하니 榮駕鵝曰 生不能事하고 死又離之면 以自旌也[4)]라 縱子忍之나 後必或恥之[5)]리라 乃止하다 季孫問於榮駕鵝曰 吾欲爲君謚하야 使子孫知之[6)]하노라 對曰 生弗能事하고 死又惡之면 以自信也라 將焉用之리오 乃止[7)]하다

6월 癸亥日에 昭公의 喪柩가 乾侯에서 돌아왔다. 戊辰日에 定公이 卽位하였다. 季孫이 役夫들을 闞公氏로 보내어 墓域에 도랑을 파게 하려 하자, 榮駕鵝가 말하기를 "生前에 잘 섬기지 못하고 死後에 또 〈先君의 墓域과〉 隔離시킨다면 스스로 惡名을 드러내는 것입니다. 비록 당신께서는 殘忍한 마음으로 그렇게 할 수 있다 하더라도 後世에 子孫 중에는 반드시 이를 羞恥로 여기는 자가 더러 있을 것입니다."고 하니, 季孫은 즉시 그 일을 그만두었다. 季孫이 榮駕鵝에게 묻기를 "나는 임금님께 謚號를 올려 子孫들로 하여금 임금님의 過誤를 알게 하고자 한다."라고 하자, 榮駕鵝가 대답하기를 "生前에 잘 섬기지 못하고 死後에 또 좋지 않은 謚號를 올린다면 임금님을 미워하였다는 것을 스스로 밝히는 것이니 장차 무슨 소용이 있겠습니까?"라고 하니, 계손은 즉시 그 일을 그만두었다.

1) 諸侯薨 五日而殯 殯則嗣子卽位 癸亥 昭公喪至 五日殯於宮 定公乃卽位
諸侯가 薨하면 5일 만에 殯(屍身을 入棺하여 葬事때까지 安置해 두는 것)하는데, 殯하면 嗣子가 卽位한다. 癸亥日에 昭公의 喪柩가 당도하였고, 당도한 5일 만에 宮中에 殯하고서 定公이 卽位한 것이다.

2) 闞 魯群公墓所在也 季孫惡昭公 欲溝絶其兆域 不使與先君同〔附注〕林曰 公氏 猶言公之墓宅 蓋昭公將葬於闞 季孫使役徒先往昭公墓宅
闞은 魯나라 群公의 墓가 있는 곳이다. 季孫은 昭公을 미워하여 그 兆域(墓域)에 도랑을 파서 先君의 墓域과 隔離〔絶〕시켜 先君과 같은 墓域이 되지 않게 하고자 한 것이다.

〔부주〕 林: 公氏는 公의 墓宅이란 말과 같다. 昭公을 闞에 장사 지내려 할 때 季孫이 役夫들을 昭公의 墓宅에 먼저 보낸 것이다.

3) 역주〕 闞公氏 : 闞은 魯나라 群公의 墓가 있는 곳의 地名이다. 그곳에 群公의 墓가 있기 때문에 '闞公氏'라 한 것이다. 闞에서 句를 떼는 사람이 더러 있는데, 이는 옳지 않다. 〈楊注〉

4) 駕鵝 魯大夫 榮成伯也 旌 章也〔附注〕林曰 言昭公之生 季孫旣不能事 逐而出之 昭公之死 季孫溝其兆域 離而絶之 以自章逐君之惡

駕鵝는 魯나라 大夫 榮成伯이다. 旌은 드러냄이다.

〔부주〕 林: 昭公이 살았을 때 季孫은 이미 잘 섬기지 않고 逐出하였으며, 昭公이 죽은 뒤에 季孫이 그 兆域에 도랑을 파서 隔離시킨다면 스스로 임금을 축출한 자기의 惡行을 드러내는 것이라는 말이다.

5)〔附注〕林曰 後世子孫必恥其惡

〔부주〕 林: 後世에 子孫은 반드시 그 惡行을 羞恥로 여길 것이라는 말이다.

6) 爲惡諡

좋지 않은 諡號를 올리려 한 것이다.

7)〔附注〕林曰 信 明也 以自明其不臣之迹

〔부주〕 林: 信은 밝힘이니, 스스로 臣下의 도리를 지키지 않은 痕迹을 밝히는 것이라는 말이다.

【傳】 秋七月癸巳에 **葬昭公於墓道南**[1)2)]하다

가을 7월 癸巳日에 昭公을 墓道(무덤 앞의 길) 남쪽에 장사 지냈다.

1)〔附注〕朱曰 雖不爲溝 猶葬於墓道之外

〔부주〕 朱: 비록 도랑을 파지는 않았으나, 여전히 墓道 밖에 장사 지낸 것이다.

2) 역주〕 葬昭公於墓道南 : 魯나라 先公들의 墓는 북쪽에 있는데, 季孫이 昭公을 墓道 남쪽에 장사 지냈으니, 비록 도랑을 파지 않았다 하더라도 실은 先公들의 墓와 멀리 떨어진 것이다. 〈楊注〉

孔子之爲司寇也[1)]에 **溝而合諸墓**[2)]하다 **昭公出**이라 **故季平子禱于煬公**하다 **九月**에 **立煬宮**[3)4)]하다

孔子가 司寇가 되셨을 때 〈昭公의 墓 밖에〉 도랑을 파서 先公의 墓域에 統合시키셨다. 昭公이 出奔하였기 때문에 季平子가 煬公에게 祈禱하였다. 9월에 煬公의 廟를 세

웠다.

1) 〔附注〕 林曰 在定〔隱〕[*)]公十年後

〔부주〕 林: 〈孔子가 司寇가 되신 것은〉 定公 10년 뒤에 있었다.

*) 역주〕 저본에는 '隱'으로 되어 있으나, ≪四庫全書 左傳杜林合注≫本에 의거하여 '定'으로 바로잡았다.

2) 明臣無貶君之義 〔附注〕 林曰 自昭公墓外爲溝 使與先君墓合

신하가 임금을 貶毁하는 義理가 없다는 것을 밝힌 것이다.

〔부주〕 林: 昭公의 墓 밖에 도랑을 파서 先君의 墓域에 統合시킨 것이다.

3) 平子逐君 懼而請禱於煬公 昭公死於外 自以爲獲福 故立其宮

季平子가 임금을 逐出하고는 두려워서 煬公에게 祈禱하여 福을 빌었다. 昭公이 外國에서 죽자, 季平子는 스스로 福을 받았다고 여겼다. 그러므로 煬公의 廟를 세운 것이다.

4) 역주〕 禱于煬公 : ≪史記≫ 〈魯世家〉에 의거하면 伯禽이 卒하자 그 아들 考公 酉가 位를 承繼하였고, 4년 만에 考公이 卒하자 그 아우 熙가 承繼하였으니 이가 煬公이다. 煬公은 아우로서 兄의 位를 承繼한 자이다. 季氏는 公衍을 廢黜하고 昭公의 아우를 세워, 煬公이 兄의 位를 承繼한 故事를 본받고자 하였다. 그러므로 煬公에게 祈禱한 것이다.

【傳】 周鞏簡公棄其子弟하고 **而好用遠人**[1)]하다

周나라 鞏簡公이 그 子弟를 버리고 疏遠한 사람을 쓰기를 좋아하였다.

1) 簡公 周卿士 遠人 異族也 爲明年鞏氏賊簡公張本

簡公은 周나라 卿士이다. 遠人은 異姓人〔異族〕이다. 明年에 鞏氏가 簡公을 殺害〔賊〕한 張本이다.

〈二年, 癸巳 B.C.508〉

【經】 二年春王正月이라

2년 봄 周王 正月이다.

【經】 夏五月壬辰에 **雉門及兩觀災**[1)2)]하다

여름 5월 壬辰日에 雉門과 兩觀에 火災가 났다.

1) 無傳 雉門 公宮之南門 兩觀 闕也 天火曰災

傳이 없다. 雉門은 公宮의 南門이고, 兩觀은 闕이다. 저절로 난 불을 '災'라 한다.

2) 역주] 兩觀 : 宮門 앞 양쪽에 세운 望樓이다. 闕은 魏闕로 兩觀의 異名이다. 항상 法令을 그곳에 揭示한다.

【經】 秋에 **楚人伐吳**[1)]하다

가을에 楚人이 吳나라를 攻伐하였다

1) 囊瓦稱人 見誘以敗軍

囊瓦를 '人'으로 칭한 것은 敵에게 誘引당해 敗戰하였기 때문이다.

【經】 冬十月에 **新作雉門及兩觀**[1)]하다

겨울 10월에 새로 雉門과 兩觀을 세웠다.

1) 無傳

傳이 없다.

【傳】 二年夏四月辛酉에 **鞏氏之群子弟賊簡公**[1)]하다

2년 여름 4월 辛酉日에 鞏氏의 子弟들이 簡公을 殺害하였다.

1) 傳言棄親用疎 所以敗也

傳文은 親近한 사람을 버리고 疏遠한 사람을 登用한 것이 敗亡하게 되는 원인임을 말한 것이다.

【傳】 桐叛楚[1)]하다 **吳子使舒鳩氏誘楚人**[2)]**曰 以師臨我**[3)]하면 **我伐桐**하리니 **爲我使之無忌**[4)]하라

桐나라가 楚나라를 背叛하였다. 吳子가 舒鳩氏로 하여금 楚人을 誘引하게 하며 말하기를 "楚나라가 군대를 거느리고 우리나라로 오게 하시오. 그러면 우리는 桐나라를 칠 것이니, 우리를 위해 楚나라가 의심〔忌〕하지 않게 하시오."라고 하였다.

1) 桐 小國 廬江舒縣西南有桐鄕

桐은 小國이다. 廬江 舒縣 서남쪽에 桐鄕이 있다.

2) 舒鳩 楚屬國

舒鳩는 楚나라의 屬國이다.

3) 教舒鳩誘楚 使以師臨吳

吳子가 舒鳩氏에게 楚나라를 誘引하여, 楚나라로 하여금 군사를 거느리고 吳나라로 오도록 만들라고 이른〔教〕 것이다.

4) 吳伐桐也 僞若畏楚師之臨已 而爲伐其叛國以取媚者也 欲使楚不忌吳 所謂多方以誤之

吳나라가 桐나라를 친 것은, 楚軍이 자기들을 칠까 두려워하여 楚나라를 위해 그 叛國을 討伐하여 楚나라의 好感을 얻고자 하는 것처럼 僞裝한 것이다. 楚나라로 하여금 吳나라를 의심하지 않게 하려 한 것이니, 〈이것이 昭公 30년 傳에 伍員이 말한〉 '여러 방법으로 저들을 그르치게 한다〔多方以誤之〕'는 것이다.

【傳】 秋에 **楚囊瓦伐吳**하야 **師于豫章**[1]하니 **吳人見舟于豫章**[2]하고 **而潛師于巢**[3]하다 **冬十月**에 **吳軍楚師于豫章**하야 **敗之**[4]하다 **遂圍巢**하야 **克之**하고 **獲楚公子繁**[5]하다

가을에 楚나라 囊瓦가 吳나라를 토벌하기 위해 出兵하여 豫章에 주둔하니, 吳人은 豫章에 戰船을 出見시켜 〈楚軍을 昏亂시키고서〉 군사를 은밀히 巢邑으로 移動시켰다. 겨울 10월에 吳軍이 豫章에서 楚軍을 공격〔軍〕하여 敗北시켰다. 드디어 巢邑을 포위하여 陷落〔克〕하고서 楚나라 公子 繁을 사로잡았다.

1) 從舒鳩言

舒鳩氏의 말을 따른 것이다.

2) 僞將爲楚伐桐

楚나라를 위해 桐나라를 치려는 것처럼 僞裝한 것이다.

3) 實欲以擊楚 〔附注〕 林曰 實潛師 從巢邑欲以擊楚

사실은 楚軍을 공격하려 한 것이다.

〔부주〕 林: 사실은 군사를 은밀히 이동시켜 巢邑에서 楚나라로 쳐들어가고자 한 것이다.

4) 楚不忌故 〔附注〕 林曰 吳出不意攻楚師

楚나라가 의심하지 않았기 때문이다.

〔부주〕 林: 吳軍이 不意에 楚軍을 공격한 것이다.

5) 繁 守巢大夫

繁은 巢邑을 지키는 大夫이다.

【傳】 邾**莊公與夷射姑飮酒**에 **私出**[1]하니 **閽乞肉焉**이어늘 **奪之杖以敲之**[2]하다

邾莊公이 夷射(역)姑와 함께 술을 마실 때 夷射姑가 소변〔私〕을 보기 위해 나가니

閽人(문지기)이 고기를 求乞하였다. 그러자 夷射姑는 그가 들고 있는 몽둥이를 빼앗아 그를 쳤다.

1) 射姑 邾大夫 出辟酒
 夷射姑는 邾나라 大夫이다. 술을 피해 나간 것이다.
2) 奪閽杖以敲閽頭也 爲明年邾子卒傳〔附注〕林曰 邾子守門之閽人 從射姑乞肉
 閽人의 몽둥이를 빼앗아 그 머리를 친 것이다. 明年에 邾子가 卒한 傳의 배경이다.
 〔부주〕林: 邾子의 門을 지키는 閽人이 夷射姑에게 고기를 求乞한 것이다.

〈三年, 甲午 B.C.507〉

【經】 三年春王正月에 **公如晉**타가 **至河乃復**[1]하다

3년 봄 周王 正月에 定公이 晉나라에 가다가 黃河에 이르러서는 되돌아왔다.

1) 無傳
 傳이 없다.

【經】 二月辛卯에 **邾子穿卒**[1]하다

2월 辛卯日에 邾子 穿이 卒하였다.

1) 再同盟
 두 차례 同盟하였다.

【經】 夏四月이라

여름 4월이다.

【經】 秋에 **葬邾莊公**[1]하다

가을에 邾莊公을 장사 지냈다.

1) 六月乃 葬緩
 여섯 달이 되어서야 장사 지냈으니 늦었다.

【經】 冬에 **仲孫何忌及邾子盟于拔**[1]하다

겨울에 仲孫何忌가 邾子와 拔에서 結盟하였다.

1) 拔 地闕

拔은 所在地를 정확히 알 수 없어서 註釋하지 않았다.

【傳】 三年春二月辛卯에 **邾子在門臺**[1)2)]하야 **臨廷**[3)]하니 **閽以缾水沃廷**이러라 **邾子望見之**하고 **怒**[4)]하니 **閽曰 夷射姑旋〔旋〕**[5)]**焉**[6)]이라하다 **命執之**[7)8)]한대 **弗得**하니 **滋怒**하야 **自投于牀**타가 **廢于鑪炭**하야 **爛**하야 **遂卒**[9)]하다 **先葬以車五乘**과 **殉五人**[10)11)]하다 **莊公卞急而好絜**이라 **故及是**[12)]하니라

3년 봄 2월 辛卯日에 邾子가 門臺에서 外廷을 굽어보니, 閽人이 동이에 물을 담아다가 外廷에 붓고 있었다. 邾子가 이를 바라보고 노하자, 閽人이 말하기를 "夷射姑가 이곳에 오줌을 누었습니다."고 하였다. 邾子가 夷射姑를 잡아 오라고 명하였으나 잡아 오지 못하니, 더욱 노하여 스스로 牀에서 뛰어내려 오다가 火爐의 숯불 위로 떨어져 불에 데어 드디어 卒하였다. 葬事 지내기에 앞서 먼저 수레 다섯 채와 殉葬人 다섯 사람을 무덤에 넣었다. 莊公은 성질이 躁急하고 淨潔을 좋아하였으므로 이에 미친 것이다.

1) 門上有臺

門 위에 臺가 있다.

2) 역주〕 門臺 : 오늘날의 門樓이다. 〈楊注〉

3) 역주〕 臨廷 : 廷은 朝廷이다. 諸侯의 三門 중에 오직 雉門에만 觀臺가 있는데, 雉門 안은 內朝이고 雉門 밖은 外朝이다. 여기에 말한 廷은 外朝인 듯하다. 〈楊注〉

4) 역주〕 邾子望見之 怒 : 閽人이 동이에 물을 담아다가 外廷에 부어 물이 질펀하게 흐르는 것을 보고서 노한 것이다.

5) 저본에는 '旋'으로 되어 있으나, ≪十三經注疏≫本에 의거하여 '旋'으로 바로잡았다.

6) 旋〔旋〕[*)] 小便 〔附注〕 林曰 去年乞肉之憾

旋은 小便이다.

〔부주〕 林: 지난해 고기를 구걸하다 몽둥이로 맞은 일에 유감을 갖고 있었기 때문이다.

*) 역주〕 저본에는 '旋'으로 되어 있으나, 傳文에 의거하여 '旋'으로 바로잡았다.

7) 見其不絜 執射姑

外廷이 淨潔하지 못함을 보고서 夷射姑를 잡아 오라고 한 것이다.

8) 역주〕 命執之 : 이것은 邾莊公이 淨潔을 좋아하고 躁急하였음을 말한 것이다. 夷射姑가 술을 마실 때 나와서 본 小便이라면 벌써 다 말랐을 것이다. 그러나 그는 淨潔을 좋아하

기 때문에 오줌을 누었다는 말을 듣자 노하였고, 성질이 조급하기 때문에 깊이 생각하지 않고 讒言을 믿은 것이다. 參考文獻 〈楊注〉

9) 廢 隋也

廢는 떨어짐이다.

10) 欲藏中之絜 故先內車及殉 別爲便房 蓋其遺命

藏中(무덤 안)을 淨潔하게 하고자 하였다. 그러므로 따로 便房(곁방)을 만들어 葬前에 먼저 수레와 殉葬人을 그곳에 넣은 것이니, 莊公의 遺命을 따른 것인 듯하다.

11) 역주] 先葬以車五乘殉五人 : 사람을 殉葬한 것은 邾子가 淨潔을 좋아하기 때문에 地下의 淸掃를 맡기고자 해서이다. 만약 수레와 殉葬人을 入棺하는 날에 함께 넣으면 墓室 안이 더러워질 염려가 있기 때문에 따로 곁방을 만들어서 수레와 殉葬人을 먼저 넣은 것이다. 參考文獻 ≪左氏會箋≫

12) 卞 躁疾也

卞은 躁急함이다.

【傳】 秋九月에 鮮虞人敗晉師于平中[1)]하야 獲晉觀虎하니 恃其勇也[2)3)]라

가을 9월에 鮮虞人이 平中에서 晉軍을 패배시키고서 晉나라 觀虎를 사로잡았으니, 觀虎가 자기의 勇猛을 믿었기 때문이다.

1) 平申〔中〕[*)] 晉地

平中은 晉나라 땅이다.

*) 역주] 저본에는 '申'으로 되어 있으나, 傳文에 의거하여 '中'으로 바로잡았다.

2) 爲五年士鞅圍鮮虞張本 : 定公 5년에 士鞅이 鮮虞를 包圍한 張本이다.

3) 역주] 恃其勇也 : 용맹을 믿고 敵을 깔보았기 때문에 사로잡힌 것이다. ≪左氏會箋≫

【傳】 冬에 盟于郯[1)]하니 修邾好也[2)]라

겨울에 郯에서 結盟하였으니, 邾나라와 友好를 重修한 것이다.

1) 郯 卽拔也

郯은 바로 拔이다.

2) 公卽位 故脩好

定公이 卽位하였기 때문에 修好한 것이다.

【傳】 蔡昭侯爲兩佩與兩裘[1)]以如楚하야 獻一佩一裘於昭王하다 昭王服之하고 以

享蔡侯하니 蔡侯亦服其一하다 子常欲之[2]나 弗與하니 三年止之하다 唐成公如楚에 有兩肅爽馬러니 子常欲之[3]나 弗與하니 亦三年止之하다 唐人或相與謀하야 請代先從者하니 許之[4]하다 飮先從者酒하야 醉之하고 竊馬而獻之子常[5]하니 子常歸唐侯하다 自拘於司敗[6]曰 君以弄馬之故로 隱君身[7][8]하고 棄國家하니 群臣請相夫人以償馬호되 必如之[9]하리라 唐侯曰 寡人之過也니 二三子無辱[10]하라하고 皆賞之하다 蔡人聞之하고 固請하야 而獻佩于子常[11]하니 子常朝하야 見蔡侯之徒하고 命有司曰 蔡君之久也는 官不共也[12]라 明日禮不畢이면 將死[13]하리라 蔡侯歸에 及漢하야 執玉而沈[14]曰 余所有濟漢而南者ㄴ댄 有若大川[15][16]이라하다 蔡侯如晉하야 以其子元與其大夫之子爲質焉하고 而請伐楚[17]하다

蔡昭侯가 두 개의 佩玉과 두 벌의 갖옷을 만들어 가지고 楚나라에 가서 佩玉 하나와 갖옷 한 벌을 楚昭王에게 바쳤다. 昭王은 그 패옥를 차고 그 갖옷을 입고서 宴會를 열어 蔡侯를 接待하였는데, 蔡侯도 남은 패옥과 갖옷을 입었다. 〈이를 본〉 子常이 그 패옥과 갖옷을 얻고 싶어 하였으나 주지 않으니, 子常은 蔡侯를 3년 동안 楚나라에 抑留〔止〕하였다. 唐成公이 楚나라에 갔을 때 그에게는 두 마리의 肅爽馬가 있었는데, 子常이 그 말을 얻고 싶어 하였으나 주지 않으니 子常은 唐侯 또한 3년 동안 楚나라에 억류하였다. 唐人 중에 어떤 자들이 서로 상의하여, 〈蔡侯를 따라〉 먼저 온 從者들을 〈뒤에 온 從者들로〉 交代시켜 주기를 청하니 子常이 허락하였다. 〈뒤에 온 종자가〉 먼저 온 從者에게 술을 먹여 취하게 하고서 말을 훔쳐 子常에게 바치니 子常은 唐侯를 돌려보냈다. 〈唐侯가 歸國한 뒤에 말을 훔친 자가〉 스스로 司敗(刑獄을 管掌하는 官署)로 가서 拘束되기를 청하며 말하기를 "임금님께서 弄馬(愛馬)로 인해 임금님의 몸이 拘禁〔隱〕되시고 國家를 버리셨으니, 저의 신하들은 養馬人을 도와 반드시 훔친 말과 같은 말을 구해 辨償하겠습니다."고 하니, 唐侯가 말하기를 "寡人의 허물이니 그대들은 자신을 욕되게 하지 말라."고 하고서 모두에게 賞을 주었다. 蔡人이 이 소문을 듣고 昭侯에게 굳이 청하여 佩玉을 子常에게 바치니, 子常은 朝廷에 나아가 蔡侯의 從者〔徒衆〕를 만나보고서, 有司에게 명하기를 "蔡君이 이곳에 오래 머문 것은 有司〔官〕가 〈蔡侯를 餞送하는〉 禮物을 갖추어 供給하지 않았기 때문이다. 내일까지 공급을 마치지 않으면 장차 너를 죽일 것이다."고 하였다. 蔡侯가 돌아올 때 漢水에 미쳐 玉을 들어 漢水에 던지며 말하기를 "내가 만약 다시 漢水를 건너 남쪽으로 간다면 大川의 神이 禍를 줄 것이다."고 하였다. 蔡侯가 晉나라로 가서 그 아들 元과 그 大夫들의 아들을 人質로 주고

서 楚나라를 討伐하기를 청하였다.

1) 佩 佩玉也〔附注〕林曰 裘 貂裘狐裘之屬

佩는 佩玉이다.

〔부주〕林: 裘는 貂裘와 狐裘 따위이다.

2)〔附注〕林曰 子常 卽囊瓦

〔부주〕林: 子常은 바로 囊瓦이다.

3) 成公 唐惠侯之後 肅爽 駿馬名

成公은 唐惠侯의 後孫이다. 肅爽은 駿馬의 이름이다.

4)〔附注〕林曰 唐人知其故 乃和相與謀 請代先從人執役

〔부주〕林: 唐人은 임금이 억류된 까닭을 알고서 함께 商議하여 먼저 간 從者를 交代하여 服役하기를 청한 것이다.

5)〔附注〕林曰 僞若受代 而飮先從人以酒

〔부주〕林: 마치 交代의 허락을 받은 것처럼 僞裝하여 먼저 간 從者에게 술을 먹인 것이다.

6) 竊馬者自拘〔附注〕林曰 自拘囚於唐之司敗獄官

말을 훔친 자가 스스로 拘囚(拘禁)되기를 청한 것이다.

〔부주〕林: 스스로 唐나라 司敗의 獄官에게 拘囚하기를 청한 것이다.

7) 隱 憂約也〔附注〕朱曰 弄 猶愛也

隱은 憂約(憂愁와 窮困)이다.

〔부주〕朱: 弄은 愛와 같다.

8) 역주〕隱君身 : 隱에는 隱蔽와 窮困의 뜻이 있으니, 이는 拘囚된 것을 直說하지 않고 婉曲하게 '隱'이라고 말한 것이다. 〈楊注〉

9) 相 助也 夫人 謂養馬者〔附注〕朱曰 我群臣請相助養馬之人 求他馬以償君 必得如所竊者

相은 助이고, 夫人은 養馬者를 이른다.

〔부주〕朱: 저희 신하들은 養馬人을 도와 다른 말을 구하여 임금님께 辨償하되, 반드시 훔친 말과 같은 말을 구해 올리겠다는 말이다.

10) 역주〕無辱 : 스스로 拘禁되지 말라는 말이다.

11)〔附注〕林曰 以佩與裘獻於子常 不言裘 蒙上文

〔부주〕林: 佩玉과 갖옷을 子常에게 바친 것이다. 갖옷을 말하지 않은 것은 上文을 받아 말하였기 때문이다.

12) 言楚所以禮遣蔡侯之物 不共備故〔附注〕林曰 子常朝于君 見蔡昭侯之徒衆

楚나라가 蔡侯를 餞送〔遣〕하는 禮物을 갖추어 供給하지 않았기 때문이라는 말이다.

〔부주〕林: 子常이 朝廷에 나아가 楚君을 謁見하고서 蔡昭侯의 從者〔徒衆〕를 만난 것이다.

13) 遣蔡侯之禮〔附注〕林曰 若明日遣蔡侯之禮不畢 將坐以死罪

蔡侯를 餞送하는 禮物이다.

〔부주〕林: 만약 내일까지 蔡侯를 餞送하는 禮物을 다 供給하지 않으면 장차 死罪로 다스리겠다는 말이다.

14)〔附注〕朱曰 執玉而沈於漢以爲誓也

〔부주〕朱: 玉을 들어 漢水에 던지며 맹서한 것이다.

15) 自誓言 若復渡漢 當受禍 明如大川

스스로 맹서해 말하기를 "만약 다시 漢水를 건넌다면 응당 禍를 받을 것이 大川처럼 명확하다."고 한 것이다.

16) 역주〕所有濟漢而南者 有若大川 : 만약 다시 漢水를 건너 남방의 楚나라로 간다면 大川의 神이 禍를 내릴 것이라는 뜻으로, 앞으로 다시는 楚나라에 가지 않겠다고 盟誓한 말이다. 所는 若의 뜻으로 誓詞에 많이 쓰인다. 有如도 誓詞 중에 常用하는 말이다. 이곳의 有若大川, 僖公 24년의 有如白水, 文公 12년의 有如河, 襄公 25년의 有如上帝, 定公 6년의 有如先君, 哀公 14년의 有如陳宗 등은 모두 神이 盟誓의 證人이 되어 盟誓를 어기면 神이 罰을 내린다는 뜻이다. 僖公 24년 譯註를 참고할 것.

17) 爲明年會召陵張本

明年에 召陵에서 會合한 張本이다.

〈四年, 乙未 B.C.506〉

【經】四年春王二月癸巳에 **陳侯吳卒**[1]하다

4년 봄 周王 2월 癸巳日에 陳侯 吳가 卒하였다.

1) 無傳 未同盟而赴以名 癸巳 正月七日 書二月 從赴

傳이 없다. 同盟하지 않았으나, 이름을 기록해 赴告하였기 때문에 그 이름을 기록한 것이다. 癸巳는 正月 7일인데, 2월로 기록한 것은 赴告를 따른 것이다.

【經】三月에 **公會劉子晉侯宋公蔡侯衛侯陳子鄭伯許男曹伯莒子邾子頓子胡子滕子薛伯杞伯小邾子齊國夏于召陵**하야 **侵楚**[1]하다

三月에 定公이 劉子, 晉侯, 宋公, 蔡侯, 衛侯, 陳子, 鄭伯, 許男, 曹伯, 莒子, 邾子,

頓子, 胡子, 滕子, 薛伯, 杞伯, 小邾子, 齊나라 國夏와 召陵에서 會合하고서 楚나라로 侵入하였다.

1) 於召陵先行會禮 入楚竟 故書侵〔附注〕林曰 晉楚兵交止此

召陵에서 먼저 會合의 禮를 거행하고서 楚나라 國竟으로 들어갔기 때문에 '侵'으로 기록한 것이다.

〔부주〕林: 晉나라와 楚나라의 交戰은 이번에서 그쳤다.

【經】 夏四月庚辰에 **蔡公孫姓帥師滅沈**하고 **以沈子嘉歸**하야 **殺之**하다

여름 4월 庚辰日에 蔡나라 公孫 姓이 군사를 거느리고 가서 沈나라를 擊滅하고 沈子嘉를 잡아 가지고 돌아가서 죽였다.

【經】 五月에 **公及諸侯盟于**皐鼬[1)]하다

5월에 定公이 諸侯와 皐鼬에서 結盟하였다.

1) 召陵會劉子諸侯 揔言之也[*1)] 繁昌縣東南有城皐亭 復稱公者 會盟異處故〔附注〕林曰 有晉侯在 何以書公及諸侯盟 非晉主盟也 公會諸侯盟于薄 公會諸侯盟于宋 皆至後之文也 非後至也而曰公及諸侯盟 則以魯主之也 是故書及[*2)] 劉卷卒 諸侯無會同 於是有特相盟[*3)] 者矣

召陵에서 劉子와 회합한 諸侯이므로 總言한 것이다. 繁昌縣 동남쪽에 城皐亭이 있다. 다시 公을 칭한 것은 다른 곳에서 會盟하였기 때문에다.

〔부주〕林: 이 會合에 晉侯가 參加하였는데, 어째서 公이 諸侯와 會盟하였다고 기록하였는가? 晉나라가 會盟을 主管한 것이 아니기 때문이다. 〈僖公 21년의〉 '公會諸侯盟于薄'과 〈僖公 27년의〉 '公會諸侯盟于宋'은 모두 魯君이 뒤늦게 간 것을 표현한 글이다. 이번에는 뒤늦게 간 것이 아닌데도 '公及諸侯盟'이라고 기록하였으니, 그렇다면 魯나라가 會盟을 주관한 것이다. 그러므로 '及'이라고 기록한 것이다. 劉卷(劉子)이 죽어 諸侯가 會同할 수 없게 되었으므로 이에 特相盟이 있었던 것이다.

*1) 역주〕 揔言之也 : 이번에 皐鼬에서 結盟한 諸侯는 바로 召陵에서 會合한 諸侯이다. 전에 이미 참석한 諸侯들을 列記하였기 때문에 여기에는 열거하지 않고 '諸侯'라는 말로 한데 묶어서 말하였다는 뜻이다.

*2) 역주〕 及 : 魯나라가 主管한 會盟에 한해 '及'으로 기록한다. 隱公 元年 杜注를 참고할 것.

*3) 역주〕 特相盟 : 桓公 2년 傳의 '特相會' 注를 참고할 것.

【經】 杞伯成卒于會[1]하다

杞伯 成이 會合 중에 卒하였다.

1) 無傳

傳이 없다.

【經】 六月에 葬陳惠公[1]하다

6월에 陳惠公을 장사 지냈다.

1) 無傳

傳이 없다.

【經】 許遷于容城[1]하다

許나라가 容城으로 遷都하였다.

1) 無傳

傳이 없다.

【經】 秋七月에 公至自會[1]하다

가을 7월에 定公이 會合에서 돌아왔다.

1) 無傳

傳이 없다.

【經】 劉卷卒[1]

劉卷이 卒하였다.

1) 無傳 卽劉蚠也 劉子奉命出盟召陵 死則天王爲告同盟 故不具爵

傳이 없다. 劉卷은 바로 劉蚠이다. 劉子가 周王의 命을 받들고 나와서 召陵에서 會盟한 것이다. 〈天子의 公卿이〉 죽으면 天王이 同盟國에 赴告한다. 〈天子가 臣下인 諸侯에게 赴告할 때에는 죽은 자의 爵名을 말하지 않는다.〉 그러므로 爵을 구체적으로 기록하지 않은 것이다.

【經】 葬杞悼公[1]하다

杞悼公을 장사 지냈다.

1) 無傳

傳이 없다.

【經】 楚人圍蔡[1]하다

楚人이 蔡나라를 포위하였다.

1) 不服故也

服從하지 않았기 때문이다.

【經】 晉士鞅衛孔圉帥師伐鮮虞[1]하다

晉나라 士鞅, 衛나라 孔圉가 군사를 거느리고 가서 鮮虞를 토벌하였다.

1) 無傳 孔圉 孔羈孫 士鞅 卽范鞅

傳이 없다. 孔圉는 孔羈의 손자이고, 士鞅은 바로 范鞅이다.

【經】 葬劉文公[1]하다

劉文公을 장사 지냈다.

1) 無傳

傳이 없다.

【經】 冬十有一月庚午에 蔡侯以吳子及楚人戰于柏擧하야 楚師敗績[1]하니 楚囊瓦出奔鄭[2]하다 庚辰에 吳入郢[3]하다

겨울 11월 庚午日에 蔡侯가 吳子를 거느리고서〔以〕 楚人과 柏擧에서 戰爭하여 楚軍이 大敗하니, 楚나라 囊瓦가 鄭나라로 出奔하였다. 庚辰日에 吳人이 〈楚나라 首都〉 郢으로 進入하였다.

1) 師能左右之曰以 皆陳曰戰 大崩曰敗績 吳爲蔡討楚 從蔡計謀 故書蔡侯以吳子 言能左右之也 囊瓦稱人 貪以致敗 不能死難 罪賤之 柏擧 楚地 昭三十一年傳曰 六年 十二月庚辰 吳其入郢 今以十一月者 并數閏〔附注〕林曰 於是晉辭蔡侯 天下諸侯無與憂蔡者 而愬之吳

吳子興師以伐楚 是則夷狄憂中國也 是故吳始稱子 書戰書敗績 皆進吳 而楚囊瓦敗 稱人

군대를 좌지우지하는 것을 '以'라 하고, 兩軍이 모두 陣을 친 뒤에 交戰하는 것을 '戰'이라 하고, 크게 崩潰된 것을 '敗績'이라 한다. 吳나라가 蔡나라를 위해 楚나라를 토벌하였고, 蔡나라의 計謀를 따랐기 때문에 '蔡侯以吳子'라고 기록하였으니, 蔡侯가 吳子를 좌지우지하였다는 말이다. 囊瓦를 '人'으로 칭한 것은 貪慾으로 敗戰을 自招하고 國難에 능히 죽지도 않은 것을 그의 罪로 여겨 賤視한 것이다. 柏擧는 楚나라 땅이다. 昭公 31년 傳에 "6년 뒤 12월 庚辰日에 吳軍이 아마도 郢都로 들어갈 것이다.〔六年十二月庚辰吳其入郢〕"고 하였는데, 지금은 11월에 들어간 것으로 말하였으니, 〈저곳과 時期의 差異가 있다. 그러나 이해 10월에 閏月이 있었으니,〉 閏月까지 꼽으면 12월이 된다.

〔부주〕 林: 이때 晉나라가 蔡侯의 請을 拒絶〔辭〕하니 天下의 諸侯 중에 蔡나라를 근심하는 자가 없었는데, 蔡侯가 吳나라에 呼訴하자, 吳子가 군사를 일으켜 楚나라를 토벌하였으니, 이는 夷狄이 中國을 근심한 것이다. 그러므로 吳君을 비로소 '子'로 稱한 것이다. '戰'이라 기록하고, '敗績'이라 기록한 것은 모두 吳나라를 襃奬한 것이다. 楚나라 囊瓦는 敗戰하였기 때문에 '人'으로 칭한 것이다.

2) 書名 惡之

이름을 기록한 것은 그를 미워한 것이다.

3) 弗地曰入 吳不稱子 史略文〔附注〕林曰 郢 楚都也 入國不言邑 入楚也 而曰入郢 非得國之辭也

그 땅을 占有하지 않는 것을 '入'이라 한다. 吳君을 '子'로 칭하지 않은 것은 史官이 글자를 省略한 것이다.

〔부주〕 林: 郢은 楚나라 首都이다. 敵國으로 進入한 것을 기록할 때는 邑을 말하지 않는다. 楚나라로 進入한 것인데, '郢'으로 진입하였다고 한 것은 나라를 차지하려 한 것이 아님을 표현한 말이다.

【傳】 四年春三月에 **劉文公合諸侯于召陵**하니 **謀伐楚也**[1]라 **晉荀寅求貨於蔡侯**라가 **弗得**[2]하니 **言於范獻子曰 國家方危**하고 **諸侯方貳**하니 **將以襲敵**이라도 **不亦難乎**아 **水潦方降**하고 **疾瘧方起**하며 **中山不服**[3]하니 **棄盟取怨**이면 **無損於楚**[4]오 **而失中山**이니 **不如辭蔡侯**라 **吾自方城以來**로 **楚未可以得志**[5]오 **祇取勤焉**이라하니 **乃辭蔡侯**하다

4년 봄 3月에 劉文公이 召陵에서 諸侯와 회합하였으니, 楚나라 討伐에 관한 일을 상의하기 위함이었다. 晉나라 荀寅이 蔡侯에게 財貨를 요구하였다가 얻지 못하자, 范獻

子에게 말하기를 "國家가 바야흐로 危急하고 諸侯가 바야흐로 〈우리 晉나라에 대해〉 두 마음을 품고 있으니, 〈이런 상황에서는〉 가령〔將〕 敵을 襲擊한다 하더라도 〈성공하기〉 어렵지 않겠습니까? 바야흐로 비가 내리는 시기이고 瘧疾이 일어나는 시기이며 中山이 服從하지 않고 있으니, 〈이런 상황에서〉 盟約을 저버리고 怨恨을 취한다면 楚나라에는 損失이 없고 中山만 잃을 뿐이니 蔡侯의 요구를 謝絶하는 것만 못합니다. 우리가 方城을 침공한 이후로 楚나라에 대해 뜻을 이룬 적이 없고 단지 軍師들만 勤勞시켰을 뿐입니다."고 하니, 晉나라는 이에 蔡侯에게 사절하였다.

1) 文公 王官伯也 晉人假王命以討楚之久留蔡侯 故曰文公合諸侯
　文公은 王官(王朝의 官員)의 長이다. 晉人이 王命을 假託하여 蔡侯를 오랫동안 抑留한 楚나라를 懲罰하려 하였다. 그러므로 文公이 諸侯를 會合한 것이다.

2)〔附注〕林曰 荀寅 荀吳之子
　〔부주〕林: 荀寅은 荀吳의 아들이다.

3) 中山 鮮虞
　中山은 鮮虞이다.

4) 晉楚同盟 伐之爲取怨〔附注〕林曰 無損楚人强弱之勢
　晉나라는 楚나라와 同盟하였으니, 楚나라를 치면 怨恨을 취하게 된다는 말이다.
　〔부주〕林: 楚人의 强弱의 形勢에 損傷이 없다는 말이다.

5) 晉敗楚 侵方城 在襄十六年〔附注〕林曰 言未可快意以伐楚
　晉軍이 楚軍을 敗北시키고서 方城을 侵攻한 일은 襄公 16년에 있었다.
　〔부주〕林: 가볍게 생각하여 楚나라를 쳐서는 안 된다는 말이다.

晉人假羽旄於鄭하니 鄭人與之[1]하다 明日或旆以會[2]하니 晉於是乎失諸侯[3]하다

晉人이 鄭人에게 羽旄를 빌려달라고 하니 鄭人이 주었다. 이튿날 晉人은 賤人〔或〕에게 깃발이 달린 깃대머리에 이 羽旄를 꽂아 들고서 會合에 가는 行次를 따르게 하였다. 晉나라는 이로 인해 諸侯를 잃었다.

1) 析羽爲旌[*] 王者遊車之所建 鄭私有之 因謂之羽旄 借觀之
　새의 깃을 쪼개어 깃대 머리에 꽂은 것을 旌이라 하는데, 王의 遊車에 세우는 것이다. 鄭나라가 그것을 私有하고서 그것을 '羽旄'라 하였다. 그것을 빌려다가 구경한 것이다.

*) 역주〕析羽爲旌 王者遊車之所建 : 새의 깃을 쪼개어 깃대머리에 꽂은 것을 '旌'이라 한다. 遊車는 王이 사냥할 때 타는 수레이다. 〈正義〉

2) 或 賤者也 繼旐曰旆 令賤人施其旆 執以從會 示卑鄭

或은 賤者이다. 깃발을 단 것을 '旆'라 한다. 賤人에게 깃발이 달린 깃대머리에 이 羽旄를 꽂아 들고서 會合에 가는 行次를 따르게 하여, 鄭나라를 卑賤하게 여김을 보인 것이다.

3) 傳言晉無禮 所以遂弱

傳文은 晉나라가 無禮하여 마침내 이 때문에 衰弱해졌음을 말한 것이다.

將會에 **衛子行敬子言於靈公**[1)]**曰 會同難**[2)]이라 **嘖有煩言**이면 **莫之治也**[3)4)]리니 **其使祝佗從**[5)]하소서 **公曰善**타하고 **乃使子魚**한대 **子魚辭曰 臣展四體**하야 **以率舊職**[6)7)]이라도 **猶懼不給**하야 **而煩刑書**[8)]어든 **若又共二**[9)]면 **徼大罪也**라 **且夫祝**은 **社稷之常隷也**[10)]라 **社稷不動**이면 **祝不出竟**이 **官之制也**[11)12)]라 **君以軍行**이면 **祓社釁鼓**[13)]하고 **祝奉以從**[14)]하니 **於是乎出竟**[15)]이라 **若嘉好之事**[16)]엔 **君行師從**[17)]하고 **卿行旅從**[18)]하니 **臣無事焉**[19)]이라 **公曰 行也**하라

會合에 가려 할 때 衛나라 子行敬子가 靈公에게 말하기를 "이번 會同에는 〈意見이 一致되기〉 어렵습니다. 서로 큰소리 내고 忿爭한다면 다스릴(調停의 뜻) 수 없으니, 祝佗에게 隨行하게 하소서."라고 하니, 靈公이 "좋다."고 하고서, 子魚(祝佗)에게 수행하게 하자, 子魚가 사양하며 말하기를 "臣은 四體의 힘을 다하여 舊職을 遵行하여도 오히려 職務를 제대로 修行하지 못하여 刑罰을 받을까 두려운데, 만약 다시 두 가지 職責을 兼任한다면 大罪를 부르게 될 것입니다. 그리고 또 大祝(제사를 주관하는 官員)은 社稷의 神을 섬기는 평범한 官吏입니다. 社稷의 神이 出動하는 경우가 아니면 大祝이 國竟을 나가지 않는 것이 官職의 制度입니다. 임금님이 군대를 거느리고 出征하는 경우이면 社稷에 祓除(邪鬼를 물리치는 祭祀)하고 〈犧牲을 잡아〉 북에 피를 바르고서 大祝이 社稷의 神主를 모시고 수행하니, 이때에만 大祝이 국경을 나갈 수 있습니다. 嘉好(朝會)의 일로 임금이 出行할 경우에는 師團이 隨從하고, 卿이 出行할 경우에는 旅團이 隨從하는 것이니 臣이 隨從할 事由가 없습니다."고 하였다. 靈公은 "그래도 隨行하라."고 하였다.

1) 子行敬子 衛大夫

子行敬子는 衛나라 大夫이다.

2) 難得宜

일이 合當하게 처리되기 어렵다는 말이다.

3) 嘖 至也 煩言 忿爭

嘖은 至이고, 煩言은 忿爭(忿怒하여 다툼)이다.

4) 역주〕 嘖有煩言 : 큰 소리로 서로 다투며 意見이 合一되지 않는 것이다. 〈楊注〉에 "嘖은 ≪說文解字≫에 '大呼(크게 소리침)'라고 하였고, ≪荀子≫ 〈正名〉篇에 '嘖然而不類'를 楊倞의 注에 '爭言(다투는 말)'이라고 하였다. 煩言은 爭論이 合一되지 않는 것이니, 이 句는 서로 忿爭하여 언론이 여러 갈래로 나뉜다는 말이다."고 하였다.

5) 祝佗 大祝 子魚

祝佗는 大祝 子魚이다.

6) 〔附注〕 林曰 以率循大祝之舊職

〔부주〕 林: 大祝의 舊職을 遵行함이다.

7) 역주〕 舊職 : 그 先人을 繼承한 官職을 이른다. 大祝은 그 職位를 世襲한다. 〈楊注〉

8) 〔附注〕 林曰 猶恐不能供給 得罪以煩瀆於刑書

〔부주〕 林: 오히려 職務에 供給(貢獻)하지 못하여 罪를 얻어 刑獄을 맡은 官吏〔刑書〕를 번거롭게 할까 두렵다는 말이다.

9) 共二職

두 職責을 兼任함이다.

10) 隷 賤臣也

隷는 賤臣이다.

11) 社稷動 謂國遷

社稷動은 國都를 옮김을 이른다.

12) 역주〕 社稷動 : 軍行(軍師의 出動)을 이른다. 下文의 '君行師從'은 上文의 뜻을 거듭 말한 것이 분명하다. 軍行에는 社의 神主만을 모시고 가고 稷의 神主는 모시고 가지 않는데, 이 傳文에 稷까지 連하여 말한 것은 社와 稷은 尊貴함이 같기 때문에 우연히 연하여 말한 것뿐이다. 만약 遷國하는 경우라면 國境을 나가는 것이 어찌 大祝 한 사람에서 그치겠는가? ≪左氏會箋≫

13) 師出 先有事祓禱於社 謂之宜社 於是殺牲 以血塗鼓鼙爲釁鼓

出兵할 때 먼저 社에 祓禱(邪鬼를 驅除하고 祈禱함)하는 제사를 지내는데, 이를 '宜社'라 한다. 이때 犧牲을 죽여 피를 받아 鼓鼙(軍中에서 쓰는 大鼓와 小鼓)에 바르는 것을 '釁鼓'라 한다.

14) 奉社主也

社의 神主를 모시고 가는 것이다.

15) 역주〕 君以軍行……於是乎出竟 : 戰事가 있어 임금이 군대를 거느리고 出國할 경우, 먼저 社에 제사를 지내고서 犧牲을 죽여 피를 받아 戰鼓에 바른 뒤에 大祝이 社의 神主를 모시고 從軍하니, 이때에야 비로소 國境을 나갈 수 있다는 말이다. 〈楊注〉

16) 謂朝會
朝會를 이른다.
17) 二千五百人
師는 2천5백 인이다.
18) 五百人
旅는 5백 인이다.
19)〔附注〕林曰 言臣無與於從行之制
〔부주〕林: 臣이 隨行에 참여할 制度가 없다는 말이다.

及皐鼬[1)]하야 將長蔡於衛[2)]하니 衛侯使祝佗私於萇弘曰 聞諸道路라 不知信否어니와 若聞蔡將先衛가 信乎아 萇弘曰 信이라 蔡叔康叔之兄也[3)]니 先衛不亦可乎아 子魚曰 以先王觀之면 則尙德也라 昔武王克商하고 成王定之할새 選建明德하야 以藩屛周하니라 故周公相王室하야 以尹天下[4)5)]하야 於周爲睦[6)7)]이라 分魯公以大路大旂[8)]와 夏后氏之璜[9)]과 封父之繁弱[10)]과 殷民六族條氏徐氏蕭氏索氏長勺氏尾勺氏하야 使帥其宗氏하고 輯其分族하고 將其類醜[11)12)]하야 以法則周公하니라 用卽命于周[13)14)]하니 是使之職事于魯[15)16)]하야 以昭周公之明德[17)]하니라 分之土田陪敦[18)19)]과 祝宗卜史[20)21)]備物[22)]典策[23)24)]과 官司彝器[25)26)]하고 因商奄之民[27)28)]하야 命以伯禽[29)30)]而封於少皞之虛[31)]하니라 分康叔[32)]以大路少帛綪茷旃旌[33)]大呂[34)]와 殷民七族陶〔陶〕[35)]氏施氏繁氏錡氏樊氏饑氏終葵氏하고 封畛土略을 自武父以南及圃田之北竟[36)37)]하며 取於有閻之土하야 以共王職[38)]하고 取於相土之東都하야 以會王之東蒐[39)]하며 聃季授土[40)]하고 陶叔授民[41)]하야 命以康誥而封於殷虛[42)]하야 皆啓以商政하고 疆以周索[43)44)]하니라 分唐叔[45)]以大路와 密須之鼓[46)]와 闕鞏[47)48)]沽洗[49)]과 懷姓九宗과 職官五正[50)]하야 命以唐誥而封於夏虛[51)]하야 啓以夏政[52)]하고 疆以戎索[53)]하니라 三者皆叔也[54)]로되 而有令德이라 故昭之以分物이라 不然이면 文武成康之伯猶多[55)]로되 而不獲是分也하니 唯不尙年也니라 管蔡啓商하야 惎間王室[56)57)]하니 王於是乎殺管叔하고 而蔡(살)蔡叔[58)]호되 以車七乘과 徒七十人[59)]하니라 其子蔡仲이 改行帥德하니 周公擧之하야 以爲己卿士[60)]하고 見諸王하야 而命之以蔡[61)]하니라 其命書云 王曰 胡아 無若爾考之違王命也[62)]하리하니

若之何其使蔡先衛也[63]리오 武王之母弟八人에 周公爲大宰하고 康叔爲司寇하고 聃季爲司空이오 五叔無官하니 豈尙年哉[64]아 曹는 文之昭也[65]오 晉은 武之穆也[66]로되 曹爲伯甸하니 非尙年也[67]어늘 今將尙之하니 是反先王也라 晉文公爲踐土之盟에 衛成公不在하고 夷叔은 其母弟也로되 猶先蔡[68]하니라 其載書云호되 王若曰[69][70] 晉重[71] 魯申[72]衛武[73]蔡甲午[74]鄭捷[75]齊潘[76]宋王臣[77]莒期[78]라하니라 藏在周府하니 可覆視也[79]라 吾子欲復文武之略[80]호되 而不正其德이면 將如之何오 萇弘說(열)하야 告劉子하고 與范獻子謀之하야 乃長衛侯於盟하다

皐鼬에 당도하여 蔡나라에게 衛나라보다 먼저 歃血하게 하려 하니, 衛侯가 祝佗를 보내어 사사로이 萇弘에게 말하기를 "道路에서 들은 말이라서 사실인지는 알 수 없습니다만 소문과 같이 蔡나라에게 衛나라보다 먼저 歃血하게 하려 한다는 것이 사실입니까?"라고 하니, 萇弘이 말하기를 "사실입니다. 蔡나라 始祖 蔡叔이 衛나라 始祖 康叔의 兄이니 蔡나라가 衛나라보다 먼저 삽혈하는 것이 옳지 않습니까?"라고 하였다. 子魚가 말하기를 "先王의 處事를 보면 〈年齒를 重視하지 않고〉 德을 崇尙(重視)하였습니다. 옛날에 武王이 商나라를 이기고 成王이 天下를 安定시키실 때 밝은 德이 있는 사람을 選拔해 諸侯로 세워서 周나라의 울타리가 되게 하였습니다. 그러므로 周公이 王室을 도와 天下를 다스리니 〈모든 諸侯가〉 周나라에 親睦하였습니다. 魯公(伯禽)에게 大路와 大旂와 夏后氏의 璜과 封父의 繁弱과 殷나라 遺民〔殷氏〕의 여섯 宗族인 條氏, 徐氏, 蕭氏, 索氏, 長勺氏, 尾勺氏를 나누어주고서 〈여섯 宗族의 長으로 하여금〉 그 宗族을 거느리고 〈흩어져 있는〉 그 部族들을 모으고 그 醜類(遠族)를 거느리고서 周公의 법을 따르게 하였습니다. 이로 인해〔用〕 그들이 周나라 朝廷으로 가서 周公의 命을 받으니, 그들에게 魯나라로 가서 職務를 맡아 周公의 밝은 德을 밝히게 하였습니다. 魯公에게 土田과 陪敦(附庸)과 祝宗과 卜史와 備物과 典策과 官司와 彝器를 나누어주고, 商奄의 백성을 그대로 소유하게 하고서, 〈이 命書를〉 '伯禽'으로 命名하고서 少皞의 古墟에 封하였습니다. 康叔에게 大路와 少帛과 綪茷와 旃旌과 大呂와 殷나라 遺民 七族인 陶氏, 施氏, 繁氏, 錡氏, 樊氏, 饑氏, 終葵氏를 나누어주고, 封土의 境界를 武父 남쪽에서부터 圃田 북쪽 경계까지로 정하고, 또 有閻의 땅을 취하여 王室의 職事에 이바지하고, 相土(商나라의 祖上)의 東都를 취하여 天王이 東方을 巡狩하여 〈諸侯를 會合하거나 泰山에 제사를 지낼 때 그 비용으로 쓰게〉 하고, 聃季로 하여금 그에게 土地를 주고 陶叔으로 하여금 그에게 백성을 주게 하고서, 〈이 命書를〉 '康誥'로 命名하고서 殷虛에 封하고서 魯公과 康叔에게 모두 商나라 政制로써 백성을 開導하고, 周나라 法으로 土地를

區劃하게 하였습니다. 唐叔에게 大路와 密須의 북과 闕鞏과 姑洗과 懷姓의 九宗과 職官의 五正을 나누어주고서 〈이 命書를〉 '唐誥'로 命名하고서 夏虛에 封하여 夏나라 政制로써 백성을 開導하고 戎狄의 법으로 土地를 구획하게 하였습니다. 이 세 분은 모두 武王의 아우였으되 아름다운 덕이 있었으므로 물건을 나누어주어 그 덕을 드러낸 것입니다. 그렇지 않다면 文王, 武王, 成王, 康王의 아들 중에 나이가 위인 자가 많았으되 分賜를 받지 못하였으니, 이는 年齒를 중시하지 않았기 때문입니다. 管叔과 蔡叔이 商人을 引導〔啓〕하여 王室을 침범하기를 꾀하니, 天王께서 이에 管叔을 죽이고 蔡叔을 追放〔蔡〕하되 蔡叔에게 수레 일곱 채와 役徒 70인을 주었습니다. 蔡叔의 아들 蔡仲이 惡行을 고치고 德을 따르니 周公이 그를 拔擢〔擧〕하여 자기의 卿士로 삼고서, 그를 天王께 謁見시켜 그를 임명하여 蔡侯로 삼게 하였습니다. 그 命書에 '天王께서 「胡야! 너의 아비처럼 王命을 어기지 말라.」 하셨다.'고 하였습니다. 그런데 어째서 蔡나라에게 衛나라보다 먼저 삽혈하게 하려 하십니까? 武王의 同母弟 8人 중에 周公이 大宰가 되고 康叔이 司寇가 되고 聃季가 司空이 되었을 뿐이고 나머지 五叔은 官職이 없었으니, 이것이 어찌 年齒를 중시한 것이겠습니까? 曹나라는 文王의 昭(아들)이고, 晉나라는 武王의 穆(아들)인데, 曹나라는 伯爵으로 甸服의 〈작은〉 諸侯가 되었으니, 이 또한 年齒를 중시한 것이 아닌데, 지금 年齒를 중시하려 하니, 이는 先王의 법을 違反하는 것입니다. 晉文公께서 踐土에서 會盟할 때 衛成公이 參加하지 않고 그 母弟 夷叔이 대신 참가하였으되, 오히려 蔡나라보다 먼저 歃血하게 하였습니다. 그때의 載書에 '王께서 「晉나라 重耳(文公), 魯나라 申(僖公), 衛나라 武(武叔), 蔡나라 甲午(莊侯), 鄭나라 捷(文公), 齊나라 潘(昭公), 宋나라 王臣(成公), 莒나라 期(玆丕公)이다.」 하셨다.'고 하였는데, 〈그 載書가〉 周나라 盟府에 간직되어 있으니, 조사해볼 수 있습니다. 文王 武王의 道를 회복하려 하면서 자기의 德行을 바르게 하지 않는다면 장차 그 일을 어찌 이룰 수 있겠습니까?"라고 하니, 萇弘이 기뻐하여 劉子에게 告하고, 范獻子와 상의하여 마침내 盟約할 때 衛侯에게 먼저 삽혈하게 하였다.

1) 將盟

盟約하려 할 때이다.

2) 欲令蔡先衛歃

蔡나라로 하여금 衛나라보다 먼저 歃血하게 하려 한 것이다.

3) 蔡叔 周公兄 康叔 周公弟

蔡叔은 周公의 兄이고, 康叔은 周公의 아우이다.

4) 尹 正也

尹은 正(長官)이다.

5) 역주] 尹 : 治이다. 그 일을 主管하는 사람을 '尹'이라 한다. 〈楊注〉

6) 睦 親厚也 以盛德見親厚

睦은 親厚이다. 성대한 德으로 인해 親愛와 厚待를 받은 것이다.

7) 역주] 於周爲睦 : 杜注에는 周나라 王室에서 周公을 親愛하고 厚待하였다는 뜻으로 解釋하였으나, 譯者는 이 설을 따르지 않고, 天下의 諸侯가 周나라에 親睦하였다는 뜻으로 번역하였다.

8) 魯公 伯禽也 此大路 金路*) 錫同姓諸侯車也 交龍爲旂 周禮 同姓以封

魯公은 伯禽이다. 이 大路는 金路로 同姓諸侯에게 下賜하는 수레이다. 두 마리의 용이 서로 얽힌 것을 '旂'라 하는데, ≪周禮≫ 〈春官 巾車〉에 "同姓을 봉할 때 〈이 旂를 준다.〉"고 하였다.

*) 역주] 金路 : 銅으로 장식한 수레이다.

9) 璜 美玉名

璜은 美玉의 이름이다.

10) 封父 古諸侯也 繁弱 大弓名

封父는 옛날의 諸侯이다. 繁弱은 大弓의 이름이다.

11) 醜 衆也 〔附注〕 朱曰 使六族之長 各自帥其當宗同氏 合其所分枝之族屬 將其族類人衆

醜는 衆(무리)이다.

〔부주〕 朱: 여섯 宗族의 長으로 하여금 각자 그 當宗(本宗)의 同氏(同族)를 거느리고, 그 갈라진 支派의 族屬을 모으고, 그 族類(同族)의 사람들을 거느리게 한 것이다.

12) 역주] 使帥其宗氏……類醜 : ≪左氏會箋≫에 "宗氏는 宗派이고, 分族은 支派이며, 類醜는 寸數가 먼 族屬이다. 輯은 흩어져 사는 族屬을 모음이다."고 하였다. 〈楊注〉에는 類醜를 六族에 소속된 奴隷로 해석하였다.

13) 卽 就也 使六族就周 受周公之法制

卽은 就(나아감)이다. 여섯 宗族으로 하여금 周나라로 가서 周公의 法制를 받게 한 것이다.

14) 역주] 用卽命于周 : 用은 因이고 卽은 就이니, 이로 인해 周나라 朝廷으로 가서 周公의 命을 받았다는 말이다.

15) 共魯公之職事

魯公의 職事에 이바지함이다.

16) 역주] 職事于魯 : 職事는 일을 맡는 것이니, 곧 魯나라에서 職責을 맡는 것이다.

17) 昭 顯也

昭는 밝게 드러냄이다.

18) 陪 增也 敦 厚也〔附注〕林曰 分封魯爲大國 土田增厚 凡七百里

陪는 더함이고, 敦는 厚함이다.

〔부주〕林: 땅을 나누어 魯나라에 봉해주어 큰 나라로 만들어주고서 土地를 더 늘려주었으니 그 땅이 모두 7백리이다.

19) 역주〕土田陪敦 : ≪詩經≫〈魯頌 閟宮〉의 '土田附庸'과 같은 말로 土田과 附庸을 준 것이다. 公의 封地는 5백 리를 超過하지 않는 것이 定例이지만 魯나라에는 附庸城을 追加해주어 7백 리의 大國이 되게 한 것이다. 參考文獻 ≪左傳注疏≫, 〈楊注〉

20) 大祝宗人大卜大史 凡四官

大祝, 宗人, 大卜, 大史로 모두 네 官職이다.

21) 역주〕祝宗卜史 : 祝은 大祝으로 祝官의 長이고, 宗은 大宗으로 宗廟의 제사를 맡은 宗伯이고, 卜은 大卜으로 卜筮를 맡은 장관이고, 史는 大史로 歷史 記錄과 典籍 및 星曆(曆法)을 맡은 자이다.

22) 역주〕備物 : 服物이다. 古字에 備와 服은 通用이었다. 服物은 生者와 死者의 衣服과 佩物만을 가리킨 것이 아니고 사용하는 禮儀까지 가리킨 것이다. 〈楊注〉

23) 典策 春秋之制

典策은 春秋의 制度이다.

24) 역주〕典策 : 典籍과 簡冊이다. 〈楊注〉

25) 官司 百官也 彝器 常用器

官司는 百官이고, 彝器는 常用하는 그릇이다.

26) 역주〕官司 : 百官이니, 魯나라에 응당 있어야 할 卿, 大夫, 士를 준 것이다. 〈楊注〉

27) 商奄 國名也 與四國流言*) 或迸散在魯 皆令卽屬魯懷柔之

商奄은 國名으로 네 나라와 함께 流言을 퍼뜨린 나라이다. 〈周公이 商奄을 征伐할 때 그 백성들이〉 혹 도망해 흩어져 魯나라로 와서 있었던 듯하다. 〈그러므로 그들을〉 모두 魯나라에 歸屬시켜 懷柔하게 한 것이다.

*) 역주〕四國流言 : 管·蔡·商·奄 등 네 나라가 터무니없는 말을 퍼뜨려 周公을 헐뜯은 것을 이른다. 武王이 商나라를 쳐서 商紂를 죽이고, 紂의 아들 祿父를 商에 封하여 先祀를 받들게 하고서 그 아우 管叔과 蔡叔으로 하여금 祿父를 감독하게 하였다. 紂를 誅殺하고 돌아온 2년 뒤에 武王이 죽고 成王이 즉위하니, 周公이 어린 成王을 도와 攝政하였다. 그러자 관숙과 채숙은 주공을 의심하여 流言을 퍼뜨려 商奄과 함께 배반하니, 주공이 征伐하여 그 나라 임금들을 誅殺하였다. ≪毛詩≫ 〈豳風 破斧〉篇 注에 "四國은 管·蔡·商·奄이다."고 하였으니, 商奄은 한 나라의 이름이 아니고 두 나라의 이름인 듯하다.

28) 역주〕因商奄之民 : 商奄의 백성이 이미 魯나라로 와서 살고 있는 자들이 있었으므로

그들을 그대로〔因〕 살게 하고서 魯公에게 歸屬시켜 統治하게 한 것이다.

29) 伯禽 周公世子 時周公唯遣伯禽之國 故皆以付伯禽

伯禽은 周公의 世子이다. 이때 周公이 오직 伯禽만을 보내어 魯나라로 가게 하였다. 그러므로 〈이상의〉 물건들을 모두 伯禽에게 준 것이다.

30) 역주〕 命以伯禽 : 〈正義〉에 " '命以伯禽'은 下文의 '命以康誥'와 같으니, 이 '伯禽'도 命書가 되어야 한다. ≪尙書≫ 〈君牙序〉에 '穆王이 君牙를 任命하여 大司徒로 삼고서 '君牙'를 지었다.'고 하였으니, '君牙'는 篇名이다."고 한 劉炫의 說을 採錄하였고,〈楊注〉에도 " '祝佗가 萇弘에게 魯나라를 말할 때에는 '命以伯禽而封於少皞之虛'라 하고, 衛나라를 말할 때에는 '命以康誥而封於殷虛'라 하고, 晉나라를 말할 때에는 '命以唐誥而封於夏虛'라고 하였으니, 그렇다면 '伯禽之命'과 '康誥'와 '唐誥'는 ≪周書≫중의 세 篇으로 孔子께서 반드시 기록한 바였을 것이다. 그런데 지금 '康誥'만이 남아있고 두 篇은 亡失되었다. '書序'를 지은 자는 그 篇名을 알지 못하여 百篇 중에 列記하지 않았으니, 소홀히 생각하여 빠뜨린 것이 분명하다. 그렇다면 '書序'만이 의심스러운 게 아니라 百篇의 篇名도 믿을 수 없다."고 한 孫寶侗의 說을 높이 평가하면서, "그가 '命以伯禽'을 書名으로 해석하여 '伯禽之命'이라 한 것이 더욱 切當하다."고 한 顧炎武의 說(≪日知錄≫ 卷二 書序)을 소개하였고, ≪左氏會箋≫에도 "伯禽은 命書의 篇名이니, 下文의 '命以唐誥' '命以唐誥'와 동일한 例이다. ≪尙書≫ 〈君牙序〉에 '穆王이 君牙를 任命하여 大司徒로 삼고서 '君牙'를 지었다.'고 하였으니, 君牙를 篇名으로 삼은 것이다. 杜氏는 '付'字로 '命'字를 해석하여 下文의 두 '命'字와 해석을 달리하였으니, 자못 歪曲에 가깝다."고 하였으니, 모두 '伯禽'을 '誥命'으로 이해한 것이다.

31) 少皞虛 曲阜也 在魯城內

少皞의 古墟는 曲阜인데, 魯나라 城內에 있다.

32) 康叔 衛之祖

康叔은 衛나라의 始祖이다.

33) 少帛 雜帛也 綪茷 大赤 取染草名也 通帛爲旃 析羽爲旌

少帛은 雜帛旗(깃발과 가장자리에 단 장식의 색깔이 다른 旗)이고, 綪茷는 大赤旗이니 染草의 이름을 취한 것이다. 순색의 실로 짠 베로 만든 旗를 旃이라 하고, 새 깃을 쪼개어 깃대 머리에 꽂은 것을 旌이라 한다.

34) 鐘名

鐘의 이름이다.

35) 역주〕 저본에는 '都'로 되어 있으나, ≪十三經注疏≫本에 의거하여 '陶'로 바로잡았다.

36) 畛 塗所徑也 略 界也 武父 衛北界 圃田 鄭藪名

畛은 지나가는 길이고, 略은 境界이다. 武父는 衛나라 북쪽 경계이고, 圃田은 鄭나라

늪의 이름이다.

37) 역주〕 封畛土略 : 畛과 略은 모두 境界이니, 封土의 경계를 정함이다.

38) 有閻 衛所受朝宿邑*) 蓋近京畿

有閻은 衛나라가 받은 朝宿邑이니, 대개 京畿 가까운 곳이다.

*) 역주〕 朝宿邑 : 隱公 8년 3월條의 譯註 참고할 것.

39) 爲湯沐邑*) 王東巡守 以助祭泰山

이곳을 湯沐邑으로 삼아 天王이 東方을 巡守할 때 泰山의 祭祀를 돕게 한 것이다.

*) 역주〕 湯沐邑 : 隱公 8년 3월條의 譯註 참고할 것.

40) 聃季 周公弟 司空

聃季는 周公의 아우로 司空이다.

41) 陶叔 司徒

陶叔은 司徒이다.

42) 康誥 周書 殷虛 朝歌也

康誥는 周書이다. 殷虛는 朝歌이다.

43) 皆 魯衛也 啓 開也 居殷故地 因其風俗 開用其政 疆理土地以周法 索法也

皆는 魯와 衛를 이른다. 啓는 開(비로소)이다. 殷나라의 옛 땅에 거주하므로 그 風俗을 따라 비로소 殷나라의 政治制度를 사용하고, 土地의 區劃은 周나라 法으로 한 것이다. 索은 法이다.

44) 역주〕 啓以商政 : 啓를 開導로 해석한 ≪左氏會箋≫의 說을 취하여 번역하였다.

45) 唐叔 晉之祖

唐叔은 晉나라 始祖이다.

46) 密須 國名〔附注〕林曰 昔周文王伐密須 獲其大鼓

密須는 國名이다.

〔부주〕林: 옛날에 周文王이 密須를 征伐하고서 密須의 大鼓를 鹵獲하였다.

47) 甲名

갑옷의 이름이다.

48) 역주〕 闕鞏 : 闕鞏國에서 생산한 갑옷이다. 昭公 15년 傳과 注 참고할 것.

49) 鐘名

鐘의 이름이다.

50) 懷姓 唐之餘民 九宗 一姓爲九族 職官五正 五官之長〔附注〕林曰 杜云五官之長 則謂五官之長子孫耳 曲禮云 天子之五官曰 司徒司馬司空司土司寇 鄭玄云 此殷時制也 然則 殷時五官 居在唐地 世爲貴族 以賜唐叔 使主領之 所以榮寵唐叔也 或以爲懷姓之內 立五正 使分主五〔九〕*)宗 未知誰是

懷姓은 唐나라의 遺民〔餘民〕이다. 九宗은 한 姓이 아홉 氏族으로 갈라진 것이다. 職官五正은 五官의 長이다.

〔부주〕 林: 杜注에 '五官의 長'이라고 한 것은 五官의 長의 子孫을 이른 것이다. ≪禮記≫ 〈曲禮〉에 "天子의 五官은 司徒, 司馬, 司空, 司土, 司寇이다."고 하였는데, 그 注에 鄭玄은 "이것은 殷나라 때의 制度이다."고 하였다. 그렇다면 殷나라 때의 五官이 唐에 살면서 대대로 貴族이 된 것이다. 〈五官의 자손들을〉 唐叔에게 주어 主管해 領導하게 한 것이니, 唐叔을 寵愛한 것이다. 혹자는 "懷姓 중에 五正을 세워서 九宗을 나누어 주관하게 한 것이다."고 하니, 누구의 말이 옳은지 모르겠다.

*) 역주〕 저본에는 '五'로 되어 있으나, ≪四庫全書 左傳杜林合注≫本에 의거하여 '九'로 바로잡았다.

51) 唐誥 誥命篇名也 夏虛 大夏 今大原晉陽也

唐誥는 誥命의 篇名이다. 夏虛는 大夏이니, 지금의 大原 晉陽이다.

52) 亦因夏風俗 開用其政

역시 夏나라 風俗에 따라 그 政治를 사용한 것이다.

53) 大原近戎而寒 不與中國同 故自以戎法

大原은 戎狄의 땅과 가까워 氣候가 寒冷한 것이 中國과 같지 않다. 그러므로 戎狄의 법으로 土地를 區劃한 것이다.

54) 역주〕 皆叔也 : 周公과 康叔은 成王의 叔父이고, 唐叔은 康王의 叔父이기 때문에 '皆叔'이라 한 것이다. ≪四庫全書 左傳杜林合注≫

55) 역주〕 文武成康之伯猶多 : 네 王의 아들 중에 나이가 위인 자가 많았다는 말이다.

56) 惎 毒也 周公攝政 管叔蔡叔開道紂子祿父 以毒亂王室

惎는 毒이다. 周公이 攝政하자 管叔과 蔡叔이 紂의 아들 祿父를 인도하여 王室에 害毒과 禍亂을 끼친 것이다.

57) 역주〕 惎間王室 : 惎는 謀이고 間은 犯이니, 王室을 侵犯하기를 꾀한 것이다. 〈楊注〉

58) 周公稱王命以討二叔 蔡(살) 放也 〔附注〕 朱曰 禹貢曰 三〔二〕[*1)]百里蔡[*2)]

周公이 王命이라 稱하고서 管叔과 蔡叔을 討伐한 것이다. 蔡(살)은 追放이다.

〔부주〕 朱: 〈禹貢〉에 "2백 리는 蔡(流配地)이다."고 하였다.

*1) 역주〕 저본에는 '三'으로 되어 있으나, ≪書經≫ 〈禹貢〉에 의거하여 '二'로 바로잡았다.

*2) 역주〕 二百里蔡 : 王畿로부터 5백 리까지가 甸服이고, 그로부터 5백 리까지가 侯服이고, 그로부터 5백 리까지가 綏服이고, 그로부터 5백 리까지가 要服인데, 〈禹貢〉에 "要服의 3백 리는 夷狄의 땅이고, 2백 리는 蔡(流配地)이다."고 하였다.

59) 與蔡叔車徒而放之

蔡叔에게 수레와 役徒를 주어 추방한 것이다.

60) 爲周公臣

周公의 신하가 된 것이다.

61) 命爲蔡侯〔附注〕林曰 蔡叔卒 而見蔡仲於王

任命하여 蔡侯로 삼은 것이다.

〔부주〕林: 蔡叔이 卒한 뒤에 蔡仲을 天王에게 謁見시킨 것이다.

62) 胡 蔡仲名〔附注〕林曰 生曰父 死曰考

胡는 蔡仲의 이름이다.

〔부주〕林: 生存한 아버지를 '父'라 하고 죽은 아버지를 '考'라 한다.

63) 역주〕若之何其使蔡先衛也 : 康叔은 밝은 德이 이와 같았고, 蔡叔은 왕실을 침범하려고 꾀한 것이 저와 같았으니, 어찌 蔡나라에게 衛나라보다 먼저 歃血하게 해서야 되겠느냐는 말이다. ≪四庫全書 左傳杜林合注≫

64) 五叔 管叔鮮 蔡叔度 成叔武 霍叔處 毛叔聃也

五叔은 管叔 鮮, 蔡叔 度, 成叔 武, 霍叔 處, 毛叔 聃이다.

65) 文王子 與周公異母

文王의 아들로 周公과 어머니가 다른 형제이다.

66) 武王子〔附注〕林曰 晉唐叔

武王의 아들이다.

〔부주〕林: 晉나라 唐叔이다.

67) 汝〔以〕[*]伯爵 居甸服 言小〔附注〕林曰 文昭 國反小 武穆 國反大 故知非尙年也

伯爵으로 甸服에 住居하였다는 것은 나라가 작음을 말한 것이다.

〔부주〕林: 文王의 昭(아들)는 나라가 도리어 작고, 武王의 穆(아들)은 나라가 도리어 크기 때문에 年齒를 숭상한 것이 아님을 알 수 있다는 말이다.

*) 역주〕저본에는 '汝'로 되어 있으나, ≪十三經注疏≫本에 의거하여 '以'로 바로잡았다.

68) 踐土召陵二會 經書蔡在衛上 霸主以國大小之序也 子魚所言盟 歃之次〔附注〕林曰 夷叔卽衛武叔〔叔武〕[*]

踐土와 召陵의 두 會合에 대해 經에 蔡나라를 衛나라 위에 기록한 것은 霸主는 나라의 大小로써 序列을 정하기 때문이다. 子魚가 말한 '盟'은 歃血의 차례를 말한 것이다.

〔부주〕林: 夷叔은 바로 衛나라 叔武이다.

*) 역주〕저본에는 '武叔'으로 되어 있으나, ≪四庫全書 左傳杜林合注≫本에 의거하여 '叔武'로 순서를 바로잡았다.

69)〔附注〕林曰 時王子虎盟諸侯 故稱王命

〔부주〕林: 이때 王子 虎가 諸侯와 結盟하였기 때문에 王命으로 칭한 것이다.

70) 역주〕載書 : 約定한 盟約을 기록한 文書이다.

71) 文公
晉文公이다.
72) 僖公
魯僖公이다.
73) 叔武
衛叔武이다.
74) 莊侯
蔡莊侯이다.
75) 文公
鄭文公이다.
76) 昭公
齊昭公이다.
77) 成公
宋成公이다.
78) 玆丕公也 齊序鄭下 周之宗盟 異姓爲後
玆丕公이다. 齊나라의 序次를 鄭나라 아래에 둔 것은 周나라의 宗盟(同宗의 會盟)에는 異姓은 뒤가 되기 때문이다.
79)〔附注〕林曰 載書藏在司盟之府 典章俱在 可覆而視
〔부주〕林: 載書가 盟約을 管掌하는 官府에 간직되어 있고 典章도 모두 남아 있으니, 조사해보면 알 수 있다는 말이다.
80) 略 道也
略은 道이다.

反自召陵에 **鄭子大叔未至而卒**[1])하니 **晉趙簡子爲之臨**하야 **甚哀**[2])**曰 黃父之會**[3])에 **夫子語我九言曰 無始亂**[4])하며 **無怙富**[5])하며 **無恃寵**[6])하며 **無違同**[7])하며 **無敖禮**[8])하며 **無驕能**[9])하며 **無復怒**[10])하며 **無謀非德**[11])하며 **無犯非義**[12])하라하니라

召陵에서 돌아올 때 鄭나라 子大叔이 鄭나라에 이르기 전에 卒하니, 晉나라 趙簡子가 弔喪 가서 매우 슬퍼하며 말하기를 "黃父의 會盟 때 夫子는 나에게 '禍亂의 首魁가 되지 말 것이며, 富裕함을 믿지 말 것이며, 寵愛를 믿지 말 것이며, 共同의 의견을 어기지 말 것이며, 禮가 있는 사람을 傲視하지 말 것이며, 재능을 믿고 교만하지 말 것이며, 남의 忿怒를 加重시키지 말 것이며, 德이 아닌 일을 꾀하지 말 것이며, 義가 아닌

것을 범하지 말라.'는 아홉 마디의 말씀을 해주셨지요."라고 하였다.

1)〔附注〕林曰 鄭游吉未至國而卒
〔부주〕林: 鄭나라 游吉이 鄭나라에 이르기 전에 죽은 것이다.

2)〔附注〕林曰 趙簡子聞其死 爲之哭臨
〔부주〕林: 趙簡子가 그의 죽음을 듣고 그를 위해 가서 弔哭한 것이다.

3) 在昭二十五年
昭公 25년에 있었다.

4)〔附注〕林曰 無爲禍首
〔부주〕林: 禍難의 首魁가 되지 않는 것이다.

5)〔附注〕林曰 富而好禮
〔부주〕林: 富裕하되 禮를 좋아함이다.

6)〔附注〕林曰 寵而不驕
〔부주〕林: 임금의 寵愛를 받되 교만하지 않는 것이다.

7)〔附注〕林曰 以欲從人
〔부주〕林: 나의 욕망으로써 남의 욕망을 따름이다.

8)〔附注〕林曰 執禮毋失
〔부주〕林: 禮를 執行할 때 실수함이 없는 것이다.

9) 以能驕人
有能하다 하여 남에게 교만한 것이다.

10) 復 重也〔附注〕林曰 不重人之怒
復은 加重이다.
〔부주〕林: 남의 忿怒를 가중시키지 않는 것이다.

11) 非所謀也
꾀할 바가 아니다.

12) 傳言簡子能用善言 所以遂興
傳文은 簡子가 善言을 잘 받아들여 마침내 興盛하게 된 까닭을 말한 것이다.

【傳】 沈人不會于召陵하니 晉人使蔡伐之하다 夏에 蔡滅沈하다 秋에 楚爲沈故로 圍蔡하다 伍員爲吳行人하야 以謀楚하고 楚之殺郤宛也[1]에 伯氏之族出[2]이러니 伯州犁之孫嚭爲吳大宰하야 以謀楚하니 楚自昭王卽位로 無歲不有吳師[3]하다 蔡侯因之하야 以其子乾與其大夫之子爲質於吳하다

沈人이 召陵의 會合에 가지 않으니, 晉人이 蔡나라를 시켜 沈나라를 토벌하게 하였다. 여름에 蔡人이 沈나라를 擊滅하였다. 가을에 楚나라는 沈나라를 擊滅한 것을 이유로 삼아 蔡나라를 포위하였다.

伍員이 吳나라 行人이 되어 楚나라 토벌을 계획하고, 楚나라가 郤宛을 죽일 때 伯氏의 宗族이 出奔하였는데, 伯州犂의 손자 嚭가 吳나라 太宰가 되어 楚나라 치기를 계획하니, 楚나라는 昭王이 즉위한 뒤로 吳軍의 侵入을 받지 않는 해가 없었다. 蔡侯는 이 기회를 이용하여 그 아들 乾과 그 大夫의 아들들을 吳나라에 人質로 주고서 〈楚나라 토벌하기를 청하였다.〉

1) 在昭二十七年

昭公 27년에 있었다.

2) 郤宛黨

伯氏는 郤宛의 黨이다.

3) 〔附注〕 林曰 自闔廬立 始爲三軍以隸〔肆〕[*] 楚

〔부주〕 林: 闔廬가 卽位하면서부터 三軍을 編成하여 楚나라를 괴롭히기〔肆〕 시작하였다.

*) 역주〕 저본에는 '隸'로 되어 있으나, ≪四庫全書 左傳杜林合注≫本에 의거하여 '肆'로 바로잡았다.

冬에 **蔡侯吳子唐侯伐楚**[1)]할새 **舍舟于淮汭**[2)]하고 **自豫章與楚夾漢**[3)]하다 **左司馬戌請〔謂〕**[4)]**子常曰 子沿漢而與之上下**[5)]하라 **我悉方城外**하야 **以毀其舟**[6)]하고 **還塞大隧直轅冥阨**[7)8)]하리라 **子濟漢而伐之**하고 **我自後擊之**면 **必大敗之**하리라 **旣謀而行**하다 **武城黑謂子常**[9)]**曰 吳用木也**나 **我用革也**[10)]라 **不可久也**[11)12)]니 **不如速戰**이라 **史皇謂子常**호되 **楚人惡子而好司馬**[13)]하니 **若司馬毁吳舟于淮**하고 **塞城口而入**[14)]이면 **是獨克吳也**니 **子必速戰**하라 **不然**이면 **不免**하리라 **乃濟漢而陳**하고 **自小別至于大別**[15)]히 **三戰**하고 **子常知不可**하고 **欲奔**[16)]하니 **史皇曰 安求其事**[17)]하고 **難而逃之**면 **將何所入**[18)]이리오 **子必死之**하라 **初罪必盡說**(탈)[19)]하리라

겨울에 蔡侯, 吳子, 唐侯가 연합하여 楚나라를 토벌할 때 淮水 굽이에 배를 버려두고 뭍으로 올라 豫章에서부터 漢水를 사이에 두고 楚軍과 對峙하였다. 楚나라 左司馬 戌이 子常에게 말하기를 "당신은 漢水를 따라 오르내리면서 저들의 渡河를 막으십시오. 나는 方城 밖의 군대를 다 동원하여 저들의 배를 부수고서 돌아와 大隧와 直轅과 冥阨

을 막을 것입니다. 그런 뒤에 당신은 漢水를 건너 前面에서 공격하고 나는 後面에서 공격하면 반드시 저들을 大敗시킬 수 있습니다."고 하였다. 이렇게 計劃을 정하고서 左司馬 戌이 떠나자, 武城 黑이 子常에게 말하기를 "吳軍의 戰車는 木製이지만 我軍의 戰車는 革製라서 오래 버틸 수 없으니 速戰하는 것만 못합니다."고 하였다. 史皇이 子常에게 말하기를 "楚人이 당신을 미워하고 司馬를 좋아하는데, 만약 司馬가 淮水에 있는 吳軍의 배를 부수고 城口를 막고서 돌아온다면 이는 저 司馬 혼자서 吳軍을 이긴 것이 되니 당신께서는 반드시 速戰하십시오. 그렇게 하지 않으면 禍를 면하지 못할 것입니다."고 하였다. 子常은 이에 漢水를 건너 陣을 치고서 小別山에서 大別山에 이르기까지 세 차례 交戰하고는 吳軍을 이길 수 없다는 것을 알고서 도망가려 하니, 史皇이 말하기를 "편안할 때에는 執權하기를 구하고 危難할 때에는 도망을 간다면 장차 어디로 가겠습니까? 당신께서는 반드시 죽을 각오로 싸우십시오. 그래야 지난날의 罪를 반드시 다 벗을 수 있습니다."고 하였다.

1) 唐侯不書 兵屬於吳蔡
   經에 唐侯를 기록하지 않은 것은 그 군대를 吳와 蔡의 군대에 所屬시켰기 때문이다.
2) 吳乘舟從淮來 過蔡而舍之〔附注〕林曰 舍棄其舟於淮水之曲
   吳軍이 배를 타고 淮水를 내려와서 蔡를 지나 배를 버리고 〈뭍으로 오른 것이다.〉
   〔부주〕林: 그 배를 淮水 굽이에 버려둔 것이다.
3) 豫章 漢東江北地名〔附注〕林曰 吳自此與楚人夾水而軍
   豫章은 漢水 동쪽과 長江 북쪽의 地名이다.
   〔부주〕林: 吳軍이 이곳에서부터 楚人과 漢水를 사이에 두고 陣을 친 것이다.
4) 역주〕 저본에는 '請'으로 되어 있으나, ≪十三經注疏≫本에 의거하여 '謂'로 바로잡았다.
5) 沿 緣也 緣漢上下 遮使勿渡
   沿은 緣이니 漢水를 따라 오르내리면서 吳軍이 渡河하지 못하도록 막게 한 것이다.
6) 以方城外人 毁吳所舍舟
   方城 밖의 軍人을 거느리고 가서 碇泊해둔 吳軍의 배를 부수겠다는 말이다.
7) 三者 漢東之溢〔隘〕[*)]道
   이 세 곳은 漢水 동쪽의 峽谷〔隘道〕이다.
*) 역주〕 저본에는 '溢'으로 되어 있으나, ≪十三經注疏≫本에 의거하여 '隘'로 바로잡았다.
8) 역주〕 大隧直轅冥阸 : 지금 鄂州와 豫州 경계에 있는 세 關 중에 동쪽에 있는 九里關이 바로 옛날의 大隧이고, 중간에 있는 武勝關이 바로 直轅이고, 서쪽에 있는 平靖關이 바로 冥阸이다. 〈楊注〉
9) 黑 楚武城大夫

黑은 楚나라 武城의 大夫이다.

10) 用軍器〔附注〕林曰 吳用木爲兵 椎鈍也 我用革爲兵 犀利也

사용하는 軍器이다.

〔부주〕林: 吳나라는 나무로 兵器를 만드니 무뎌서 날카롭지 못하고, 우리는 가죽으로 병기를 만드니 견고하고 예리하다는 말이다.

11)〔附注〕林曰 必不〔不必〕*)久與相持

〔부주〕林: 오래 對峙할 필요가 없다는 말이다.

*) 역주〕저본에는 '必不'로 되어 있으나, ≪四庫全書 左傳杜林合注≫本에 의거하여 '不必'로 바로잡았다.

12) 역주〕用木……不可久也 : 用木과 用革은 모두 戰車를 가리켜 말한 것이다. 吳軍의 戰車는 장식이 없으니, 순전히 나무로 만든 것이고, 楚軍의 전차는 가죽을 씌웠으니 반드시 아교로 붙이고 쇠심줄로 묶었을 것이다. 革車는 매끄럽고 견고하지만 가죽을 붙인 아교가 비와 濕氣를 견디지 못하고 풀리니, 도리어 나무만으로 만든 수레가 탈이 없는 것만 못하기 때문에 오래 버틸 수 없다고 한 것이다. 〈楊注〉

13) 史皇 楚大夫 司馬 沈尹戌

史皇은 楚나라 大夫이고, 司馬는 沈尹 戌이다.

14) 城口 三溢〔隘〕*)道之總名

城口는 세 협곡〔隘道〕의 總名이다.

*) 역주〕저본에는 '溢'으로 되어 있으나, ≪十三經注疏≫本에 의거하여 '隘'로 바로잡았다.

15) 禹貢 漢水至大別南入江 然則此二別在江夏界

≪書經≫ 〈禹貢〉에 '漢水는 大別山에 이르러 남쪽으로 흘러 長江으로 들어간다.'고 하였으니, 그렇다면 이 두 別山은 江夏(郡名)의 경계에 있다.

16) 知吳不可勝

吳軍을 이길 수 없다는 것을 안 것이다.

17) 求知政事

政事를 主管〔知〕하기를 구함이다.

18)〔附注〕林曰 楚國安寧 則求知其政事 楚國有難 則逃避以求免 將入何國以安其身

〔부주〕林: 楚나라가 安寧하면 그 政事를 主管하기를 구하고, 楚나라에 危難이 있으면 逃避하여 禍를 면하기를 구한다면 장차 어떤 나라로 가서 그 몸을 편안히 보존할 수 있겠느냐는 말이다.

19) 言致死以克吳 可以免貪賄致寇之罪

죽을힘을 다해 싸워서 吳나라를 이기면 뇌물을 탐하여 寇賊을 불러들인 罪를 면할 수 있다는 말이다.

十一月庚午에 二師陳于柏擧[1)]하다 闔廬之弟夫槩王晨請於闔廬曰 楚瓦不仁[2)3)]하야 其臣莫有死志하니 先伐之면 其卒必奔이오 而後大師繼之면 必克이라 弗許하다 夫槩王曰 所謂臣義而行이오 不待命者가 其此之謂也리라 今日我死면 楚可入也라하고 以其屬五千先擊子常之卒하다 子常之卒奔하야 楚師亂이어늘 吳師大敗之하다 子常奔鄭하고 史皇以其乘廣死[4)5)]하다 吳從楚師하야 及淸發[6)]하야 將擊之한대 夫槩王曰 困獸猶鬪은 況人乎아 若知不免而致死면 必敗我리라 若使先濟者知免이면 後者慕之하야 蔑有鬪心矣리니 半濟而後可擊也라 從之하야 又敗之하다 楚人爲食에 吳人及之하니 奔하다 食而從之하야 敗諸雍澨하다 五戰及郢[7)8)]하다

11월 庚午日에 兩軍이 柏擧에 陣을 쳤다. 闔廬의 아우 夫槩王이 새벽에 闔廬에게 청하기를 "楚나라 瓦(子常)가 不仁하여 그 신하들이 죽기로 싸울 뜻이 없으니, 우리가 먼저 공격하면 그 군대가 반드시 逃走할 것입니다. 그런 뒤에 大軍이 이어 공격하면 반드시 승리할 수 있습니다."고 하니, 闔廬는 허락하지 않았다. 그러자 夫槩王이 말하기를 "이른바 '신하는 義로운 일을 보면 즉시 행하고 임금의 명을 기다리지 않는다.'는 것이 아마도 오늘의 경우를 이름일 것입니다. 오늘 우리가 죽기로 싸운다면 楚나라 國都 郢으로 進入할 수 있을 것입니다."고 하고서 그 부하 5천 명을 거느리고 가서 먼저 子常의 군대를 공격하였다. 子常의 군대가 敗走하여 楚軍이 크게 混亂하니 吳軍이 楚軍을 大敗시켰다. 子常은 鄭나라로 도망가고 史皇은 子常의 乘廣을 거느리고 싸우다가 죽었다. 吳軍이 楚軍을 뒤쫓아 淸發에 미쳐 공격하려 하자, 夫槩王이 말하기를 "困境에 빠진 짐승도 오히려 죽을힘을 다해 싸우는 것인데 하물며 사람이겠습니까? 만약 저들이 죽음을 면하지 못할 것을 알고서 죽기로 싸운다면 저들이 반드시 우리를 패배시킬 것입니다. 그러나 만약 먼저 물을 건너 도망간 자들이 죽음을 면한 것을 알면 뒤에 남은 자들이 이를 부러워하여 싸울 마음이 없을 것이니, 저들이 물을 반쯤 건넌 뒤에 공격하는 것이 좋습니다."고 하자, 闔廬는 그의 말대로 하여 또 楚軍을 패배시켰다. 〈먼저 渡河한〉 楚軍이 밥을 짓고 있을 때 吳軍이 뒤쫓아 가니 楚軍은 짓던 밥을 버리고 逃走하였다. 그러자 吳軍은 그 밥을 먹고서 追擊하여 雍澨에서 楚軍을 패배시켰다. 吳軍은 다섯 차례 交戰한 끝에 楚나라 國都 郢에 이르렀다.

1) 經所以書戰[*)] 二師 吳師楚師

經에 '戰'으로 기록한 까닭이다. 二師는 吳軍과 楚軍이다.

*) 역주〕 經所以書戰 : 經에 '戰'으로 기록한 이유는 兩軍이 柏擧에 陣을 치고서 싸웠기 때문이란 말이다. 兩軍이 모두 陣을 친 뒤에 싸운 것을 '戰'으로 기록하는 것이 經文의 例이다.

2) 瓦 子常名
瓦는 子常의 이름이다.

3) 역주〕 楚 : 楚나라 國都 郢을 이른다. 〈楊注〉

4) 以戰死
戰鬪하다가 죽은 것이다.

5) 역주〕 乘廣 : 楚王이나 혹은 主將이 領率하는 戰車部隊이다. 宣公 12년 傳에 '楚子爲乘廣三十乘 分爲左右'란 말이 보인다.

6) 淸發 水名
淸發은 江의 이름이다.

7) 奔食 食者走不陳 故不在戰數 〔附注〕 林曰 楚師奔走不暇食 故吳人食其食而又從之
奔食은 밥을 짓던 자들이 달아나고 陣을 치지 않았기 때문에 '戰'의 數에 넣지 않은 것이다.
〔부주〕 林: 楚軍이 도망가느라 밥을 먹을 겨를이 없었다. 그러므로 吳人이 그 밥을 먹고서 또 추격한 것이다.

8) 역주〕 五戰及郢 : 吳軍이 모두 다섯 차례 戰鬪한 끝에 楚나라 國都 郢에 入城하였다는 말이다. 五戰은 大別山과 小別山에서 있었던 세 차례의 戰鬪와 淸發과 雍澨의 戰鬪를 이른다.

己卯에 **楚子取其妹季芈畀我以出**하야 **涉睢**[1]할새 **鍼尹固與王同舟**러니 **王使執燧象以奔吳師**[2]하다

己卯日에 楚子가 그 누이 季芈畀我를 데리고 郢都를 나와 睢水를 건널 때 鍼尹 固도 楚王과 한 배(舟)를 타고 건넜는데, 楚王은 그에게 코끼리 꼬리에 횃불을 매달아〔執〕 吳軍으로 달려가게 하였다.

1) 睢水 出新城昌魏縣 東南至枝江縣入江 是楚王西走 〔附注〕 林曰 世族譜 季芈畀我 皆平王女也 服云 畀我 季芈之字 未知孰是
睢水는 新城 昌魏縣에서 發源하여 동남으로 흘러 枝江縣에 이르러 長江으로 들어간다. 이는 楚王이 서쪽으로 逃走한 것이다.
〔부주〕 林: 世族譜에 의하면 季芈와 畀我는 모두 楚平王의 딸이다. 服虔은 '畀我는 季

芈의 字이다.' 하였으니, 누구의 말이 옳은지 모르겠다.

2) 燒火燧繫象尾 使赴吳師 驚却之〔附注〕林曰 固爲鍼尹

불을 붙인 홰를 코끼리의 꼬리에 매달아 吳軍에게로 달려가게 하여, 吳軍이 놀라서 물러나게 하려 한 것이다.

〔부주〕林: 固는 鍼邑의 尹(邑長)이다.

庚辰에 **吳入郢**하야 **以班處宮**[1)]하다 **子山處令尹之宮**[2)]하니 **夫槩王欲攻之**[3)]한대 **懼而去之**하니 **夫槩王入之**[4)]하다

庚辰日에 吳王이 郢으로 들어가서 職位에 따라 居處할 宮室을 配定하였다. 子山이 令尹의 宮室에 거처하니 夫槩王이 그를 공격하려 하였다. 그러자 子山은 겁이 나서 그곳을 떠나니 夫槩王이 들어가 거처하였다.

1) 以尊卑班次處楚王宮室

尊卑의 班次에 따라 楚王의 宮室에 거처하게 한 것이다.

2) 子山 吳王子

子山은 吳王의 아들이다.

3)〔附注〕林曰 夫槩王 子山叔父 怒其軋己 欲攻之

〔부주〕林: 夫槩王은 子山의 叔父이다. 〈夫槩王은 子山이〉 자기를 排擠한 것에 노하여 공격하려 한 것이다.

4) 入令尹宮也 言吳無禮 所以不能遂克

令尹의 宮으로 들어간 것이다. 吳나라의 無禮함이 勝利를 完遂하지 못한 까닭임을 말한 것이다.

左司馬戌及息而還[1)]하야 **敗吳師于雍澨**나 **傷**[2)3)]하다 **初司馬臣闔廬**라 **故恥爲禽焉**[4)]하야 **謂其臣曰 誰能免吾首**[5)]오 **吳句卑曰 臣賤**이 **可乎**[6)]잇가 **司馬曰 我實失子**로다 **可哉**[7)]니저 **三戰皆傷**하고 **曰 吾不可用也已**[8)]로다 **句卑布裳**하야 **剄而裹之**[9)10)]하고 **藏其身**하고 **而以其首免**[11)]하다

左司馬 戌이 息까지 갔다가 돌아와서 吳軍을 雍澨에서 패배시켰으나, 자신도 創傷을 입었다. 당초에 司馬 戌은 闔廬의 신하였다. 그러므로 闔廬의 포로가 되는 것을 恥辱으로 여겨 그 부하〔臣〕들에게 말하기를 "누가 나의 首級이 吳軍의 手中으로 들어가지 않게 할 수 있겠느냐?"고 하니, 吳句卑가 말하기를 "저처럼 賤한 자가 이 일을 맡아도 되

겠습니까?"라고 하였다. 司馬 戌이 말하기를 "내가 실로 자네를 알아보지 못하였구나. 자네가 하도록 하라."고 하였다. 司馬 戌은 세 차례의 전투에 모두 創傷을 입어 〈살 수 없음을 알고서〉 말하기를 "나는 이제 쓸모없는 몸이 되었다."고 하니, 吳句卑가 자기의 치마를 땅에 펴놓고서 司馬 戌의 목을 베어 싸고 그 몸은 숨겨두고서 그 首級만을 가지고 逃走〔免〕하였다.

1) 息 汝南新息也 聞楚敗 故還〔附注〕林曰 不及盡用其謀而還

息은 汝南의 新息이다. 楚軍이 敗戰하였다는 소식을 들었기 때문에 돌아온 것이다. 〔부주〕林: 그 계책을 다 쓰지 못하고 돌아온 것이다.

2) 司馬先敗吳師而身被創

司馬 戌이 먼저 吳軍을 패배시켰으나, 자신도 創傷을 입은 것이다.

3) 역주〕敗吳師于雍澨 : 吳軍이 雍澨에서 楚軍을 패배시킬 때 司馬 戌이 吳軍의 한 部隊를 擊破한 것이다. 司馬 戌이 단독으로 吳軍을 격파하였으니, 만약 險한 지형을 이용하여 子常의 군대와 연합해 공격하였다면 반드시 吳軍을 이겼을 것이다. ≪左氏會箋≫

4) 司馬嘗在吳爲闔廬臣 是以今耻於見禽

司馬 戌이 전에 吳나라에 있을 적에 闔廬의 신하였기 때문에 지금 捕虜가 되는 것을 恥辱으로 여긴 것이다.

5)〔附注〕林曰 司馬先問其私屬 言我若戰死 誰能取我首以免

〔부주〕林: 司馬 戌이 그 부하들에게 먼저 물은 것이니, '내가 만약 전사한다면 누가 나의 首級을 수습하여 적의 手中으로 들어가지 않게 할 수 있겠느냐.'고 말한 것이다.

6)〔附注〕林曰 句卑 吳人 爲司馬臣 言我賤人也 可用乎

〔부주〕林: 句卑는 吳나라 사람으로 司馬 戌의 부하가 된 자이다. 나는 賤人인데도 쓸 수 있겠느냐는 말이다.

7) 失不知子賢

그대의 어짊을 알아보지 못하는 실수를 범하였다는 말이다.

8)〔附注〕林曰 言我死不可復用也已 *)

〔부주〕林: 나는 죽을 것이니 다시 쓸 수 없다는 말이다.

*) 역주〕我死不可復用也已 : 林氏는 그대의 어짊을 알았으나, 내가 죽게 되었으니 다시 그대를 重用할 수 없다는 뜻으로 본 듯하다. 이 林注는 ≪四庫全書 左傳杜林合注≫本에 보이지 않는다.

9) 司馬已死 剄取其首

司馬 戌이 죽은 뒤에 목을 베어 그 首級을 취한 것이다.

10) 역주〕剄而裹之 : 아직 살아 있는 司馬 戌의 목을 쳐서 그 머리를 치마에 싼 것이다. 司

馬 戌이 아직 죽지 않았으므로 치마를 땅에 펴놓고서 그 목을 쳐서 치마 위로 떨어지게 한 것이다. 만약 이미 죽었다면 땅에 쓰러졌을 것이니 목을 잘라 치마에 싸면 그만인데, 무엇 때문에 먼저 땅에 치마를 펴놓았겠는가? 죽지도 않은 司馬 戌의 목을 자른 것은 중상을 입은 司馬 戌이 적의 포로가 될까 두려워서 미리 목을 자른 것이다. 參考文獻 ≪左氏會箋≫

11) 傳言司馬之忠壯

傳文은 司馬 戌의 忠誠과 勇猛을 말한 것이다.

楚子涉雎濟江하야 入于雲中[1)]하다 王寢에 盜攻之하야 以戈擊王하니 王孫由于以背受之라가 中肩[2)]하다 王奔鄖하니 鍾建負季芈以從[3)]하고 由于徐蘇而從[4)]하다 鄖公辛之弟懷將弑王曰 平王殺吾父하니 我殺其子가 不亦可乎[5)]아 辛曰 君討臣이니 誰敢讐之리오 君命은 天也라 若死天命이면 將誰讐아 詩曰 柔亦不茹하고 剛亦不吐하며 不侮矜寡하고 不畏彊禦라하니 唯仁者能之[6)]니라 違强陵弱은 非勇也오 乘人之約은 非仁也[7)]며 滅宗廢祀는 非孝也[8)]오 動無令名은 非知也니 必犯是면 余將殺女[9)10)]하리라 鬪辛與其弟巢以王奔隨하다 吳人從之하야 謂隨人曰 周之子孫在漢川者[11)]를 楚實盡之하니 天誘其衷[12)]하야 致罰於楚어늘 而君又竄之[13)]하니 周室何罪오 君若顧報周室하야 施及寡人하야 以獎天衷[14)15)]이면 君之惠也니 漢陽之田을 君實有之[16)]하리라 楚子在公宮之北[17)]하고 吳人在其南이러니 子期似王[18)]이라 逃王하고 而已爲王曰 以我與之면 王必免[19)]하리라 隨人卜與之한대 不吉[20)]하다 乃辭吳曰 以隨之辟小로 而密邇於楚하니 楚實存之[21)]니라 世有盟誓하야 至于今未改어늘 若難而棄之면 何以事君[22)]이리오 執事[23)]之患은 不唯一人[24)]이니 若鳩楚竟이면 敢不聽命이리오 吳人乃退[25)]하다 鑪金初宦於子期氏라 實與隨人要言[26)]하다 王使見[27)]한대 辭曰 不敢以約爲利[28)29)]라하다 王割子期之心하야 以與隨人盟[30)]하다

楚子가 雎水를 건너고 長江을 건너 雲中으로 들어갔다. 楚王이 잠을 자고 있는데, 盜賊이 들어와 공격하여 창으로 楚王을 치니, 王孫 由于가 등으로 그 창을 받다가 어깨에 창을 맞았다. 楚王이 鄖으로 도망가니 鍾建은 季芈를 업고서 뒤따라갔고, 由于도 서서히 깨어난 뒤에 王을 따라 鄖으로 갔다. 鄖公 辛의 아우 懷가 楚王을 弑害하려 하며 말하기를 "平王이 우리 아버지를 죽였으니 우리가 그 아들을 죽이는 것이 당연하지 않습

니까?"라고 하니, 辛이 말하기를 "임금이 신하를 죽인 것이니 누가 감히 임금을 원수로 여기겠느냐? 임금의 명은 바로 하늘의 명이다. 만약 하늘의 命에 죽었다면 너는 장차 누구를 원수로 여기겠느냐? ≪詩經≫에 '부드러워도 삼키지 않고 강하여도 뱉지 않으며 矜寡(홀아비와 과부)를 업신여기지 않고 强禦(權力을 가진 자)를 두려워하지 않는다.'고 하였으니, 이는 오직 仁者만이 할 수 있다. 强者를 피하고 弱者를 陵蔑하는 것은 勇이 아니고, 남의 困窮한 처지를 이용하는 것은 仁이 아니며, 宗族을 멸망시켜 祭祀가 끊기게 하는 것은 孝가 아니고, 行動에 아름다운 名聲이 없는 것은 知(슬기)가 아니니, 네가 만약〔必〕 이 네 가지 惡名을 무릅쓰고 〈楚王을 弑害한다면〉 나는 장차 너를 죽일 것이다."고 하고서, 鬪辛은 그 아우 巢와 함께 楚王을 모시고 隨나라로 도망갔다. 吳人이 뒤쫓아 와서 隨人에게 말하기를 "周나라 子孫으로 漢川에 있는 諸侯들을 楚나라가 실로 다 滅亡시켰으니, 하늘이 周나라를 도와 〈나에게〉 楚나라를 懲罰하게 하였는데, 隨君께서는 도리어〔又〕 楚王을 숨겨주시니 周나라 王室이 隨나라에 무슨 罪를 지었습니까? 隨君께서 만약 周나라 王室의 은혜를 보답하기를 顧慮하여, 그 은혜를 寡人에게까지 뻗쳐 미치게 하여 하늘의 뜻을 이루도록 도우신다면 이는 임금님의 은혜이니, 漢水 북쪽의 土地를 임금님께서 실제로 소유하게 될 것입니다."고 하였다. 이때 楚子는 公宮의 북쪽에 있고, 吳人은 그 남쪽에 있었는데, 子期의 모습이 楚王과 비슷하였다. 子期는 楚王을 逃避시키고서 자기가 楚王으로 僞裝하여 말하기를 "나를 吳軍에게 넘겨주면 王은 반드시 禍를 면할 것입니다."고 하였다. 隨人이 그를 吳軍에 넘겨주는 것이 어떤지에 대해 점을 치니 不吉하였다. 이에 吳人에게 辭絶하며 말하기를 "우리 隨나라는 窮僻한 곳에 位置한 작은 나라로 楚나라 가까이에 있으니, 楚나라가 실로 우리나라를 保存시켰습니다. 〈우리 두 나라는〉 대대로 〈사이좋게 지내기로〉 盟誓하여 오늘에 이르기까지 〈그 盟誓를〉 변함없이 지켜왔는데, 만약 楚나라에 禍難이 닥쳤다 하여 버린다면 어찌 임금님(吳君)을 섬길 수 있겠습니까? 執事(吳君을 이름)의 근심은 楚王 한 사람만이 아니니 만약 楚나라 境內를 安定시킨다면 감히 吳나라의 명을 따르지 않겠습니까?"라고 하니, 吳人이 이에 물러갔다. 鑪金은 당초에 子期氏의 家臣이었다. 그러므로 실로 隨人과 〈楚王을 吳人에게 넘겨주지 않기로〉 約定했던 것이다. 楚王이 鑪金에게 사람을 보내어 들어와서 謁見하게 하자, 鑪金이 사양하며 말하기를 "감히 임금님의 危難을 저의 利益으로 삼을 수 없습니다."고 하였다. 楚王은 子期의 가슴을 찔러 피를 받아서 隨人과 盟約하였다.

1) 入雲夢澤中 所謂江南之夢

雲夢의 늪 가운데로 들어간 것이니, 이른바 江南의 夢澤이다.

2)〔附注〕林曰 由于時在王側 以背代受其戈

〔부주〕林: 由于가 이때 왕의 곁에 있다가 자기의 등으로 대신 그 창을 받은 것이다.

3) 鍾建 楚大夫

鍾建은 楚나라 大夫이다.

4) 以背受戈 故當時悶絶

등으로 창을 받았기 때문에 당시에 昏絶(까무러침)한 것이다.

5) 辛 蔓成然之子鬪辛也 昭十四年 楚平王殺成然〔附注〕林曰 鬪辛 鄖縣大夫也

辛은 蔓成然의 아들 鬪辛이다. 昭公 14년에 楚平王이 成然을 죽였다.

〔부주〕林: 鬪辛은 鄖縣의 大夫이다.

6) 詩大雅 言仲山甫不避强陵弱

詩는 ≪詩經≫ 〈大雅 蒸民〉의 詩句이다. 仲山甫가 强者를 피하지도 弱者를 陵蔑하지도 않은 것을 말한 것이다.

7)〔附注〕林曰 乘人於窮約之際

〔부주〕林: 困窮한 처지에 빠진 때를 이용하여 남을 해치는 것이다.

8) 弑君罪應滅宗

임금을 弑害하면 그 罪가 滅族에 해당한다는 말이다.

9)〔附注〕林曰 必犯是數者而弑王 我將殺女以正典刑

〔부주〕林: 만약 이 몇 가지를 범하고서 楚王을 弑害한다면 나는 장차 너를 죽여 典刑(法)을 바로 세우겠다는 말이다.

10) 역주〕必犯是 : 必은 若(만약)이고 犯은 冒犯이고 是는 非勇, 非仁, 非孝, 非知를 가리킨 것이니, 곧 "네가 만약 이 네 가지 惡名을 무릅쓰고 楚王을 弑害한다면"이라는 말이다.

11) 역주〕周之子孫在漢川者 : 漢水 一帶에 封한 姬姓諸侯들을 이른다.

12) 역주〕天誘其衷 : 당시의 慣用語로 하늘이 돕는다는 뜻이다. 僖公 28년 譯註를 參考할 것. 一說에는 "誘는 導이지만 이곳에는 表示의 뜻이 있고, 衷은 心이니, 곧 하늘이 자기의 뜻을 보였다는 말이다."고 하였다. 이 說을 따르면 "하늘이 뜻을 보여 나에게 楚나라를 懲罰하게 하였다."는 말이 된다.

13) 竄 匿也〔附注〕林曰 隨君又從而竄匿之

竄은 숨김이다.

〔부주〕林: 隨君은 도리어 그의 요청에 따라 그를 숨겨주었다는 말이다.

14) 獎 成也〔附注〕林曰 周室子孫 有何得罪於隨 而隨匿其讐 隨君若能顧念報答周室之惠施廣其恩 以及於我 執楚子與吳 以獎成上天誘衷善善之意

獎은 成이다.

〔부주〕林: 周나라 王室의 子孫이 隨나라에 무슨 罪를 얻은 것이 있기에 隨나라는 周

나라 자손들의 怨讐를 숨겨주는가? 隨君이 만약 周나라 王室의 은혜를 報答하기를 생각한다면 그 은혜를 널리 펴서 나에게까지 미치게 하여 楚子를 잡아 吳나라에 주어 하늘이 誘衷(保佑)하여 善人을 勸奬하는 뜻을 이루게 하라는 말이다.

15) 역주〕以奬天衷 : 하늘의 뜻을 이루도록 도우라는 말이다.

16)〔附注〕林曰 楚田邑在漢水之東者 蓋吳欲滅楚 故推此田以賂隨也

〔부주〕林: 漢陽之田은 漢水 동쪽에 있는 楚나라 田邑을 이른다. 대개 吳나라는 楚나라를 멸망시키고자 하였기 때문에 이 田邑을 양보하여 隨나라에 賂物로 주겠다고 한 것이다.

17) 隨公宮也

隨나라 公宮이다.

18) 子期 昭王兄 公子結也

子期는 昭王의 兄 公子 結이다.

19)〔附注〕林曰 逃匿昭王 而子期詐爲昭王 言欲代王以與吳人 昭王必可免禍

〔부주〕林: 昭王을 逃避시키고서 子期가 昭王으로 僞裝한 것이니, 楚王 대신 자기를 吳人에게 넘겨주어 昭王이 반드시 禍를 면할 수 있게 하고자 하였다는 말이다.

20)〔附注〕林曰 隨人卜以子期與吳 龜兆不吉

〔부주〕林: 隨人이 子期를 吳人에게 넘겨주는 것이 어떤지에 대해 점을 치니 占卦〔龜兆〕가 不吉하였다.

21)〔附注〕林曰 楚實安而存之

〔부주〕林: 楚나라가 실로 隨나라를 安存(편안히 살도록 도움)하였다는 말이다.

22)〔附注〕林曰 若見楚患難而棄絶之 亦非所以爲事吳君之道

〔부주〕林: 만약 楚나라가 患難을 당하였다 하여 버린다면 이 또한 吳君을 섬기는 도리가 아니라는 말이다.

23) 역주〕執事 : 相對方에 대한 尊稱이다. 여기서는 吳王을 指稱한 것이다.

24) 一人 楚王

一人은 楚王을 이른다.

25) 鳩 安集*)也

鳩는 安集이다.

*) 역주〕安集 : 백성이 安定되어 서로 和睦하게 지냄이다.

26) 要言無以楚王與吳 幷欲脫子期〔附注〕林曰 鑪金先時嘗爲子期家臣 時在隨

楚王을 吳나라에 넘겨주지 않기로 約定〔要言〕하고, 아울러 子期까지 禍에서 벗어나게 하고자 한 것이다.

〔부주〕林: 鑪金은 과거에 子期의 家臣이 된 적이 있었는데, 지금은 隨나라에 와 있다.

27) 王喜其意 欲引見之 以比王臣 且欲使盟隨人

楚王은 그의 생각을 좋게 여겨 그를 引見하여 楚王의 신하와 같이 여기고자 하고, 또 그를 보내어 隨人과 맹약하게 하고자 한 것이다.

28) 此約 謂要言也 此一時之事 非爲德擧 故辭不敢見 亦不肯爲盟主

여기에 말한 '約'은 要言을 이른다. 이것은 한때의 일로 善行〔德擧〕이 될 만하지 못하기 때문에 사양하여 감히 謁見하지 않은 것이고, 또 盟主가 되고자 하지 않은 것이다.

29) 역주〕 不敢以約爲利 : ≪左氏會箋≫에 "約은 困約이다. 上文의 '乘人之約'의 '約'字와 同義이니, 감히 君父의 困約(困窮)한 때를 이용하여 자기의 私利를 꾀할 수 없다는 말이다."고 하였다. ≪左氏會箋≫뿐 아니라 기타의 註釋들도 대부분 이런 뜻으로 해석하였다.

30) 當心前割取血以盟 示其至心[*)]

心臟이 있는 앞가슴을 찔러 피를 받아 盟約하여, 그 誠心〔至心〕을 보인 것이다.

*) 역주〕 當心前割取血以盟 示其至心 : 당초에 子期가 楚王을 대신해 吳軍으로 가려 하였기 때문에 楚王은 그의 가슴을 약간 찔러 피를 받아 隨人과 盟約하여, 子期의 忠心을 받아들인다는 뜻을 表示한 것이다.

初에 伍員與申包胥友[1)]러니 其亡也[2)]에 謂申包胥曰 我必復楚國[3)4)]하리라 申包胥曰 勉之하라 子能復之면 我必能興之하리라 及昭王在隨하야 申包胥如秦乞師曰 吳爲封豕長蛇하야 以荐食上國[5)6)]하니 虐始於楚[7)8)]니라 寡君失守社稷하고 越在草莽하야 使下臣告急曰 夷德無厭[9)]하니 若鄰於君이면 疆埸〔場〕[10)]之患也[11)]라 逮吳之未定하야 君其取分焉[12)]하라 若楚之遂亡이면 君之土也오 若以君靈撫之면 世以事君[13)14)]하리라 秦伯使辭焉曰 寡人聞命矣니 子姑就館하라 將圖而告하리라 對曰 寡君越在草莽[15)]하야 未獲所伏[16)]이시니 下臣何敢卽安이리오 立하야 依於庭牆而哭하야 日夜不絶聲하고 勺飮不入口七日[17)]한대 秦哀公爲之賦無衣[18)]하니 九頓首而坐[19)20)]하다 秦師乃出[21)]하다

당초에 伍員와 申包胥는 벗이었다. 伍員이 도망갈 때 申包胥에게 "내 기필코 楚나라를 뒤엎을 것이다."고 하니, 申包胥는 "노력하세나. 자네가 楚나라를 뒤엎는다면 나는 반드시 楚나라를 復興시킬 것이네."라고 하였다. 楚昭王이 隨나라로 도망가 있을 때에 미처 申包胥가 秦나라로 가서 援兵을 청하며 말하기를 "吳나라는 큰 멧돼지〔封豕〕와 큰 뱀〔長蛇〕과 같아서 中原의 나라들을 蠶食하니 그 貪虐이 우리 楚나라에 먼저 미쳤

습니다. 〈그러므로〉 우리 임금께서는 社稷을 지키지 못하고 逃亡〔越〕하여 草莽(草野)에 계시면서 下臣을 보내어 危急한 狀況을 告하고 〈救援을 청하게 하며〉 말씀하시기를 '蠻夷의 貪慾〔夷德〕은 끝이 없으니 만약 吳나라가 임금님(秦君)의 나라와 이웃이 된다면 秦나라 疆埸(邊境)에 患亂이 끊이지 않을 것입니다. 그러니 吳나라가 楚나라를 平定하기 전에 미쳐 임금님께서 〈서둘러 出兵하여〉 楚나라 땅을 分割해 占領〔取〕하십시오. 만약 楚나라가 마침내 滅亡한다면 〈占領한 땅은〉 임금의 땅이 될 것이고, 만약 임금님의 威靈으로 楚나라를 慰撫하신다면 〈우리는〉 대대로 임금님을 섬길 것입니다.'고 하셨습니다."고 하니, 秦伯이 사람을 보내어 사절하며 말하기를 "寡人이 그대의 뜻을 알았으니 그대는 우선 客館으로 나아가 있으라. 장차 商議한 뒤에 알려주겠다."고 하였다. 그러자 申包胥가 대답하기를 "우리 임금께서는 草野에 계시면서 居處하실 곳을 얻지 못하고 계시는데, 下臣이 어찌 감히 편안한 客館으로 갈 수 있겠습니까?"라고 하고서, 일어나 서서 宮庭의 담장에 기대어 大聲痛哭하며 밤낮으로 哭聲을 멈추지 않고 7일 동안 물 한 모금도 삼키지 않자, 秦哀公이 그를 위해 〈無衣〉 詩를 읊으니, 申包胥는 아홉 번 머리를 조아리고서 앉았다. 秦軍이 마침내 出動하였다.

1) 包胥 楚大夫
   包胥는 楚나라 大夫이다.
2) 〔附注〕 林曰 伍員亡奔吳 在昭二十年
   〔부주〕 林: 伍員이 吳나라로 도망간 일은 魯昭公 20년에 있었다.
3) 復 報也
   復은 報(報復)이다.
4) 역주〕 復 : 覆이니, 傾覆(뒤집어엎음)이다. ≪史記≫ 〈伍子胥傳〉에는 '我必覆楚'로 되어 있다.
5) 荐 數(삭)也 言吳貪害如蛇豕
   荐은 數(자주)이다. 吳나라의 貪欲과 害惡이 뱀과 멧돼지 같다는 말이다.
6) 역주〕 荐食 : 蠶食과 같은 말이다. ≪左氏會箋≫
7) 〔附注〕 林曰 其爲暴虐 自楚國始
   〔부주〕 林: 吳나라가 暴虐한 짓을 하는 것이 楚나라로부터 시작하였다는 말이다.
8) 역주〕 虐始於楚 : 始는 先이니, 吳나라의 暴虐이 장차 차례로 秦나라에 미칠 것이라는 말이다. ≪左氏會箋≫
9) 역주〕 夷德 : 夷는 吳나라를 이르고, 德은 惡德으로 나쁜 마음이나 나쁜 행위를 이른다. 여기서는 貪慾의 뜻으로 쓰였다.
10) 역주〕 저본에는 '場'으로 되어 있으나, ≪十三經注疏≫本에 의거하여 '埸'으로 바로잡

았다.

11) 吳有楚 則與秦鄰

吳나라가 楚나라를 소유하면 吳나라가 秦나라와 이웃이 된다는 말이다.

12) 與吳共分楚地〔附注〕林曰 逮及吳人未能安定楚地 勸秦伐吳 與吳共分楚地焉

吳나라와 함께 楚나라 땅을 分割해 占領하라는 말이다.

〔부주〕林: 吳人이 楚나라 땅을 平定하기 전에 미쳐 秦나라에게 吳나라를 토벌하여 吳나라와 함께 楚나라 땅을 분할해 占領하라고 권한 것이다.

13) 撫 存恤也

撫는 存恤(救濟)이다.

14) 역주〕若以君靈撫之 世以事君 : 만약 秦君의 威靈으로 楚나라를 救濟하고서 分割해 占領하였던 땅을 楚나라에 돌려준다면 楚나라는 대대로 秦君을 섬기겠다는 말이다. 威靈은 神靈의 威嚴인데, 감히 범할 수 없는 임금의 權威를 이르는 말로 쓰인다.

15) 역주〕越 : 播越로 임금이 난리를 피해 도망가는 것을 이르는 말이다.

16) 伏 猶處也

伏은 處와 같다.

17)〔附注〕林曰 杯勺之飮 不入其口

〔부주〕林: 한 잔의 음료도 입에 넣지 않았다는 말이다.

18) 詩 秦風 取其王于興師 修我戈矛 與子同仇 與子偕作 與子偕行

詩는 ≪詩經≫ 〈秦風〉이다. 그 詩의 첫 章에 "왕이 군사를 일으키시면 우리의 무기를 수리하여 그대와 함께 적을 치리라."와 둘째 章에 "왕이 군사를 일으키시면 우리의 무기를 수리하여 그대와 함께 動作하리라."와 셋째 章에 "왕이 군사를 일으키시면 우리의 무기를 수리하여 그대와 함께 가리라.〔王于興師 修我戈矛 與子同仇 與子偕作 與子偕行〕"고 한 것을 취한 것이다.

19) 無衣三章 章三頓首

〈無衣〉篇의 세 章을 읊은 것이다. 한 章을 읊을 때마다 세 번씩 머리를 조아린 것이다.

20) 역주〕九頓首而坐 : 秦君이 〈無衣〉 詩를 읊어 出兵할 意思를 表示하니, 申包胥는 더 이상 서서 통곡할 필요가 없었다. 그러므로 아홉 번 머리를 조아리고서 비로소 자리에 앉은 것이다.

21) 爲明年包胥以秦師至張本

明年에 申包胥가 秦軍을 거느리고 온 張本이다.

〈五年, 丙申 B.C.505〉

【經】 五年春王三月辛亥朔에 **日有食之**[1)]하다

5년 봄 周王 3월 초하루 辛亥日에 日食이 있었다.

1) 無傳
傳이 없다.

【經】 夏에 **歸粟于蔡**[1)]하다

여름에 蔡나라에 糧穀을 보내주었다.

1) 蔡爲楚所圍 飢乏 故魯歸之粟
蔡나라가 楚軍에게 포위되어 굶주렸기 때문에 魯나라가 糧穀을 보내준 것이다.

【經】 於越入吳[1)]하다

越人이 吳나라로 쳐들어갔다.

1) 於 發聲也〔附注〕林曰 向曰越人 今曰於越 復從其舊號也 越未有聞也 昭定之春秋 吳楚爭而後 越入中國 昭五年會于瑣也 越常壽過始見於經[*)] 而亟稱人 後三十年而入吳 不復稱人矣 晉楚之初 春秋未以敵言之 戰于邲也 則楚稱子矣 吳楚之初 春秋未以敵言之 戰于柏擧也 則吳稱子矣 至於吳越 終春秋 不以敵言之也 是故越入吳書 吳入越不書
於는 發語聲이다.
〔부주〕 林: 전에는 '越人'이라 하고서 지금은 '於越'이라 한 것은 다시 〈越나라의〉 舊號를 따른 것이다. 이는 越나라가 널리 알려지지 않았기 때문이다. 昭公과 定公의 《春秋》에는 吳나라와 楚나라가 霸權을 다툰 뒤에 越人이 中國으로 들어왔다. 昭公 5년에 있었던 瑣의 會合에 越나라 常壽過를 비로소 經에 기재하고 누차 '人'으로 칭하였는데, 그로부터 30년 뒤인 〈定公 5년에〉 吳나라로 쳐들어간 것을 기록함에는 다시 '人'으로 칭하지 않았다. 晉나라와 楚나라가 霸權을 다툰 초기에는 《春秋》에 晉과 楚를 대등〔敵〕하게 말하지 않았으나, 邲의 전쟁에는 楚를 '子'로 칭하였고, 吳나라와 楚나라가 패권을 다툰 초기에는 《春秋》에 吳와 楚를 대등하게 말하지 않았으나, 柏擧의 전쟁에는 吳를 '子'로 칭하였다. 吳나라와 越나라에 대해서는《春秋》가 끝날 때까지 대등하게 말하지 않았다. 그러므로 越나라가 吳나라로 쳐들어간 것은 기록하고 吳나라가 越나라로 쳐들어간 것은 기록하지 않은 것이다.

*) 역주〕 越常壽過始見於經 : 昭公 5년 經에 常壽過를 '越人'으로 칭한 것을 이른다.

【經】 六月丙申에 季孫意如卒하다

6월 丙申日에 季孫意如가 卒하였다.

【經】 秋七月壬子에 叔孫不敢卒[1)]하다

가을 7월 壬子日에 叔孫不敢이 卒하였다.

1) 無傳

傳이 없다.

【經】 冬에 晉士鞅帥師圍鮮虞하다

겨울에 晉나라 士鞅이 군대를 거느리고 가서 鮮虞를 포위하였다.

【傳】 五年春에 王人殺子朝于楚[1)]하다

5년 봄에 王人(周나라 王室의 官員)이 楚나라에서 子朝를 죽였다.

1) 因楚亂也 終閔馬父之言[*)]

楚나라가 혼란한 틈을 이용한 것이다. 끝내 閔馬父(閔子馬)의 말처럼 된 것이다.

*) 역주〕 閔馬父之言 : 昭公 22년 傳에 "子朝는 반드시 성공하지 못할 것이다."고 한 閔馬父의 말을 이른다.

【傳】 夏에 歸粟于蔡하야 以周亟하니 矜無資[1)2)]니라

여름에 蔡나라에 糧穀을 보내어 危急〔亟〕을 救濟〔周〕하였으니, 이는 糧食〔資〕이 없는 것을 가엾게 여겨서이다.

1) 亟 急也 〔附注〕 林曰 以周濟蔡人之亟難 矜哀蔡人之無資糧

亟은 急이다.

〔부주〕 林: 蔡人의 急難을 구제하고 糧食이 없는 蔡人을 가엾게 여긴 것이다.

2) 역주〕 以周亟 矜無資 : 糧穀을 보내주어 危急한 처지에 있는 蔡人을 救濟한 것은 糧食이 없는 蔡人을 딱하게 여겨서라는 말이지, 林氏의 말처럼 危急한 처지에 있는 蔡人을 救濟하고 糧食이 없는 蔡人을 가엾게 여겼다는 말이 아니다.

【傳】 **越入吳**하니 **吳在楚也**[1)]라

越軍이 吳나라로 쳐들어갔으니, 이는 吳軍이 楚나라에 들어가 있는 기회를 이용한 것이다.

1) 〔附注〕 林曰 乘吳之在楚而入其國也

〔부주〕 林: 吳軍이 楚나라에 가 있는 기회를 이용하여 吳나라로 쳐들어간 것이다.

【傳】 **六月**에 **季平子行東野**[1)]하고 **還**타가 **未至**하고 **丙申**에 **卒于房**하다 **陽虎將以璵璠斂**[2)]한대 **仲梁懷弗與**[3)]**曰 改步改玉〔玉〕**[4)5)]이라 **陽虎欲逐之**하야 **告公山不狃**한대 **不狃曰 彼爲君也**니 **子何怨焉**[6)]가 **旣葬**에 **桓子行東野**[7)]하야 **及費**하다 **子洩爲費宰**하야 **逆勞於郊**하니 **桓子敬之**하다 **勞仲梁懷**하니 **仲梁懷弗敬**[8)]하다 **子洩怒**하야 **謂陽虎**호되 **子行之乎**[9)]ㄴ저

6월에 季平子가 東野를 巡行하고 돌아오다가 國都에 이르지 못하고 丙申日에 房(地名)에서 卒하였다. 陽虎가 璵璠(寶玉)를 棺에 넣으려 하니, 仲梁懷가 同意〔與〕하지 않으며 말하기를 "걸음걸이를 바꾸었으니 玉도 바꾸어야 한다." 하였다. 陽虎는 그를 逐出하려고 公山不狃에게 告하자, 不狃가 말하기를 "저 사람이 主君(季平子를 이름)을 위해 그러는 것이니 그대가 원망할 게 뭐 있습니까?"라고 하였다.

葬事를 지낸 뒤에 桓子가 東野를 巡行하여 費邑에 이르렀다. 子洩(不狃)이 費의 邑宰로 郊外까지 나와 맞이해 위로하니, 桓子는 그에게 敬意를 표하였다. 仲梁懷를 위로하니 仲梁懷는 敬意를 표하지 않았다. 子洩은 노하여 陽虎에게 "그대는 仲梁懷를 逐出하십이오."라고 하였다.

1) 東野 季氏邑

東野는 季氏의 邑이다.

2) 璵璠 美玉 君所佩

璵璠는 아름다운 玉으로 임금이 차는 것이다.

3) 懷 亦季氏家臣

懷도 季氏의 家臣이다.

4) 昭公之出 季孫行君事 佩璵璠 祭宗廟 今定公立 復臣位 改君步 則亦當去璵璠

昭公이 出奔하고 국내에 없을 때는 季孫이 임금의 일을 代行하여 璵璠을 차고서 宗廟에 제사를 지냈지만, 지금은 定公이 卽位하여 季孫이 신하의 자리로 돌아가서 임금의

걸음걸이를 고쳤으니, 당연히 璵璠도 버려야 한다는 말이다.

5) 역주] 改步改土〔玉〕: 저본에는 改玉의 '玉'자가 '土'로 되어 있으나, ≪十三經注疏≫本에 의거하여 바로잡았다. 改步改玉은 步幅을 바꾸었으니 佩玉도 바꾸어야 한다는 말로 임금의 일을 代行하는 자리에서 물러나 신하의 지위로 돌아왔으니 임금의 佩玉을 사용해서는 안 된다는 뜻이다. ≪禮記≫〈玉藻〉에 "임금이 尸와 함께 걸을 때에 임금은 接武(尸가 디딘 발자국의 반을 밟고 감)하고, 大夫는 繼武(尸가 디딘 발자국의 끝을 밟고 감)하고, 士는 中武(尸가 디딘 발자국에서 발 하나의 간격을 두고 따라감)한다."고 하였으니, 각각 步幅에 廣狹이 다르다. 보폭의 廣狹을 바꾸었으면 당연히 佩玉의 등급도 바꾸어야 한다는 말이다.

6) 不狃 季氏臣費宰子洩也 爲君不欲使僭

不狃는 季氏의 家臣으로 費宰인 子洩이다. 主君을 위해 僭禮를 사용하고자 하지 않은 것이다.

7) 桓子 意如子 季孫斯

桓子는 意如의 아들 季孫斯이다.

8) 懷 時從桓子行 輕慢子洩

懷가 이때 桓子를 따라갔다. 子洩을 輕視하여 업신여긴 것이다.

9) 行 逐懷也 爲下陽虎囚桓子起

行은 懷를 逐出함이다. 下文에 陽虎가 桓子를 잡아 가둔 원인이다.

【傳】申包胥以秦師至하다 **秦子蒲子虎帥車五百乘以救楚**[1)]하다 **子蒲曰 吾未知吳道**[2)3)]라하고 **使楚人先與吳人戰**하고 **而自稷會之**하야 **大敗夫槩王于沂**[4)]하다 **吳人獲薳射**(석)**於柏擧**[5)]하니 **其子帥奔徒**[6)]**以從子西**하야 **敗吳師於軍祥**[7)]하다

申包胥가 秦軍을 거느리고 왔다. 秦나라 子蒲와 子虎가 兵車 5百 乘을 거느리고서 楚나라를 救援하기 위해 왔다. 子蒲가 말하기를 "우리는 吳軍의 전술〔道〕을 알지 못한다."고 하고서 楚人에게 먼저 吳人과 戰鬪하게 하고서 稷에서 楚軍과 會合하여 沂에서 夫槩王의 군대를 大敗시켰다. 吳人이 柏擧에서 薳射(석)을 사로잡으니, 그 아들이 奔散하는 군대를 거느리고 子西의 군대로 가서 軍祥에서 吳軍을 패배시켰다.

1) 五百乘 三萬七千五百人

五百乘은 3만 7500명이다.

2) 道 猶法術也 〔附注〕 林曰 言我未知制吳之法術

道는 法術(方法)과 같다.

〔부주〕林: 나는 吳軍을 制壓할 방법을 알지 못한다는 말이다.

3) 역주〕我未知吳道 : 秦軍은 吳軍과 交戰한 경험이 없기 때문에 吳軍의 戰法을 모른다는 말이다. ≪左氏會箋≫

4) 稷沂 皆楚地

稷과 沂는 모두 楚나라 땅이다.

5) 薳射 楚大夫

薳射은 楚나라 大夫이다.

6) 奔徒 楚散卒

奔徒는 逃散하는 楚나라 軍卒이다.

7) 楚地

楚나라 땅이다.

秋七月에 **子期子蒲滅唐**[1)]하다

가을 7월에 子期와 子蒲가 唐나라를 擊滅하였다.

1) 從吳伐楚故

吳軍을 따라 楚나라를 쳤기 때문이다.

九月에 **夫槩王歸**하야 **自立也**하야 **以與王戰而敗**[1)]하고 **奔楚**하야 **爲堂谿氏**[2)]하다 **吳師敗楚師于雍澨**러니 **秦師又敗吳師**하다 **吳師居麇**[3)]하니 **子期將焚之**[4)]한대 **子西曰 父兄親暴骨焉**[5)]이어늘 **不能收**하고 **又焚之**면 **不可**[6)]하다 **子期曰 國亡矣**라 **死者若有知也**면 **可以歆舊祀**[7)]리니 **豈憚焚之**리오 **焚之而又戰**하니 **吳師敗**하다 **又戰于公壻之谿**[8)]하야 **吳師大敗**하니 **吳子乃歸**하다 **囚闉輿罷**러니 **闉輿罷請先**하야 **遂逃歸**[9)]하다 **葉公諸梁之弟后臧從其母於吳**러니 **不待而歸**[10)11)]한대 **葉公終不正視**[12)]하다

9월에 夫槩王이 吳나라로 돌아가서 스스로 임금이 되어, 吳王 闔廬와 戰爭하다가 敗北하고서 楚나라로 달아나 堂谿氏가 되었다. 吳軍이 雍澨에서 楚軍을 패배시키자, 秦軍이 다시 吳軍을 패배시켰다. 吳君이 麇에 駐屯하니, 子期가 麇을 불태우려 하였다. 그러자 子西가 말하기를 "그곳에 父兄과 親戚의 尸骨이 널려 있는데, 수습하지 않고 도리어〔又〕 불을 놓는다면 〈그 尸骨까지 함께 탈 것이니〉 안 될 일이오."라고 반대하니, 子期가 말하기를 "나라가 망하게 되었습니다. 죽은 이들이 만약 앎이 있다면 〈불을 놓아 吳軍을 물리쳐야 나라가 보존되어〉 제사를 받을 수 있다는 것을 〈알 것이니〉 어찌

불태워지는 것을 꺼리겠습니까?"라고 하고서, 불을 지르고서 또 攻擊하니 吳軍이 패배하였다. 또 公壻의 谿谷에서 전투하여 吳軍이 大敗하니, 吳子는 이에 吳나라로 돌아갔다. 〈楚나라 大夫〉 闉輿罷를 포로로 잡았더니, 闉輿罷가 먼저 吳나라로 가기를 청하여 〈吳나라로 가다가〉 드디어 도망해 楚나라로 돌아갔다. 葉公 諸梁의 아우 后臧이 그 어머니와 함께 吳나라로 잡혀가 있었는데, 기다리지 않고 도망쳐 돌아오니, 葉公은 終身토록 그 아우를 바른 눈으로 보지 않았다.

1) 自立爲吳王 號夫槩

스스로 吳王이 되어 號를 夫槩라 하였다.

2) 傳終言之

傳文은 最終의 結果를 말한 것이다.

3) 麇 地名

麇은 地名이다.

4) 〔附注〕 林曰 將以火攻吳師

〔부주〕 林: 불로써 吳軍을 공격하려 한 것이다.

5) 역주〕 暴骨 : 收拾하지 않아 草野에 버려진 채 여기저기 어지럽게 널려 있는 屍身을 이른다.

6) 前年楚人與吳戰 多死麇中 言不可并焚

前年에 楚人이 吳軍과 戰鬪할 때 麇中에서 죽은 자가 많으니, 그 屍身까지 함께 태울 수 없다는 말이다.

7) 言焚吳復楚 則祭祀不廢

불로 吳軍을 공격하여 楚나라를 收復하면 祭祀가 끊기지 않는다는 말이다.

8) 楚地名

楚나라 地名이다.

9) 輿罷 楚大夫 請先至吳而逃歸 言吳唯得楚一大夫 復失之 所以不克

輿罷는 楚나라 大夫이다. 먼저 吳나라로 가기를 청하여 가다가 도망해 돌아온 것이다. 吳나라가 오직 楚나라의 한 大夫만을 잡았을 뿐인데, 다시 그를 놓쳤기 때문에 勝利하지 못하였다는 것을 말한 것이다.

10) 諸梁 司馬沈尹戌之子 葉公子高也 吳入楚 獲后臧之母 楚定 臧棄母而歸

諸梁은 司馬 沈尹 戌의 아들 葉公 子高이다. 吳軍이 楚나라에 侵入하였을 때 后臧의 어머니를 잡아갔는데, 楚나라가 安定되자 后臧은 어머니를 버리고 혼자 도망쳐 돌아왔다.

11) 역주〕 不待而歸 : 그 어머니가 釋放될 때를 기다리지 않고 먼저 도망쳐 돌아온 것이다.

12) 不義之

의롭지 못한 인간으로 여겨서이다.

【傳】 乙亥에 **陽虎囚季桓子及公父文伯**[1)]하고 **而逐仲梁懷**[2)]하다 **冬十月丁亥**에 **殺公何藐**[3)]하다 **己丑**에 **盟桓子于稷門之內**[4)]하고 **庚寅**에 **大詛**[5)6)]하다 **逐公父歜及秦遄**하니 **皆奔齊**[7)]하다

乙亥日에 陽虎가 季桓子 및 公父文伯을 잡아 가두고, 仲梁懷를 逐出하였다. 겨울 10월 丁亥日에 公何藐를 죽였다. 己丑日에 桓子와 稷門 안에서 盟約하고, 庚寅日에 많은〔大〕 사람과 詛呪하였다. 公父歜 및 秦遄을 축출하니, 이들은 모두 齊나라로 도망갔다.

1) 文伯 季桓子從父昆弟也 陽虎欲爲亂 恐二子不從 故囚之
文伯은 季桓子의 從父兄弟(從兄弟)이다. 陽虎가 亂을 일으키려 하였으나, 이 두 사람이 따르지 않을 것이 두려웠다. 그러므로 잡아 가둔 것이다.
2)〔附注〕林曰 以其不順己故
〔부주〕林: 仲梁懷가 자기에게 순종하지 않았기 때문이다.
3) 藐 季氏族
藐는 季氏의 宗族이다.
4) 魯南城門
魯城의 南門이다.
5)〔附注〕林曰 詛 謂違盟者當受罰
〔부주〕林: 詛는 盟約을 어기는 자는 응당 罰을 받을 것임을 이른다.
6) 역주〕詛 : 盟約을 어기는 자에게 罰을 내리라고 神에게 祈求함이다.
7) 歜 卽文伯也 秦遄 平子姑壻也 傳言季氏之亂
歜는 바로 文伯이고, 秦遄은 平子의 姑壻(姑母夫)이다. 傳文은 季氏의 禍亂을 말한 것이다.

【傳】 **楚子入于郢**[1)]하다 **初鬬辛聞吳人之爭宮也**하고 **曰 吾聞之**컨대 **不讓則不和**하고 **不和**면 **不可以遠征**[2)]이라하여늘 **吳爭於楚**하니 **必有亂**이오 **有亂**이면 **則必歸**리니 **焉能定楚**[3)]리오

楚子가 郢都로 들어갔다. 당초에 鬬辛이 吳人들이 宮室을 다툰다는 말을 듣고 다음과 같이 말하였다. "내 듣건대 '겸양하지 않으면 和睦하지 못하고 화목하지 못하면

遠征할 수 없다.'고 하였다. 그런데 吳人이 楚나라에 와서 서로 다투니 반드시 禍亂이 생길 것이요, 화란이 생기면 반드시 돌아갈 것이니, 어찌 楚나라를 平定할 수 있겠는가?"

1) 吳師已歸

吳軍이 이미 돌아갔기 때문이다.

2) 〔附注〕 林曰 不能久遠征役

〔부주〕 林: 오래도록 戰爭할 수 없다는 말이다.

3) 〔附注〕 林曰 安能定楚之地

〔부주〕 林: 어찌 楚나라 땅을 평정할 수 있겠느냐는 말이다.

王之奔隨也에 **將涉於成臼**[1]러니 **藍尹亹涉其帑**[2]하고 **不與王舟**하다 **及寧**하야 **王欲殺之**[3]한대 **子西曰 子常唯思舊怨以敗**라 **君何效焉**이리오 **王曰 善**타하고 **使復其所**[4]하야 **吾以志前惡**[5]이라하다 **王賞鬪辛王孫由于王孫圉鍾建鬪巢申包胥王孫賈宋木鬪懷**[6]한대 **子西曰 請舍懷也**[7]하소서 **王曰 大德滅小怨**이 **道也**[8]라 **申包胥曰 吾爲君也**오 **非爲身也**라 **君旣定矣**니 **又何求**리오 **且吾尤子旗**하니 **其又爲諸**[9][10]아하고 **遂逃賞**하다 **王將嫁季芈**하니 **季芈辭曰 所以爲女子**는 **遠丈夫也**[11]어늘 **鍾建負我矣**라하니 **以妻鍾建**하야 **以爲樂尹**[12]하다

楚王이 隨나라로 도망갈 때 成臼를 건너려 하였는데, 이때 藍尹 亹가 자기의 妻子를 건너게 하려고 王에게 배〔舟〕를 주지 않았다. 楚나라가 안정된 뒤에 미쳐 王이 亹를 죽이려 하자, 子西가 말하기를 "子常은 오직 옛 怨恨만을 생각하였기 때문에 실패한 것입니다. 임금님께서는 어찌 그를 본받으려 하십니까?"라고 하니, 王은 "좋은 말이다."고 하고서 亹를 원래의 職位로 회복시키고서 "나는 이로써 지난날의 잘못을 기억하겠노라."고 하였다. 王이 鬪辛, 王孫由于, 王孫圉, 鍾建, 鬪巢, 申包胥, 王孫賈, 宋木, 鬪懷에게 賞을 주려 하자, 子西가 "鬪懷는 除外시키소서."라고 하니, 王이 말하기를 "큰 恩德만을 생각하고 작은 怨恨은 덮어두는 것이 바른 道義이다."고 하였다. 申包胥가 말하기를 "내가 〈秦나라로 가서 援兵을 청한 것은〉 임금님을 위해서이지 나 자신을 위해서가 아닙니다. 임금님께서 이미 安定을 찾으셨으니 다시 무엇을 바라겠습니까? 더구나〔且〕 나는 子旗를 나무랐으니, 어찌 또 그런 짓을 할 수 있겠습니까?"라고 하고서 드디어 賞을 피해 도망하였다. 王이 季芈를 시집보내려 하자, 季芈가 거절하며 말하기를 "女子는 丈夫(남자)를 멀리해야 하는데, 鍾建이 나를 업은 일이 있습니다."고 하니, 季

芈를 鍾建의 아내로 주고서 그를 樂尹으로 삼았다.

1) 江夏 竟陵縣西有臼水 出聊屈山 西南入漢

江夏 竟陵縣 서쪽에 臼水가 있는데, 聊屈山에서 發源하여 서남쪽으로 흘러 漢水로 들어간다.

2) 亹 楚大夫〔附注〕林曰 先在臼水 涉其妻子

亹는 楚나라 大夫이다.

〔부주〕林: 먼저 臼水로 가서 그 妻子를 건너게 한 것이다.

3) 寧 安定也

寧은 安定이다.

4)〔附注〕林曰 使藍尹亹 復其所職

〔부주〕林: 藍尹 亹를 전의 官職으로 復職시킨 것이다.

5) 惡 過也〔附注〕林曰 我用此以識前日之過

惡은 過(허물)이다.

〔부주〕林: 나는 이로써 전일의 과오를 기억하겠다는 말이다.

6) 九子皆從王有大功者

아홉 사람은 모두 王을 隨從한 큰 功이 있는 자들이다.

7) 以初謀弑王也*)〔附注〕林曰 請棄懷勿賞

당초에 楚王을 弑害하려고 謀議하였기 때문이다.

〔부주〕林: 懷는 〈受賞者의 名單에서〉 빼버리고 賞을 주지 말라는 말이다.

*) 역주〕以初謀弑王也 : 작년에 楚昭王이 鄖으로 도망갔을 때 鄖公 辛의 아우 懷가 그 兄에게 昭王을 죽이자고 한 일을 이른다.

8) 終從其兄 免王大難*) 是大德

마침내 그 兄을 따라 王을 大難에서 벗어나게 하였으니, 이것이 大德이다.

*) 역주〕終從其兄 免王大難 : 懷가 마침내 그 兄과 함께 昭王을 모시고 隨나라로 도망가서 昭王을 禍難에서 벗어나게 하였다는 말인데, 傳文에는 '鬪辛이 그 아우 巢와 함께 昭王을 모시고 隨나라로 도망갔다.'고 하였고, 懷도 함께 모시고 갔다고 말하지 않았다.

9) 子旗 蔓成然也 以有德於平王 求欲無厭 平王殺之 在昭十四年

子旗는 蔓成然이다. 平王을 〈도와 임금이 되게 한〉 功德이 있다 하여 欲求가 끝이 없어서 平王이 그를 죽였다. 이 일은 昭公 14년 傳에 보인다.

10) 역주〕吾尤子旗 : 申包胥가 子旗를 나무란 일은 傳文에 보이지 않는다.

11)〔附注〕林曰 遠丈夫以重男女之別也

〔부주〕林: 丈夫(남자)를 멀리하여 男女의 분별을 尊重한다는 말이다.

12) 司樂大夫

音樂을 맡은 大夫이다.

王之在隨也에 子西爲王輿服以保路하고 國于脾洩[1)2)]이라가 聞王所在하고 而後從王하다 王使由于城麇[3)]러니 復命이어늘 子西問高厚焉하니 弗知[4)]하다 子西曰 不能이면 如辭[5)]니라 城不知高厚하니 小大何知[6)]리오 對曰 固辭不能[7)]이로되 子使余也[8)]니라 人各有能有不能이라 王遇盜於雲中에 余受其戈하니 其所猶在[9)]라하고 袒而視之背曰 此余所能也어니와 脾洩之事는 余亦弗能也[10)]라

楚昭王이 隨나라에 있을 때, 子西는 〈王이 계시는 것처럼 僞裝하여〉 王의 수레와 服裝을 만들고 脾洩에 나라를 세워 道路에 떠도는 軍民을 보호하다가 昭王이 있는 곳을 안 뒤에는 昭王을 찾아갔다. 昭王이 由于를 보내어 麇에 성을 쌓게 하였는데, 〈由于가 築城을 끝내고 돌아와서〉 復命하자, 子西가 성의 높이와 두께를 물으니 알지 못하였다. 子西가 말하기를 "능력이 없으면 당연히〔如〕 사양했어야 합니다. 城의 높이와 두께도 모르니 크고 작음을 어찌 알겠습니까?"라고 하니, 由于가 대답하기를 "능력이 없다고 굳이 사양하는데도 당신이 나를 보냈습니다. 사람에게는 각각 할 수 있는 일과 할 수 없는 일이 있습니다. 王께서 雲中에서 盜賊을 만났을 때 내가 도적의 창을 받았는데 그때 입은 상처가 아직까지 남아 있습니다."고 하고서 웃통을 벗어 그 등을 보여주며 말하기를 "이런 일은 내가 능히 할 수 있는 바이지만 脾洩의 일은 내가 능히 할 수 있는 바가 아닙니다."고 하였다.

1) 脾洩 楚邑也 失王 恐國人潰散 故僞爲王車服 立國脾洩 以保安道路人

脾洩은 楚나라 邑이다. 王을 잃었으니 國人이 潰散할까 두려웠다. 그러므로 〈王이 계신 것처럼〉 僞裝하여 王의 車服을 만들고 脾洩에 나라를 세워서 道路에 떠도는 사람들을 보호해 안정시킨 것이다.

2) 역주〕 子西爲王輿服以保路 國于脾洩 : 杜注에 따라 以保路와 國于脾洩를 倒置시켜 번역하였다. 王의 所在를 알 수 없으니, 人心이 動搖할 것을 憂慮한 子西는 임금이 있는 것처럼 僞裝하여 王의 車服을 만들고 脾洩에 政府를 세워서 道路人(떠도는 사람들)을 보호해 안정시켰다는 뜻이다.

3) 於麇築城

麇에 城을 쌓은 것이다.

4) 〔附注〕 林曰 城畢反命於君 子西問築城高厚幾許 由于不知其數

〔부주〕 林: 築城을 마치고 楚君에게 復命할 때 子西가 '쌓은 城의 높이와 두께가 몇 尺이냐.'고 묻자, 由于는 그 尺數를 알지 못한 것이다.

5) 言自知不能 當辭勿行

능력이 없음을 스스로 알았으면 당연히 사양하고 가지 말았어야 했다는 말이다.

6) 〔附注〕 林曰 築城尙不知其高厚小大之數 當復與知何事 〔附注〕 朱曰 築城而不知其高厚丈尺 豈復知城之小大乎

〔부주〕 林: 城을 쌓으면서 城의 高厚와 小大의 尺數도 몰랐으니 다시 무슨 일을 알 수 있겠느냐는 말이다.

〔부주〕 朱: 城을 쌓으면서 城의 高厚의 尺數를 몰랐으니 어찌 다시 城의 大小를 알겠느냐는 말이다.

7) 〔附注〕 林曰 言我固嘗辭不能矣

〔부주〕 林: 나는 능력이 없다고 固辭하였다는 말이다.

8) 〔附注〕 林曰 子 謂子西 必欲使余往也

〔부주〕 林: 子는 子西를 이른다. 당신이 반드시 나를 보내고자 하였다는 말이다.

9) 〔附注〕 朱曰 遭傷之處見存

〔부주〕 朱: 상처를 입은 자리가 지금까지 남아 있다는 말이다.

10) 傳言昭王所以復國 有賢臣也

傳文은 昭王이 나라를 되찾은 것은 賢臣이 있었기 때문임을 말한 것이다.

【傳】 晉士鞅圍鮮虞하야 **報觀虎之敗也**[1)]라

晉나라 士鞅이 鮮虞를 포위하였으니, 이는 觀虎의 敗北를 보복하기 위함이었다.

1) 三年 鮮虞獲晉觀虎

魯定公 3년에 鮮虞가 晉나라 觀虎를 포로로 잡았다.

〈六年, 丁酉 B.C.504〉

【經】 六年春王正月癸亥에 **鄭游速帥師滅許**하야 **以許男斯歸**[1)]하다

6년 봄 周王 正月 癸亥日에 鄭나라 游速이 군대를 거느리고 가서 許나라를 擊滅하고서 許男 斯를 잡아 가지고 돌아갔다.

1) 游速 大叔子

游速은 大叔(游吉)의 아들이다.

【經】 二月에 公侵鄭하다 公至自侵鄭[1)]하다

2월에 公이 鄭나라를 侵攻하였다. 公이 鄭나라 侵攻에서 돌아왔다.

1) 無傳〔附注〕林曰 自宣之季年 凡伐不言公 魯無君將者八十年矣 至是書侵鄭 則以公山不狃侯犯陽虎之專也[*)] 故曰政逮於大夫四世矣 故夫三桓之子孫微矣

傳이 없다.

〔부주〕林: 宣公 末年으로부터 모든 侵伐에 公을 말하지 않았으니, 魯나라에 임금이 군사를 거느리고 出戰한 적이 없었던 기간이 80년이 되었다. 그런데 이때에 이르러 '侵鄭'을 기록한 것은 公山不狃, 侯犯, 陽虎가 政權을 獨占하였기 때문이다. 그러므로 ≪論語≫ 〈季氏〉篇에 "政權이 大夫의 手中으로 들어간 지가 4世이다. 그러므로 저 三桓의 子孫이 微弱해진 것이다."고 하였다.

*) 역주〕至是書侵鄭 則以公山不狃侯犯陽虎之專也：公山不狃 등이 專政하였기 때문에 '侵鄭'을 기록하였다는 말인 듯한데, 그 뜻은 未詳이다.

【經】 夏에 季孫斯仲孫何忌如晉하다

여름에 季孫斯와 仲孫何忌가 晉나라에 갔다.

【經】 秋에 晉人執宋行人樂祁犂[1)]하다

가을에 晉人이 宋나라 行人 樂祁犂를 잡았다.

1) 稱行人 言非其罪

行人이라 칭한 것은 그 罪가 아님을 말한 것이다.

【經】 冬에 城中城[1)]하다

겨울에 中城에 城을 쌓았다.

1) 無傳 公爲晉侵鄭 故懼而城之

傳이 없다. 定公이 晉나라를 위해 鄭나라를 侵攻하였기 때문에 〈鄭나라가 보복할까〉 두려워서 城을 쌓은 것이다.

【經】 季孫斯仲孫忌帥師圍鄆[1)]하다

季孫斯와 仲孫忌가 군사를 거느리고 가서 鄆을 포위하였다.

1) 無傳 何忌不言何 闕文 鄆貳於齊 故圍之

傳이 없다. '何忌'의 '何'를 말하지 않은 것은 글자가 빠진 것이다. 鄆이 두 마음을 품고서 齊나라에 붙었기 때문에 포위한 것이다.

【傳】 六年春에 鄭滅許하니 因楚敗也라

6년 봄에 鄭나라가 許나라를 擊滅하였으니, 楚나라가 敗戰한 기회를 이용한 것이다.

【傳】 二月에 公侵鄭하야 取匡하니 爲晉討鄭之伐胥靡也[1]라 往不假道於衛하고 及還에 陽虎使季孟自南門入하야 出自東門[2]하야 舍於豚澤하니 衛侯怒하야 使彌子瑕追之[3]하다 公叔文子老矣[4]러니 輦而如公曰 尤人而效之는 非禮也라 昭公之難[5]에 君將以文之舒鼎[6]과 成之昭兆[7]와 定之鞶鑑[8]으로 苟可以納之면 擇用一焉[9][10]이리라 公子與二三臣之子[11]를 諸侯苟憂之[12]면 將以爲之質[13][14]하리라 此群臣之所聞也어늘 今將以小忿으로 蒙舊德[15][16]하니 無乃不可乎아 大姒之子[17]에 唯周公康叔爲相睦也[18]어늘 而效小人以棄之면 不亦誣乎[19][20]아 天將多陽虎之罪以斃之니 君姑待之가 若何오 乃止[21]하다

2월에 定公이 鄭나라를 침공하여 匡을 취하였으니, 이는 晉나라를 위하여 鄭나라가 胥靡를 친 것을 懲罰한 것이다. 〈鄭나라를 치기 위해〉 갈 때에 衛나라에 길을 빌리지 않았고, 돌아올 때는 陽虎가 季氏(桓子)와 孟氏(懿子)에게 衛나라 南門으로 들어가서 東門으로 나와 豚澤에 머물게 하니, 衛侯가 노하여 彌子瑕를 보내어 魯軍을 追擊하게 하였다. 이때 公叔文子는 年老하여 官職에서 물러나 있었는데, 수레를 타고 靈公에게 가서 말하기를 "남의 잘못을 꾸짖으면서 그 잘못을 본받는 것은 禮가 아닙니다. 魯昭公이 禍難을 당하였을 때 임금님께서는 文公의 舒鼎과 成公의 昭兆와 定公의 鞶鑑을 〈賞品으로 걸고서 '누구라도〉 魯君을 다시 魯나라로 들여보낸다면 이 세 가지 寶物 중에 하나를 골라 가지게 하겠다. 諸侯 중에 魯君을 위해 근심하는 자가 있다면 나는 장차 公子와 몇몇 신하의 아들들을 人質로 보내겠다.'고 하셨습니다. 이 말씀은 모든 신하가 들은 바인데, 이제 작은 忿怒로 지난날의 큰 恩德을 덮으려 하시니 不可하지 않습니까? 太姒의 아드님 중에 周公과 康叔만이 서로 和睦하셨는데, 小人의 행위를 본받아 魯나라를 버리신다면 〈陽虎에게〉 속임을 당하는 것이 아닙니까? 하늘이 陽虎의 罪를

많게 하여 그를 죽이려는 것이니 임금님께는 우선 기다리심이 어떻겠습니까?"라고 하니, 靈公은 이에 出兵을 中止하였다.

1) 胥靡 周地也 周儋翩因鄭人以作亂 鄭爲之伐胥靡 故晉使魯討之 匡 鄭地 取匡不書 歸之晉
胥靡는 周나라 땅이다. 周나라 儋翩(子朝의 黨)이 鄭人에 의지하여 亂을 일으키려 하니, 鄭나라는 그를 위해 胥靡를 토벌하였다. 그러므로 晉나라가 魯나라로 하여금 鄭나라를 토벌하게 한 것이다. 匡은 鄭나라 땅이다. 匡을 취한 것을 經에 기록하지 않은 것은 匡을 晉나라에 주었기 때문이다.

2) 陽虎將逐三桓 欲使得罪於鄰國
陽虎는 장차 三桓을 축출하기 위해 三桓으로 하여금 이웃나라에 罪를 얻게 하고자 한 것이다.

3) 彌子瑕 衛嬖大夫〔附注〕林曰 止舍於衛豚澤之地
彌子瑕는 衛나라 嬖大夫(임금의 사랑을 받는 大夫)이다.
〔부주〕林: 衛나라 豚澤 地方에 머문 것이다.

4) 文子 公叔發〔附注〕林曰 告老致仕事
文子는 公叔發이다.
〔부주〕林: 年老하여 官職을 사양하고 물러남이다.

5) 역주〕昭公之難 : 魯昭公이 季氏에게 쫓겨나 外國을 떠돈 일을 이른다.

6) 衛文公之鼎〔附注〕林曰 昭公孫齊 在昭二十五年 衛文公之鼎名曰舒鼎
衛文公의 鼎이다.
〔부주〕林: 魯昭公이 齊나라로 도망간 일은 昭公 25년에 있었다. 衛文公의 鼎의 이름을 '舒鼎'이라 하였다.

7) 寶龜〔附注〕林曰 衛成公得寶龜 名曰昭兆
寶龜이다.
〔부주〕林: 衛成公이 얻은 寶龜의 이름을 '昭兆'라 하였다.

8) 鞶帶而以鏡爲飾也 今西方羌胡猶然 古之遺服〔附注〕林曰 衛定公有鞶帶以鑑爲飾
鞶鑑은 가죽띠에 거울을 붙여 장식한 것이다. 지금 西方의 羌胡族들은 아직도 그런 띠를 사용하니, 옛부터 전해온 服飾을 지키고 있는 것이다.
〔부주〕林: 衛定公에게 거울을 붙여 장식한 가죽띠가 있었다.

9)〔附注〕林曰 苟可以納魯君 擇用其一 以爲好貨*)
〔부주〕林: 만약 魯君을 본국으로 들여보낼 수 있다면 세 가지 보물 중에서 하나를 선택하여 好貨로 삼으라는 말이다.

*) 역주〕好貨 : 飮宴하는 자리에서 客에게 주는 禮物을 이른다. 昭公 5년 傳에 '宴有好貨'

란 말이 보이는데, 그 주에 "잔치를 열어 술을 마실 때 友好를 表하기 위해 客에게 財貨를 준다."고 하였다.

10) 역주] 苟可以納之 擇用一焉 : 누구라도 魯昭公을 다시 魯나라로 들여보낸다면 이 세 가지 寶物 중에 하나를 골라 가지게 하겠다는 말이다.

11) 〔附注〕 林曰 衛之公子與諸大夫之子

〔부주〕 林: 衛나라의 公子와 諸大夫의 아들이다.

12) 〔附注〕 林曰 諸侯苟有憂恤魯侯者

〔부주〕 林: '諸侯 중에 가령 魯侯를 가엾게 여기는 자가 있다면'이라는 말이다.

13) 爲質 求納魯昭公

人質로 보내어 魯昭公을 歸國시키도록 요구하겠다는 말이다.

14) 역주] 公子與二三臣之子……將以爲之質 : '諸侯苟憂之 公子與二三臣之子 將以爲之質'의 倒置이다. 諸侯 중에 魯昭公을 위해 근심하는 자가 있다면 公子와 몇몇 신하의 아들들을 人質로 보내고서 함께 魯君의 歸國을 圖謀하겠다는 뜻이다.

15) 蒙 覆也 〔附注〕 林曰 今將以不假道之小忿 而蒙覆舊日之大德

蒙은 覆(덮음)이다.

〔부주〕 林: 지금 길을 빌리지 않은 작은 忿怒를 가지고 前日의 큰 恩德을 덮는다는 말이다.

16) 역주] 舊德 : 옛날에 魯나라 始祖 周公과 衛나라 始祖 康叔이 和睦했던 것을 이른다.

17) 大姒 文王妃

太姒는 文王妃이다.

18) 〔附注〕 林曰 周公 魯之祖 康叔 衛之祖

〔부주〕 林: 周公은 魯나라의 始祖이고, 康叔은 衛나라의 始祖이다.

19) 〔附注〕 林曰 倣效小人之尤過以棄絶之 不亦誣罔之甚乎

〔부주〕 林: 小人의 잘못을 본받아 魯나라를 버린다면 매우 속임을 당하는 것이 아니냐는 말이다.

20) 역주] 效小人以棄之 不亦誣乎 : 小人은 陽虎를 이른다. 魯나라가 衛나라에 無禮하게 군 것은 모두 陽虎의 逼迫에 의한 것이고 魯나라의 本意가 아닌데, 陽虎의 無禮를 본받아 舊德을 버린다면 陽虎에게 속임을 당하는 것이 아니냐는 말이다.

21) 止不伐魯師

中止하고서 魯軍을 치지 않은 것이다.

【傳】 夏에 季桓子如晉하니 獻鄭俘也[1)]라 陽虎强使孟懿子往報夫人之幣[2)]하다 晉

人兼享之[3)]할새 **孟孫立于房外**[4)]하야 **謂范獻子曰 陽虎若不能居魯**면 **而息肩於晉**[5)]하리니 **所不以爲中軍司馬者**ㄴ댄 **有如先君**[6)7)]이라 **獻子曰 寡君有官**은 **將使其人**[8)]이니 **鞅何知焉**[9)]이리오 **獻子謂簡子**[10)]**曰 魯人患陽虎矣**라 **孟孫知其釁**하고 **以爲必適晉**[11)]이라 **故强爲之請**하야 **以取入焉**[12)13)]이라

여름에 季桓子가 晉나라에 갔으니, 鄭나라를 토벌할 때 잡은 俘虜를 바치기 위해서였다. 陽虎가 강제로 孟懿子를 보내어 夫人(晉定公의 夫人)에게 報答의 幣帛을 올리게 하였다. 晉人이 宴會를 열어 季桓子와 孟懿子를 함께 接待할 때 孟懿子가 변소〔房〕 밖에 서서 范獻子에게 말하기를 "陽虎가 만약 魯나라에 있을 수 없게 되면 晉나라로 와서 安息을 취할 것이니, 그때 만약 그를 中軍司馬로 삼지 않는다면 先君이 罰을 내릴 것입니다."라고 하니, 獻子가 말하기를 "우리 임금께서 官職을 設置〔有〕하신 것은 合當한 사람을 選擇〔使〕하기 위함이니 내가 어찌 간여〔知〕할 수 있겠습니까?"라고 하고서, 獻子가 簡子에게 말하기를 "魯人은 陽虎를 憂患으로 여깁니다. 孟孫은 그 조짐을 알고서 반드시 晉나라로 올 것으로 여긴 것입니다. 그러므로 그를 위해 강력히 요청하여 그가 晉나라로 들어와서 祿位를 取할 수 있도록 한 것입니다."고 하였다.

1) 獻此春取匡之俘

금년 봄에 匡을 취할 때 잡은 俘虜이다.

2) 虎欲困辱三桓 幷求媚於晉 故强使正卿報晉夫人之聘

陽虎는 三桓에게 심한 모욕을 주는 동시에 晉나라에 歡心을 사고자 하였다. 그러므로 강제로 正卿을 보내어 晉夫人의 聘問을 보답하게 한 것이다.

3) 賤魯 故不復兩設禮 明經所以不備書

魯나라를 천하게 여겼기 때문에 두 사람에게 각각 따로 禮를 베풀지 않은 것이다. 經文에 갖추어 기록하지 않은 이유를 밝힌 것이다.

4) 〔附注〕 林曰 孟孫 卽孟懿子 立于更衣房之外

〔부주〕 林: 孟孫은 바로 孟懿子이다. 更衣房(변소) 밖에 서 있은 것이다.

5) 〔附注〕 林曰 息肩 猶荷重者 止息其肩擔之勞 此言陽虎不能任重於魯 而求息肩於晉

〔부주〕 林: 息肩은 무거운 짐을 진 자가 그 어깨에 지워진 짐을 내려놓고서 勞役을 쉬는 것과 같은 것이다. 이것은 陽虎가 魯나라에서 重任을 감당할 수 없어서 晉나라로 와서 쉬기를 구할 것이라는 말이다.

6) 稱先君以徵其言 若欲使晉必厚待之

先君을 稱하여 자기의 말이 眞實임을 證明하여, 마치 晉나라로 하여금 반드시 陽虎를 厚待하게 하고자 하는 것처럼 한 것이다.

7) 역주〕所不以爲中軍司馬者 有如先君 : 所는 若의 뜻으로 誓詞에 많이 쓰인다. 有如도 誓詞 중에 常用하는 말이다. 이곳의 有如先君, 僖公 24년의 有如白水, 文公 12년의 有如河, 襄公 25년의 有如上帝, 定公 6년의 有如先君, 哀公 14년의 有如陳宗 등은 모두 神이 盟誓의 證人이 되어 盟誓를 어기면 神이 罰을 내린다는 뜻이다. 僖公 24년 譯註 참고할 것.

8) 擇得其人

適合한 사람을 選擇할 것이라는 말이다.

9) 역주〕寡君有官……鞅何知焉 : 寡君有官은 '寡君이 官職을 設置한 것은'이라는 말이고, 將使其人의 使는 選擇이고 其人은 合當한 사람이다. 鞅何知焉의 鞅은 范獻子의 이름이고, 知는 與知로 干與해 앎이니, 곧 官職을 설치한 것은 합당한 사람을 선택하기 위함이니, 내가 간여해 알 바가 아니라는 말이다. 이는 孟懿子가 陽虎를 中軍司馬로 삼으라고 要請하였으므로 范獻子가 자기에게는 그런 權限이 없다고 사절한 것이다.

10)〔附注〕林曰 簡子 卽趙鞅

〔부주〕林: 簡子는 바로 趙鞅이다.

11)〔附注〕林曰 孟懿子知陽虎已有逃亡之釁 以爲陽虎行媚於晉 終必奔往晉國

〔부주〕林: 孟懿子는 陽虎가 이미 逃亡가려는 낌새가 있는 것을 알고서, 陽虎가 晉나라에 歡心을 사는 짓을 하였으니〔行媚〕 끝내는 반드시 晉나라로 出奔할 것으로 여긴 것이다.

12) 欲令晉人聞虎當逃走 故强設請託之辭 因此言以入晉 令晉素知之

晉人에게 陽虎가 逃走할 것을 알려주고자 한 것이다. 그러므로 억지로 請託하는 말을 한 것이다. 이 말로 인해 陽虎가 晉나라로 들어갈 것을 晉人으로 하여금 미리 알게 한 것이다.

13) 역주〕以取入焉 : 他國으로 들어가서 祿位를 얻도록 한 것이다. 그러므로 '取入'이라 한 것이다. ≪孟子≫ 〈離婁 下〉에 "〈신하가〉 연고가 있어서 〈本國을〉 떠나 〈他國으로 가는〉 경우이면 임금이 사람을 시켜 그를 引導(護衛)해 國境을 나가게 하고, 또 그가 가는 곳에 먼저 사람을 보내어 〈그를 위해 周旋한다.〉〔有故而去 則君使人導之出疆 又先於其所往〕"고 하였다. 陽虎가 도망갈 때 그를 호위해 국경을 나가게 한 일은 없었으나, 이것은 孟孫이 그를 위해 미리 주선한 것이다. 〈楊注〉

【傳】四月己丑에 **吳大子終纍敗楚舟師**[1]하고 **獲潘子臣小惟子**[2]**及大夫七人**하니 **楚國大惕**하야 **懼亡**하다 **子期又以陵師敗于繁揚**[3]하니 **令尹子西喜曰 乃今可爲矣**[4]라하고 **於是乎遷郢於鄀**하고 **而改紀其政**하야 **以定楚國**[5]하다

4월 己丑日에 吳나라 太子 終纍가 楚나라 舟師(水軍)를 패배시키고서 潘子臣과 小惟子 및 大夫 일곱 사람을 포로로 잡아 가니, 楚나라는 크게 놀라 나라가 망할까 두려워하였다. 子期가 또 陸軍〔陵師〕을 거느리고 나가 싸우다가 繁揚에서 패배하니, 令尹 子西가 기뻐하며 말하기를 "이제야 나라를 다스릴 수 있게 되었다."고 하고서, 이에 郢에서 鄀으로 遷都하고서 政治를 改革〔改紀〕하여 楚나라를 안정시켰다.

1) 終纍 闔廬子 夫差兄 舟師 水戰

終纍는 闔廬의 아들이고 夫差의 兄이다. 舟師는 水戰이다.

2) 二子 楚舟師之帥

두 사람은 楚나라 水軍의 將帥이다.

3) 陵師 陸軍〔附注〕林曰 以上文有舟師 故以陵師別之

陵師는 陸軍이다.

〔부주〕林: 上文에 舟師가 있기 때문에 陵師로 구별해 말한 것이다.

4) 言知懼而後可治

두려움을 안 뒤에야 다스릴 수 있다는 것을 말한 것이다.

5) 傳言楚賴子西以安

傳文은 楚나라가 子西를 힘입어 安定된 것을 말한 것이다.

【傳】周儋翩率王子朝之徒하고 **因鄭人將以作亂于周**[1)]하니 **鄭於是乎伐馮滑胥靡負黍狐人闕外**[2)]하다 **六月**에 **晉閻沒戍周**하고 **且城胥靡**[3)]하다

周나라 儋翩이 王子 朝의 무리를 거느리고서 鄭人에게 의지하여 周나라에서 叛亂을 일으키려 하니, 鄭나라는 이에 馮, 滑, 胥靡, 負黍, 狐人, 闕外를 토벌하였다. 6월에 晉나라 閻沒이 周나라를 衛戍하고, 또 胥靡에 城을 쌓았다.

1) 儋翩 子朝餘黨

儋翩는 子朝의 殘黨이다.

2) 鄭伐周六邑 在魯伐鄭取匡前 於此見者 爲戍周起也 陽城縣西南有負黍亭

鄭人이 周나라의 여섯 邑을 친 일이 魯나라가 鄭나라를 쳐서 匡을 취하기 전에 있었는데, 여기에 드러낸 것은 〈이것이〉 周나라를 衛戍하게 된 원인이 되었기 때문이다. 陽城縣 서남쪽에 負黍亭이 있다.

3) 爲下天王出居姑蕕起

下文에 天王이 姑蕕로 나가 거처하게 된 원인이다.

【傳】 秋八月에 宋樂祁言於景公曰 諸侯唯我事晉하니 今使不往이면 晉其憾矣리라 樂祁告其宰陳寅[1)]하니 陳寅曰 必使子往[2)]하리라 他日에 公謂樂祁曰 唯寡人說子之言[3)]하니 子必往하라 陳寅曰 子立而後行이면 吾室亦不亡[4)]이오 唯君亦以我爲知難而行也[5)6)]리라하니 見溷而行[7)]하다 趙簡子逆하야 而飮之酒於綿上[8)]하니 獻楊楯六十於簡子[9)]하다 陳寅曰 昔吾主范氏러니 今子主趙氏[10)]하고 又有納焉하니 以楊楯賈禍라 弗可爲也已[11)12)]라 然子死晉國이면 子孫必得志於宋[13)]하리라 范獻子言於晉侯曰 以君命越疆而使하야 未致使而私飮酒하니 不敬二君이라 不可不討也라하고 乃執樂祁[14)]하다

가을 8월에 宋나라 樂祁가 宋景公에게 말하기를 "諸侯 중에 오직 우리나라만이 晉나라를 섬기고 있으니, 지금 使者를 보내지 않는다면 晉나라는 아마도 怨恨〔憾〕을 품을 것입니다."고 하였다. 樂祁가 이 말을 그 家臣〔宰〕 陳寅에게 告하니, 陳寅이 말하기를 "임금님께서는 반드시 당신을 使者로 보내실 것입니다."고 하였다. 며칠 뒤에 景公이 樂祁에게 이르기를 "오직 寡人만이 그대의 말을 좋게 여겼으니, 그대가 꼭 使者로 가도록하라."고 하였다. 陳寅이 樂祁에게 말하기를 "아드님을 後繼者로 세운 뒤에 使者로 가시면 우리 집안도 亡하지 않고, 임금님께서도 우리가 禍亂이 있을 줄을 알면서도 가는 것을 〈훌륭하게〉 여길 것입니다."고 하니, 樂祁는 溷(樂祁의 아들)을 宋景公에게 謁見시키고서 떠났다. 趙簡子가 樂祁를 맞이하여 綿上에서 술을 接待하니, 樂祁는 趙簡子에게 楊木으로 만든 방패〔楯〕 60개를 獻上하였다. 陳寅이 말하기를 "전에는 우리가 范氏를 主人으로 삼았는데, 지금은 趙氏를 主人으로 삼고 또 물건까지 바쳤으니, 楊木 방패로 禍를 산 것이라 다시 救濟할 방법이 없습니다. 그러나 당신께서 晉나라에서 죽으면 子孫이 반드시 宋나라에서 뜻을 얻게 될 것입니다."고 하였다. 范獻子가 晉侯에게 말하기를 "임금의 명을 받들고 國境을 넘어 使者로 와서 使命도 傳〔致〕하기 전에 사사로이 술을 마셨으니, 두 나라의 임금을 尊敬하지 않은 것입니다. 懲罰하지 않을 수 없습니다."고 하고서 樂祁를 체포하였다.

1) 以與公言告之

景公과 한 말을 陳寅에게 告한 것이다.

2) 〔附注〕 林曰 子 謂樂祁 言景公必使子往晉

〔부주〕 林: 子는 樂祁를 이른다. 景公이 반드시 당신을 晉나라에 使臣으로 가게 할 것이라는 말이다.

3) 역주] 唯寡人說子之言 : 오직 寡人만이 '使者를 보내지 않으면 晉나라가 怨恨을 품을 것이다.'고 한 그대의 말을 좋게 여긴다는 말이다.

4) 寅知晉政多門 往必有難 故使樂祁立後而行〔附注〕林曰 雖身死 不亡其家

陳寅은 晉나라의 政令이 여러 사람에게서 나오니, 가면 반드시 禍亂이 있을 것을 알았다. 그러므로 樂祁에게 後繼者를 세운 뒤에 떠나게 한 것이다.

〔부주〕林: 비록 자신은 죽겠지만 그 집안은 망하지 않는다는 말이다.

5)〔附注〕林曰 亦使宋君 知樂祁此行爲不易

〔부주〕林: 또 宋君으로 하여금 樂祁의 이번 걸음이 쉽지 않다는 것을 알게 한다는 말이다.

6) 역주] 唯君亦以我爲知難而行也 : 우리가 使者로 가면 禍亂을 당할 줄을 알면서도 사양하지 않고 가는 것에 대해 임금께서도 높이 평가할 것이라는 뜻이다. 唯는 語首助辭로 뜻이 없다.

7) 溷 樂祁子也 見於君 立以爲後

溷은 樂祁의 아들이다. 溷을 宋君에게 謁見시키고서 溷을 세워 後繼者로 삼은 것이다.

8)〔附注〕林曰 趙鞅爲樂祁設宴于綿上之地

〔부주〕林: 趙鞅이 樂祁를 위하여 綿上의 땅에서 宴會를 베푼 것이다.

9) 楊 木名〔附注〕林曰 楯 干櫓也 以楊木爲之

楊은 나무의 이름이다.

〔부주〕林: 楯은 방패이니, 楊木으로 만든 방패이다.

10)〔附注〕林曰 昔我之往晉 以范氏爲主 今樂祁往 以趙氏爲主

〔부주〕林: 전에 우리가 晉나라에 갔을 때는 范氏를 主人으로 삼았는데, 이번에 樂祁가 사신으로 가서는 趙氏를 主人으로 삼았다는 말이다.

11) 知范氏必怨 將得禍〔附注〕林曰 賈 猶買也

范氏가 반드시 怨恨을 품을 것이므로 장차 禍를 입게 될 줄을 안 것이다.

〔부주〕林: 賈는 買와 같다.

12) 역주] 弗可爲也已 : 救濟할 방법이 없다는 말인 듯하다. 그러므로 이상과 같이 번역하였다. 也已는 肯定을 나타내는 語氣辭이다.

13) 以其爲國死

그가 나라를 위해 죽었기 때문이다.

14) 獻子怒祁比趙氏 經所以稱行人

獻子는 樂祁가 趙氏를 가까이한 것에 怒하여 〈樂祁를 체포한〉 것이다. 그러므로 經에 '行人'으로 稱하여 〈그의 罪가 아님을 말한〉 것이다.

【傳】 陽虎又盟公及三桓於周社하고 **盟國人于亳社**하고 **詛于五父之衢**[1)2)]하다

陽虎가 또 定公 및 三桓과 周社에서 盟約하고, 國人과 亳社에서 盟約하고서, 五父의 거리에서 詛呪하였다.

1) 傳言三桓微 陪臣專政 爲八年陽虎作亂起〔附注〕林曰 魯有兩社 朝廷在其中間
傳文은 三桓이 衰微하여 陪臣(家臣)이 政權을 掌握한 것을 말한 것이다. 定公 8년에 陽虎가 叛亂을 일으킨 원인이다.
〔부주〕林: 魯나라에 두 社가 있는데, 朝廷이 두 社의 中間에 있다.
2) 역주〕周社……亳社 : 閔公 2년 傳의 '兩社'에 대한 杜注와 譯註 참고할 것.

【傳】 冬十二月에 **天王處于姑蕕**[1)]하니 **辟儋翩之亂也**[2)]라

겨울 12월에 天王이 姑蕕에 居處하였으니, 儋翩의 叛亂을 피해 나간 것이다.

1) 姑蕕 周地
姑蕕는 周나라 땅이다.
2) 爲明年單劉逆王起
明年에 單武公과 劉桓公이 天王을 맞이한 원인이다.

〈七年, 戊戌 B.C.503〉

【經】 七年春王正月이라

7년 봄 周王 正月이다.

【經】 夏四月

여름 4월이다.

【經】 秋에 **齊侯鄭伯盟于鹹**[1)]하다

가을에 齊侯와 鄭伯이 鹹에서 會盟하였다.

1) 衛地〔附注〕林曰 此特相盟也[*1)] 特相盟 自齊桓以來未之有也 於是再見 諸侯無主盟矣 是故書石門以志諸侯之合 書鹹以志諸侯之散 此春秋之終始也[*2)]
鹹은 衛나라 땅이다.

〔부주〕林: 이것은 特相盟이다. 特相盟이 齊桓公 이후로 없었는데, 이때에 다시 보인 것은 諸侯에 盟主가 없었기 때문이다. 그러므로 隱公 3년에 石門의 會盟을 기록하여 諸侯의 和合을 드러내고, 鹹의 會盟을 기록하여 제후의 離散을 드러내었으니, 이것이 春秋의 終始이다.

* 1) 역주〕特相盟 : 한 나라 임금이 다른 한 나라 임금과 단 둘이서 會盟하는 것이다. 두 나라만이 회합할 경우 서로 主人 되기를 사양하기 때문에 회담이 이루어지지 않는다. 桓公 2年 傳을 참조할 것.
* 2) 역주〕春秋之終始 : 隱公 3년 經의 '齊侯鄭伯盟于石門' 林注를 참고할 것.

【經】齊人執衛行人北宮結以侵衛[1)]하다

齊人이 衛나라 行人 北宮結을 체포하고서 衛나라를 侵攻하였다.

1) 稱行人 非使人之罪
行人으로 칭한 것은 使者의 罪가 아니기 때문이다.

【經】齊侯衛侯盟于沙[1)]하다

齊侯와 衛侯가 沙에서 結盟하였다.

1) 結叛晉也 陽平元城縣東南有沙亭
北宮結이 晉나라를 배반하였기 때문이다. 陽平 元城縣 동남쪽에 沙亭이 있다.

【經】大雩[1)]하다

雩祭를 지냈다.

1) 無傳 過也
傳이 없다. 시기가 지난 뒤에 〈지냈기 때문에 기록한 것이다.〉

【經】齊國夏帥師伐我西鄙[1)]하다

齊나라 國夏가 군대를 거느리고 와서 우리나라 서쪽 邊鄙를 侵伐하였다.

1) 夏 國佐孫
夏는 國佐의 손자이다.

【經】 九月에 大雩[1)]하다

9월에 雩祭를 지냈다.

1) 無傳 過也
傳이 없다. 시기가 지난 뒤에 지낸 것이다.

【經】 冬十月이라

겨울 10월이다.

【傳】 七年春二月에 周儋翩人〔入〕[1)]于儀栗以叛[2)]하다

7년 봄 2월에 周나라 儋翩이 儀栗로 들어가서 叛亂을 일으켰다.

1) 역주〕 저본에는 '人'으로 되어 있으나, ≪十三經注疏≫本에 의거하여 '入'으로 바로잡았다.
2) 儀栗 周邑
儀栗은 周나라 邑이다.

【傳】 齊人歸鄆陽關하니 陽虎居之以爲政[1)]하다

齊人이 鄆와 陽關을 魯나라에 돌려주니, 陽虎가 그곳에 居住하며 國政을 主持하였다.

1) 鄆陽關皆魯邑 中貳於齊 齊今歸之 不書 虎專之
鄆과 陽關은 모두 魯나라 邑이다. 중간에 〈魯나라를 배반하고〉 齊나라에 붙었었는데, 齊나라가 이제 魯나라에 돌려준 것이다. 이를 經에 기록하지 않은 것은 陽虎가 그 邑을 獨占하였기 때문이다.

【傳】 夏四月에 單武公[1)]劉桓公[2)]敗尹氏于窮谷[3)]하다

여름 4월에 單武公과 劉桓公이 尹氏를 窮谷에서 패배시켰다.

1) 穆公子
單武公은 單穆公의 아들이다.
2) 文公子
劉桓公은 劉文公의 아들이다.
3) 尹氏復黨儋翩 共爲亂也

尹氏가 다시 儋翩의 黨이 되어 함께 叛亂을 일으켰다.

【傳】 秋에 齊侯鄭伯盟于鹹하고 徵會于衛[1)]하니 衛侯欲叛晉[2)]하다 諸大夫不可라하니 使北宮結如齊하야 而私於齊侯[3)]曰 執結以侵我[4)]하라 齊侯從之하니 乃盟于瑣[5)]하다

가을에 齊侯와 鄭伯이 鹹에서 結盟하고서 衛나라에 사람을 보내어 會盟에 오라고 부르니, 衛侯가 晉나라를 배반하고 〈齊・鄭과 同盟하고자 하였다.〉 大夫들이 不可하다고 하니, 衛侯는 北宮結을 齊나라로 보내어 은밀히 齊侯에게 "北宮結을 체포하고서 우리나라를 侵攻하십시오."라고 하였다. 齊侯가 그 말을 따르니, 〈衛侯는〉 이에 〈齊侯와〉 瑣에서 結盟하였다.

1) 徵 召也
徵은 부름이다.

2) 屬齊鄭也
齊나라와 鄭나라에 服屬하고자 한 것이다.

3) 〔附注〕 林曰 私於齊景公
〔부주〕 林: 齊景公에게 은밀히 말한 것이다.

4) 欲以齊師懼諸大夫
齊軍으로써 大夫들을 두렵게 하고자 한 것이다.

5) 瑣 卽沙也 爲明年涉沱〔佗〕[*)]梭衛侯手起
瑣는 바로 沙이다. 明年에 涉佗가 衛侯의 손을 밀친 원인이다.

*) 역주〕 저본에는 '沱'로 되어 있으나, ≪十三經注疏≫本에 의거하여 '佗'로 바로잡았다.

【傳】 齊國夏伐我[1)2)]하니 陽虎御季桓子하고 公斂處父御孟懿子[3)]하야 將宵軍齊師[4)]하다 齊師聞之하고 墮伏而待之[5)]하다 處父曰 虎不圖禍하니 而必死[6)]리라 苫夷曰 虎陷二子於難[7)]이면 不待有司하고 余必殺女[8)]하리라 虎懼하야 乃還하다 不敗[9)]하다

齊나라 國夏가 우리나라를 侵伐하니, 陽虎는 季桓子의 戰車를 몰고 公斂處父는 孟懿子의 戰車를 몰고서 밤에 齊軍을 공격하기로 하였다. 齊軍은 이 情報를 듣고서 防備를 撤去하고 埋伏하여 魯軍을 기다렸다. 處父가 "陽虎가 禍難을 생각지 않고 〈輕率히 進擊하였으니,〉 너는 반드시 죽을 것이다."고 하고, 苫夷가 "陽虎가 두 분을 禍難에 빠뜨린다면 有司를 기다리지 않고 내가 반드시 너를 죽이겠다."고 하니, 陽虎는 두려워서 곧 還軍하였다. 그러므로 敗戰하지 않았다.

1) 齊叛晉故

齊나라가 晉나라를 배반하였기 때문이다.

2) 역주] 齊國夏伐我 : 鄭나라와 衛나라는 이미 齊나라에 服從하였으나, 魯나라는 여전히 晉나라를 背叛하지 않았다. 봄에 齊나라가 鄆과 陽關을 魯나라에 돌려주어 懷柔하였으나, 魯나라는 齊나라에 복종하지 않았다. 그러므로 이번에 魯나라를 侵攻한 것이다. 參考文獻 ≪左氏會箋≫

3) 處父 孟氏家臣成宰公斂陽

處父는 孟氏의 家臣으로 成邑의 邑宰인 公斂陽이다.

4) [附注] 林曰 將乘夜以攻齊師

[부주] 林: 夜間을 이용해 齊軍을 공격하려 한 것이다.

5) 墮毁其軍以誘敵 而設伏兵

敵을 誘引하기 위해 防備를 撤去하고서 伏兵을 設置한 것이다.

6) 而 汝也 [附注] 林曰 不圖度禍難 以攻齊師 汝必當死

而는 汝(너)이다.

[부주] 林: 禍難을 헤아리지 않고 齊軍을 공격하였으니, 너는 반드시 죽을 것이라는 말이다.

7) 苫夷 季氏家臣 二子 季孟

苫夷는 季氏의 家臣이다. 二子는 季桓子와 孟懿子이다.

8) 역주] 不待有司 余必殺女 : 法을 맡은 有司가 너의 罪를 處罰[治]하기를 기다리지 않고 내가 반드시 먼저 너를 죽이겠다는 말이다.

9) 傳言陪臣强 能自相制 季孟不敢有心

傳文은 陪臣(家臣)이 强하여 스스로 서로를 牽制하니, 季氏와 孟氏가 감히 딴마음을 먹지 못하였음을 말한 것이다.

【傳】冬十一月戊午에 **單子劉子逆王于慶氏**[1)]하니 **晉籍秦送王**하다 **己巳**에 **王入于王城**[2)]하야 **館于公族黨氏**[3)]라가 **而後朝于莊宮**[4)5)]하다

겨울 11월 戊午日에 單子와 劉子가 慶氏의 집으로 가서 王을 맞이하니 晉나라 籍秦이 王을 護送하였다. 己巳日에 王이 王城으로 들어가서 公族黨氏의 집에 머물렀다가 뒤에 莊王의 廟[宮]에 朝拜하였다.

1) 慶氏 守姑蕕大夫

慶氏는 姑蕕를 지키는 大夫이다.

2) 己巳 十二月五日 有日無月

己巳는 12월 5일이다. 日만 기록하고 月은 기록하지 않았다.

3) 黨氏 周大夫

黨氏는 周나라 大夫이다.

4) 莊王廟也

莊宮은 莊王의 廟이다.

5) 역주] 朝 : 朝拜로 先祖의 廟에 參拜하는 것이다.

春秋左氏傳 제28권

魯定公 下

〈八年, 己亥 B.C.502〉

【經】 八年春王正月에 公侵齊[1)]하다

8년 봄 周王 正月에 定公이 齊나라를 侵攻하였다.

1) 報前年伐我西鄙
작년에 〈齊나라가〉 우리나라 서쪽 邊鄙를 토벌한 것을 보복한 것이다.

【經】 公至自侵齊[1)]하다

定公이 齊나라 侵攻에서 돌아왔다.

1) 無傳
傳이 없다.

【經】 二月에 公侵齊[1)]하다

2월에 定公이 齊나라를 侵攻하였다.

1) 未得志故〔附注〕林曰 見魯之後於棄晉也
〈지난번 침공에서〉 뜻을 이루지 못하였기 때문이다.
〔부주〕林: 魯나라가 가장 뒤에 晉나라를 버린 것을 나타낸 것이다.

【經】 三月에 公至自侵齊[1)]하다

3월에 定公이 齊나라 침공에서 돌아왔다.

1) 無傳
傳이 없다.

【經】 曹伯露卒[1)]하다

曹伯 露가 卒하였다.

1) 無傳 四年 盟皐鼬
傳이 없다. 4년에 皐鼬에서 結盟하였다.

【經】 夏에 齊國夏帥師伐我西鄙하다

여름에 齊나라 國夏가 군대를 거느리고 와서 우리나라 서쪽 邊鄙를 侵伐하였다.

【經】 公會晉師于瓦[1)]하다

定公이 瓦에서 晉軍과 會合하였다.

1) 瓦 衛地 將來救魯 公逆會之 東郡燕縣東北有瓦亭
瓦는 衛나라 땅이다. 晉나라가 魯나라를 救援하기 위해 군사를 거느리고 왔으므로 定公이 맞이하여 會合한 것이다. 東郡 燕縣 동북쪽에 瓦亭이 있다.

【經】 公至自瓦[1)]하다

定公이 瓦에서 돌아왔다.

1) 無傳
傳이 없다.

【經】 秋七月戊辰에 陳侯柳卒[1)]하다

가을 7월 戊辰日에 陳侯 柳가 卒하였다.

1) 無傳 四年 盟皐鼬
傳이 없다. 4년에 皐鼬에서 結盟하였다.

【經】 晉士鞅帥師侵鄭하야 遂侵衛[1)]하다

晉나라 士鞅이 군사를 거느리고 가서 鄭나라를 侵攻하고서 드디어 衛나라를 侵攻하였다.

1) 兩事故曰遂〔附注〕林曰 此其言遂 何 晉始伐與國也 於襄之二十三年 齊始叛晉 取朝歌 去年鄭始叛晉 盟齊于鹹 衛始叛晉 盟齊于沙 於是侵鄭衛 又明年及齊平 雖魯亦叛晉矣 故悉

書之也

兩件의 일이므로 '遂'라고 한 것이다.

〔부주〕 林: 이곳에 '遂'를 말한 것은 어째서인가? 晉나라가 비로소 與國(友邦)을 侵伐하였기 때문이다. 魯襄公 23년에 齊나라가 비로소 晉나라를 背叛하고서 朝歌를 取였다. 去年에 鄭나라가 비로소 晉나라를 배반하고서 齊나라와 鹹에서 結盟하고, 衛나라가 비로소 晉나라를 배반하고서 齊나라와 沙에서 결맹하니, 이에 晉나라는 鄭나라와 衛나라를 侵攻하고, 또 明年에 齊나라와 和平하였다. 魯나라도 晉나라를 배반하였기 때문에 자세히 기록한 것이다.

【經】 葬曹靖公[1)]하다

曹靖公을 장사 지냈다.

1) 無傳

傳이 없다.

【經】 九月에 **葬陳懷公**[1)]

9월에 陳懷公을 장사 지냈다.

1) 無傳 三月而葬 速

傳이 없다. 세 달 만에 장사 지냈으니 너무 빨랐다.

【經】 季孫斯仲孫何忌帥師侵衛하다

季孫斯와 仲孫何忌가 군사를 거느리고 가서 衛나라를 侵攻하였다.

【經】 冬에 **衛侯鄭伯盟于曲濮**[1)]하다

겨울에 衛侯와 鄭伯이 曲濮에서 會盟하였다.

1) 無傳 結叛晉 曲濮 衛地

傳이 없다. 晉나라를 배반하기로 結盟한 것이다. 曲濮은 衛나라 땅이다.

【經】 從祀先公[1)2)]하다

先公을 順祀하였다.

1) 從 順也 先公 閔公僖公也 將正二公之位次 所順非一 親盡 故通言先公〔附注〕林曰 陽虎欲去三桓而爲此也

從은 順(昭穆의 位次에 따라 祭祀함)이다. 先公은 閔公과 僖公이다. 두 公의 位次를 바로잡으려 한 것이다. 順祀해야 할 位가 하나가 아니고 親盡하였기 때문에 통틀어 '先公'이라 말한 것이다.

〔부주〕林: 陽虎가 三桓을 제거하기 위해 이렇게 한 것이다.

2) 역주〕從祀先公 : 文公이 자기 아버지 僖公의 神主를 閔公의 神主 위로 올리고서 逆祀한 것을 이때에 와서 그 位次를 바로잡아 僖公의 神主를 閔公의 神主 아래로 내리고서 昭穆의 序次에 따라 祭祀한 것이다. 文公 2년 經·傳 參考할 것.

【經】盜竊寶玉大弓[1]하다

도적이 寶玉과 大弓을 훔쳐갔다.

1) 盜 謂陽虎也 家臣賤 名氏不見 故曰盜 寶玉 夏后氏之璜 大弓 封父之繁弱〔附注〕林曰 書曰 盜竊寶玉大弓 魯無人之辭也 是故陪臣叛 皆不書 書陽虎爲盜 是治陪臣也 夫子之作春秋 治至於陪臣 斯極矣

盜는 陽虎를 이른다. 家臣은 卑賤하기 때문에 名氏를 나타내지 않는다(卿이 되어야 비로소 그 名氏를 經에 기록하는 것이 ≪春秋≫의 例임). 그러므로 '盜'라 한 것이다. 寶玉은 夏后氏의 璜이고, 大弓은 封父의 繁弱이다.

〔부주〕林: 經에 '盜竊寶玉大弓'이라고 기록한 것은 魯나라에 人才가 없음을 말한 것이다. 그러므로 陪臣의 叛亂을 모두 기록하지 않았다. 陽虎를 '盜'로 기록한 것은 陪臣을 懲治한 것이다. 夫子께서 ≪春秋≫를 지어 陪臣까지 懲治한 것이 이처럼 지극하였다.

【傳】八年春王正月에 **公侵齊**하야 **門于陽州**[1]할새 **士皆坐列**[2]**曰 顏高之弓六鈞**[3)4)]이라하고 **皆取而傳觀之**하다 **陽州人出**하니 **顏高奪人弱弓**[5]하다 **籍丘子鉏擊之**하니 **與一人俱斃**[6]라가 **偃**[7]하야 **且射子鉏**하야 **中頰**하니 **殪**[8]하다 **顏息射人中眉**[9]하고 **退曰 我無勇**이라 **吾志其目也**[10)11)]라하다 **師退**에 **冉猛僞傷足而先**[12]하니 **其兄會乃呼曰 猛也殿**[13)14)]이라하다

8년 봄 周王 正月에 定公이 齊나라에 侵入하여 陽州의 城門을 공격할 때 士卒들은 〈공격할 생각은 하지 않고〉 모두 벌려 앉아서 "顏高의 활은 시위를 당기려면 180근의 무게를 드는 힘이 있어야 한다지."라고 하면서 모두 그 활을 가져다가 돌려가며 구경하

였다. 〈이때〉 陽州人이 出擊하니, 顔高는 다른 사람의 弱弓을 빼앗아 쏘려 하였다. 齊人 籍丘子鉏가 顔高를 공격하니 顔高는 다른 한 사람과 함께 앞으로 엎어졌다가 몸을 돌려 뒤로 누워서 子鉏를 향해 활을 쏘아 그 얼굴을 맞히니 子鉏가 죽었다. 顔息은 陽州人을 쏘아 그 눈썹을 맞히고서 물러나며 말하기를 "나는 勇氣가 없다. 나는 그 눈을 쏘려고 생각하였는데."라고 하였다. 魯軍이 退却할 때 冉猛이 거짓으로 발을 다친 체하고서 먼저 돌아가려 하니, 그 兄 會가 큰 소리로 "猛은 後尾에 있다."고 하였다.

1) 攻其門
 陽州의 城門을 공격한 것이다.

2) 言無鬪志
 鬪志가 없음을 말한 것이다.

3) 顔高 魯人 三十斤爲鈞 六鈞 百八十斤 古稱重 故以爲異强*)
 顔高는 魯나라 사람이다. 30斤이 1鈞이니, 六鈞은 180근이다. 옛날의 저울은 무거웠기 때문에 특이하게 강하다고 한 것이다.

*) 역주] 古稱重 故以爲異强 : 옛날 저울의 斤兩은 지금 저울의 斤兩보다 무거웠기 때문에 〈그 활을〉 특이하게 강한 것으로 여겼다는 말인 듯하다.

4) 역주] 顔高之弓六鈞 : 顔高의 활의 무게가 180근이라는 말이 아니고, 그 활시위를 당기려면 180근의 무게를 드는 힘이 필요하다는 말이다.

5) 〔附注〕 林曰 陽州人出接戰 顔高無弓 故奪他人弱弓
 〔부주〕 林: 陽州人이 나와서 接戰할 때 顔高는 활이 없었기 때문에 다른 사람의 弱弓을 빼앗아 쏘려 한 것이다.

6) 子鉏 齊人 斃 仆也 〔附注〕 林曰 顔高與一人 俱斃仆于地
 子鉏는 齊人이다 斃는 쓰러짐이다.
 〔부주〕 林: 顔高가 다른 한 사람과 함께 땅에 쓰러진 것이다.

7) 역주] 偃 : 仆는 앞으로 엎어짐이고, 偃은 뒤로 누움이니, 顔高가 앞으로 엎어졌다가 몸을 돌려 뒤로 누워서 위를 향해 활을 쏜 것이다. 參考文獻 ≪左氏會箋≫

8) 子鉏死 〔附注〕 林曰 顔高雖爲子鉏所擊 偃仆在地 猶射子鉏 傳見顔高有力善射
 子鉏가 죽은 것이다.
 〔부주〕 林: 顔高가 비록 子鉏의 공격을 받아 땅에 넘어졌으나, 땅에 누워서도 오히려 子鉏를 쏘았다. 傳文은 顔高가 힘이 세고 활을 잘 쏘았음을 나타낸 것이다.

9) 顔息 魯人
 顔息은 魯나라 사람이다.

10) 以自矜 〔附注〕 林曰 言志射其目 乃誤中眉

스스로 뽐낸 것이다.

〔부주〕 林: 그 눈을 쏘려고 생각하였는데 잘못 쏘아 눈썹을 맞혔다는 말이다.

11) 역주〕 我無勇 : 나의 뜻은 눈을 쏘아 맞히는 데 있었으나, 전쟁에 임하여 겁이 나서 잘못 쏘아 그 눈썹을 맞혔다고 겸양하는 체하며 자신의 재능을 자랑한 것이다. ≪左氏會箋≫

12) 猛 魯人 欲先歸

猛은 魯나라 사람이다. 먼저 돌아가려 한 것이다.

13) 會見師退而猛不在列 乃大呼詐言 猛在後爲殿 傳言魯無軍政

會가 군대가 퇴각할 때 猛이 行列에 없는 것을 보고서 큰 소리로 '猛은 後尾에서 殿軍(後軍)이 되었다.'고 거짓말을 한 것이다. 傳文은 魯나라에 軍政(軍中의 政教)이 없음을 말한 것이다.

14) 역주〕 猛也殿 : 殿은 군대의 後尾를 이른다. 進擊할 때는 先鋒의 役割이 중요하지만 退却할 때는 後尾에서 全軍을 掩護하는 後軍의 역할이 중요하다. ≪左氏會箋≫에 '會는 그 아우 猛이 먼저 돌아가려 함을 알고서 거짓으로 고함쳐서 그를 도운 것이다.'고 하였다.

【傳】 二月己丑에 **單子伐穀城**하고 **劉子伐儀栗**[1]하다 **辛卯**에 **單子伐簡城**하고 **劉子伐孟**하야 **以定王室**[2]하다

2월 己丑日에 單子가 穀城을 討伐하고, 劉子가 儀栗을 토벌하였다. 辛卯日에 單子가 簡城을 토벌하고 劉子가 孟을 토벌하여 王室을 安定시켰다.

1) 討儋翩之黨 穀城在河南縣西

儋翩의 黨을 토벌한 것이다. 穀城은 河南縣 서쪽에 있다.

2) 傳終王室之難 〔附注〕 林曰 亦討儋翩之黨

傳文은 王室의 禍難이 終結되었음을 말한 것이다.

〔부주〕 林: 이 또한 儋翩의 黨을 토벌한 것이다.

【傳】 趙鞅言於晉侯曰 諸侯唯宋事晉하니 **好逆其使**[1]라도 **猶懼不至**온 **今又執之**하니 **是絶諸侯也**라하고 **將歸樂祁**한대 **士鞅曰 三年止之**라가 **無故而歸之**면 **宋必叛晉**[2]하리라 **獻子私謂子梁**[3]**曰 寡君懼不得事宋君**[4]이라 **是以止子**하니 **子姑使溷代子**[5]하라 **子梁以告陳寅**한대 **陳寅曰 宋將叛晉**이니 **是棄溷也**라 **不如待之**[6]니라 **樂祁歸**타가 **卒于大行**(태항)[7]하다 **士鞅曰 宋必叛**이니 **不如止其尸**하야 **以求成焉**이라하고 **乃止諸州**[8]하다

趙鞅이 晉侯에게 말하기를 "諸侯 중에 오직 宋나라만이 우리 晉나라를 섬기니, 그 使者를 歡迎하더라도 오히려 다시 오지 않을까 두려운데, 이제 도리어 그 使者를 체포하였으니, 이는 諸侯와 관계를 단절하는 것입니다."라고 하고서 樂祁를 돌려보내려 하자, 士鞅이 말하기를 "3년 동안 抑留〔止〕하였다가 까닭 없이 돌려보낸다면 宋나라는 반드시 우리 晉나라를 背叛할 것입니다."라고 하였다. 獻子가 은밀히 子梁(樂祁)에게 말하기를 "우리 임금께서는 宋君을 섬길 수 없게 될까 두려워하십니다. 그러므로 그대를 억류한 것이니, 그대는 우선 그대의 아들 溷으로 하여금 〈晉나라로 와서〉 그대를 대신하게(대신 人質이 됨) 하십시오."라고 하였다. 子梁이 이 말을 陳寅에게 고하자, 陳寅이 말하기를 "宋나라는 장차 晉나라를 배반할 것이니, 이는 溷을 〈死地에〉 버리는 것입니다. 기다리는 것만 못합니다."고 하였다. 樂祁가 돌아가다가 大行에서 卒하였다. 士鞅이 말하기를 "宋나라는 반드시 배반할 것이니, 그 屍身을 억류하고서 和親을 구하는 것만 못합니다."고 하고서 그 시신을 州에 억류하였다.

1) 역주〕好逆 : 歡迎이다. ≪左氏會箋≫

2) 執樂祁在六年

樂祁를 체포한 것이 定公 6년에 있었다.

3) 獻子 范鞅 子梁 樂祁

獻子는 范鞅이고, 子梁은 樂祁이다.

4) 역주〕寡君懼不得事宋君 : 晉君은 宋나라가 背叛하여 宋君을 섬길 수 없게 될 것을 두려워한다는 말이다.

5) 溷 樂祁子 〔附注〕林曰 言且使汝子代汝以歸

溷은 樂祁의 아들이다.

〔부주〕林: 우선 그대의 아들을 그대 대신 〈晉나라에 人質로〉 주고서 그대는 돌아가라는 말이다.

6) 留待 勿以子自代

抑留된 상태로 기다리고, 아들을 대신 〈人質로 주지〉 말라는 말이다.

7) 大行 晉東南山

大行은 晉나라 동남쪽에 있는 山이다.

8) 州 晉地 爲明年宋公使樂大心如晉張本

州는 晉나라 땅이다. 明年에 宋景公이 樂大心을 晉나라로 보낸 張本이다.

【傳】 公侵齊하야 攻廩丘之郛[1]하니 主人焚衝[2)3)]이어늘 或濡馬褐以救之[4)]하고 遂毁

之[5)]하다 **主人出**[6)]하니 **師奔**[7)8)]하다 **陽虎僞不見冉猛者**[9)]하고 **曰 猛在此**면 **必敗**[10)]리라 **猛逐之**라가 **顧而無繼**하니 **僞顚**[11)]하다 **虎曰 盡客氣也**[12)]라

定公이 齊나라에 侵入하여 廩丘의 外郭을 공격하니, 廩丘의 守將〔主人〕이 魯軍의 衝車에 불을 지르자, 魯軍의 어떤 자가 말덕석을 물에 적셔 불을 끄고서 드디어 外郭을 공격하여 무너뜨렸다. 主人이 군사를 거느리고 나오니 魯軍이 달아났다. 그러자 陽虎는 冉猛을 못 본 체하고서 말하기를 "冉猛이 이곳에 있다면 반드시 敗戰할 것이다."라고 하였다. 〈이 말에 충격을 받은〉 冉猛이 廩丘人을 逐擊하다가 뒤를 돌아보니 後續部隊가 보이지 않자, 일부러 수레에서 떨어져서 땅에 엎어졌다. 그러자 陽虎가 말하기를 "모두 客氣이다."고 하였다.

1) 郛 郭也

郛는 外郭(外城)이다.

2) 衝 戰車〔附注〕林曰 衝 說文作幢 云陷陣車也 此蓋齊人禦魯焚攻郛者之戰車

衝은 戰車이다.

〔부주〕林: 衝은 ≪說文解字≫에 '幢'으로 되어 있고, '陷陣車(敵陣을 陷落하는 戰車)'라고 하였다. 이는 대개 齊人이 廩丘의 外城를 공격하는 魯軍의 戰車에 불을 지른 것인 듯하다.

3) 역주〕主人焚衝 : 主人은 廩丘의 守將이다. 衝은 ≪說文解字≫에 '幢'으로 되어 있고, '陷陣車'라 하였다. 그러나 이 傳文에 齊나라 廩丘의 外城을 공격하였다고 하였으니, 이 衝車는 攻城車가 되어야 한다. 〈楊注〉

4) 馬褐 馬衣

馬褐은 馬衣(말덕석)이다.

5) 毁郛

外城을 무너뜨린 것이다.

6) 〔附注〕林曰 廩丘人出戰

〔부주〕林: 廩丘人이 出戰한 것이다.

7) 攻郛人少 故遣後師走往助之

外城을 공격하는 魯軍의 人員이 적었기 때문에 後軍을 보내어 달려가서 돕게 한 것이다.

8) 역주〕主人出 師奔 : 廩丘의 守將이 出戰하자 魯軍이 逃走한 것이다. 〈楊注〉

9) 〔附注〕林曰 時冉猛在列 陽虎僞若不見猛者

〔부주〕林: 이때 冉猛이 隊列에 있었는데도 陽虎는 冉猛을 보지 못한 것처럼 위장한

것이다.

10) 陽州之役 猛先歸 言若在此 必復敗

陽州의 戰爭 때 冉猛이 먼저 돌아갔기 때문에 陽虎는 '冉猛이 만약 이곳에 있다면 반드시 다시 敗戰할 것이다.'고 한 것이다.

11) 逐廩丘人〔附注〕林曰 冉猛聞言怒 逐廩丘人 反顧 莫有繼其後者 復僞顚仆而止

廩丘人을 추격한 것이다.

〔부주〕林: 冉猛이 陽虎의 말을 듣고 노하여 廩丘人을 추격하였으나 뒤를 돌아보니 後續部隊가 없자, 다시 수레에서 떨어져 엎어진 것처럼 위장하여 추격을 멈춘 것이다.

12) 言皆客氣 非勇

모두 客氣이고 勇氣가 아니라는 말이다.

【傳】苫越生子하고 **將待事而名之**[1)]러니 **陽州之役**에 **獲焉**하고 **名之曰 陽州**[2)]라하다

苫越이 아들을 낳고서 事功을 세우기를 기다려 이름을 지으려 하였더니, 陽州의 戰爭에서 俘獲하는 戰功을 세우고서 아들의 이름을 '陽州'로 지었다.

1) 苫越 苫夷〔附注〕林曰 將待事功而名其子

苫越은 苫夷이다.

〔부주〕林: 事功을 세우기를 기다려 그 아들의 이름을 짓고자 한 것이다.

2) 欲自比僑如[*1)]〔附注〕林曰 將苫夷獲郛〔俘〕[*2)]焉

스스로 僑如를 흉내 내고자 한 것이다.

〔부주〕林: 苫夷가 포로를 잡은 것이다.

*1) 역주〕欲自比僑如 : 苫夷도 叔孫得臣이 長狄僑如를 죽이고서 그 功을 記念하기 위해 그 아들의 이름을 僑如로 지은 일을 흉내 내고자 한 것이다. 叔孫得臣의 일은 文公 11년 傳에 보인다.

*2) 역주〕저본에는 '郛'로 되어 있으나, ≪四庫全書 左傳杜林合注≫本에 의거하여 '俘'로 바로잡았다.

【傳】夏에 **齊國夏高張伐我西鄙**[1)]하다

여름에 齊나라 國夏와 高張이 우리나라 서쪽 邊鄙를 侵伐하였다.

1) 報上二侵

위에 보이는 두 차례의 侵攻(魯가 齊를 侵攻한 것)을 보복한 것이다.

【傳】晉士鞅趙鞅荀寅救我[1)]하다 公會晉師于瓦할새 范獻子執羔하고 趙簡子中行文子皆執雁하다 魯於是始尙羔[2)]하다

晉나라 士鞅・趙鞅・荀寅이 〈군대를 거느리고 와서〉 우리를 구원하였다. 定公이 瓦에서 晉軍과 會見할 때 范獻子는 염소를 가지고 와서 禮物로 바치고, 趙簡子와 中行文子는 모두 기러기를 가지고 와서 禮物로 바쳤다. 魯나라는 이때부터 비로소 염소를 貴重하게 여기기 시작하였다.

1) 救不書 齊師已去 未入竟

救援한 것을 經에 기록하지 않은 것은 齊軍이 이미 돌아갔고, 魯나라 境內에 들어오지 않았기 때문이다.

2) 獻子 士鞅也 簡子 趙鞅也 中行文子 荀寅也 禮卿執羔 大夫執雁 魯則同之 今始知執羔之尊也 卿不書 禮不敵公 史略之〔附注〕林曰 尙猶上也

獻子는 士鞅이고, 簡子는 趙鞅이고, 中行文子는 荀寅이다. 禮(≪周禮≫ 〈春官 大宗伯〉)에 의하면 卿은 執羔(염소를 예물로 올림)하고, 大夫는 執雁하는 것인데, 魯나라는 卿과 大夫가 동일하게 執雁하였다. 〈그러다가〉 이번에 〈晉나라 獻子가 執羔하는 것을 보고서〉 비로소 '執羔'가 尊貴한 것임을 알고서 〈執羔를 尊尙하기 시작하였다는〉 말이다. 卿을 기록하지 않은 것(經에 '公會晉師'로 기록하고 '公會士鞅'이라고 기록하지 않은 것)은 卿은 公侯와 相對〔敵〕하지 않는 것이 禮이기 때문에 史官이 省略한 것이다.

〔부주〕林: 尙은 上과 같다.

【傳】晉師將盟衛侯于鄟澤[1)]할새 趙簡子曰 群臣誰敢盟衛君者[2)]오 涉佗成何曰 我能盟之[3)]니라 衛人請執牛耳[4)]한대 成何曰 衛는 吾溫原也니 焉得視諸侯[5)]리오 將歃에 涉佗捘衛侯之手하야 及捥[6)7)]하니 衛侯怒하다 王孫賈趨進[8)]曰 盟以信禮也[9)]어늘 有如衛君하니 其敢不唯禮是事[10)]而受此盟也[11)12)]리오 衛侯欲叛晉이나 而患諸大夫[13)]하니 王孫賈使次于郊[14)]하다 大夫問故[15)]한대 公以晉詬語之[16)]하고 且曰 寡人辱社稷하니 其改卜嗣하라 寡人從焉[17)18)]하리라 大夫曰 是衛之禍니 豈君之過也리오 公曰 又有患焉하니 謂寡人호되 必以而子與大夫之子爲質[19)]하리하니라 大夫曰 苟有益也면 公子則往이어든 群臣之子敢不皆負羈絏以從[20)]가 將行[21)]에 王孫賈曰 苟衛國有難이면 工商未嘗不爲患하니 使皆行而後可[22)]라 公以告大夫한대 乃皆將行之하다 行有日[23)]이러니 公朝國人하고 使賈問焉[24)]曰 若衛叛晉이면 晉五伐我하리니

病何如矣오 **皆曰 五伐我**라도 **猶可以能戰**이라 **賈曰 然則如叛之**[25)]라 **病而後質焉**[26)]이라도 **何遲之有**리오 **乃叛晉**하다 **晉人請改盟**이어늘 **弗許**[27)]하다

晉軍이 鄟澤에서 衛侯와 結盟하려 할 때 趙簡子가 말하기를 "신하들 중에 누가 감히 衛君과 盟約을 맺을 수 있겠소?"라고 하니, 涉佗와 成何가 말하기를 "우리가 衛君과 盟約을 맺을 수 있습니다."고 하였다. 結盟할 때에 衛人이 〈晉人에게〉 牛耳를 잡으라고 청하자, 成何가 말하기를 "衛나라는 〈國土의 面積이〉 우리나라 溫邑이나 原邑에 지나지 않으니, 어찌 諸侯로 볼 수 있겠습니까?"라고 하였다. 피를 마시려 할 때 涉佗가 衛侯의 손을 밀치어 피가 衛侯의 팔뚝으로 튀니 衛侯가 노하였다. 王孫賈가 빠른 걸음으로 나아가서 말하기를 "盟約은 禮를 밝히기 위함인데, 衛君과 같은 분이 계시니 어찌 감히 禮를 밝히기를 일삼아 이 盟約을 받아들이지 않겠습니까?"라고 하였다. 衛侯가 晉나라를 배반하고자 하였으나 大夫들이 따르지 않을까 걱정하니, 王孫賈가 衛侯로 하여금 〈晉나라 國都의〉 郊外에 머물게 하였다. 大夫들이 그 까닭을 묻자, 衛靈公은 晉나라에게 恥辱을 당한 일을 말하고, 또 말하기를 "寡人은 社稷을 욕되게 하였으니, 다른 사람을 골라 先君의 뒤를 잇게 하라. 寡人은 〈그를 임금으로〉 따르겠다."라고 하니, 大夫들이 말하기를 "이것은 衛나라의 禍이지 어찌 임금님의 잘못이겠습니까?"라고 하였다. 靈公이 말하기를 "또 큰 걱정거리가 있다. 晉人이 나에게 '반드시 너의 아들과 大夫들의 아들을 人質로 보내라.'고 한다."고 하니, 大夫들이 말하기를 "만약 나라에 이익이 된다면 公子도 人質로 가는데 신하들의 아들이 감히 모두 羈紲을 지고 隨行하지 않겠습니까?"라고 하였다. 〈公子와 大夫의 子弟가〉 떠나려 할 때 王孫賈가 "만약 衛나라에 危難이 생기면 工商人이 患難을 일으키지 않은 적이 없었으니, 그들의 〈子弟도〉 모두 隨行하게 한 뒤에야 無事할 수 있습니다."라고 하자, 靈公이 이 말을 大夫들에게 고하니, 大夫들도 모두 그들을 隨行시키고자 하였다. 出發할 날을 정하고서 靈公이 國人들을 조정으로 불러놓고서 王孫賈를 보내어 그들에게 "만약 우리 衛나라가 晉나라를 배반한다면 晉나라는 우리나라를 다섯 차례 토벌할 것이니, 그 고통〔病〕이 어떠하겠는가?"라고 물으니, 모두 "다섯 차례 우리나라를 토벌하더라도 우리는 오히려 抗戰할 수 있습니다."고 대답하였다. 王孫賈가 〈衛侯에게〉 말하기를 "〈衆意가〉 그렇다면 먼저 晉나라를 배반하는 것만 못합니다. 고통을 당한 된 뒤에 人質을 보내더라도 어찌 늦겠습니까?"라고 하니, 衛侯는 이에 晉나라를 배반하였다. 晉人이 盟約을 改訂하기를 청하였으나, 衛人은 許諾하지 않았다.

1) 自瓦還 就衛地盟

瓦에서 돌아와 衛나라 땅으로 가서 結盟한 것이다.

2) 前年衛叛晉屬齊 簡子意欲摧辱之

前年에 衛나라가 晉나라를 배반하고서 齊나라에 붙었으므로 簡子의 생각은 衛나라의 기세를 꺾어 侮辱을 주고자 한 것이다.

3) 二子 晉大夫〔附注〕林曰 言我能盟以摧辱之

두 사람은 晉나라 大夫이다.

〔부주〕林: 우리가 盟約하여 衛君의 기세를 꺾어 모욕을 줄 수 있다는 말이다.

4) 盟禮*) 尊者涖牛耳 主次盟者 衛侯與晉大夫盟 自以當涖牛耳 故請之

盟約의 禮는 尊者가 牛耳를 살피고서 同盟者의 序次를 정하는 일을 主管한다. 衛侯는 晉나라 大夫와 盟約하기 때문에 스스로 涖牛耳하는 것이 마땅하다고 여겼다. 그러므로 晉人에게 執牛耳하기를 청한 것이다.

*) 역주〕盟禮 : 盟約의 儀式을 이른다. 맹약의 의식은 먼저 方形으로 구덩이를 파고 구덩이 위에서 소를 죽여 그 왼쪽 귀를 잘라 珠盤에 놓고 피를 받아 玉椀에 담는다. 그 피로 盟約書를 써서 맹약서가 완성되면 맹약서를 읽어 神에게 告하고, 盟約에 同參한 各國의 代表가 피를 마시고 나서 맹약서를 희생 위에 올려놓고서 남은 피와 함께 구덩이에 묻는다. 涖牛耳는 牛耳를 잘라 피를 받는 일체의 과정을 臨視(監督)하는 것이고, 執牛耳는 牛耳를 잘라 주반에 놓고 피를 받아 옥완이 담아 각국 대표 앞으로 가지고 가서 피를 마시게 하는 일체의 행위를 이른다. 參考文獻 ≪周禮≫〈夏官 戎右〉·≪禮記≫〈曲禮 下〉

5) 言衛小 可比晉縣 不得從諸侯禮

衛나라는 작아서 晉나라의 郡縣에 비교될 만하니, 諸侯의 禮를 따를 수 없다는 말이다.

6) 捘 擠也 血至捥

捘은 밀침이다. 피가 튀어 팔뚝에 묻은 것이다.

7) 역주〕涉佗捘衛侯之手及捥 : 牛耳와 피가 담긴 소반을 涉佗에게 넘겨주려 하자, 涉佗가 衛侯의 손을 밀치니, 그릇이 흔들려 피가 튀어서 衛侯의 팔뚝에 묻은 것인 듯하다.

8) 賈 衛大夫

賈는 衛나라 大夫이다.

9) 信 猶明也〔附注〕林曰 言爲盟者 所以明禮

信은 明과 같다.

〔부주〕林: 盟約을 맺는 것은 禮를 밝히기 위함이라는 말이다.

10)〔附注〕林曰 有如我衛君 不敢不擇有禮之國而服事之

〔부주〕林: 우리 衛君 같은 분이 계시니 감히 禮가 있는 나라를 선택해 복종하여 섬기지 않겠느냐는 말이다.

11) 言晉無禮 不欲受其盟
晉나라가 無禮하니 그 盟約을 받아들이고자 하지 않는다는 말이다.

12) 有如衛君 其敢不唯禮是事而受此盟也 : 有如衛君은 衛君에 대한 높임말이고, 唯禮是事는 禮를 밝히기를 일삼으니, 곧 衛君께서 어찌 감히 禮를 밝히기를 일삼아 이 맹약을 받아들이지 않겠느냐는 말이다. 林注에는 '事'를 服事의 뜻으로 풀었으나, 역자는 이를 따르지 않고 '일삼다'의 뜻으로 번역하였다.

13) 〔附注〕 林曰 患諸大夫不肯從己
〔부주〕 林: 大夫들이 자기의 뜻을 따르지 않을까 걱정한 것이다.

14) 〔附注〕 林曰 使衛侯次于外郊
〔부주〕 林: 衛侯로 하여금 〈晉나라 國都의〉 郊外에 머물게 한 것이다.

15) 問不入故
〈晉나라 國都로〉 들어가지 않는 까닭을 물은 것이다.

16) 詬 恥也
詬는 恥이다.

17) 使改卜他公子以嗣先君 我從大夫所立
다른 公子를 선택하여 先君의 뒤를 잇게 하면 나는 大夫들이 세운 사람을 임금으로 따르겠다는 말이다.

18) 역주〕 改卜 : 旣存의 임금을 廢하고 유능한 사람을 골라 다시 임금으로 세움이다.

19) 爲質於晉 〔附注〕 林曰 而 汝也
晉나라에 人質로 보냄이다.
〔부주〕 林: 而는 汝(너)이다.

20) 〔附注〕 林曰 羈 馬絡頭 紲 馬繮也 言從公子之賤役
〔부주〕 林: 羈는 말굴레이고, 紲은 말고삐이니, 公子를 위해 卑賤한 일을 하겠다는 말이다.

21) 〔附注〕 林曰 公子及大夫之子 將往爲質
〔부주〕 林: 公子 및 大夫의 아들들이 人質이 되기 위해 가려 한 것이다.

22) 欲以激怒國人
이 말로써 國人을 激怒시키고자 한 것이다.

23) 有期日
期日을 정한 것이다.

24) 〔附注〕 林曰 靈公登進國人於朝
〔부주〕 林: 靈公이 國人을 朝廷으로 올라오게 한 것이다.

25) 역주〕 如叛之 : 如는 不如이다. ≪左氏會箋≫

26)〔附注〕林曰 若果如此 則能叛晉 待見伐告病而後納質

〔부주〕林: 과연 이와 같다면 晉나라를 배반할 수 있으니, 攻伐을 받아 〈백성들이〉 고통을 호소한 뒤에 人質을 보내라는 말이다.

27)〔附注〕林曰 晉亦自悔無禮 故請改盟

〔부주〕林: 晉나라도 無禮했던 것을 스스로 후회하였다. 그러므로 改盟(盟約을 改訂함)하기를 청한 것이다.

【傳】秋에 晉士鞅會成桓公侵鄭하야 圍蟲牢하야 報伊闕也[1)]하고 遂侵衛[2)]하다

가을에 晉나라 士鞅이 成桓公과 會合하여 鄭나라를 侵攻해 蟲牢를 포위하여, 鄭나라가 伊闕을 侵伐했던 것을 報復하고서 드디어 衛나라를 침공하였다.

1) 桓公 周卿士 不書 監帥不親侵也 六年 鄭伐周闕外 晉爲周報之

桓公은 周나라 卿士이다. 이를 經에 기록하지 않은 것은 군대를 監督하기만 하고 侵攻에 직접 參加하지 않았기 때문이다. 6년에 鄭나라가 周나라의 闕外를 侵伐하였기 때문에 晉나라가 周나라를 위해 보복한 것이다.

2) 討叛

배반하였기 때문에 토벌한 것이다.

【傳】九月에 師侵衛하니 晉故也[1)]라

9월에 魯軍이 衛나라를 침공하였으니, 이는 晉나라 때문이었다.

1) 魯爲晉討衛

魯나라가 晉나라를 위해 衛나라를 토벌한 것이다.

【傳】季寤[1)]公鉏極[2)]公山不狃[3)]皆不得志於季氏하고 叔孫輒無寵於叔孫氏[4)]하고 叔仲志不得志於魯[5)]라 故五人因陽虎하니 陽虎欲去三桓하고 以季寤更季氏[6)]하고 以叔孫輒更叔孫氏[7)]하고 己更孟氏[8)]하다 冬十月에 順祀先公而祈焉[9)10)]하고 辛卯에 禘于僖公[11)12)]하다 壬辰에 將享季氏于蒲圃而殺之하고 戒都車曰 癸巳至[13)]하라

季寤, 公鉏極, 公山不狃는 모두 季氏에게 뜻을 얻지 못하고, 叔孫輒은 叔孫氏에게 寵愛를 받지 못하고, 叔仲志는 魯나라에서 뜻을 얻지 못하였다. 그러므로 다섯 사람이 陽虎에게 의지하니, 陽虎는 三桓을 除去하고서 季寤로 季氏(季桓子)를 代替시키고, 叔孫輒으로 叔孫氏(叔孫州仇)를 代替시키고, 자기가 孟氏(孟懿子)를 代替하고자 하였다. 겨울

10월에 先後의 順序에 따라 先公(閔公과 僖公)에게 祭祀를 지내어 〈所願을〉 빌고, 辛卯日에 僖公의 廟에 禘祭를 지냈다. 壬辰日에 蒲圃에서 宴會를 열어 季氏를 접대하다가 殺害하기로 결정하고서 都城 안의 戰車部隊에 "癸巳日에 오라."고 명령〔戒〕하였다.

1) 季桓子之弟
季寤는 季桓子의 아우이다.
2) 公彌曾孫 桓子族子
公鉏極은 公彌의 曾孫이고, 桓子의 族子(同族兄弟의 아들)이다.
3) 費宰
公山不狃는 費의 邑宰이다.
4) 輒 叔孫氏之庶子
輒은 叔孫氏의 庶子이다.
5) 志 叔孫帶之孫 皆爲國人所薄
志는 叔孫帶의 손자이다. 모두 國人에게 薄待를 받은 것이다.
6) 代桓子
桓子 대신 季氏의 主人으로 세우려 한 것이다.
7) 代武叔
武叔 대신 叔孫氏의 主人으로 세우려 한 것이다.
8) 陽虎自代懿子
陽虎가 스스로 懿子 대신 孟孫氏의 主人이 되고자 한 것이다.
9) 將作大事 欲以順祀取媚
장차 큰일을 일으키려고 順祀하여 〈先公의〉 好感을 사고자 한 것이다.
10) 역주〕 順祀先公 : 順祀는 昭穆의 順序에 따라 祭祀 지냄이다. 先公은 閔公과 僖公이다. 두 公의 位次를 바로잡은 것이다. 僖公은 閔公의 庶兄으로 閔公의 뒤를 이어 임금이 되었으니 宗廟의 座次가 閔公의 아래에 있는 것이 당연한데, 文公이 자기의 아버지 僖公이 兄이란 이유로 그 神主의 座次를 閔公의 神主 위로 올려 先後의 순서를 바꾸어놓고서 제사〔逆祀〕 지냈던 것을 지금에 와서 그 순서를 바로잡고서 禘祭를 거행한 것이다. 昭穆은 宗廟에 神主를 모시는 차례이다. 天子는 7廟이고 諸侯는 5廟이다. 天子의 경우, 中央에 太祖의 神主를 奉安하고, 왼쪽에 봉안한 2世, 4世, 6世를 '昭'라 하고, 오른쪽에 봉안한 3世, 5世, 7世를 '穆'이라 한다. 文公 2년 經·傳 및 杜注 참고할 것.
11) 辛卯 十月二日 不於大廟者 順祀之義 當退僖公 懼於僖神 故於僖廟行順祀
辛卯日은 10월 2일이다. 禘祭를 太廟에서 지내지 않은 것은 順祀의 뜻이다. 〈順祀하면〉 당연히 僖公의 神主를 뒤로 물리고 閔公의 神主를 위로 올려야 하니, 僖公의 神에게 悚懼하다. 그러므로 僖公의 廟에서 順祀를 擧行한 것이다.

12) 역주] 禘于僖公 : 禘는 群公의 神主를 太祖의 廟에 昭穆으로 排置하고서 거행하는 大祭인데, 지금 順祀하기 위해 僖公의 廟에 禘祭를 거행하였다면 여러 先公의 神主를 모셔다가 모두 僖公의 廟에 앉힌 것이다. 禘祭는 太廟에서 거행하는 것이 마땅한데, 지금 僖公의 廟에서 거행한 것은 順祀의 뜻을 밝히기 위함이다. 順祀하면 응당 僖公의 神主를 아래로 내리고 閔公의 神主를 위로 올려야 하니, 僖公의 神께 悚懼하다. 그러므로 僖公의 廟에서 禘祭를 거행하여, 여러 先公의 神으로 하여금 두루 알게 한 것이다. 參考文獻 〈正義〉

13) 都邑之兵車也 陽虎欲以壬辰夜殺季孫 明日癸巳 以都車攻二家

都車는 都邑의 兵車(戰車)이다. 陽虎는 壬辰日 밤에 季孫을 죽이고, 다음날 癸巳日에 都城 안의 戰車를 거느리고 가서 二家(孟孫과 叔孫)를 공격하고자 한 것이다.

成宰公斂處父告孟孫曰 季氏戒都車[1]하니 **何故**오 **孟孫曰 吾弗聞**이라 **處父曰 然則亂也**라 **必及於子**하리니 **先備諸**니저하고 **與孟孫以壬辰爲期**[2]하다

成의 邑宰 公斂處父가 孟孫에게 고하기를 "季氏가 都城 안의 戰車部隊에 명령을 내렸으니 무엇 때문입니까?"라고 하니, 孟孫이 "나는 그런 말을 듣지 못하였다."고 하자, 處父가 말하기를 "그렇다면 叛亂을 일으키려는 것입니다. 화가 반드시 당신께 미칠 것이니 먼저 대비하십시오."라고 하고서 孟孫과 壬辰日에 군대를 일으키기로 기약하였다.

1) 季氏戒都車 : 陽虎가 都城 안의 전차부대에게 명령을 한 것인데 여기에서 '季氏'라고 말한 것은, 陽虎가 季氏의 家臣인데다가 季氏를 협박하고 있었기 때문이다. 〈楊注〉

2) 處父期以兵救孟氏 壬辰 先癸巳一日

處父가 군대를 일으켜 孟氏를 救援하기로 期約한 것이다. 壬辰日은 癸巳日 하루 전이다.

陽虎前驅하고 **林楚御桓子**하고 **虞人以鈹盾夾之**하고 **陽越殿**[1]하야 **將如蒲圃**할새 **桓子咋謂林楚**[2]**曰 而先皆季氏之良也**니 **爾以是繼之**[3]하라 **對曰 臣聞命後**[4]라 **陽虎爲政**하야 **魯國服焉**하니 **違之徵死**오 **死無益於主**[5]라 **桓子曰 何後之有**리오 **而能以我適孟氏乎**아 **對曰 不敢愛死**어니와 **懼不免主**[6]라 **桓子曰 往也**[7]하라 **孟氏選圉人之壯者三百人**하야 **以爲公期築室於門外**[8]하다 **林楚怒馬**하야 **及衢而騁**[9]한대 **陽越射**

之나 不中하다 築者闔門[10)]하다 有自門間射陽越하야 殺之하다 陽虎劫公與武叔[11)]하야 以伐孟氏하다 公斂處父帥成人하고 自上東門入[12)]하야 與陽氏戰于南門之內나 弗勝하고 又戰于棘下[13)]하니 陽氏敗하다 陽虎說(탈)甲如公宮하야 取寶玉大弓以出하야 舍于五父之衢하야 寢而爲食[14)]하니 其徒曰 追其將至라 虎曰 魯人聞余出이면 喜於徵死[15)16)]니 何暇追余리오 從者曰 嘻라 速駕하라 公斂陽在[17)]라 公斂陽請逐之한대 孟孫弗許[18)]하다 陽欲殺桓子[19)]하니 孟孫懼而歸之[20)]하다 子言辨舍爵於季氏之廟而出[21)22)]하다 陽虎入于讙陽關以叛[23)]하다

陽虎가 前驅(先鋒)가 되고, 林楚가 桓子의 수레를 몰고, 虞人이 칼과 방패를 들고 좌우에서 호위하고, 陽越이 後軍〔殿〕이 되어 蒲圃로 가려 할 때 桓子가 갑자기 林楚에게 "너의 先人은 모두 季氏의 良臣이었으니, 너도 良臣이 되어 先人을 繼承하라."고 하자, 林楚가 대답하기를 "臣이 이 命을 받아들이기에는 이미 늦었습니다. 陽虎가 政權을 장악하여 魯나라 사람이 모두 그에게 복종하니, 그의 명을 어기면 죽음을 부를 뿐입니다. 臣이 죽는다 해도 主(卿大夫의 僚屬이 卿大夫에 대한 호칭)께 도움이 되지 않습니다." 고 하니, 桓子가 "늦은 게 뭐 있느냐? 너는 나를 데리고서 孟氏에게로 갈 수 있느냐?" 고 하였다. 林楚가 대답하기를 "臣은 감히 죽음을 아끼지 않습니다만 主께서 禍難을 면하지 못하실까 두렵습니다."고 하니, 桓子는 "孟氏의 집으로 가라."고 하였다. 이때 孟氏는 圉人(奴隸) 중에서 强壯한 자 3백 人을 選拔하여 公期를 위해 門外에 房舍를 築造하는 것처럼 위장하였다. 林楚가 말에 채찍을 쳐서 말을 노하게 하여 大路에 이르러 빠르게 달려가니, 陽越이 활을 쏘았으나 맞지 않았다. 〈桓子의 수레가 문 안으로 들어가자〉 房舍를 築造하던 자들이 문을 닫았다. 어떤 자가 문틈으로 활을 쏘아 陽越을 죽였다. 陽虎가 定公과 武叔을 劫迫하여 孟氏를 攻伐하니, 公斂處父가 成邑人을 거느리고 上東門으로 들어가 陽氏와 南門 안에서 交戰하였으나 勝利하지 못하고, 또 棘下에서 交戰하니 陽氏가 패배하였다. 陽虎가 갑옷을 벗고 公宮으로 가서 寶玉과 大弓을 가지고 나와서 五父의 거리에 駐屯하여 잠을 자고 나서 사람에게 밥을 지으라고 命하니, 그 무리가 "追擊軍이 곧 이를 것입니다."고 하였다. 陽虎가 말하기를 "魯나라 사람들이 내가 出奔하였다는 말을 들으면 죽음에서 벗어나게 된 것을 기뻐할 것이니 어느 겨를에 나를 추격하겠는가?"라고 하니, 從者가 "아! 속히 말에 오르십시오. 公斂陽이 있습니다."고 하였다. 公斂陽이 추격하기를 청하니, 孟孫은 허락하지 않았다. 公斂陽이 또 桓子를 죽이기를 청하니, 孟孫은 두려워서 桓子를 그의 집으로 돌려보냈다. 子言은 季氏의 廟에서 祖上에게 두루 잔을 올려 〈出奔을 告하고서〉 出奔하고, 陽虎는 讙과 陽關

으로 들어가서 叛亂을 일으켰다.

1) 越 陽虎從弟〔附注〕林曰 陽虎爲季桓子前驅開道 林楚爲季桓子御車 鈹 劒也 盾 干櫓也 虞人之官 以鈹盾夾衛桓子

陽越은 陽虎의 從弟이다.

〔부주〕林: 陽虎가 季桓子의 前驅가 되어 前面에서 길을 열고 林楚가 季桓子의 수레를 몬 것이다. 鈹는 劒이고, 盾은 방패이다. 虞人의 官員이 劒과 방패를 들고서 좌우에서 桓子를 호위한 것이다.

2) 咋 暫也

咋는 暫(갑자기)이다.

3) 欲使林楚免己於難 以繼其先人之良〔附注〕林曰 而 汝也

林楚로 하여금 자기를 禍難에서 벗어나게 하여 그 先人들의 善良을 계승하게 하고자 한 것이다.

〔부주〕林: 而는 汝(너)이다.

4) 後 猶晩之〔也〕*)

後는 晩(늦음)과 같다.

*) 역주〕저본에는 '之'로 되어 있으나, ≪十三經注疏≫本에 의거하여 '也'로 바로잡았다.

5)〔附注〕林曰 若違之 必速召其死

〔부주〕林: 만약 陽虎의 명을 어기면 반드시 죽음을 부를 것이라는 말이다.

6)〔附注〕林曰 所懼者 不能免季孫於難耳

〔부주〕林: 두려운 것은 季孫을 禍難에서 벗어나게 할 수 없는 것뿐이라는 말이다.

7) 言必往

반드시 〈孟氏의 집으로〉 가라는 말이다.

8) 實欲以備難 不欲使人知 故僞築室於門外 因得聚衆 公期 孟氏支子〔附注〕林曰 孟氏選擇馬卒之强壯者三百人

사실은 禍難을 對備하려 한 것이지만 남이 모르게 하고자 하였다. 그러므로 문밖에 房舍를 築造하는 것으로 僞裝하여 무리를 모은 것이다. 公期는 孟氏의 支子(嫡子 이외의 아들)이다.

〔부주〕林: 孟氏가 馬卒 중에서 强壯한 3백 인을 選拔한 것이다.

9) 騁 馳也〔附注〕林曰 林楚乃激怒其馬 及通逵之衢 而馳騁以走孟氏

騁은 달림이다.

〔부주〕林: 林楚가 〈채찍으로 쳐서〉 그 말을 激怒하게 하여 사방으로 통하는 大路에 이르러 급히 달려 孟氏의 집으로 달려가게 한 것이다.

10) 季孫旣得入 乃閉門

季孫이 들어간 뒤에 즉시 문을 닫은 것이다.

11) 武叔 叔孫不敢之子州仇也

武叔은 叔孫不敢의 아들 州仇이다.

12) 魯東城之北門

魯나라 東城의 北門이다.

13) 城內地名

棘下는 城內의 地名이다.

14) 〔附注〕 林曰 陽虎寢宿而治食

〔부주〕 林: 陽虎가 잠을 자고 나서 밥을 짓게 한 것이다.

15) 徵 召也 陽虎召季氏於蒲圃 將殺之 今得脫必喜 故言喜於召死

徵은 부름이다. 陽虎가 季氏를 蒲圃로 불러서 죽이려 하였는데, 이제 죽음에서 벗어났으니 반드시 기뻐할 것이다. 그러므로 죽음에서 벗어난 것을 기뻐할 것이라고 한 것이다.

16) 역주〕 喜於徵死 : 이곳의 徵死는 위의 徵死와 같지 않다. 이곳의 '徵'字는 緩(늦춤)의 뜻이다. 〈楊注〉

17) 嘻 懼聲

嘻는 두려워하는 소리이다.

18) 畏陽虎

陽虎를 두려워한 것이다.

19) 欲因亂討季氏 以强孟氏 〔附注〕 林曰 處父欲殺季桓子

혼란한 틈을 이용해 季氏를 쳐서 孟氏를 强盛하게 하고자 한 것이다.

〔부주〕 林: 公斂處父(公斂陽)가 季桓子를 죽이고자 한 것이다.

20) 不敢殺 〔附注〕 林曰 懼季氏强 不敢殺桓子

감히 죽일 수 없어서이다.

〔부주〕 林: 季氏의 强함을 두려워하여 감히 桓子를 죽일 수 없었던 것이다.

21) 子言 季寤 辨 猶周徧也 徧告廟飮酒 示無懼

子言은 季寤이다. 辨은 周徧과 같다. 사당에 두루 고하고서 술을 마셔 두려움이 없음을 보인 것이다.

22) 역주〕 舍爵 : 잔에 술을 따라 祖上의 神位 앞에 놓는 것이다. 이것은 出奔하려 할 때 祖上께 離別을 告하는 禮이다. 〈楊注〉

23) 叛不書 略家在〔臣〕 *)

經에 叛亂을 기록하지 않은 것은 家臣이기 때문에 省略한 것이다.

*) 역주〕 저본에는 '在'로 되어 있으나, ≪十三經注疏≫本에 의거하여 '臣'으로 바로잡았다.

【傳】 鄭駟歂嗣子大叔爲政[1)]하다

鄭나라 駟歂이 子太叔의 뒤를 이어 執政하였다.

1) 歂 駟乞子子然也 爲明年殺鄧析張本

歂은 駟乞의 아들 子然이다. 明年에 鄧析을 죽인 張本이다.

〈九年, 庚子 B.C.501〉

【經】 九年春王正月이라

9년 봄 周王 正月이다.

【經】 夏四月戊申에 鄭伯蠆卒[1)]하다

여름 4월 戊申日에 鄭伯 蠆가 卒하였다.

1) 無傳 四年 盟皐鼬

傳이 없다. 4년에 皐鼬에서 結盟하였다.

【經】 得寶玉大弓[1)]하다

寶玉과 大弓을 얻었다.

1) 弓玉國之分器[*)] 得之足以爲榮 失之足以爲辱 故重而書之

大弓과 寶玉은 國家의 分器이니, 얻으면 榮耀가 되고 잃으면 恥辱이 된다. 그러므로 重하게 여겨 기록한 것이다.

*) 역주〕 分器 : 天子의 宗廟에 所藏한 寶器를 諸侯에게 分賜한 것을 이른다.

【經】 六月葬鄭獻公[1)]

6월에 鄭獻公을 장사 지냈다.

1) 無傳 三月而葬 速

傳이 없다. 세 달 만에 장사 지냈으니 너무 빨랐다.

【經】 秋에 齊侯衛侯次于五氏[1)]하다

가을에 齊侯와 衛侯가 五氏에 주둔〔次〕하였다.

1) 五氏 晉地 不書伐者 諱伐盟主 以次告

五氏는 晉나라 땅이다. 經에 '伐'을 기록하지 않은 것은 盟主의 나라를 친 것을 숨기고서 〈魯나라에〉 '次'로 通告하였기 때문이다.

【經】秦伯卒[1]하다

秦伯이 卒하였다.

1) 無傳 不書名 未同盟

傳이 없다. 秦伯의 이름을 기록하지 않은 것은 同盟하지 않았기 때문이다.

【經】冬에 葬秦哀公[1]하다

겨울에 秦哀公을 장사 지냈다.

1) 無傳

傳이 없다.

【傳】九年春에 宋公使樂大心盟于晉하고 且逆樂祁之尸한대 亂〔辭〕[1]僞有疾이어늘 乃使向巢如晉盟하고 且逆子梁之尸[2]하다 子明謂桐門右師出[3]曰 吾猶衰絰[4]이어니와 而子擊鐘하니 何也[5)6)]오 右師曰 喪不在此故也[7]라 既而告人曰 己衰絰而生子하니 余何故舍鐘[8)9)]이리오 子明聞之하고 怒하야 言於公曰 右師將不利戴氏[10]라 不肯適晉은 將作亂也라 不然이면 無疾[11]이리오 乃逐桐門右師[12]하다

9년 봄에 宋公이 樂大心을 보내어 晉나라와 盟約하고서 樂祁의 尸柩를 맞이해 오게 하자, 樂大心이 병이 있다고 거짓으로 핑계대어 사절하니, 宋公은 이에 向巢를 晉나라에 보내어 盟約하고서 子梁(樂祁)의 尸柩를 맞이해 오게 하였다. 〈樂祁의 아들〉 子明이 桐門右師에게 出國해 尸柩를 맞이해 오게 하며 말하기를 "나는 아직 衰服(斬衰服)에 首絰을 쓰고 있지만, 당신은 음악을 연주하고 있으니 무슨 이유로 출국할 수 없습니까?"라고 하니, 右師가 말하기를 "喪柩가 이곳이 있지 않기 때문이다."고 하고서, 얼마 뒤에 어떤 이에게 말하기를 "자기는 喪中에 자식을 낳았으니 내가 무엇 때문에 음악을 연주하지 않겠는가?"라고 하였다. 子明이 이 말을 듣고 노하여 宋公에게 말하기를 "右師는 장차 戴氏(宋나라)를 危害〔不利〕할 것입니다. 晉나라에 가려 하지 않는 것은 반

란을 일으키려는 것입니다. 그렇지 않다면 무엇 때문에 없는 병을 있다고 속였겠습니까?"라고 하니, 宋公은 이에 桐門右師를 축출하였다.

1) 역주〕 저본에는 '亂'으로 되어 있으나, ≪十三經注疏≫本에 의거하여 '辭'로 바로잡았다.
2) 巢 向戌曾孫
   巢는 向戌의 曾孫이다.
3) 子明 樂祁之子溷也 右師 樂大心 子明族父也 右師往到子明舍 子明逐使出門去〔附注〕林曰 居桐門 故曰 桐門右師
   子明은 樂祁의 아들 溷이다. 右師는 樂大心인데, 子明의 族父이다. 右師가 子明의 집으로 가자, 子明이 축출하여 문밖으로 나가게 한 것이다.
   〔부주〕林: 桐門에 살았기 때문에 '桐門右師'라 한 것이다.
4) 역주〕 衰絰 : 斬衰服과 首絰을 이른다. 首絰은 1년이 넘으면 벗는 것인데, 樂祁의 喪柩가 돌아오지 않아 아직 葬事를 지내지 못하였기 때문에 1년이 넘었어도 子明이 首絰을 벗지 않은 것이다.
5) 忿其不逆父喪 因責其無同族之恩
   그가 아버지의 喪柩를 맞이하려 하지 않은 것에 忿怒하고서, 이어 그가 同族의 恩義가 없다고 叱責한 것이다.
6) 역주〕 子明謂桐門右師出……何也 : 出은 出國해 尸柩를 맞이해 오라는 말이다. 樂大心이 병으로 사절하였으나, 子明은 그가 병을 假裝한 줄을 알기 때문에 激怒하여 그에게 出國하여 喪柩를 맞이해 오라고 叱責한 것이다. 그 뜻은 나는 喪中에 있으므로 出國할 수 없지만 너는 鍾을 치며 音樂을 演奏하니 무엇 때문에 出國할 수 없느냐는 것이다. 〈楊注〉
7) 〔附注〕林曰 言樂祁之喪未歸
   〔부주〕林: 樂祁의 喪柩가 아직 돌아오지 않았기 때문이라는 말이다.
8) 己 子明也〔附注〕林曰 言其居喪而生子 生子罪重 不廢樂罪輕
   己는 子明이다.
   〔부주〕林: 子明이 居喪 中에 자식을 낳았으니, 자식을 낳은 죄는 무겁고, 音樂을 폐기하지 않은 죄는 가볍다는 말이다.
9) 역주〕 己衰絰而生子 余何故舍鐘 : 이것은 樂大心이 어떤 이에게 고한 말인데, 그 뜻은 子明이 비록 스스로 衰絰 중에 있다고 말하였으나 자식을 낳았으니, 형제뻘이 되는 나는 鐘鼓를 버릴 필요가 없다는 것이다. 〈楊注〉
10) 樂氏 戴公族〔附注〕林曰 言樂大心將害其公族
   樂氏는 戴公의 후손이다.

〔부주〕 林: 欒大心이 장차 宋나라의 公族을 해칠 것이라는 말이다.

11) 〔附注〕 林曰 若不如此 何故詐疾而不肯往

〔부주〕 林: 亂을 일으키려는 것이 아니라면 무엇 때문에 병이 있다고 속이고서 가려 하지 않았겠느냐는 말이다.

12) 逐之在明年 終叔孫昭子之言*)

그를 축출한 것은 明年에 있다. 끝내 叔孫昭子의 말처럼 되었다.

*) 역주〕 叔孫昭子之言 : 昭公 25년 傳에 보이는 '昭子告其人曰 右師其亡乎'를 이른다.

【傳】鄭駟歂殺鄧析하고 **而用其竹刑**[1])하다 **君子謂子然於是不忠**이로다 **苟有可以加於國家者**면 **棄其邪可也**[2])라 **靜女之三章**에 **取彤管焉**[3])하고 **竿旄**에 **何以告之**는 **取其忠也**[4])라 **故用其道**면 **不棄其人**이니라 **詩云 蔽芾甘棠**을 **勿翦勿伐**하라 **召伯所茇**[5])이라하니 **思其人**하야 **猶愛其樹**은 **況用其道而不恤其人乎**[6])아 **子然無以勸能矣**[7])로다

鄭나라 駟歂이 鄧析을 죽이고서 그가 지은 竹刑을 採用하니, 君子는 이에 대해 다음과 같이 論評하였다. "子然은 이번 일에 있어 충성스럽지 못하였다. 진실로 國家에 이익이 될 사람이라면 그 邪惡을 책망하지 않아야 한다. 〈靜女〉篇 三章의 詩에 彤管을 취하고, 〈竿旄〉篇에 '何以告之(무엇으로 告할꼬.)'는 詩人의 忠心을 취한 것이다. 그러므로 그 道를 채용하면 그 사람을 버리지 않아야 한다. 詩에 '무성한 甘棠나무를 갈기지 말고 베지 말라. 召伯이 草幕〔茇〕을 쳤던 곳이다.'고 하였다. 그 사람을 思慕하여 오히려 그 나무까지 사랑하였는데, 하물며 그 竹刑〔道〕를 채용하면서 그 사람을 돌아보지 않아서야 되겠는가? 子然은 賢能한 사람을 勸奬할 수 없을 것이다.

1) 鄧析 鄭大夫 欲改鄭所鑄舊制*) 不受君命 而私造刑法 書之於竹簡 故言竹刑 〔附注〕 林曰 蓋殺其人而用其法

鄧析은 鄭나라 大夫이다. 鄭나라가 鑄造한 옛 制度를 改正하려고 임금의 명령도 받지 않고서 사사로이 刑法을 만들어 竹簡에 기록하였다. 그러므로 '竹刑'이라 한 것이다.

〔부주〕 林: 그 사람은 죽이고서 그 사람이 만든 法은 채용한 것이다.

*) 역주〕 鄭所鑄舊制 : 昭公 6년에 鄭나라 子産이 刑法條文을 鼎에 새겨 鑄造한 刑書를 이른다.

2) 加 猶益也 棄 不責其邪惡也 〔附注〕 林曰 子然 卽駟歂 謂其殺賢能 不忠於國

加는 益과 같다. 棄는 그의 邪惡을 책망하지 않는 것이다.

〔부주〕 林: 子然은 바로 駟歂이다. 그가 賢能한 사람을 죽인 것을 國家에 不忠한 것으로 여긴 것이다.

3) 詩 邶風也 言靜女三章之詩 雖說美女 義在彤管 彤管 赤管筆 女史記事規誨[*)]之所執

詩는 ≪詩經≫ 〈邶風〉이다. 〈靜女〉篇 세 章의 詩가 비록 美女를 말한 것이지만 그 뜻은 彤管에 있다는 말이다. 彤管은 赤管筆(붓대가 붉은 붓)로 일을 기록해 規誨하는 女史가 가지는 붓이다.

*) 역주] 規誨 : 잘못을 諫하여 바로잡고, 善言을 올려 가르침이다.

4) 詩 鄘風也 錄竿旄詩者 取其忠〔中心〕[*)]願告人以善道也 言此二詩 皆以一善見采 而鄧析不以一善存身

詩는 ≪詩經≫ 〈鄘風〉이다. 〈竿旄〉 詩를 採錄한 것은 남에게 善道로써 告하기를 원한 作詩者〔其〕의 中心(忠)을 취한 것이다. 이 두 詩는 모두 한 가지 善行으로 採錄되었는데, 鄧析은 한 가지 善行으로 몸을 보존하지 못하였음을 말한 것이다.

*) 역주] 저본에는 '忠'으로 되어 있으나, ≪十三經注疏≫本에 의거하여 '中心'으로 바로잡았다.

5) 詩 召南也 召伯決訟於蔽芾甘棠之下 詩人思之 不伐其樹 茇 草舍也

詩는 ≪詩經≫ 〈召南〉이다. 召伯이 무성한 작은 아가위나무 밑에서 訟事를 判決하였으므로 詩人이 그를 思慕하여 그 나무를 베지 말라고 한 것이다. 茇은 草舍(草幕)이다.

6) 역주] 不恤其人 : 恤은 돌봄이니, 그 사람을 돌보지 않고 버렸다는 말이다.

7) 傳言子然嗣大叔爲政 鄭所以衰弱

傳文은 子然이 太叔의 뒤를 이어 執政이 되자, 鄭나라가 이 때문에 衰弱해진 것임을 말한 것이다.

【傳】 夏에 陽虎歸寶玉大弓[1)]하다 書曰得은 器用也라 凡獲器用曰得[2)]이오 得用焉曰獲[3)]이라 六月에 伐陽關[4)]한대 陽虎使焚萊門[5)]하니 師驚이어늘 犯之而出하야 奔齊[6)]하야 請師以伐魯曰 三加면 必取之[7)]리라 齊侯將許之한대 鮑文子諫曰 臣嘗爲隷於施氏矣[8)]로니 魯未可取也라 上下猶和하고 衆庶猶睦하며 能事大國[9)]하고 而無天菑하니 若之何取之리오 陽虎欲勤齊師也라 齊師罷면 大臣必多死亡이리니 己於是乎奮其詐謀[10)]니라 夫陽虎有寵於季氏로되 而將殺季孫하야 以不利魯國이라가 而求容焉[11)12)]이라 親富不親仁이니 君焉用之[13)]리오 君富於季氏하고 而大於魯國하니 茲陽虎所欲傾覆也[14)]라 魯免其疾이어늘 而君又收之하니 無乃害乎[15)]아 齊侯執陽虎將東之[16)]하니 陽虎願東[17)]이어늘 乃囚諸西鄙하다 盡借邑人之車하야 鍥其軸하야 麻約而歸之[18)]하고 載葱靈하야 寢於其中而逃[19)20)]어늘 追而得之하야 囚於齊하다 又以葱靈逃하야 奔宋이라가 遂奔晉하야 適趙

氏[21])하다 仲尼曰 趙氏其世有亂乎[22])ㄴ져

여름에 陽虎가 寶玉과 大弓을 돌려주었다. 經에 '得'으로 기록한 것은 器用이기 때문이다. 器用을 얻는 것을 '得'이라 하고, 器物로 사용할 수 있는 生物을 잡는 것을 '獲'이라 한다. 6월에 魯軍이 陽關을 攻伐하자, 陽虎가 사람을 시켜 萊門에 불을 지르게 하니 魯軍이 놀라 허둥대었다. 陽虎는 그 틈을 타서 포위를 뚫고 빠져나가 齊나라로 달아나서, 齊侯에게 出兵하여 魯나라를 치기를 청하며 말하기를 "세 차례만 공격하면 반드시 魯나라를 취할 수 있습니다."고 하니, 齊侯는 허락하려 하였다. 그러자 鮑文子가 諫하기를 "臣은 전에 施氏의 家臣〔隸〕으로 있은 적이 있어서 〈魯나라의 사정을 잘 알고 있는데,〉 魯나라는 取할 수 없습니다. 上下가 오히려 和合하고 衆庶가 和睦하며 大國(晉)을 잘 섬기고 天菑가 없으니, 그런 나라를 어찌 취할 수 있겠습니까? 陽虎는 우리 齊나라 군대를 勤勞시키려는 것입니다. 齊軍이 지치면 大臣 중에 반드시 死亡하는 자가 많을 것이니, 이때를 노려 陽虎〔已〕는 奸詐한 計謀를 펼치려는 것입니다. 저 陽虎는 季氏에게 寵愛를 받았으되 季孫을 죽이고서 魯나라에 危害〔不利〕를 끼치려다가 〈뜻을 이루지 못하자 우리나라로 도망해 와서〉 용납되기를 구하는 것입니다. 그는 富를 가까이하고 仁을 가까이하지 않는 자이니, 임금님께서는 그런 사람을 어디에 쓰시겠습니까? 임금님은 季氏보다 富裕하시고 齊나라는 魯나라보다 크니, 이점이 바로 陽虎가 傾覆시키고자 하는 바입니다. 魯나라는 그자의 危害〔疾〕를 면하였는데 임금님께서는 도리어〔又〕 그를 거두시니 어찌 害가 없겠습니까?"라고 하니, 齊侯는 陽虎를 잡아 東方으로 보내려 하였다. 陽虎가 동방으로 가기를 원하자, 곧 그를 서쪽 邊鄙에 囚禁하였다. 陽虎는 邑人들의 수레를 다 빌려다가 그 굴대를 깎아내고서 삼으로 깎은 곳을 감아 가지고 주인에게 돌려주었다. 그러고는 葱靈(의복을 싣는 수레)에 짐을 싣고서 짐 속에 누워 逃走하니, 齊人이 추격해 잡아다가 齊나라 國都에 囚禁하였다. 그는 또 葱靈을 타고 逃走하여 宋나라로 달아났다가 드디어 晉나라로 달아나서 趙氏에게로 갔다. 이에 대해 仲尼는 "趙氏는 아마도 대대로 禍亂이 있을 것이다."고 하였다.

1) 無益近用 而祗爲名 故歸之

가까이에 두고 쓰기에 無益하고, 단지 寶器라는 名目만 있기 때문에 돌려준 것이다.

2) 器用者 謂物之成器可爲人用者也

器用은 器物로 만들어져서 사람들이 사용할 수 있는 것을 이른다.

3) 謂用器物以有獲 若麟爲田獲 俘爲戰獲

器物로 사용할 수 있는 生物을 잡는 것을 이르니, 이를테면 獲麟은 사냥해 잡은 것이고, 俘獲은 전쟁해 잡은 것이다.

4) 討陽虎也

陽虎를 토벌한 것이다.

5) 陽關邑門

陽關의 邑門이다.

6) [附注] 林曰 魯師見火起故驚 陽虎犯師而出

[부주] 林: 魯軍이 불길이 일어나는 것을 보았기 때문에 놀란 것이다. 陽虎가 魯軍의 포위를 뚫고 脫出한 것이다.

7) 三加兵於魯

魯나라를 세 차례 공격함이다.

8) 施氏 魯大夫 文子 鮑國也 成十七年 齊人召而立之 至今七十四歲 於是文子 蓋九十餘矣

施氏는 魯나라 大夫이고, 文子는 鮑國이다. 成公 17년에 齊人이 鮑國을 불러들여 鮑氏의 後繼者로 세운 것이 지금으로부터 74년 전이니, 이때 文子의 나이가 대개 90여 歲였을 것이다.

9) 大國 晉也

大國은 晉나라를 이른다.

10) [附注] 林曰 己謂陽虎 始欲奮其詐謀以圖齊國

[부주] 林: 己는 陽虎를 이른다. 陽虎가 비로소 奸詐한 計謀를 써서 齊나라를 도모하려 할 것이라는 말이다.

11) 求自容 [附注] 朱曰 將召季桓子 享于蒲圃而殺之 以爲魯國之害 得罪於魯 而求容身於齊

스스로 용납되기를 구함이다.

[부주] 朱: 季桓子를 招請하여 蒲圃에서 接待하다가 죽여 魯나라에 害를 끼치려 하다가 魯나라에서 罪를 짓고 齊나라로 도망와서 容身하기를 구한 것이다.

12) 역주] 不利於魯國 而求容焉 : 魯나라에 不利한 짓을 하려다가 齊나라로 와서 容納되기를 구한 것이다. 季氏에게 寵愛를 받았으되 季孫을 죽이려 하였으니 富를 탐함이 심하고, 남을 不利하게 하려는 마음을 품고서 용납되기를 구하였으니 不仁함이 심하다. 不利는 아래의 '害'字와 相應한다. 위의 不利戴氏의 '不利'도 같은 뜻이다. ≪左氏會箋≫

13) [附注] 林曰 唯親富人以圖其利 不親仁人以圖其道 齊君將安所用之

[부주] 林: 陽虎는 오직 富人을 가까이하여 자신의 이익만을 도모할 뿐이고, 仁人을 가까이하여 자신의 道理는 도모하지 않는 사람이니, 齊君은 장차 그런 사람을 어디에 쓰려는 것이냐는 말이다.

14) [附注] 林曰 齊君之富 多於季氏 齊國之地 大於魯國 此固陽虎所欲傾覆滅也

[부주] 林: 齊君의 財富가 季氏보다 많고 齊나라의 땅이 魯나라보다 크니, 이점이 바로 陽虎가 齊나라를 쓰러뜨려 滅亡시키고자 하는 이유라는 말이다.

15)〔附注〕朱曰 陽虎出奔 是魯得免其疾患 吾君又收留之 無乃移其害魯者 而害於齊乎
〔부주〕朱: 陽虎의 出奔으로 魯나라는 그 疾患을 면하게 되었는데, 우리 임금은 도리어 그를 거두어 머물게 하니, 魯나라를 해친 자를 移住시켜 齊나라를 해치게 하는 것이 아니냐는 말이다.

16) 역주〕將東之 : 陽虎를 齊나라 東方에 留置하려 한 것이다.〈楊注〉

17) 陽虎欲西奔晉 知齊必反己 故詐以東爲願
陽虎는 서쪽에 있는 晉나라로 도망가고자 하였으니, 齊나라는 반드시 자기의 의사와 반대되는 곳으로 보낼 것을 알았다. 그러므로 동쪽으로 가기를 원한다고 거짓말을 한 것이다.

18) 鍥 刻也 欲絶追者〔附注〕林曰 陽虎盡借所居邑人之車 刻其軸 使易毁折 以麻約縛刻處 而歸之其主
鍥는 刻(깎음)이다. 追擊하는 자를 막고자 한 것이다.
〔부주〕林: 陽虎는 자기가 머물고 있는 고을 사람들의 수레를 다 빌려다가 쉽게 부러지도록 그 굴대를 깎고서 깎은 곳을 삼으로 감아가지고 그 주인에게 돌려준 것이다.

19) 葱靈 輜車名〔附注〕林曰 蓋車之有障蔽者 以輜車載己
葱靈은 輜車의 이름이다.
〔부주〕林: 수레에 가리개가 있는 것이다. 輜車에 자기 몸을 실은 것이다.

20) 역주〕葱靈 : 衣車(사방을 천으로 가린 수레)인데, 葱(窓)이 있고 靈(櫺)이 있다. 그렇다면 이 수레는 앞뒤에는 가리개가 있고 양옆은 窓이 있어 觀望할 수 있는 것이다. 창 가운데 세운 나무를 '靈'이라 한다.〈正義〉

21)〔附注〕林曰 陽虎歸趙簡子之家
〔부주〕林: 陽虎가 趙簡子의 집으로 가서 依託한 것이다.

22) 受亂人故
亂人을 받아들였기 때문이다.

【傳】秋에 **齊侯伐晉夷儀**[1]하다 **敝無存之父將室之**한대 **辭**하고 **以與其弟**[2]하고 **曰 此役也**에 **不死**면 **反**하야 **必娶於高國**[3]하리라 **先登**하야 **求自門出**이라가 **死於霤下**[4]하다 **東郭書讓登**[5][6]하니 **犂彌從之**[7]**曰 子讓而左**[8]하라 **我讓而右**하야 **使登者絶而後下**[9][10]하리라 **書左**하니 **彌先下**[11]하다 **書與王猛息**[12]에 **猛曰 我先登**이라하니 **書斂甲曰 曩者之難**이러니 **今又難焉**[13][14]이로다 **猛笑曰 吾從子**가 **如驂之靳**[15][16]이라

가을에 齊侯가 晉나라 夷儀를 토벌하였다. 이때 敝無存의 父親이 아내를 얻어주려

하자, 敝無存은 사양하고서 그 女人을 아우에게 주게 하며 말하기를 "이번 전쟁에서 죽지 않으면 돌아와서 반드시 高氏나 國氏의 딸에게 장가가겠습니다."고 하였다. 전쟁할 때 먼저 夷儀의 城으로 올라가서 城門을 열고 나오려다가 성문 처마 밑에서 戰死하였다. 東郭書가 앞다투어 성으로 올라가려 하자, 犂彌가 그 뒤를 따르며 말하기를 "그대는 앞다투어 올라가서 왼쪽으로 가십시오. 나는 앞다투어 올라가서 오른쪽으로 가다가 오르는 자들이 다 올라온 뒤에 성안으로 내려가겠소."라고 하였다. 東郭書가 성 위로 올라가 왼쪽으로 가니, 犂彌는 먼저 성안으로 내려갔다. 전투가 끝난 뒤에 東郭書와 王猛(犂彌)이 休息하던 중에, 王猛이 말하기를 "내가 먼저 성에 올랐소."라고 하자, 東郭書는 갑옷을 수습하면서 말하기를 "지난번에 나를 곤란하게 하더니 지금 또 나를 곤란하게 하는구려."라고 하니, 王猛이 웃으며 말하기를 "내가 그대를 따르는 것이 驂馬가 服馬〔靳〕를 따르는 것과 같소."라고 하였다.

1) 爲衛討也

衛나라를 위해 토벌한 것이다.

2) 無存 齊人也 室之 爲取婦〔附注〕林曰 其父將爲之娶妻室 無存辭不願娶 以所娶室 先與其弟

無存은 齊人이다. 室之는 그를 위해 아내를 얻어줌이다.

〔부주〕林: 그 아비가 無存을 위해 아내를 얻어주려 하자, 無存은 장가가지 않겠다고 사양하고서, 아내가 될 여자를 그 아우에게 주어 먼저 結婚하게 한 것이다.

3) 高氏國氏 齊貴族也 無存欲必有功 還娶卿相之女

高氏와 國氏는 齊나라 貴族이다. 無存은 반드시 功을 세우고 돌아와서 卿相의 딸에게 장가가려 한 것이다.

4) 旣入城 夷儀人不服 故鬪死於門屋霤下也

이미 入城하였으나, 夷儀 사람들이 降服하지 않기 때문에 戰鬪하다가 門屋의 처마 밑에서 죽은 것이다.

5) 登城非人所樂 故讓衆使後而己先登

敵의 城으로 오르는 것은 사람들이 즐기는 바가 아니기 때문에 사람들에게 자기의 뒤에 오르도록 양보하고서 자기가 먼저 올라간 것이다.

6) 역주〕讓登 : 杜注에는 '讓登'의 讓과 '讓而左 讓而右'의 讓을 모두 禮讓의 뜻으로 풀었으나, 역자는 이를 따르지 않고 〈楊注〉의 설을 취해 번역하였다. 〈楊注〉에 "讓登은 搶登(앞을 다투어 먼저 오름)이니, 讓은 攘의 假借이다. 실은 자기가 먼저 올라가려 한 것이다. 杜注의 '讓衆使後而己先登'은 정확하지 않다."고 하였다.

7)〔附注〕林曰 犂彌從東郭書 俱先登

〔부주〕 林: 犂彌가 東郭書를 따라 함께 먼저 오른 것이다.

8) 〔附注〕 林曰 讓衆而立於城之左

〔부주〕 林: 사람들에게 양보하고서 城의 왼쪽에 서 있으라는 말이다.

9) 恐書先下 故又譎以讓之 下 入城也

東郭書가 먼저 내려갈까 두려웠기 때문에 그를 속여 양보하게 한 것이다. 下는 성안으로 들어감이다.

10) 역주〕 子讓而左……使登者絶而後下 : 犂彌가 東郭書에게 "그대는 앞을 다투어 먼저 올라가서 왼쪽을 향해 가고, 나는 앞을 다투어 올라가서 오른쪽을 향해 가다가 오르는 자들이 다 올라온 뒤에 일제히 함께 성안으로 내려가자."고 말한 것이다. 〈楊注〉

11) 書從彌言左行 彌遂自先下 亦讓也

東郭書가 犂彌의 말에 따라 왼쪽으로 가니, 犂彌는 드디어 스스로 먼저 내려간 것이다. 이 또한 양보한 것이다.

12) 戰託〔訖〕*) 共止息 〔附注〕 林曰 王猛 齊人

전투를 마치고서 함께 휴식한 것이다.

〔부주〕 林: 王猛은 齊人이다.

*) 역주〕 저본에는 '託'으로 되어 있으나, ≪十三經注疏≫本에 의거하여 '訖'로 바로잡았다.

13) 斂甲 起欲擊猛 〔附注〕 林曰 言昔者有登城之難 今又有王猛之難

갑옷을 收拾한 것은 일어나서 王猛을 공격하려 한 것이다.

〔부주〕 林: 지난번에는 성에 오르는 어려움이 있더니 지금은 또 王猛의 어려움이 있다는 말이다.

14) 역주〕 曩者之難 今又難焉 : 東郭書가 갑옷을 챙겨 입고서 王猛과 싸우려 하면서 "지난번에는 네가 나를 왼쪽으로 올라가게 하여 나를 곤란하게 하더니 이번에는 또 이 일로 나에게 교만을 떨어 또 나를 곤란하게 한다."고 말한 것이다. 〈楊注〉

15) 靳 車中馬也 猛不敢與書爭 言己從書 如驂馬之隨靳也 傳言齊師和 所以能克

靳(服馬)은 수레의 가운데서 수레를 끄는 말이다. 王猛이 감히 東郭書와 다툴 수 없어서, 자기가 東郭書를 따르는 것이 마치 驂馬가 靳(服馬)을 따르는 것과 같다고 말한 것이다. 傳文은 齊軍이 和合하여 勝利한 까닭을 말한 것이다.

16) 역주〕 如驂之靳 : 古代의 戰車에는 네 마리의 말을 메우는데, 양쪽에 있는 말을 '驂馬'라 하고 중간에 있는 두 마리 말을 '服馬'라 한다. 服馬는 등의 안장을 고정시키는 靳(가슴걸이)이 있다. 王猛의 뜻은 나는 驂馬처럼 服馬(東郭書를 뜻함)의 뒤를 따라간다는 것이다. 參考文獻 〈楊注〉

晉車千乘在中牟[1)]하다 衛侯將如五氏[2)]할새 卜過之하니 龜焦[3)4)]하다 衛侯曰 可也라 衛車當其半이오 寡人當其半이니 敵矣[5)]라하고 乃過中牟하니 中牟人欲伐之하다 衛褚師圃亡在中牟[6)]러니 曰 衛雖小나 其君在焉하니 未可勝也라 齊師克城而驕하고 其帥又賤[7)]하니 遇면 必敗之니 不如從齊라한대 乃伐齊師하야 敗之[8)]하다 齊侯致禚媚杏於衛[9)]하다

晉나라 兵車 千乘이 中牟에 주둔하고 있었다. 衛侯가 〈齊나라를 돕기 위해〉 五氏로 가려 할 때에 中牟를 무사히 통과할 수 있을지에 대해 거북점을 치니, 龜甲이 불에 타서 점을 치지 못하였다. 衛侯가 말하기를 "통과할 수 있다. 衛나라 兵車가 晉나라 兵車의 半을 상대할 수 있고 寡人이 그 반을 상대할 수 있으니 그 형세가 엇비슷하다."고 하고서 中牟를 통과하니, 中牟人(晉軍)이 衛軍을 공격하려 하였다. 이때 衛나라 褚師圃가 도망해 와서 中牟에 있었는데, 말하기를 "衛나라가 비록 작지만 그 임금이 軍中에 있으니 勝利할 수 없습니다. 齊軍은 夷儀城에서 勝利하고서 교만하고, 그 將帥는 또 地位가 卑賤하니 兩軍이 서로 만난다면 반드시 齊軍을 패배시킬 수 있으니, 齊軍을 공격하는 것만 못합니다."고 하자, 晉軍은 이에 齊軍을 공격하여 패배시켰다. 齊侯는 禚邑・媚邑・杏邑을 衛나라에 주었다.

1) 救夷儀也 今滎陽有中牟縣 迴遠 疑非也
 夷儀를 救援하기 위해 駐屯한 것이다. 지금 滎陽에 中牟縣이 있는데, 晉나라에서 가려면 멀리 迂廻해야 하니, 아마도 滎陽의 中牟는 傳文에 말한 中牟가 아닌 듯하다.

2) 齊侯在五氏 將往助之
 齊侯가 五氏에 駐在하였으므로 가서 도우려 한 것이다.

3) 衛至五氏 道過中牟 畏晉 故卜 龜焦 兆不成 不可以行事也
 衛나라에서 五氏로 가려면 中牟를 통과해야 한다. 晉軍이 두려웠기 때문에 거북점을 친 것이다. 龜甲이 타서 兆文이 형성되지 않았으니 行事할 수 없다.

4) 역주〕 龜焦 : 龜甲(거북의 등껍질)이 불에 타서 吉凶을 점칠 수 있는 무늬가 형성되지 않은 것이다. 거북점은 龜甲을 불에 구워서 龜甲이 터져서 형성되는 무늬를 보고서 길흉을 점친다.

5) 衛侯怒晉甚 不復顧卜 欲以身當五百乘
 衛侯는 晉나라에 대해 매우 노하여 다시 거북점을 顧慮하지 않았다. 자신이 晉軍의 5백 乘을 상대하고자 한 것이다.

6) 〔附注〕 林曰 褚師圃 衛舊大夫

〔부주〕林: 褚師圃는 衛나라의 옛 大夫이다.

7) 城 謂夷儀也 帥 謂東郭書

城은 夷儀를 이르고, 帥는 東郭書를 이른다.

8) 獲齊車五百乘 事見哀十五年

齊軍의 兵車 5백 乘을 鹵獲한 것이다. 이 일은 哀公 15년에 보인다.

9) 三邑 皆齊西界 以答謝衛意

세 邑은 모두 齊나라의 서쪽 경계인데, 이 邑으로 衛나라의 고마운 뜻에 答謝한 것이다.

齊侯賞犁彌한대 **犁彌辭曰 有先登者**ㄹ새 **臣從之**라 **皙幘而衣貍製**[1)2)]니라 **公使視東郭書**[3)4)]한대 **曰 乃夫子也**라하고 **吾貺子**[5)]라하다 **公賞東郭書**한대 **辭曰 彼**는 **賓旅也**[6)7)]라하니 **乃賞犁彌**[8)]하다

齊侯가 犁彌에게 施賞하자, 犁彌가 사양하며 말하기를 "먼저 城으로 오르는 사람이 있기에 臣은 그를 따라 올랐을 뿐입니다. 그는 흰 頭巾을 쓰고 이리 가죽으로 지은 갖옷을 입었습니다."고 하였다. 齊景公이 犁彌에게 東郭書를 살펴보게 하자, 犁彌가 "바로 저 사람입니다."고 하고서 東郭書에게 "나는 이 賞을 그대에게 드리겠소."라고 하였다. 景公이 東郭書에게 施賞하자, 사양하며 말하기를 "저분은 賓旅(外國人으로 와서 벼슬한 사람)입니다."고 하니, 景公은 이에 犁彌에게 施賞하였다.

1) 皙 白也 幘 齒上下相値 製 裘也

皙은 白色이고, 幘은 위아래의 이〔齒〕가 가지런하여 서로 맞는 것이다. 製는 갖옷이다.

2) 역주〕皙幘而衣貍製 : 犁彌는 東郭書와 본디부터 아는 사이가 아니었다. 그러므로 겨우 그의 服裝만을 말했을 뿐이다. 幘은 ≪說文解字≫에 "頭髮을 덮는 巾을 '幘'이라 한다."고 하였다. 皙은 白色이다. 杜注에는 幘을 齰으로 보아 위아래의 이가 서로 잘 맞는 것이라 하였다. 〈楊注〉

3) 〔附注〕林曰 齊景公使人視東郭書

〔부주〕林: 齊景公이 사람을 보내어 東郭書를 보게 한 것이다.

4) 역주〕公使視東郭書 : 景公이 犁彌에게 東郭書를 보게 한 것인 듯하다. 그러므로 이상과 같이 번역하였다.

5) 貺 賜也〔附注〕林曰 夫子 謂東郭書 言先登乃子也 我當貺賜於子

貺은 賜(줌)이다.

〔부주〕林: 夫子는 東郭書를 이른다. 먼서 성에 오른 이가 바로 그대이니, 나는 이 賞

을 그대에 주겠다는 말이다.

6) 言彼與我 若賓主相讓 旅俱進退〔附注〕林曰 彼 謂犂彌

彼와 我가 마치 賓主가 서로 사양하듯이 나란히 함께 進退하였다는 말이다.

〔부주〕林: 彼는 犂彌를 이른다.

7) 역주〕彼 賓旅也 : 旅도 客이다. 犂彌가 東郭書와 함께 出戰하였으면서도 서로 알지 못하였으니, 아마도 犂彌는 他國에서 와서 처음 齊나라에 벼슬한 자인 듯하다. 그러므로 東郭書가 '賓旅'라고 한 것이다. 〈楊注〉

8)〔附注〕林曰 乃兼賞犂彌

〔부주〕林: 이에 犂彌에게 아울러 施賞한 것이다.

齊師之在夷儀也에 **齊侯謂夷儀人曰 得敝無存者**면 **以五家免**[1]하리라 **乃得其尸**하야 **公三襚之**[2]하고 **與之犀軒與直蓋**[3][4]하야 **而先歸之**[5]할새 **坐引者**하야 **以師哭之**[6]하고 **親推之三**[7]하다

齊軍이 夷儀에 있을 때 齊侯가 夷儀 사람들에게 말하기를 "敝無存의 尸身을 찾는 자에게는 다섯 집을 賞으로 주고 勞役을 면제할 것이다."고 하였다. 이에 그 시신을 찾아서 景公은 그 시신에 세 벌의 襚衣를 입히고서 물소가죽으로 장식한 수레와 자루가 긴 日傘〔直蓋〕을 〈殉葬品으로〉 주어 먼저 齊나라로 돌려보냈는데, 이때 수레를 끄는 자들을 꿇어앉히고 全軍에게 哭하게 하고서 景公이 친히 그 靈柩를 세 번 밀어 출발시켰다.

1) 給其五家 令常不共役事

五家를 賞으로 주고, 항상 役事에 勞役을 提供하지 않게 한 것이다.

2) 襚 衣也 比殯三加襚 深禮厚之

襚는 衣이다. 草殯할 때에 세 벌의 襚衣를 입혀 매우 후하게 禮遇한 것이다.

3) 犀軒 卿車 直蓋 高蓋

犀軒은 卿의 수레이고, 直蓋는 자루가 긴 日傘이다.

4) 역주〕與之犀軒與直蓋 : 軒은 高貴한 자가 타는 수레이다. 犀軒은 물소가죽으로 장식한 수레이고, 直蓋는 高蓋로 바로 오늘날의 자루가 긴 日傘이다. 이것을 주어 殉葬品으로 쓰게 한 것이다. 參考文獻 〈楊注〉

5)〔附注〕林曰 先歸敝無存之喪

〔부주〕林: 敝無存의 喪柩를 먼저 돌려보낸 것이다.

6) 停喪車以盡哀也 君方爲位而哭 故挽喪者不敢立

喪柩를 실은 수레를 停止시켜 놓고서 슬픔을 다한 것이다. 이때 임금이 位를 만들어 哭

을 하였기 때문에 喪柩를 끄는 자들이 감히 서지 못한 것이다.

7) 齊侯自推喪車輪三轉
齊侯가 스스로 喪車의 바퀴가 세 바퀴 돌도록 민 것이다.

〈十年, 辛丑 B.C.500〉

【經】 十年春王三月에 及齊平[1)]하다

10년 봄 周王 3월에 齊나라와 和平하였다.

1) 平前八年再侵齊之怨
앞서 定公 8년에 두 차례 齊나라를 侵攻했던 怨恨을 풀고 和解한 것이다.

【經】 夏에 公會齊侯于夾谷[1)]하다

여름에 定公이 齊侯와 夾谷에서 會合하였다.

1) 平故
和平하였기 때문이다.

【經】 公至自夾谷[1)]하다

定公이 夾谷에서 돌아왔다.

1) 無傳
傳이 없다.

【經】 晉趙鞅帥師圍衛하다

晉나라 趙鞅이 군대를 거느리고 가서 衛나라를 포위하였다.

【經】 齊人來歸鄆讙龜陰田[1)]하다

齊人이 와서 鄆과 讙과 龜陰의 땅을 돌려주었다.

1) 三邑 皆汶陽田也 泰山博縣北有龜山 陰田在其北也 會夾谷 孔子相 齊人服義而歸魯田
세 邑은 汶水 북쪽의 土地이다. 泰山 博縣 북쪽에 龜山이 있고, 陰田은 그 북쪽에 있다. 夾谷에서 會議할 때 孔子가 禮를 도우니, 齊人이 孔子의 行義에 感服해 魯나라에 땅을 돌려준 것이다.

【經】 叔孫州仇仲孫何忌帥師圍郈[1)]하다

叔孫州仇와 仲孫何忌가 군대를 거느리고 가서 郈를 포위하였다.

1) 郈 叔孫氏邑
郈는 叔孫氏의 邑이다.

【經】 秋에 叔孫州仇仲孫何忌帥師圍郈하다

가을에 叔孫州仇와 仲孫何忌가 군대를 거느리고 가서 郈를 포위하였다.

【經】 宋樂大心出奔曹[1)]하다

宋나라 樂大心이 曹나라로 出奔하였다.

1) 傳在前年春 書名 罪其稱疾不適晉
傳文은 前年 봄에 있다. 이름을 기록한 것은 그가 병을 핑계 대고 晉나라에 가지 않은 것을 懲罰한 것이다.

【經】 宋公子地出奔陳[1)]하다

宋나라 公子 地가 陳나라로 出奔하였다.

1) 貪弄馬以距君命 書名 罪之也
弄馬(愛玩馬)를 탐하여 임금의 명을 拒逆하였기 때문에 이름을 기록하여 懲罰한 것이다.

【經】 冬에 齊侯衛侯鄭游速會于安甫[1)]하다

겨울에 齊侯, 衛侯가 鄭나라 游速과 安甫에서 會合하였다.

1) 無傳 安甫 地闕
傳이 없다. 安甫는 所在地를 정확히 알 수 없어 省略하고 註釋하지 않았다.

【經】 叔孫州仇如齊하다

叔孫州仇가 齊나라에 갔다.

【經】宋公之弟辰暨仲佗石彄出奔陳[1)]하다

宋公의 아우 辰과 仲佗와 石彄가 陳나라로 出奔하였다.

1) 暨 與也 宋公寵向魋 不聽辰請 辰忿而將大臣出奔 虛請自忿 稱弟 示首惡也 仲佗石彄皆爲國卿 不能匡君靖難 而爲辰所牽帥出奔 稱名 亦罪之也

暨는 與이다. 宋公이 向魋를 寵愛하여 辰의 請願을 들어주지 않자, 辰이 忿怒하여 大臣들을 거느리고 出奔한 것이다. 請願을 들어주지 않았다 하여〔虛請〕 스스로 분노하였기 때문에 '弟'라고 칭하여 首惡(元兇)임을 提示한 것이다. 仲佗와 石彄는 모두 나라의 卿이 되어 임금을 바로잡아 國難을 평정하지 않고 辰에게 이끌려 出奔하였기 때문에 이름을 칭하여 이 또한 懲罰한 것이다.

【傳】十年春에 及齊平하다

10년 봄에 齊나라와 和平하였다.

【傳】夏에 公會齊侯于祝其하니 實夾谷[1)]이라 孔丘相[2)]이러니 犂彌言於齊侯曰 孔丘知禮而無勇하니 若使萊人以兵劫魯侯면 必得志焉[3)]하리라 齊侯從之한대 孔丘以公退曰 士는 兵之[4)]하라 兩君合好에 而裔夷之俘以兵亂之[5)]하니 非齊君所以命諸侯也[6)]라 裔不謀夏오 夷不亂華며 俘不干盟이오 兵不偪好하나니 於神爲不祥[7)8)]이오 於德爲愆義며 於人爲失禮니 君必不然[9)]이리라 齊侯聞之하고 遽辟之[10)]하다

여름에 定公이 齊侯와 祝其에서 會合하였으니, 祝其는 바로 夾谷이다. 이때 孔丘가 禮를 도왔더니, 犂彌가 齊侯에게 말하기를 "孔丘는 禮는 알지만 勇氣가 없으니, 만약 萊人들을 보내어 武器로 魯侯를 위협하면 반드시 우리의 뜻대로 될 것입니다."고 하였다. 齊侯가 그의 말을 받아들여 그렇게 하자, 孔丘는 定公을 모시고 물러가면서 말하기를 "兵士들은 저 萊人을 공격하라. 두 나라 임금이 會合하여 友好를 맺는 자리에 遠方 夷狄의 俘虜가 무기를 들고 들어와 亂動을 부리니, 이는 齊君이 諸侯에게 명령한 뜻이 아니다. 遠方의 나라는 中原을 圖謀할 수 없고, 夷狄은 中華를 어지럽힐 수 없으며, 俘虜는 會盟의 자리를 침범할 수 없고, 武力으로 友好國을 핍박할 수 없는 것이다. 이렇게 하면 神에게 不吉한 災殃을 받게 되고, 德行에 道義를 어김이 되며, 사람에게 禮를

잃음이 되니, 齊君께서는 반드시 그렇게 하지 않으실 것이다."고 하니, 齊侯는 이 말을 듣고 즉시 萊人들을 물리쳤다.

1) 夾谷卽祝其也

夾谷은 바로 祝其이다.

2) 相會儀也

會合의 禮儀를 도운 것이다.

3) 萊人 齊所滅萊夷也

萊人은 齊나라가 滅亡시킨 萊夷이다.

4) 以兵擊萊人〔附注〕林曰 奉公以退 令士官以兵擊萊人

武器로 萊人을 공격하게 한 것이다.

〔부주〕林: 定公을 모시고 물러가면서 士官들에게 무기로 萊人을 공격하라고 명한 것이다.

5) 裔 遠也〔附注〕林曰 萊已滅 故言遠夷之俘

裔는 遠이다.

〔부주〕林: 萊國이 이미 滅亡하였기 때문에 먼 오랑캐의 俘虜라고 한 것이다.

6)〔附注〕朱曰 此非命令諸侯爲會之意

〔부주〕朱: 이는 諸侯에게 명령하여 會合하게 한 뜻이 아니라는 말이다.

7) 盟將告神 犯之爲不善

盟約을 장차 神에게 告해야 하니, 侵犯하는 것은 不善함이 된다는 말이다.

8) 역주〕於神爲不祥 : 神에게 不吉한 災殃을 받을 것이라는 뜻이다. ≪左氏會箋≫에 "祥과 災가 對이고 善과 惡이 대이니, 祥을 善으로 訓釋한 것은 吉로 訓釋하는 것이 타당함만 못하다."고 하였다.

9)〔附注〕林曰 齊君本心 必不如此

〔부주〕林: 齊君의 本心은 반드시 이와 같지 않을 것이라는 말이다.

10) 辟去萊兵也

萊兵을 물리쳐 떠나가게 한 것이다.

將盟에 **齊人加於載書曰 齊師出竟**에 **而不以甲車三百乘從我者**면 **有如此盟**[1]이라하니 **孔丘使玆無還揖對**[2]**曰 而不反我汶陽之田**이면 **吾以共命者**도 **亦如之**[3]하리라

盟約하려 할 때 齊人이 載書에 "齊軍이 出國하는 일이 있을 때에 魯나라[而]가 甲車(兵車) 3백 乘을 거느리고 와서 우리 齊軍을 따르지 않는다면 이 盟約文에 詛呪한 것

과 같은 禍를 받을 것이다."는 文句를 追加하자, 孔丘가 玆無還을 시켜 揖하고서 다음과 같이 대답하게 하였다. "齊나라〔而〕가 우리에게 汶水 북쪽의 땅을 돌려주지 않는다면 우리가 齊나라의 命을 받드는 것도 이 盟約文과 같이 하겠다."

1) 如此盟詛之禍〔附注〕林曰 齊師出竟而有征伐諸侯之事 魯人不以兵車三百乘 從齊征役
이 盟約에서 詛呪한 것과 같은 禍를 받을 것이라는 말이다.
〔부주〕林: '齊軍이 出國하여 諸侯를 征伐하는 일이 있는데도 魯人이 兵車 3백 乘을 거느리고 와서 齊나라를 따라 征役(戰爭)에 참여하지 않는다면'이라는 말이다.

2) 無還 魯大夫
無還은 魯나라 大夫이다.

3) 須齊歸汶陽田 乃當共齊命 於是孔子以公退 賤者終其事 要盟不潔 故略不書
齊나라가 汶陽의 땅을 돌려주기를 기다려보고서야 齊나라의 명을 받들겠다고 한 것이다. 이때 孔子는 定公을 모시고 물러갔고, 賤한 자가 남아서 會盟의 일을 마쳤다. 要盟(强壓에 의한 結盟)을 不潔하게 여겼기 때문에 省略하고 記載하지 않은 것이다.

齊侯將享公한대 **孔丘謂梁丘據曰 齊魯之故**를 **吾子何不聞焉**[1)]가 **事旣成矣**[2)]어늘 **而又享之**면 **是勤執事也**라 **且犧象不出門**하고 **嘉樂不野合**[3)]이니 **饗而旣具**면 **是棄禮也**오 **若其不具**면 **用秕稗也**[4)5)]라 **用秕稗**면 **君辱**이오 **棄禮**면 **名惡**이니 **子盍圖之**[6)]오 **夫享**은 **所以昭德也**니 **不昭**면 **不如其已也**니라한대 **乃不果享**[7)]하다

齊侯가 宴會를 열어 定公을 接待하려 하자, 孔丘가 梁丘據에게 말하기를 "齊나라와 魯나라의 故事를 그대는 어찌하여 듣지 못하였습니까? 會盟의 일이 이미 끝났는데, 또 享宴을 베푼다면 執事를 수고롭게 할 뿐입니다. 그리고 또 犧尊(소의 형상으로 만든 酒器)과 象尊(象牙로 장식한 酒器)은 宮門 밖으로 나올 수 없고, 嘉樂(鍾磬 등의 樂器)은 野外에서 演奏하기에 適合하지 않습니다. 享宴을 열어 犧象과 嘉樂을 다 갖추어 쓰면 이는 禮를 버리는 것이고, 그것을 갖추지 않으면 〈곡식을 버리고〉 秕稗(쭉정이와 피)를 쓰는 것입니다. 秕稗를 쓰면 두 나라 임금에게 恥辱이 되고 禮를 버리면 두 나라의 名聲이 나빠질 것이니 그대는 어찌하여 깊이 생각하지 않습니까? 宴享은 德을 밝히기 위함이니, 덕을 밝힐 수 없다면 하지 않는 것만 못합니다."고 하니, 齊나라는 이에 宴享을 擧行하지 않았다.

1) 故 舊典
故는 舊典(옛 典禮)이다.

2) 會事成

會合의 일이 끝난 것이다.

3) 犧象 酒器 犧尊 象尊也 嘉樂 鐘磬也〔附注〕林曰 禮器列於朝廷宗廟 不可出於國門 禮樂設於朝廷宗廟 不可合於原野

犧象은 酒器이니 犧尊과 象尊이며, 嘉樂은 鐘磬이다.

〔부주〕林: 禮器는 朝廷과 宗廟에서 陳列하는 것이니 國門 밖으로 나올 수 없고, 禮樂은 朝廷과 宗廟에서 거행하는 것이니 原野(野外)에는 적합하지 않다는 말이다.

4) 秕 穀不成者 稗 草之似穀者 言享不具禮 穢薄若秕稗

秕는 곡식이 여물지 않은 쭉정이고, 稗(피)는 풀이 곡식과 같은 것이니, 宴享에 禮를 갖추지 않으면 더럽고 賤薄하기가 마치 秕稗 같다는 말이다.

5) 역주〕若其不具 用秕稗也 : 犧象과 嘉樂을 갖추지 않으면 마치 五穀을 버리고 秕稗를 쓰는 것과 같다는 말로 모양만 있고 내용이 없다는 뜻이다. ≪左氏會箋≫

6)〔附注〕林曰 若禮不成 如用秕稗 是辱兩君也 若禮成而棄其舊典 是取惡名也

〔부주〕林: 禮가 이루어지지 않으면 秕稗를 쓰는 것과 같으니, 이는 두 나라 임금을 욕되게 함이고, 禮를 이루어서 舊典을 버리면 이는 惡名을 취함이라는 말이다.

7) 孔子知齊侯懷詐 故以禮距之

孔子는 齊侯가 奸詐한 생각을 품은 줄을 알았기 때문에 禮를 들어 거절한 것이다.

齊人來歸鄆讙龜陰之田[1)]하다

齊人이 와서 鄆과 讙과 龜陰의 땅을 돌려주었다.

1) 陽虎九年以此奔齊 經文倒者 次魯事[*)]

陽虎가 9년에 이 세 고을을 가지고 齊나라로 出奔하였는데, 經文을 倒置시킨 것은 魯나라의 일을 연이어 서술하기 위함이다.

*) 역주〕經文倒者 次魯事 : 歸田에 대한 記事가 經에는 趙鞅이 衛나라를 포위한 뒤에 있는데 傳文에 이를 倒置시킨 것은, 魯나라의 일을 연이어 敍述하기 위해 歸田을 위로 끌어올려 會盟의 일과 서로 連接되게 하였기 때문이다. 〈正義〉

【傳】 晉趙鞅圍衛하니 報夷儀也[1)]라 初에 衛侯伐邯鄲午於寒氏[2)]하야 城其西北而守之[3)]러니 宵熸[4)]하다 及晉圍衛하야 午以徒七十人門於衛西門하야 殺人於門中하고 曰 請報寒氏之役[5)]하노라 涉佗曰 夫子則勇矣[6)]어니와 然我往이면 必不敢啓門이리라하고 亦以徒七十人旦門焉하다 步左右하야 皆至而立如植[7)8)]하니 日中不啓門이어늘 乃退[9)]하다

晉나라 趙鞅이 衛나라를 포위하였으니, 夷儀의 戰爭을 보복하기 위함이었다. 당초에 衛侯가 寒氏에서 邯鄲午를 공격하여 그 城의 서북쪽을 깨뜨리고서 군대를 보내어 그곳을 지켰더니, 밤이 되자 邯鄲午의 군대가 逃散하였다. 晉나라가 衛나라를 포위할 때에 미쳐 邯鄲午가 步兵 70인을 거느리고 衛나라 西門을 공격하여 城門 가운데서 사람을 죽이고서 "寒氏의 敗戰을 보복하기를 청하노라."고 하였다. 涉佗가 이를 보고 말하기를 "저 사람은 용감하다고 할 만하다. 그러나 내가 가면 衛人은 감히 城門을 열지 못할 것이다."고 하고서 역시 步兵 70인을 거느리고 가서 새벽에 성문을 공격하였는데, 성문의 左右로 걸어가서 모두 성문 앞에 이르러서는 不動의 姿勢로 나무처럼 꼿꼿이 서서 〈衛人이 나오기를 기다리니,〉 한낮이 되어도 衛人이 城門을 열고 나오지 않자, 涉佗는 이에 退軍하였다.

1) 前年 齊爲衛伐晉夷儀 故伐衛以爲報
 前年에 齊나라가 衛나라를 위해 晉나라 夷儀를 토벌하였기 때문에 衛나라를 쳐서 보복한 것이다.

2) 邯鄲 廣平縣也 午 晉邯鄲大夫 寒氏 卽五氏也 前年 衛人助齊伐五氏
 邯鄲은 廣平縣이다. 午는 晉나라 邯鄲의 大夫이다. 寒氏는 바로 五氏이다. 前年에 衛人이 齊나라를 도와 五氏를 쳤다.

3) 城其西北而守之 : 城은 동사로 城을 공격하는 것이다. 寒氏의 城 西北쪽 귀퉁이를 공격해 깨뜨리고서 군대를 주둔시켜 지키게 한 것이다. 〈楊注〉

4) 午衆宵散
 午의 무리가 밤에 逃散한 것이다.

5) 衛開門與午鬪 〔附注〕 林曰 邯鄲午以步兵七十人 攻衛西城門
 衛人이 성문을 열고 나와 午와 戰鬪하였기 〈때문에 午가 성문 안에서 사람을 죽일 수 있었다.〉
 〔부주〕 林: 邯鄲午가 步兵 70인을 거느리고 가서 衛나라 서쪽 城門을 공격한 것이다.

6) 〔附注〕 林曰 夫子 謂邯鄲午 殺人門中 可謂勇矣
 〔부주〕 林: 夫子는 邯鄲午를 이른다. 門中에서 사람을 죽였으니 용감하다고 이를 만하다는 말이다.

7) 至其門下 步行門左右 然後立待 如立木不動 以示整
 그 城門 아래에 이르러 성문의 左右로 걸어다닌 뒤에 마치 서 있는 나무처럼 不動의 姿勢로 서서 기다려 整齊된 모습을 보인 것이다.

8) 역주〕 旦門焉……皆至而立如植 : 旦門焉은 먼저 綱領을 提示한 것이고, 步左右 이하는 그 상황을 자세히 서술한 것이다. ≪左氏會箋≫

9) 역주] 乃退 : 衛人이 겁을 먹고 감히 城門을 열고 나오지 않기 때문에 退軍한 것이다.

反役[1)]에 晉人討衛之叛故한대 曰 由涉佗成何[2)]라하다 於是執涉佗하야 以求成於衛[3)]나 衛人不許하다 晉人遂殺涉佗하니 成何奔燕하다 君子曰 此之謂棄禮나 必不鈞[4)5)]이라 詩曰 人而無禮면 胡不遄死리오하니 涉佗亦遄矣哉[6)]ㄴ저

回軍한 뒤에 晉人이 衛나라에게 背叛한 까닭을 責問〔討〕하자, 衛人이 "涉佗와 成何 때문이다."고 하였다. 晉人은 이에 涉佗를 체포하고서 衛나라에 和平하기를 요구하였으나 衛人은 허락하지 않았다. 晉人이 드디어 涉佗를 죽이니 成何는 燕나라로 달아났다. 이에 대해 君子는 다음과 같이 論評하였다. "이들이 禮를 버린 것은 같다고 하겠으나 죄의 경중은 반드시 같지 않다. 詩에 '사람으로서 禮가 없으면 어찌 빨리 죽지 않으리.'라고 하였으니, 涉佗 또한 빨리 죽었도다."

1) 〔附注〕 林曰 圍衛反役

〔부주〕 林: 衛나라를 포위한 전쟁에서 돌아온 것이다.

2) 挼衛侯手故 〔附注〕 林曰 成何比衛溫原

涉佗가 衛侯의 손을 밀쳤기 때문이다.

〔부주〕 林: 成何는 衛나라를 晉나라의 溫邑과 原邑에 비교하였다.

3) 〔附注〕 林曰 以挼手罪重 故獨執佗

〔부주〕 林: 손을 밀친 죄가 무겁기 때문에 涉佗만을 체포한 것이다.

4) 言必見殺 不得與人等 〔附注〕 林曰 勇於無禮 是謂棄禮

반드시 죽임을 받을 것이고 여느 사람같이 壽命으로 죽지 못할 것이라는 말이다.

〔부주〕 林: 無禮한 짓을 용감하게 한 것이 바로 禮를 버린 것이다.

5) 역주] 此之謂棄禮 必不鈞 : 涉佗는 衛侯의 손을 밀쳤으니 無禮함이 成何보다 심하였다. 그러므로 그 죄가 成何와 같지 않다는 말이다. 대개 두 사람이 衛君과 同盟할 때의 일로 인하여 한 사람은 죽임을 당하고 한 사람은 出奔하였기 때문에 이렇게 말하여 그 죄를 구별한 것인 듯하다. 杜注에 '不與人等'이라고 한 것은 그 本旨에 맞지 않는 말이라고 한 ≪左氏會箋≫의 설을 취하여 번역하였다.

6) 詩 鄘風 遄 速也

詩는 ≪詩經≫ 〈鄘風 相鼠〉篇의 詩句이다. 遄는 速이다.

【傳】 初에 叔孫成子欲立武叔[1)]이어늘 公若藐固諫曰 不可[2)]라호되 成子立之而卒하다 公南使賊射之나 不能殺[3)]하다 公南爲馬正하야 使公若爲郈宰[4)]러니 武叔既定에

使郈馬正侯犯殺公若[5)]한대 弗能[6)]이어늘 其圉人曰[7)] 吾以劍過朝면 公若必曰 誰之劍也[8)]오하리라 吾稱子以告면 必觀之리니 吾僞固而授之末이면 則可殺也[9)]라 使如之[10)]한대 公若曰 爾欲吳王我乎[11)]아 遂殺公若하다 侯犯以郈叛[12)]하니 武叔懿子圍郈나 弗克[13)]하다

당초에 叔孫成子가 武叔을 後繼者로 세우려 하자, 公若藐가 "不可하다."고 강력히 諫하였으나, 成子는 武叔을 後嗣로 세우고서 卒하였다. 公南이 賊을 보내어 公若藐를 射殺하게 하였으나 죽이지 못하였다. 〈뒤에〉 公南이 馬正이 되어 公若을 郈의 邑宰로 삼았더니, 武叔의 地位가 安定된 뒤에 郈邑의 馬正 侯犯에게 公若을 살해하게 하였으나 살해하지 못하자, 武叔의 圉人이 말하기를 "내가 劍을 가지고 郈邑의 朝堂 앞을 지나가면 公若은 반드시 '누구의 劍이냐?'고 물을 것이고, 내가 '武叔〔子〕의 劍입니다.'라고 대답하면 公若은 반드시 劍을 구경하려 할 것이니, 내가 고루해서 禮를 모르는 것처럼 僞裝하여 내가 칼자루를 잡고 칼끝을 公若에게 주면 그를 죽일 수 있습니다."고 하니, 武叔은 그에게 그렇게 하게 하였다. 그러자 公若이 말하기를 "너는 鱄諸가 吳王을 죽인 것처럼 나를 죽이려는 것이냐?"고 하였다. 圉人은 드디어 公若을 죽였다. 〈뒤에〉 侯犯이 郈邑 사람들을 거느리고서 叛亂을 일으키니 武叔과 孟懿子가 郈邑을 포위하였으나 이기지 못하였다.

1)〔附注〕林曰 成子 卽叔孫不敢 武叔 卽叔孫州仇

〔부주〕林: 成子는 바로 叔孫不敢이고, 武叔은 바로 叔孫州仇이다.

2) 藐 叔孫氏之族

藐는 叔孫氏의 宗族이다.

3) 公南 叔孫家臣 武叔之黨

公南은 叔孫의 家臣으로 武叔의 黨이다.

4)〔附注〕林曰 公南爲叔孫氏馬官之長 公若卽公若藐 爲叔孫氏郈邑之宰

〔부주〕林: 公南이 叔孫氏의 馬官의 長이 된 것이다. 公若은 바로 公若藐로 叔孫氏의 郈邑의 宰가 된 것이다.

5)〔附注〕林曰 及州仇旣定位 侯犯爲郈馬正 因使殺其宰公若

〔부주〕林: 州仇(武叔)의 地位가 안정됨에 미쳐 侯犯을 郈邑의 馬正으로 삼아, 그 邑宰 公若을 죽이게 한 것이다.

6)〔附注〕林曰 不能殺公若

〔부주〕林: 公若을 죽이지 못한 것이다.

7) 武叔之圉人

武叔의 圉人이다.

8) 〔附注〕林曰 我以劍過郈邑之朝 公若必問曰 此乃誰之劍也

〔부주〕林: 내가 劍을 가지고 郈邑의 朝堂을 지나가면 公若은 반드시 '이것이 누구의 劍이냐?'고 물을 것이라는 말이다.

9) 僞爲固陋不知禮者 以劒鋒末授之

固陋하여 禮를 모르는 것처럼 僞裝하여 칼날의 끝을 公若에게 주겠다는 말이다.

10) 〔附注〕林曰 武叔使圉人如其計

〔부주〕林: 武叔이 圉人에게 그 계책대로 하게 한 것이다.

11) 見劒向己 逆呵之 鱄諸殺吳王 亦用劒刺之

칼끝이 자기를 향하는 것을 보고서 칼끝을 맞이하면서 꾸짖은 것이다. 鱄諸가 吳王을 죽일 때에도 劒으로 찔렀다.

12) 犯以不能副武叔之命 故叛 叛而以圍告廟 故書圍

侯犯은 武叔이 요구하는 命에 副應할 수 없기 때문에 叛亂을 일으킨 것이다. 叛亂을 일으키자 포위한 것을 宗廟에 고하였기 때문에 經에 '圍'하였다고 기록한 것이다.

13) 〔附注〕林曰 州仇仲孫何忌討侯犯 不能勝

〔부주〕林: 州仇와 仲孫何忌가 侯犯을 토벌하였으나 勝利하지 못한 것이다.

【傳】 秋에 二子及齊師復圍郈나 弗克하다 叔孫謂郈工師駟赤[1]曰 郈非唯叔孫氏之憂라 社稷之患也니 將若之何오 對曰 臣之業은 在揚水卒章之四言矣[2]리하니 叔孫稽首[3]하다 駟赤謂侯犯曰 居齊魯之際而無事면 必不可矣[4]니 子盍求事於齊以臨民가 不然이면 將叛하리라 侯犯從之하다 齊使至어늘 駟赤與郈人爲之宣言於郈中[5][6]曰 侯犯將以郈易于齊하니 齊人將遷郈民[7][8]하리라 衆兇懼[9]하다 駟赤謂侯犯曰 衆言異矣[10][11]니 子不如易於齊라 與其死也[12]론 猶是郈也오 而得紓焉이니 何必此[13][14]리오 齊人欲以此偪魯하리니 必倍與子地[15][16]하리라 且盍多舍甲于子之門하야 以備不虞오 侯犯曰 諾다하고 乃多舍甲焉하다 侯犯請易于齊하니 齊有司觀郈[17][18]하다 將至에 駟赤使周走呼曰 齊師至矣라하니 郈人大駭[19]하야 介侯犯之門甲[20]하야 以圍侯犯이어늘 駟赤將射之[21]한대 侯犯止之曰 謀免我하라 侯犯請行하니 許之[22]하다 駟赤先如宿[23]하고 侯犯殿이러니 每出一門에 郈人閉之[24][25]하다 及郭門에 止之[26]曰 子以叔孫氏之甲出하니 有司若誅之[27][28]면 群臣懼死라 駟赤曰 叔孫

氏之甲有物하니 **吾未敢以出**[29)]이라 **犯謂駟赤曰 子止而與之數**[30)]하라 **駟赤止**하야 **而納魯人**[31)]하다 **侯犯奔齊**하다 **齊人乃致郈**[32)33)]하다

가을에 武叔과 公南 두 사람이 齊軍과 함께 다시 郈邑을 포위하였으나 승리하지 못하였다. 叔孫이 郈邑의 工師 駟赤에게 "郈는 叔孫氏의 憂患일 뿐만이 아니라 바로 社稷의 憂患이니, 이 일을 장차 어찌면 좋겠는가?"라고 하자, 駟赤이 "臣의 일〔業〕은 〈揚水〉篇 卒章의 네 글자〔四言〕에 있습니다."라고 대답하니, 叔孫은 머리를 조아려 감사를 표하였다. 駟赤이 侯犯에게 말하기를 "齊나라와 魯나라 사이에 끼어 있으면서 두 나라 중에 한 나라를 섬기지 않으면 반드시 保存하지 못할 것이니, 그대는 어찌하여 齊나라를 섬겨 백성을 다스리기를 구하지 않습니까? 그렇게 하지 않으면 郈人들은 장차 그대를 배반할 것입니다."라고 하니, 侯犯이 駟赤의 말을 따랐다.

齊나라의 使者가 오자, 駟赤과 郈人은 齊나라의 使者가 온 것을 인하여〔爲之〕 郈邑 안에 소문을 퍼뜨리기를 "侯犯이 郈邑을 齊나라의 땅과 바꾸려 하니 齊人은 장차 郈邑의 백성들을 移住시킬 것이다."고 하니, 郈邑의 群衆이 두려워하였다. 그러자 駟赤이 侯犯에게 말하기를 "대중의 말이 그대의 뜻과 다르니 죽는 것보다 齊나라와 땅을 바꾸는 것이 낫습니다. 〈제나라의 땅을 받아 宰가 된다면〉 바로 郈邑의 宰와 同一하고, 또 禍도 緩和〔紓〕시킬 수 있으니 꼭 이곳이어야 할 필요가 뭐 있습니까? 齊人은 郈邑으로 魯나라를 逼迫하려 하니, 반드시 그대에게 郈邑의 곱절이 되는 땅을 줄 것입니다. 그리고 또 어찌하여 많은 갑옷을 그대의 문 앞에 내다놓아 不意의 變故에 대비하지 않으십니까?"라고 하니, 侯犯은 "그리하겠다."고 하고서 곧 문 앞에 많은 갑옷을 내어놓았다.

侯犯이 齊나라에게 땅을 바꾸기를 청하니, 齊나라 有司가 郈邑을 視察하기 위해 오기로 하였다. 齊나라 有司가 당도하려 할 때 駟赤이 사람을 보내어 郈邑을 두루 뛰어다니며 "齊軍이 온다."고 큰 소리로 외치게 하니, 郈人이 크게 놀라 侯犯의 문 앞에 놓인 갑옷을 입고서 侯犯의 집을 포위하였다. 駟赤이 郈人을 향해 활을 쏘려 하자, 侯犯이 制止하며 "꾀를 내어 나를 危機에서 벗어나게 하라."고 하였다. 侯犯이 逃走하기를 청하니 郈人이 허락하였다. 駟赤은 먼저 宿을 향해 떠나고 侯犯은 뒤에 가는데, 하나의 門을 나올 때마다 郈人은 즉시 그 문을 닫았다. 外郭의 城門에 당도하자 郈人이 侯犯을 제지하며 말하기를 "당신이 叔孫氏의 갑옷을 입고 나가니 有司가 만약 갑옷을 잃은 것〔之〕을 꾸짖는다면 우리들은 죽임을 받을까 두렵습니다."고 하였다. 그러자 駟赤이 말하기를 "叔孫氏의 갑옷에는 標識〔物〕가 있으니 나는 감히 이 갑옷을 입고 나가지 않겠다."고 하니, 侯犯이 駟赤에게 말하기를 "그대는 이곳에 머물러 갑옷의 수를 세어 돌려

주라.”고 하였다. 駟赤이 머물러서 갑옷을 챙겨 魯人에게 돌려주었다. 侯犯이 齊나라로 出奔하였다. 齊人은 곧 郈邑을 魯나라에 돌려주었다.

1) 工師 掌工匠之官

工師는 工匠을 맡은 벼슬아치다.

2) 揚水 詩唐風 卒章四言曰 我聞有命

揚水는 ≪詩經≫ 〈唐風〉의 篇名이다. 卒章의 四言은 ‘我聞有命(나는 명을 듣겠다.)’을 이른다.

3) 謝其受己命

駟赤이 자기의 命을 받아들인 것에 대해 감사를 표한 것이다.

4) 無所服事 〔附注〕 林曰 旣叛魯 又不事齊 必不可以久存

無事는 服從해 섬기는 나라가 없음이다.

〔부주〕 林: 이미 魯나라를 背叛하였으니, 또 齊나라를 섬기지 않는다면 반드시 오래 보존할 수 없다는 말이다.

5) 詐爲齊使言也

齊나라 使者의 말이라고 속인 것이다.

6) 역주〕 駟赤與郈人爲之宣言於郈中 : 郈人은 郈邑의 官吏들로 駟赤의 黨이다. 爲之는 ‘因之’이니, ‘齊나라 使者가 옴으로 인하여’라는 말이다. 〈楊注〉

7) 謂易其民人

그곳의 民人을 바꿈을 이른다.

8) 역주〕 易 : 땅을 바꿈을 이르니, 下文의 ‘倍與子地’로 증명할 수 있다. 杜注에 ‘謂易其民人’이라 한 것을 옳지 않다. 〈楊注〉

9) 不欲遷

옮기고 싶지 않기 때문이다.

10) 不與始同

처음과 같지 않다는 말이다.

11) 역주〕 異 : 侯犯의 뜻과 같지 않다는 말이다. 〈楊注〉

12) 역주〕 不如易於齊 與其死也 : ‘與其死也 不如易於齊’의 倒置句로 이에 따라 현토하고 번역하였다. 郈人에게 殺害되는 것보다 齊나라와 땅을 交換하는 것이 낫다는 말이다.

13) 言以郈民易取齊人 與郈無異 勝於守郈爲叛人所殺 〔附注〕 林曰 得紓緩其死 何必郈民而後可

郈의 백성을 齊人과 바꾸어 취하여도 郈와 나를 것이 없으니, 郈를 지키다가 叛人에게 殺害당하는 것보다 낫다는 말이다.

〔부주〕 林: 죽음을 늦출 수 있으니, 어찌 군이 郈民이라야 되겠느냐는 말이다.

14) 역주〕 猶是郈也……何必此 : 郈邑을 齊나라의 다른 읍과 바꾸면 비록 읍은 다를지라도 땅을 소유해 邑宰가 되는 것은 일반이고, 죽음도 緩和시킬 수 있으니, 군이 이 郈邑을 固守할 필요가 뭐 있느냐는 말이다. ≪左氏會箋≫

15) 言非徒得民 又將得齊地〔附注〕林曰 齊人欲得郈以偪害魯國

백성을 얻을 뿐만이 아니라 또 장차 齊나라의 땅을 얻게 될 것이라는 말이다.

〔부주〕 林: 齊人은 郈를 얻어 魯나라를 迫害하고자 한다는 말이다.

16) 역주〕 齊人欲以此偪魯 必倍與子地 : 此는 郈를 이른다. 郈는 본래 魯나라 땅이다. 齊나라가 이곳을 占據하면 魯나라를 핍박하기가 매우 편리하기 때문이 이 땅을 탐내니, 반드시 그대에게 郈보다 갑절이 되는 齊나라 땅을 줄 것이라는 말이다. ≪左氏會箋≫

17)〔附注〕林曰 齊使有司觀郈 度其虛實

〔부주〕 林: 齊나라가 有司를 보내어 郈邑을 살펴보고서 그 虛實을 헤아리게 한 것이다.

18) 역주〕 觀郈 : 城池의 大小와 民物의 衆寡를 觀察하여 바꿀 땅을 商量하려 한 것이다. ≪左氏會箋≫

19)〔附注〕林曰 駟赤使人徧走郈邑 大呼言齊遷郈之師至矣

〔부주〕 林: 駟赤이 사람을 시켜 郈邑을 두루 돌아다니면서 '郈邑의 백성을 移住시키기 위해 齊나라 군대가 왔다.'고 큰 소리로 말하게 한 것이다.

20) 역주〕 介侯犯之門甲 : 侯犯의 문에 내어놓은 갑옷을 가져다가 입은 것이다. 〈楊注〉

21) 僞爲侯犯射郈人〔附注〕林曰 介 因也

侯犯을 위해 郈人을 쏠 것처럼 假裝한 것이다.

〔부주〕 林: 介는 因이다.

22) 郈人許之

郈人이 허락한 것이다.

23) 宿 東平無鹽縣 故宿國

宿은 東平 無鹽縣이다. 옛날의 宿國이다.

24) 閉其後門

그 뒷문을 닫은 것이다.

25) 역주〕 閉之 : 侯犯이 나온 뒤에 郈人이 문을 닫은 것이다. 그가 다시 들어올까 두려워서이다. 〈楊注〉

26) 역주〕 及郭門 止之 : 이는 駟赤이 郈人들과 미리 짜놓은 計劃이다. 駟赤이 먼저 宿으로 가기 위해 앞서 떠났으나 郭門에서 멀리 떨어지지 않았기 때문에 돌아와서 侯犯을 救援한 것이다. ≪左氏會箋≫

27) 誅 責也

誅는 꾸짖음이다.

28) 역주〕誅之 : 之는 갑옷을 잃은 것을 가리킨 指示詞이다.

29) 物 識也 赤還救侯犯也〔附注〕林曰 言叔孫氏之甲 自有識別 我未嘗敢以之出奔

物은 標識이다. 駟赤이 돌아와서 侯犯을 救援한 것이다.

〔부주〕林: 叔孫氏의 갑옷에는 獨自의 標識가 있어 구별할 수 있으니 우리는 감히 이 갑옷을 입고서 出奔하려 한 적이 없다는 말이다.

30) 數甲以相付

갑옷을 세어 交付한 것이다.

31)〔附注〕林曰 駟赤乃止不出 納魯圍郈之師

〔부주〕林: 駟赤은 이에 가던 길을 멈추고 나가지 않고서 郈邑을 포위하고 있는 魯軍에게 갑옷을 返納한 것이다.

32) 致其名簿也 爲下武叔如齊傳

그 名簿를 바친 것이다. 아래에 武叔이 齊나라에 간 것을 기록한 傳의 배경이다.

33) 역주〕齊人乃致郈 : 侯犯이 땅을 바꾸기를 청할 때 郈邑의 地圖와 戶籍 등의 簿冊을 齊나라에 주었기 때문에 지금 齊人이 그것을 魯나라에 돌려준 것이다. 參考文獻 〈楊注〉

【傳】宋公子地嬖蘧富獵[1]하야 **十一分其室**하야 **而以其五與之**[2]하다 **公子地有白馬四**러니 **公嬖向魋**라 **魋欲之**[3]어늘 **公取而朱其尾鬣以與之**[4]하니 **地怒**하야 **使其徒扶魋而奪之**한대 **魋懼**하야 **將走**하니 **公閉門而泣之**하야 **目盡腫**[5]이라 **母弟辰曰 子分室以與獵也**로되 **而獨卑魋**[6]하니 **亦有頗焉**[7]이라 **子爲君禮**[8]면 **不過出竟**하야 **君必止子**하리라 **公子地出奔陳**이로되 **公弗止**하고 **辰爲之請**호대 **弗聽**하니 **辰曰 是我迋吾兄也**[9]라 **吾以國人出**이면 **君誰與處**[10]리오 **冬**에 **母弟辰暨仲佗石彄出奔陳**[11]하다

宋나라 公子 地가 蘧富獵을 사랑하여 그 家産을 11分하여 그 5分을 蘧富獵에게 주었다. 公子 地에게 白馬 네 필이 있었다. 宋景公은 向魋를 寵愛하였는데, 向魋가 그 白馬를 가지고 싶어 하자, 景公은 公子 地의 白馬를 强取하여 그 꼬리와 갈기에 붉은 물을 들여 向魋에게 주었다. 그러자 公子 地가 노하여 자기의 家僕〔徒〕을 보내어 向魋를 두들겨 패고서 그 말을 빼앗아 오게 하자, 向魋가 겁이 나서 도망가려 하니, 景公은 도망가지 못하도록 문을 닫고서 눈물을 흘리어 눈이 다 부었다. 景公의 同母弟 辰이 말하기를 "형님은 家産을 나누어 蘧富獵에게 주었으면서 유독 向魋에게만 卑賤하게 대하니 형님 또한 공평하지 못함이 있습니다. 형님은 임금님을 위해 出奔〔禮〕하십시오. 그러면 國境을 벗어나기 전에 임금님께서 반드시 사람을 보내어 형님을 만류할 것입니다."

라고 하였다.

公子 地가 陳나라로 出奔하는데도 景公은 만류하지 않고, 辰이 만류하라고 청하여도 듣지 않으니, 辰이 말하기를 "바로 내가 나의 형님을 속인 것이다. 내가 國人을 거느리고 出奔한다면 임금님께서는 누구와 함께 나라를 지킬 것인가?"라고 하고서 겨울에 同母弟 辰이 仲佗, 石彄와 함께 陳나라로 出奔하였다.

1) 地 宋景公弟 辰之兄也
   地는 宋景公의 아우이고, 辰의 兄이다.
2) 與富獵也〔附注〕林曰 十一分其室之財物 以其五分與蘧富獵
   富獵에게 준 것이다.
   〔부주〕林: 자기의 財物을 11分하여 그 중 5分을 蘧富獵에게 준 것이다.
3) 向魋 司馬桓魋也
   向魋는 司馬 桓魋이다.
4) 與魋也
   向魋에게 준 것이다.
5) 역주〕目盡腫 : 위아래의 눈꺼풀과 안팎의 눈초리가 모두 부은 것이다. ≪左氏會箋≫
6)〔附注〕林曰 子 謂地 獨愛四馬 不與向魋 是卑魋也
   〔부주〕林: 子는 公子 地를 이른다. 유독 네 필의 말을 아껴 向魋에게 주지 않은 것이 바로 向魋를 卑賤하게 여긴 것이다.
7)〔附注〕林曰 亦有所偏頗不平
   〔부주〕林: 공자도 偏頗的이고 公平하지 못한 점이 있다는 말이다.
8) 禮 辟君也〔附注〕林曰 避君以爲之禮
   禮는 임금을 피함이다.
   〔부주〕林: 임금을 避하는 것으로써 임금을 섬기는 禮로 삼으라는 말이다.
9) 迋欺也
   迋은 속임이다.
10) 역주〕吾以國人出 君誰與處 : ≪左傳杜林合注≫에 "내가 國人 중에 賢者들을 데리고 出奔하면 宋君은 누구와 함께 나라를 지키겠느냐?"고 하였으니, 處는 處守의 뜻이다.
11) 佗 仲幾子 彄 褚師段子 皆宋卿 衆之所望 故言國人
   佗는 仲幾의 아들이고, 彄는 褚師段의 아들로 모두 宋나라의 卿이다. 大衆이 仰望하는 사람들이기 때문에 '國人'이라고 말한 것이다.

【傳】 武叔聘于齊[1)]하니 齊侯享之할새 曰 子叔孫아 若使郈在君之他竟이면 寡人何

知焉[2)]이리오 **屬與敝邑際**라 **故敢助君憂之**[3)]하노라 **對曰 非寡君之望也**[4)5)]라 **所以事君**은 **封疆社稷是以**[6)7)]니 **敢以家隷勤君之執事**[8)]리오 **夫不令之臣**은 **天下之所惡也**니 **君豈以爲寡君賜**[9)]리오

武叔이 齊나라에 聘問 가니 齊侯가 武叔을 접대할 때 말하기를 "그대 叔孫아! 가령 郈邑이 魯君의 다른 쪽 경계에 있었다면 寡人이 어찌 참여해 사정을 알려 하겠는가? 마침〔屬〕 우리나라와 隣接하였기 때문에 감히 魯君을 도와 근심하는 것이다."고 하니, 武叔이 대답하기를 "우리 임금님께서 바라는 바가 아닙니다. 우리나라가 임금님(齊君)을 섬기는 방법은 封疆(疆土)과 社稷의 안전을 위하는 것이니, 어찌 감히 家臣으로 인해 임금님의 執事를 수고롭게 하겠습니까? 명령을 따르지 않는 신하는 天下가 미워하는 바이니, 임금님께서는 어찌 郈邑을 돌려주신 것을 가지고 우리 임금님께 은혜를 내린 것으로 여기십니까?"

1) 謝致郈也 經書辰奔在聘後者 從告
   郈邑을 돌려준 것에 謝禮하기 위해 간 것이다. 經에 辰의 出奔을 叔孫의 聘問 뒤에 기록한 것은 通告文이 도착한 순서를 따른 것이다.
2) 〔附注〕 林曰 呼叔孫而告之 若使魯之郈邑 不與齊國境土相接 我何敢與知其事
   〔부주〕 林: 齊侯가 叔孫을 불러 "가령 魯나라의 郈邑이 齊나라와 境界가 서로 맞닿아 있지 않다면 내가 무엇 때문에 감히 그 일에 참여하여 알려 하겠느냐?"고 告한 것이다.
3) 以致郈德叔孫
   郈邑을 돌려준 것을 가지고 叔孫에게 恩德을 베풀었다고 공치사한 것이다.
4) 〔附注〕 林曰 言此非魯君之所願望
   〔부주〕 林: 이는 魯君이 願望하는 바가 아니라는 말이다.
5) 역주〕 非寡君之望也 : 魯君은 이것을 恩德으로 여기지 않는다는 뜻이다. 〈楊注〉
6) 以 猶爲也 〔附注〕 林曰 言將以爲其封疆社稷之大事
   以는 爲와 같다.
   〔부주〕 林: 장차 魯나라의 封疆(국경)과 社稷의 大事만을 위하겠다는 말이다.
7) 역주〕 是以 : 以는 爲이니, 國家의 土地가 安全하여야 이에 齊나라를 섬길 수 있다는 뜻이다. 〈楊注〉
8) 〔附注〕 朱曰 家隷 家臣 謂侯犯也 言豈敢以家臣 勤勞齊之執事
   〔부주〕 朱: 家隷는 家臣이니 侯犯을 이른다. 어찌 감히 家臣으로 인해 齊나라의 執事를 勤勞시키겠느냐는 말이다.
9) 言義在討惡 非所以賜寡君 〔附注〕 林曰 不令 謂不遵命令之臣

惡人을 토벌하는 것이 義이니, 郈邑을 돌려준 것으로 우리 임금님께 恩德을 내린 것으로 여길 것이 아니라는 말이다.

〔부주〕 林: 不令은 命令을 遵守하지 않는 신하를 이른다.

〈十一年, 壬寅 B.C.499〉

【經】 十有一年春에 **宋公之弟辰及仲佗石彄公子地**로 **自陳入于蕭以叛**[1)]하다

11년 봄에 宋景公의 아우 辰이 仲佗, 石彄, 公子 地와 함께 陳나라에서 蕭邑으로 들어가서 반란을 일으켰다.

1) 蕭 宋邑 稱弟 例在前年

蕭는 宋나라 邑이다. '弟'라고 칭한 것은 그 例가 前年에 나왔다.

【經】 夏四月이라

여름 4월이다.

【經】 秋에 **宋樂大心自曹入于蕭**[1)]하다

가을에 宋나라 樂大心이 曹나라에서 蕭邑으로 들어갔다.

1) 入蕭從叛人 叛可知 故不書叛

蕭邑으로 들어가서 叛人을 따랐으니, 背叛한 것을 알 수 있다. 그러므로 '叛'을 기록하지 않은 것이다.

【經】 冬에 **及鄭平**[1)]하다

겨울에 鄭나라와 和平하였다.

1) 平六年侵鄭取匡之怨〔附注〕林曰 平不書 必關天下之大故而後書 書輸平 以志諸侯之合 書及鄭平 以志諸侯之散 此春秋之所以終始也

定公 6년에 鄭나라를 쳐서 匡邑을 취하였던 怨恨을 풀고 和平한 것이다.

〔부주〕 林: '平'을 經에 기록하지 않은 것은 반드시 天下大事에 관계된 뒤에야 기록하기 때문이다. '輸平(隱公 6년)'을 기록하여 제후가 和合한 것을 나타내고 '及鄭平'을 기록하여 제후가 離散한 것을 나타내었으니, 이것이 ≪春秋≫의 終始이다.

【經】 叔還如鄭涖盟[1)]하다

叔還이 鄭나라에 가서 盟約에 參加하였다.

1) 還 叔詣曾孫
叔還은 叔詣의 曾孫이다.

【傳】 十一年春에 宋公母弟辰暨仲佗石彄公子地入于蕭以叛하다 秋에 樂大心從之하야 大爲宋患하니 寵向魋故也[1)]라

11년 봄에 宋景公의 同母弟 辰이 仲佗, 石彄, 公子 地와 함께 蕭邑으로 들어가서 叛亂을 일으켰다. 가을에 樂大心이 그들을 따라 〈叛亂에 가담하여〉 宋나라에 큰 禍患이 되었으니, 이는 景公이 向魋를 寵愛하였기 때문이다.

1) 惡宋公寵不義以致國患
宋景公이 의롭지 못한 사람을 총애하는 것을 미워하여 國家의 患亂을 초래한 것이다.

【傳】 冬에 及鄭平하니 始叛晉也[1)]라

겨울에 鄭나라와 和平하였으니, 비로소 晉나라를 背叛한 것이다.

1) 魯自僖公以來 世服於晉 至今而叛 故曰始
魯나라는 僖公 이후로 대대로 晉나라에 복종하였는데, 지금 비로소 背叛하였기 때문에 '始'라고 한 것이다.

〈十二年, 癸卯 B.C.498〉

【經】 十有二年春에 薛伯定卒[1)]하다

12년 봄에 薛伯 定이 卒하였다.

1) 無傳 四年盟皐鼬
傳이 없다. 定公 4년에 皐鼬에서 同盟하였다.

【經】 夏에 葬薛襄公[1)]하다

여름에 薛襄公을 장사 지냈다.

1) 無傳

傳이 없다.

【經】 叔孫州仇帥師墮郈[1]하다

叔孫州仇가 군대를 거느리고 가서 郈邑의 城을 허물었다.

1) 墮 毁也 患其險固 故毁壞其城
墮는 허묾이다. 郈城이 險固한 것을 근심하였기 때문에 그 城을 허문 것이다.

【經】 衛公孟彄帥師伐曹[1]하다

衛나라 公孟彄가 군대를 거느리고 가서 曹나라를 토벌하였다.

1) 彄 孟縶子
公孟彄는 孟縶의 아들이다.

【經】 季孫斯仲孫何忌帥師墮費하다

季孫斯와 仲孫何忌가 군대를 거느리고 가서 費邑의 城을 허물었다.

【經】 秋에 大雩[1]하다

가을에 雩祭를 지냈다.

1) 無傳 書 過
傳이 없다. 이를 기록한 것은 時期가 지난 뒤에 지냈기 때문이다.

【經】 冬十月癸亥에 公會齊侯盟于黃[1]하다

겨울 10월 癸亥日에 定公이 齊侯와 만나 黃에서 結盟하였다.

1) 無傳 結叛晉
傳이 없다. 晉나라를 背叛하기로 結定한 것이다.

【經】 十有一月丙寅朔에 日有食之[1]하다

11월 초하루 丙寅日에 日食이 있었다.

1) 無傳

傳이 없다.

【經】 公至自黃[1]하다

定公이 黃에서 돌아왔다.

1) 無傳
傳이 없다.

【經】 十有二月에 公圍成하다

12월에 定公이 成邑을 포위하였다.

【經】 公至自圍成[1]하다

定公이 成邑의 포위에서 돌아왔다.

1) 無傳 國內而書至者 成彊若列國 興動大衆 故出入皆告廟
傳이 없다. 國內인데도 '至'라고 기록한 것은 成邑의 彊大함이 列國과 같아서 大軍을 動員하였으므로 나가고 들어올 때 모두 宗廟에 고하였기 때문이다.

【傳】 十二年夏에 衛公孟彄伐曹하야 克郊[1]하고 還에 滑羅殿[2][3]이러니 未出에 不退於列[4]이어늘 其御曰 殿而在列하니 其爲無勇乎ㄴ저 羅曰 與其素厲론 寧爲無勇[5][6]하리라

12년 여름에 衛나라 公孟彄가 曹나라를 토벌하여 郊에서 승리하였다. 還軍할 때 滑羅가 殿軍(後尾를 맡는 군대)이 되기로 하였는데, 衛軍이 아직 曹나라 국경을 벗어나지 않았을 때 滑羅가 隊列에서 물러나 後尾로 가지 않으니, 그 御者가 말하기를 "殿軍이면서 隊列에 계시니, 〈사람들은〉 아마도 勇猛이 없다고 할 것입니다."라고 하자, 滑羅가 말하기를 "실제도 없으면서 용맹하다는 名聲을 얻기보다 차라리 용맹이 없다는 비난을 받겠다."고 하였다.

1) 郊 曹邑
郊는 曹나라 邑이다.

2) 羅 衛大夫 〔附注〕 林曰 滑羅爲師後殿
滑羅는 衛나라 大夫이다.

〔부주〕林: 滑羅가 군대의 後尾을 맡는 殿軍이 되기로 한 것이다.

3) 역주〕殿 : 行軍할 때 後尾에서 敵軍의 追擊을 막아 前軍을 掩護하는 部隊를 이른다.

4) 未出曹竟 羅不退在行列之後

아직 曹나라 국경을 벗어나지 않았을 때 滑羅가 行列에서 물러나 後尾로 가지 않은 것이다.

5) 索 空也 厲 猛也 言伐小國 當如畏者以誘致之

索은 空(부질없음)이고, 厲는 勇猛이니, 小國을 토벌함에는 두려워하는 것처럼 〈가장하여〉 적을 誘引해 오게 하여야 된다는 말이다.

6) 역주〕與其素厲 寧爲無勇 : 滑羅는 曹나라가 弱小하여 반드시 逐擊兵이 없을 것으로 여겼다. 그러므로 殿軍이 되어 〈실제도 없으면서〉 勇猛하다는 명성을 얻기보다 차라리 용맹이 없다는 비난을 얻겠다고 한 것이니, 殿軍의 名譽를 헛되게 하지 않고자 한 것이다. 杜注에 '誘致'로 해석한 것은 穿鑿(牽强附會)이라고 한 ≪左氏會箋≫의 설을 취해 번역하였다.

【傳】仲由爲季氏宰[1]하야 **將墮三都**[2]하니 **於是叔孫氏墮郈**하다 **季氏將墮費**한대 **公山不狃叔孫輒帥費人而襲魯**[3)4)]하다 **公與三子入于季氏之宮**하야 **登武子之臺**하다 **費人攻之**를 **弗克**하야 **入及公側**[5]이어늘 **仲尼命申句須樂頎下伐之**[6]하니 **費人北**[7]하다 **國人追之**하야 **敗諸姑蔑**하니 **二子奔齊**[8]하다 **遂墮費**하다

仲由가 季氏의 宰가 되어 三都를 허물려 하니, 이에 叔孫氏가 郈邑의 성을 허물었다. 季氏가 費邑의 城을 허물려 하자, 公山不狃와 叔孫輒이 費人을 거느리고 와서 魯나라를 襲擊하였다. 定公이 난리를 피해 季孫, 叔孫, 孟孫과 함께 季氏의 집으로 가서 武子의 臺로 올라갔다. 費人의 進攻을 이기지 못하여 費人이 定公 곁에까지 쳐들어오자, 仲尼가 申句須와 樂頎에게 명하여 내려가 토벌하게 하니, 費人이 敗走하였다. 國人이 그들을 추격하여 姑蔑에서 패배시키니 公山不狃와 叔孫輒이 齊나라로 달아났다. 드디어 費邑의 城을 허물었다.

1) 仲由 子路

仲由는 子路이다.

2) 三都 費郈成也 彊盛將爲國害 故仲由欲毁之

三都는 費邑, 郈邑, 成邑이다. 彊盛하여 장차 國家의 害가 될 것이므로 仲由가 그 城을 허물고자 한 것이다.

3) 不狃 費宰也 輒不得志於叔孫氏

公山不狃는 費의 邑宰이다. 叔孫輒은 叔孫氏에게 뜻을 얻지 못하였다.

4) 역주〕公山不狃叔孫輒帥費人而襲魯：이때 子路가 費邑의 城을 허물기 위해 이미 군대를 거느리고 나가서 國都가 비었으므로 公山不狃 등이 이 기회를 이용해 쳐들어온 듯하다.〈楊注〉

5) 至臺下

臺 아래까지 이른 것이다.

6) 二子 魯大夫 仲尼時爲司寇

두 사람은 魯나라 大夫이다. 仲尼가 이때 司寇였다.

7)〔附注〕林曰 敗北走

〔부주〕林: 패배하여 달아난 것이다.

8) 二子 不狃叔孫輒

두 사람은 公山不狃와 叔孫輒이다.

將墮成하니 **公斂處父謂孟孫**호대 **墮成**이면 **齊人必至于北門**[1)]하리라 **且成**은 **孟氏之保障也**니 **無成**이면 **是無孟氏也**라 **子僞不知**[2)]하라 **我將不墮**하리라

成邑의 城을 허물려 하니, 公斂處父가 孟孫에게 말하기를 "成邑의 성을 헐면 齊人이 반드시 北門으로 쳐들어올 것입니다. 그리고 또 成邑은 孟氏의 保障(보호하는 障壁)이니, 成邑이 없으면 이는 孟氏가 없는 것입니다. 당신께서는 모른 체하고 계십시오. 나는 장차 헐지 않겠습니다."라고 하였다.

1) 成在魯北竟故

成邑이 魯나라 북쪽 국경에 있기 때문이다.

2) 佯不知

모른 체하라는 말이다.

冬十二月에 **公圍成**이나 **弗克**하다

겨울 12월에 定公이 成邑을 포위하였으나, 이기지 못하였다.

〈十三年, 甲辰 B.C.497〉

【經】十有三年春에 **齊侯衛侯次于垂葭**[1)]하다

12년 봄에 齊侯, 衛侯가 垂葭에 주둔하였다.

1) 二君將使師伐晉 次垂葭以爲之援〔附注〕林曰 垂葭 衛地

두 나라 임금이 장차 군대를 보내어 晉나라를 토벌하려고 垂葭에 주둔하여 應援하려 한 것이다.

〔부주〕林: 垂葭는 衛나라 땅이다.

【經】夏에 **築蛇淵囿**[1]하다

여름에 蛇淵囿를 築造하였다.

1) 無傳 書 不時也

傳이 없다. 이를 기록한 것은 때에 맞지 않았기 때문이다.

【經】大蒐于比蒲[1]하다

比蒲에서 軍事訓鍊을 대대적으로 거행하였다.

1) 無傳 夏蒐非時

傳이 없다. 여름 訓練은 때가 아니다.

【經】衛公孟彄帥師伐曹[1]하다

衛나라 公孟彄가 군대를 거느리고 가서 曹나라를 토벌하였다.

1) 無傳

傳이 없다.

【經】秋에 **晉趙鞅入于晉陽以叛**[1]하다

가을에 晉나라 趙鞅이 晉陽으로 들어가서 背叛하였다.

1) 書叛 惡可知

叛이라고 기록하였으니 惡行을 하였음을 알 수 있다.

【經】冬에 **晉荀寅士吉射入于朝歌以叛**[1]하다

겨울에 晉나라 荀寅, 士吉射가 朝歌로 들어가서 背叛하였다.

1) 吉射 士鞅子

吉射는 士鞅의 아들이다.

【經】 晉趙鞅歸于晉[1)]하다

晉나라 趙鞅이 晉나라로 돌아왔다.

1) 韓魏請而復之 故曰歸 言韓魏之彊 猶列國

韓氏와 魏氏가 要請하여 回復시킨 것이다. 그러므로 '歸'라고 한 것이다. 韓氏와 魏氏의 强盛함이 列國과 같았음을 말한 것이다.

【經】 薛弑其君比[1)]하다

薛나라가 그 임금 比를 弑害하였다.

1) 無傳 稱君 君無道

傳이 없다. '君'이라 칭한 것은 임금이 無道하였기 때문이다.

【傳】 十三年春에 齊侯衛侯次于垂葭하니 實郥氏[1)]라 使師伐晉하야 將濟河러니 諸大夫皆曰 不可라호되 邴意茲曰 可[2)]하다 銳師伐河內[3)]면 傳必數日而後及絳[4)5)]이오 絳不三月이면 不能出河리니 則我旣濟水矣[6)]라한대 乃伐河內하다

13년 봄에 齊侯와 衛侯가 垂葭에 주둔하였으니 垂葭는 바로 郥氏이다. 군대를 보내어 晉나라를 토벌하고자 黃河를 건너게 하려 하니, 大夫들이 모두 "不可하다."고 하였으나, 邴意茲만이 "可합니다. 精銳軍을 보내어 河內를 攻伐하면 傳車로 달려도 반드시 數日이 지난 뒤에야 絳(晉의 國都)에 도착할 것이고, 絳의 兵馬가 出動하려면 3개월의 時日을 경과하지 않고는 黃河에 進出할 수 없을 것이니, 〈그때쯤이면〉 우리는 이미 황하를 건너 돌아온 뒤일 것입니다."라고 하자, 齊侯는 이에 河內를 攻伐하였다.

1) 垂葭 改名郥氏 高平鉅野縣西南有郥亭

垂葭를 郥氏로 改名하였다. 高平 鉅野縣 서남쪽에 郥亭이 있다.

2) 意茲 齊大夫

意茲는 齊나라 大夫이다.

3) 今河內汲郡

지금의 河內 汲郡이다.

4) 傳 告晉

傳은 晉나라에 告함이다.

5) 역주] 傳 : 傳車를 이르니 바로 驛傳이다. 河內는 絳都에서 멀기 때문에 傳車로 달려가도 반드시 數日이 지난 뒤에야 絳都에 도착할 수 있다는 말이다.〈楊注〉

6)〔附注〕林曰 晉自絳都 非九十日 不能出河而救河內 則我已卒事 濟河而歸矣

〔부주〕林: 晉軍이 絳都에서 출발하면 90일을 경과하지 않고는 황하로 進出하여 河內를 구원할 수 없을 것이고,〈그때쯤이면〉우리는 이미 일을 마치고 황하를 건너 돌아왔을 것이라는 말이다.

齊侯皆斂諸大夫之軒[1)]하고 唯邴意玆乘軒[2)3)]하다

齊侯는 大夫들의 수레를 모두 몰수하고 오직 邴意玆에게만 수레를 타게 하였다.

1)〔附注〕林曰 大夫乘軒皆收斂之 以示薄罰

〔부주〕林: 大夫들의 乘軒을 모두 沒收하여 輕罰을 보인 것이다.

2) 以其言當

그 말이 합당하였기 때문이다.

3) 역주] 皆斂諸大夫之軒 唯邴意玆乘軒 : 大夫들은 모두 伐晉을 반대하였고, 오직 邴意玆만이 敵情을 헤아려 河內의 토벌을 주장하였기 때문이다.〈楊注〉

齊侯欲與衛侯乘[1)]하야 與之宴而駕乘廣하고 載甲焉[2)]하고 使告曰 晉師至矣라하다 齊侯曰 比君之駕也[3)]히 寡人請攝[4)]하노라하고 乃介而與之乘하고 驅之하다 或告曰 無晉師라하니 而〔乃〕[5)]止[6)]하다

齊侯는 衛侯와 함께 수레를 타고 싶어서, 衛侯와 함께 술을 마시면서〈衛侯 몰래〉사람을 시켜 乘廣에 말을 메우고 갑옷을 실어두고서, 사람을 시켜 "晉軍이 오고 있다."고 告하게 하였다. 그러자 齊侯가 衛侯에게 말하기를 "임금님의 수레에 말을 메울 때까지 대신 寡人의 수레를 타시기를 청합니다."고 하고서 이에 갑옷을 입고서 衛侯와 함께 수레를 타고 달렸다. 이때 어떤 자가 "晉軍이 없습니다."고 告하니, 곧 수레를 멈추었다.

1) 共載

한 수레에 함께 탐이다.

2)〔附注〕林曰 駕乘廣之兵車 載甲其上

〔부주〕林: 乘廣의 兵車에 말을 메우고 그 수레 위에 갑옷을 실은 것이다.

3) 〔附注〕林曰 比 猶待也 言待衛君之駕 恐緩不及事

〔부주〕林: 比는 待와 같으니, 衛君의 수레에 말을 메우기를 기다리면 늦어서 事機에 미치지 못할 것을 두려워한 말이다.

4) 以己車攝代衛車

자기의 수레로 衛나라 수레를 대신하겠다는 말이다.

5) 역주〕저본에는 '而'로 되어 있으나, ≪十三經注疏≫本에 의거하여 '乃'로 바로잡았다.

6) 傳言齊侯輕 所以不能成功〔附注〕林曰 介 甲也

傳文은 齊侯가 輕薄하여 成功하지 못한 까닭을 말한 것이다.

〔부주〕林: 介는 甲(갑옷)이다.

【傳】晉趙鞅謂邯鄲午曰 歸我衛貢五百家하라 **吾舍諸晉陽**하리라 **午許諾**[1)]하고 **歸告其父兄**한대 **父兄皆曰 不可**하다 **衛是以爲邯鄲**[2)3)]이어늘 **而置諸晉陽**이면 **絶衛之道也**[4)]니 **不如侵齊而謀之**[5)]니라 **乃如之**하고 **而歸之于晉陽**[6)7)]하다 **趙孟怒**하야 **召午而囚諸晉陽**[8)]하고 **使其從者說**(탈)**劍而入**한대 **涉賓不可**[9)]어늘 **乃使告邯鄲人曰 吾私有討于午也**니 **二三子唯所欲立**[10)]하라하고 **遂殺午**하니 **趙稷涉賓以邯鄲叛**[11)]하다 **夏六月**에 **上軍司馬籍秦圍邯鄲**이로되 **邯鄲午**는 **荀寅之甥也**[12)]오 **荀寅**은 **范吉射之姻也**[13)]라 **而相與睦**이라 **故不與圍邯鄲**하고 **將作亂**[14)]하다 **董安于聞之**[15)]하고 **告趙孟曰 先備諸**ㄴ저 **趙孟曰 晉國有命**하니 **始禍者死**라하니 **爲後可也**[16)]니라 **安于曰 與其害於民**으론 **寧我獨死**[17)]하리니 **請以我說**하라 **趙孟不可**[18)]라하다 **秋七月**에 **范氏中行氏伐趙氏之宮**한대 **趙鞅奔晉陽**이어늘 **晉人圍之**하다

晉나라 趙鞅이 邯鄲午에게 "衛나라가 進貢한 5백 家를 나에게 돌려달라. 나는 이들을 晉陽으로 옮기겠다."고 하니, 邯鄲午가 許諾하고서 돌아가서 그 父兄에게 고하자, 父兄은 모두 "안 된다. 衛나라가 이들로 인해 邯鄲을 돕는 것인데, 만약 이들을 晉陽으로 옮긴다면 衛나라와 友好의 길을 斷絶하는 것이니, 우선 齊나라를 侵攻하고 나서 그 일을 꾀하는 것만 못하다."고 하였다.

이에 邯鄲午는 父兄의 말과 같이 齊나라를 侵攻하고 나서 그들을 晉陽으로 돌려보내기로 하였다. 趙孟은 怒하여 邯鄲午를 불러 晉陽에 囚禁하고, 그 從者들에게 劍을 풀어놓고 들어오게 하니, 涉賓이 同意하지 않았다. 그러자 趙鞅은 사람을 보내어 邯鄲 사람들에게 고하기를 "나는 個人的으로 邯鄲午를 懲罰하는 것이니, 그대들은 세우고 싶은

사람을 邯鄲午의 後繼者로 세우라."고 하고서 드디어 邯鄲午를 죽이니, 趙稷과 涉賓이 邯鄲 사람들을 거느리고서 背叛하였다. 여름 6월에 上軍 司馬 籍秦이 군대를 거느리고 가서 邯鄲을 포위하였으나, 邯鄲午는 荀寅의 甥姪이고, 荀寅은 范吉射의 사돈〔姻〕이어서 서로 和睦하였으므로 邯鄲을 포위하는 일에 참여하지 않고 變亂을 일으키려 하니, 董安于가 이 사실을 듣고 趙孟에게 "먼저 대비하라."고 告하자, 趙孟이 말하기를 "晉나라에 命令이 있으니 禍難을 먼저 일으킨 자를 사형에 처한다고 하였다. 그러니 저들이 먼저 變亂을 일으킨 뒤에 대응하는 것이 좋다."고 하였다. 그러자 董安于가 말하기를 "백성들에게 害를 끼치기보다 차라리 나 혼자 죽겠으니, 〈모든 죄는〉 내가 저지른 것이라고 說明하십시오."라고 하니, 趙孟이 허락하지 않았다. 가을 7월에 范氏와 中行氏가 趙氏의 집을 공격하자 趙鞅이 晉陽으로 도망가니 晉人이 晉陽을 포위하였다.

1) 十年 趙鞅圍衛 衛人懼 貢五百家 鞅置之邯鄲 今欲徙著晉陽 晉陽 趙鞅邑
 定公 10년에 趙鞅이 衛나라를 포위하자, 衛人이 겁이 나서 5백 家를 바치니, 趙鞅은 그 5백 家를 데리고 와서 邯鄲에 두었었는데, 지금 그 5백 家를 晉陽으로 옮겨 定着시키고자 한 것이다. 晉陽은 趙鞅의 邑이다.

2) 言衛以五百家在邯鄲 常爲是故 與邯鄲親
 衛나라는 이 5백 家가 邯鄲에 있어서 항상 이들을 위하기 때문에 邯鄲과 親睦한다는 말이다.

3) 역주〕 衛是以爲邯鄲 : 衛나라는 이들로 인해 邯鄲을 돕는다는 말이다. 〈楊注〉

4) 역주〕 道 : 行李(使者)가 往來하는 길이다. ≪左氏會箋≫

5) 侵齊則齊當來報 欲因懼齊而徙 則衛與邯鄲好不絶
 齊나라를 侵攻하면 齊나라는 당연히 와서 보복할 것이니, 齊나라의 보복을 두려워하는 때를 이용해 이들을 晉陽으로 옮겨 衛나라와 邯鄲의 友好가 斷絶되지 않게 하고자 한 것이다.

6) 欲如是謀而後歸衛貢
 이 계획과 같이 한 뒤에 衛나라가 바친 5백 家를 돌려주고자 한 것이다.

7) 역주〕 歸之于晉陽 : 제나라를 침공한 뒤에 5백 家를 晉陽으로 돌려보내려 한 것이다. 〈楊注〉

8) 趙鞅不察其謀 謂午不用命 故囚之
 趙鞅은 그런 계획을 알지 못하고서 邯鄲午가 명령을 따르지 않는 것으로 여겼다. 그러므로 그를 囚禁한 것이다.

9) 涉賓 午家臣 不肯說劍入 欲謀叛
 涉賓은 邯鄲午의 家臣이다. 劍을 풀어놓고 들어가지 않으려 한 것은 叛亂을 꾀하고자 한 것이다.

10) 午 趙鞅同族 別封邯鄲 故使邯鄲人 更立午宗親〔附注〕林曰 趙鞅乃使人告邯鄲父兄 言我私討午 不與邯鄲事

邯鄲午는 趙鞅의 同族으로 따로 邯鄲에 封해진 자이다. 그러므로 邯鄲人으로 하여금 다시 邯鄲午의 宗親 중에 한 사람을 邯鄲午의 후계자로 세우게 한 것이다.

〔부주〕林: 趙鞅은 이에 사람을 보내어 邯鄲의 父兄들에게 "내가 個人的으로 邯鄲午를 懲罰하는 것이고, 邯鄲과는 무관한 일이다."고 고하게 한 것이다.

11) 稷 趙午子

趙稷은 趙午의 아들이다.

12)〔附注〕林曰 午之母 荀寅姊妹 故爲甥

〔부주〕林: 邯鄲午의 어머니는 荀寅의 姊妹이다. 그러므로 '甥'이라 한 것이다.

13) 胥〔壻〕[*] 父曰姻 荀寅子娶吉射女

사위의 아버지를 '姻'이라 한다. 荀寅의 아들이 范吉射의 딸에게 장가갔다.

*) 역주〕저본에는 '胥'로 되어 있으나, ≪十三經注疏≫本에 의거하여 '壻'로 바로잡았다.

14) 作亂 攻趙鞅〔附注〕林曰 荀氏范氏將攻趙鞅 以解邯鄲之圍

變亂을 일으켜 趙鞅을 공격하려 한 것이다.

〔부주〕林: 荀氏와 范氏가 趙鞅을 공격하여 邯鄲의 포위를 풀게 하려 한 것이다.

15) 安于 趙氏臣

董安于는 趙氏의 신하이다.

16)〔附注〕林曰 爲禍首者 必殺無赦 待其先發而後 應之可也

〔부주〕林: 禍難을 먼저 일으킨 자는 반드시 죽이고 용서하지 않을 것이니, 저들이 먼저 禍難을 일으킨 뒤에 對應하는 것이 좋다는 말이다.

17) 懼見攻必傷害民

攻擊을 받으면 반드시 백성들이 다칠 것을 두려워한 것이다.

18) 晉國若討 可殺我以自解說

晉나라가 만약 討伐한다면 〈모든 죄를 나에게 돌려〉 나를 죽여 스스로 〈무죄함을〉 說明하라는 말이다.

范皐夷無寵於范吉射하야 而欲爲亂於范氏[1]하고 梁嬰父嬖於知文子[2]하야 文子欲以爲卿[3]하고 韓簡子與中行文子相惡[4]하고 魏襄子亦與范昭子相惡[5]하다 故五子謀[6]하야 將逐荀寅하고 而以梁嬰父代之하며 逐范吉射하고 而以范皐夷代之하다 荀躒言於晉侯曰 君命大臣호대 始禍者死라하고 載書在河[7]라 今三臣始禍이어늘 而獨

逐鞅하니 **刑已不鈞矣**라 **請皆逐之**하소서 **冬十一月**에 **荀躒韓不信魏曼多奉公以伐范氏中行氏**나 **弗克**하다

范皐夷는 范吉射(范昭子)에게 총애를 받지 못하여 范氏의 宗族에게 叛亂을 일으키고자 하였고, 梁嬰父는 知文子(荀躒)에게 총애를 받아, 知文子는 梁嬰父를 卿으로 삼고자 하였고, 韓簡子(韓不信)와 中行文子(荀寅)는 서로 사이가 나빴고, 魏襄子도 范昭子와 서로 사이가 나빴다. 그러므로 다섯 사람이 모의하여 荀寅을 축출하고서 梁嬰父를 대신 그 자리에 앉히고, 范吉射를 축출하고서 范皐夷를 대신 그 자리에 앉히고자 하였다. 荀躒이 晉侯에게 말하기를 "임금님께서 大臣에게 명하시기를 '禍難을 먼저 일으킨 자는 死刑에 처한다.'고 하시고서 盟書를 作成하여 黃河 속에 가라앉혔습니다. 그런데 지금 저 세 신하(趙鞅, 荀寅, 范吉射)는 모두 禍難을 먼저 일으킨 자들인데, 유독 趙鞅만을 축출하시니 刑罰이 매우 공평하지 못합니다. 그러니 모두 축출하소서."라고 하였다. 겨울 11월에 荀躒, 韓不信, 魏曼多가 晉定公을 모시고 가서 范氏와 中行氏를 토벌하였으나 이기지 못하였다.

1) 皐夷 范氏側室子
   范皐夷는 范氏의 側室子(庶子)이다.
2) 文子 荀躒
   知文子는 荀躒이다.
3) 역주] 文子欲以爲卿 : 梁嬰父를 卿으로 세우려면 范吉射와 中行文子를 제거하여야 비로소 그를 卿으로 세울 수 있으니, 이것은 知文子도 亂을 일으키고자 하였다는 것을 말한 것이다. ≪左氏會箋≫
4) 簡子 韓起孫不信也 中行文子 荀寅也
   韓簡子는 韓起의 손자 韓不信이다. 中行文子는 荀寅이다.
5) 襄子 魏舒孫曼多也 昭子 士吉射
   魏襄子는 魏舒의 손자 魏曼多이고, 范昭子는 士吉射이다.
6) 五子 范皐夷梁嬰父知文子韓簡子魏襄子
   五子는 范皐夷, 梁嬰父, 知文子, 韓簡子, 魏襄子이다.
7) 爲盟書 沈之河
   盟書를 作成하여 黃河 속에 가라앉힌 것이다.

二子將伐公한대 **齊高彊曰 三折肱**이라야 **知爲良醫**[1]나라 **唯伐君爲不可**니 **民弗與也**라 **我以伐君在此矣**[2]라 **三家未睦**[3]하니 **可盡克也**라 **克之**면 **君將誰與**[4]리오 **若先伐君**

이면 **是使睦也**[5]라 **弗聽**하고 **遂伐公**하다 **國人助公**하니 **二子敗**어늘 **從而伐之**[6)7)]하니 **丁未**에 **荀寅士吉射奔朝歌**하다

두 사람(范吉射와 荀寅)이 晉定公을 치려 하자, 齊나라 高彊이 말하기를 "팔이 세 번 부러져보아야 良醫의 治療法을 압니다. 오직 임금을 공격하는 일만은 해서는 안 되니, 백성들이 돕지 않습니다. 나도 임금을 공격한 잘못으로 인해 亡命해 이곳에 와 있습니다. 세 家門(知氏, 韓氏, 魏氏)이 和睦하지 못하니, 공격하면 모두 이길 수 있습니다. 그들을 이기고 나면 임금님께서 〈당신들을 버리고〉 장차 누구를 가까이하겠습니까? 그런데 만약 먼저 임금을 공격한다면 이는 세 가문을 화목하게 만드는 것입니다."라고 하였으나, 두 사람은 高彊의 말을 듣지 않고, 드디어 晉定公을 공격하였다. 國人이 晉定公을 도우니 두 사람이 敗北하였다. 그러자 三家가 뒤따라 두 사람을 공격하니, 丁未日에 荀寅과 士吉射가 朝歌로 달아났다.

1) 高彊 齊子尾之子 昭十年 奔魯 遂適晉〔附注〕林曰 言人三折其臂 歷病痛多者 然後深知良醫治療之法〔附注〕朱曰 言譬如人三次折臂 然後深知治療之法 成良醫也

高彊은 齊나라 子尾의 아들로 魯昭公 10년에 魯나라로 도망해 왔다가 드디어 晉나라로 갔다.

〔부주〕林: 사람이 팔이 세 번 부러져서 병통을 많이 겪은 뒤에야 良醫의 治療法을 깊이 안다는 말이다.

〔부주〕朱: 비유하면 사람이 팔이 세 번 부러진 뒤에야 治療法을 깊이 알아서 良醫가 되는 것과 같다는 말이다.

2)〔附注〕朱曰 言己如良醫識病 知不可伐公也 伐公則國人不與己 我因伐君 所以出奔在此

〔부주〕朱: '나는 良醫가 病을 아는 것처럼 임금을 쳐서는 안 됨을 안다. 임금을 치면 國人이 나를 돕지 않는다. 나는 임금을 친 잘못으로 인해 出奔하여 이곳에 와 있다.'고 말한 것이다.

3) 三家 知韓魏〔附注〕林曰 未相親睦 必不相救

三家는 知氏, 韓氏, 魏氏이다.

〔부주〕林: 서로 親睦하지 않으니 반드시 서로 구원하지 않을 것이라는 말이다.

4)〔附注〕林曰 旣勝三家 君欲舍我 復與誰哉

〔부주〕林: 三家를 이기고 나면 임금이 우리를 버리고 다시 누구를 가까이하겠느냐는 말이다.

5)〔附注〕林曰 若先伐公室 是急三家使相親睦而拒我也

〔부주〕林: 만약 먼저 公室을 친다면 이는 三家를 몰아붙여 서로 親睦하여 우리를 막

게 하는 것이라는 말이다.

6)〔附注〕林曰 國人從而伐范中行氏

〔부주〕林: 國人이 뒤따라 范氏와 中行氏를 친 것이다.

韓魏以趙氏爲請[1)]하니 十二月辛未에 趙鞅入于絳하야 盟于公宮[2)]하다

韓氏와 魏氏가 趙氏를 回國시키기를 청하니, 12월 辛未日에 趙鞅이 絳都로 들어와서 公宮에서 盟約하였다.

1) 經所以書趙鞅歸〔附注〕林曰 以趙鞅非始禍 請復趙氏

經文에 '趙鞅이 돌아왔다.'고 기록한 까닭을 말한 것이다.

〔부주〕林: 趙鞅이 禍難을 먼저 일으키지 않았다고 여겨 趙氏를 회복시키기를 청한 것이다.

2) 傳錄晉衰亂

傳文은 晉나라가 衰亂했음을 기록한 것이다.

【傳】初에 衛公叔文子朝하야 而請享靈公[1)]하고 退하야 見史鰌而告之[2)]한대 史鰌曰 子必禍矣리라 子富而君貪하니 罪其及子乎ㄴ저 文子曰 然하다 吾不先告子하니 是吾罪也라 君旣許我矣니 其若之何[3)]오 史鰌曰 無害[4)]로다 子臣하니 可以免[5)]이라 富而能臣이면 必免于難이니 上下同之[6)]니라 戍也驕하니 其亡乎[7)]ㄴ저 富而不驕者鮮이니 吾唯子之見[8)]이와라 驕而不亡者는 未之有也니 戍必與焉[9)]하리라 及文子卒하야 衛侯始惡於公叔戍하니 以其富也라 公叔戍又將去夫人之黨[10)]하니 夫人愬之曰 戍將爲亂[11)]이라하다

당초에 衛나라 公叔文子가 上朝하여 靈公을 享宴에 招請하고서 退朝하여 史鰌를 만나 그 일을 말하자, 史鰌가 말하기를 "그대는 반드시 禍를 당할 것입니다. 그대는 富裕하고 임금님은 탐욕스러우니 아마도 禍〔罪〕가 그대의 身上에 미칠 것입니다."고 하였다. 公叔文子가 말하기를 "그대의 말이 옳다. 내가 그대에게 먼저 말하지 않았으니 이는 나의 過失이다. 하지만 임금님께서 이미 나의 초청에 응하겠다고 허락하셨으니 이 일을 어쩌면 좋겠는가?"라고 하니, 史鰌가 말하기를 "별 탈이 없을 것입니다. 그대는 신하의 도리를 잘 지키니 禍를 면할 수 있습니다. 富裕하되 신하의 도리를 잘 지키면 반드시 禍難을 면할 수 있으니, 이는 上下가 同一합니다. 그대의 아들 戍는 교만하니 장차〔其〕 亡命하게 될 것입니다. 富裕하면서 교만하지 않은 사람이 드문데, 나는 오직 그대에게서 그런 점을 보았습니다. 교만하고서 망명하지 않는 사람은 아직까지 없었으니, 戌는 반드시 禍難을 당할 것입니다."고 하였다. 公叔文子가 죽은 뒤에 미쳐 衛侯가 비로소 公叔戌를 미워하였으니 그가 富裕하기 때문이었다. 公叔戌가 또 夫人의 黨을 제거하려 하니, 夫人이 靈公에게 "戌가 亂을 일으키려 한다."고 告訴〔愬〕하였다.

1) 欲令公臨其家
 靈公으로 하여금 자기의 집에 枉臨하게 하고자 한 것이다.
2) 史鰌 史魚
 史鰌는 史魚이다.
3)〔附注〕林曰 今君旣許臨我家矣 其又何以處之
 〔부주〕林: 지금 임금님께서 이미 나의 집에 오시겠다고 허락하셨으니, 그 일을 또 어찌 처리해야 하겠느냐는 말이다.
4)〔附注〕林曰 言亦無所害
 〔부주〕林: 〈임금님이 초대에 응해 당신의 집에 오더라도〉 손해 입는 일이 없을 것이라는 말이다.
5) 言能執臣禮
 신하의 禮를 잘 지켰다는 말이다.
6) 言尊卑皆然
 尊卑가 모두 그러하다는 말이다.
7) 戌 文子之子
 戌는 公叔文子의 아들이다.
8)〔附注〕林曰 我之所見 惟有子耳
 〔부주〕林: 내가 본 사람으로는 오직 그대만이 있을 뿐이라는 말이다.
9) 與禍難
 禍難에 참여함이다.
10) 靈公夫人南子 黨 宋朝之徒
 靈公의 夫人 南子이다. 黨은 宋朝의 무리이다.
11) 爲明年戌來奔傳
 明年에 公叔戌가 魯나라로 도망해 온 傳의 배경이다.

〈十四年, 乙巳 B.C.496〉

【經】 十有四年春에 **衛公叔戍來奔**하다 **衛趙陽出奔宋**[1)]하다

14년 봄에 衛나라 公叔戍가 魯나라로 도망해 왔다. 衛나라 趙陽이 宋나라로 出奔하였다.

1) 陽 趙黶孫 書名者 親富不親仁
趙陽은 趙黶의 손자이다. 이름을 기록한 것은 富人을 가까이하고 仁人을 가까이하지 않았기 때문이다.

【經】 二月辛巳에 **楚公子結陳公孫佗人帥師滅頓**하고 **以頓子牂歸**하다

2월 辛巳日에 楚나라 公子 結과 陳나라 公孫佗人이 군대를 거느리고 가서 頓나라를 擊滅하고서 頓子 牂을 데리고 돌아갔다.

【經】 夏에 **衛北宮結來奔**[1)]하다

여름에 衛나라 北宮結이 魯나라로 도망해 왔다.

1) 亦黨公叔戍 皆惡之
北宮結 역시 公叔戍의 黨이므로 모두 미워하여 〈이름을 기록한 것이다.〉

【經】 五月에 **於越敗吳于檇李**[1)]하다

5월에 於越이 檇李에서 吳軍을 敗北시켰다.

1) 於越 越國也 使罪人詐吳亂陳 故從未陳之例 書敗也 檇李 吳郡嘉興縣南醉李城〔附注〕林曰 此越句踐元年也 史記 吳闔廬聞越允常死 興師伐越 句踐襲敗吳師 射殺闔廬
於越은 越나라이다. 越王이 罪人들을 보내어 吳나라를 속여 吳軍의 陣營을 어지럽게 하였다. 그러므로 陣을 치지 않고 공격한 例를 따라 '敗'로 기록한 것이다. 檇李는 吳郡 嘉興縣 남쪽의 醉李城이다.
〔부주〕 林: 越王 句踐 元年이다. ≪史記≫에 의하면 吳王 闔廬가 越王 允常이 죽었다는 말을 듣고서 군대를 일으켜 越나라를 치니, 句踐이 吳軍을 襲擊해 패배시키고서 闔廬를 射殺하였다.

【經】 吳子光卒[1]하다

吳子 光이 卒하였다.

1）未同盟而赴以名

同盟하지 않았으되, 〈經에 이름을 기록한 것은〉 이름을 기록해 赴告하였기 때문이다.

【經】 公會齊侯衛侯于牽[1]하다

定公이 齊侯, 衛侯와 牽에서 회합하였다.

1）魏郡黎陽縣東北有牽城〔附注〕林曰 牽 衛地 齊魯爲會止此

魏郡 黎陽縣 동북에 牽城이 있다.

〔부주〕林: 牽은 衛나라 땅이다. 齊나라와 魯나라의 회합이 여기에서 그쳤다.

【經】 公至自會[1]하다

定公이 會合에서 돌아왔다.

1）無傳

傳이 없다.

【經】 秋에 **齊侯宋公會于洮**[1]하다

가을에 齊侯와 宋公이 洮에서 會合하였다.

1）洮 曹地

洮는 曹나라 땅이다.

【經】 天王使石尙來歸脤[1]하다

天王이 石尙을 보내와서 脤을 주었다.

1）無傳 石尙 天子之士 石氏尙名 脤 祭社之肉 盛以脤器 以賜同姓諸侯親兄弟之國 與之共福〔附注〕林曰 周魯之交止此

傳이 없다. 石尙은 天子의 士로, 石은 氏이고 尙은 名이다. 脤은 社(土地神)에 제사 지낸 고기인데, 그 고기를 脤器(자개로 장식한 그릇)에 담아 同姓 諸侯와 친형제의 나라에 下賜하여 그들과 福祿을 함께한다.

〔부주〕林: 周나라와 魯나라의 交往(相互往來)이 여기에서 그쳤다.

【經】衛世子蒯聵出奔宋하다

衛나라 世子 蒯聵가 宋나라로 出奔하였다.

【經】衛公孟彄出奔鄭[1)]하다

衛나라 公孟彄가 鄭나라로 出奔하였다.

1) 彄書名 與蒯聵黨 罪之

彄의 이름을 기록한 것은 蒯聵와 黨을 지었으므로 그를 懲罰한 것이다.

【經】宋公之弟辰自蕭來奔[1)]하다

宋景公의 아우 辰이 蕭에서 魯나라로 도망해 왔다.

1) 無傳 稱宋公之弟 例在十年

傳이 없다. '宋公의 弟'라고 칭한 것은 그 例가 定公 10년에 나와 있다.

【經】大蒐于比蒲[1)]하다

比蒲에서 軍事訓鍊을 대대적으로 거행하였다.

1) 〔附注〕 林曰 大蒐止此

〔부주〕 林: 大蒐가 여기에서 그쳤다.

【經】邾子來會公[1)]하다

邾子가 와서 定公과 會合하였다.

1) 無傳 會公于比蒲 來而不用朝禮 故曰 會[*)]

傳이 없다. 定公과 比蒲에서 會合한 것이다. 와서 朝見의 禮를 거행하지 않았기 때문에 '會'라 한 것이다.

*) 역주〕 來而不用朝禮 故曰 會 : 軍事訓鍊하는 곳으로 와서 會見의 禮만을 거행하고 朝見의 禮를 거행하지 않았기 때문에 '會'라 한 것이다. 〈正義〉

【經】城莒父及霄[1)]하다

莒父와 霄에 城을 쌓았다.

1) 無傳 公叛晉助范氏 故懼而城二邑也 此年無冬 史闕

傳이 없다. 定公은 晉나라를 배반하고 范氏를 도왔기 때문에 두려워서 두 邑에 성을 쌓은 것이다. 이해 기록에 겨울이 없는 것은 史官이 빠트린 것이다.

【傳】 十四年春에 衛侯逐公叔戍與其黨하다 故趙陽奔宋하고 戍來奔[1)]하다

14년 봄에 衛侯가 公叔戍와 그 黨을 축출하였다. 그러므로 趙陽은 宋나라로 出奔하고, 公叔戍는 우리나라로 도망해 왔다.

1) 終史魚之言

끝내 公叔史魚의 말과 같이 되었다.

【傳】 梁嬰父惡董安于하야 謂知文子曰 不殺安于하고 使終爲政於趙氏면 趙氏必得晉國하리니 盍以其先發難也로 討于趙氏[1)]오 文子使告於趙孟曰 范中行氏雖信爲亂이나 安于則發之하니 是安于與謀亂也라 晉國有命하니 始禍者死라하니라 二子旣伏其罪矣[2)]니 敢以告[3)]하노라 趙孟患之한대 安于曰 我死而晉國寧하고 趙氏定이면 將焉用生이리오 人誰不死리오 吾死莫(모)矣[4)]라하고 乃縊而死하다 趙孟尸諸市하고 而告於知氏曰 主命戮罪人하니 安于旣伏其罪矣라 敢以告라하니 知伯從趙孟盟[5)]하다 而後趙氏定[6)]에 祀安于於廟[7)]하다

梁嬰父가 董安于를 미워하여 知文子에게 말하기를 "董安于를 죽이지 않고 끝내 趙氏 집안의 政事를 하게 한다면 趙氏가 반드시 晉나라를 얻게 될 것이니, 어찌 董安于가 먼저 禍難을 일으킨 일로써 趙氏를 懲罰하지 않으십니까?"라고 하니, 知文子가 사람을 보내어 趙孟에게 고하기를 "范氏와 中行氏가 비록 실로 叛亂을 일으켰으나, 실은 董安于가 반란을 일으키도록 유도한 것이니, 이는 董安于도 함께 叛亂을 謀議한 것이오. 晉나라에 命令이 있으니 禍難을 먼저 일으킨 자는 死刑에 처한다고 하였습니다. 두 사람은 이미 자기들의 罪를 인정하였으니, 감히 이 말(晉나라의 命令)로써 告합니다."고 하였다. 趙孟이 이를 근심하자, 董安于가 말하기를 "내가 죽어서 晉나라가 편안해지고 趙氏가 安定된다면 무엇 때문에 살려 하겠습니까? 사람은 누군들 죽지 않겠습니까? 나는 죽음이 너무 늦었습니다."고 하고서 스스로 목매 죽었다. 趙孟은 그의 尸身을 저자거리에 벌여놓고서 知氏에게 고하기를 "主(荀躒)께서 罪人을 죽이라고 명하시니, 董安

于는 이미 그 罪를 받고 죽었습니다. 이에 감히 그 사실을 告합니다."고 하니, 知伯은 趙孟에게 가서 盟約하였다. 뒤에 趙氏가 안정되자, 趙孟은 董安于의 神位를 趙氏의 사당에 모시고서 제사 지냈다.

1)〔附注〕林曰 何不以安于先發范中行氏之難 討治趙氏 而使殺之
〔부주〕林: 어찌 董安于가 먼저 范氏와 中行氏의 禍難을 誘發시킨 일로 趙氏를 討治(懲罰)하여 趙氏로 하여금 董安于를 죽이게 하지 않느냐는 말이다.

2)〔附注〕林曰 范中行旣伏罪而出矣
〔부주〕林: 范氏와 中行氏는 이미 罪를 인정하고서 出奔하였다는 말이다.

3) 告使討安于
趙氏에게 董安于를 토벌하라고 고한 것이다.

4) 역주〕吾死莫 : 莫은 暮의 本字이니, 나의 죽음이 늦었다는 말이다. 대개 이때 董安于의 나이가 매우 많았던 듯하다.〈楊注〉

5) 知伯 荀躒
知伯은 荀躒이다.

6)〔附注〕林曰 賴以安定
〔부주〕林: 董安于의 도움을 힘입어 趙氏가 安定된 것이다.

7) 趙氏廟〔附注〕林曰 報其忠也
趙氏의 祖廟이다.
〔부주〕林: 그 忠誠에 報答한 것이다.

【傳】 頓子牂欲事晉하야 背楚而絶陳好하니 二月에 楚滅頓[1)]하다

頓子 牂이 晉나라를 섬기고자 하여, 楚나라를 배반하고 陳나라와 友好를 끊으니, 2월에 楚나라가 頓나라를 擊滅하였다.

1) 傳言小不事大 所以亡
傳文은 小國이 大國을 섬기지 않았기 때문에 멸망한 것을 말한 것이다.

【傳】 夏에 衛北宮結來奔하니 公叔戍之故也라

여름에 衛나라 北宮結이 魯나라로 도망해 왔으니, 이는 公叔戍 때문이다.

【傳】 吳伐越[1)]하니 越子句踐禦之하야 陳于檇李[2)]하다 句踐患吳之整也하야 使死士

再禽焉이로되 **不動**[3)4)]하니 **使罪人三行**으로 **屬劒於頸**[5)6)]하고 **而辭曰 二君有治**[7)]에 **臣奸旗鼓**[8)]하야 **不敏於君之行前**하니 **不敢逃刑**이라 **敢歸死**[9)]하노라하고 **遂自剄也**하니 **師屬之目**[10)]이어늘 **越子因而伐之**하야 **大敗之**하다 **靈姑浮以戈擊闔廬**[11)]한대 **闔廬傷將指**어늘 **取其一屨**[12)]하다 **還**타가 **卒於陘**하니 **去檇李七里**[13)]라

吳나라가 越나라를 侵伐하니, 越子 句踐은 吳軍을 防禦하기 위하여 檇李에 陣을 쳤다. 句踐은 吳軍의 軍容이 嚴整한 것을 근심하여 죽음을 두려워하지 않는 勇士〔死士〕들을 보내어 두 차례나 吳軍을 生捕해 오게 하였으되, 吳軍이 動搖하지 않으니, 句踐은 또 罪人 三行으로 하여금 劍을 목에 대고서 吳軍 앞으로 가서 "두 나라 임금께서 作戰하시는데, 우리들은 軍令을 범하여 임금님의 行陣 앞에서 민첩하지 못하였습니다. 감히 刑罰을 피할 수 없으니 감히 죽겠습니다."고 하고서 드디어 스스로 목을 베어 죽게 하니, 吳軍이 이를 괴상히 여겨 注目하자, 越子는 그 틈을 이용해 攻伐하여 吳軍을 대패시켰다. 靈姑浮가 창으로 闔廬를 치니 闔廬는 엄지발가락에 상처를 입어 신발을 잃으니, 靈姑浮가 闔廬의 한쪽 신발을 取하였다. 闔廬는 돌아가다가 陘에서 卒하였으니 檇李에서 七里의 距離였다.

1) 報五年越入吳

定公 5년에 越軍이 吳나라에 侵入했던 것을 보복하기 위함이었다.

2) 句踐 越王允常子

句踐은 越王 允常의 아들이다.

3) 使敢死之士往 輒爲吳所禽 欲使吳師亂取之 而吳不動

勇敢하여 죽음을 두려워하지 않는 勇士들을 보내어 번번이 吳軍에게 사로잡히게 하여 吳軍으로 하여금 어지럽게 이들을 잡게 하고자 하였으나 吳軍이 움직이지 않은 것이다.

4) 역주〕使死士再禽焉 : 禽은 吳나라의 士卒을 生捕함이다. 句踐이 죽음을 두려워하지 않는 勇士들을 보내어 재차 吳軍의 陣營을 侵犯하여 吳軍의 前列에 있는 군사를 잡아 가지고 돌아오게 하여, 吳軍으로 하여금 놀라 혼란하게 하고자 하였으나, 吳軍이 끝내 동요하지 않았으니, 이것이 바로 '吳軍의 嚴整함이다.'고 한 ≪左氏會箋≫의 說을 취해 번역하였다.

5) 以劒注頸〔附注〕林曰 句踐又使有罪當死者 別爲三行

劒을 목에 댐이다.

〔부주〕林: 句踐은 또 罪가 있어 응당 죽을 자들로써 따로 三行(세 小隊)을 編成한 것이다.

6) 역주〕使罪人三行 屬劒於頸 : 三行은 罪人들로 編成된 세 小隊를 이른다. ≪左氏會箋≫

에 의하면 1小隊가 먼저 가서 칼을 목에 대고 이상과 같이 말하고서 스스로 목을 베어 죽게 하고, 2소대와 3소대가 연이어 가서 스스로 목을 베어 죽게 한 것이다. 이것은 吳軍을 해치는 것이 아니고 매우 괴상한 일이기 때문에 吳軍이 괴이하게 여겨 注目해 본 것이다.

7) 治軍旅
軍旅(군대)를 다스림이다.

8) 犯軍令
軍令을 범한 것이다.

9) 역주] 敢歸死 : 襄公 3년 傳의 '請歸死于司寇'를 杜注에 '致尸於司寇 使戮之'라 하였으니, 여기의 '歸死'도 '致尸於吳司寇 使戮之(죽음(尸身)을 吳나라 司寇에 보내어 戮屍하게 하라.)'의 뜻이 아닌지 모르겠다.

10) 〔附注〕 林曰 吳師怪其所爲 皆注目而視之
〔부주〕 林: 吳軍이 그 行爲를 괴상하게 여겨 모두 注目해 본 것이다.

11) 姑浮 越大夫
靈姑浮는 越나라 大夫이다.

12) 其足大指見斬 遂失屨 姑浮取之
闔廬의 엄지발가락이 잘려나가 드디어 신발을 잃으니, 靈姑浮가 그 신발을 취한 것이다.

13) 釋經所以不書滅
經에 '滅'로 기록하지 않은 까닭을 해석한 것이다.

夫差使人立於庭[1)]하야 **苟出入**에 **必謂己曰 夫差**아 **而忘越王之殺而父乎**[2)]아하면 **則對曰 唯**라 **不敢忘**이라하다 **三年乃報越**[3)]하다

夫差는 사람을 宮庭에 세워놓고서 자기가 들고 날 때에 반드시 자기에게 "夫差야! 너는 越王이 너의 아버지를 죽인 일을 잊었느냐?"고 말하게 하고서, 그 사람이 그렇게 말하면 夫差는 "예, 감히 잊을 수 없습니다."고 대답하였다. 이렇게 한 지 3년 만에 越나라에 원수를 갚았다.

1) 夫差 闔廬嗣子
夫差는 闔廬의 嗣子이다.

2) 〔附注〕 林曰 而 汝也
〔부주〕 林: 而는 汝(너)이다.

3) 後三年 哀元年

後三年은 魯哀公 元年이다.

【傳】 晉人圍朝歌하니 公會齊侯衛侯于脾上梁之間[1)]하야 謀救范中行氏[2)]하다 析成鮒小王桃甲率狄師以襲晉[3)]하야 戰于絳中이라가 不克而還하야 士鮒奔周[4)]하고 小王桃甲入于朝歌[5)]하다 秋에 齊侯宋公會于洮하니 范氏故也[6)]라

晉人이 朝歌를 포위하니, 定公이 脾와 上梁 사이에서 齊侯, 衛侯와 會合하여 范氏와 中行氏를 구원하기를 상의하였다. 析成鮒와 小王桃甲이 狄軍을 거느리고 가서 晉나라를 奇襲하여 絳都 안에서 交戰하였으나 승리하지 못하고 還軍하여, 士鮒는 周나라로 도망하고, 小王桃甲은 朝歌로 들어갔다. 가을에 齊侯와 宋公이 洮에서 회합하였으니, 이는 范氏 때문이었다.

1) 脾上梁間 卽牽

脾와 上梁 사이는 바로 牽邑이다.

2) 齊魯叛晉 故助范中行也

齊나라와 魯나라가 晉나라를 배반하였다. 그러므로 范氏와 中行氏를 도운 것이다.

3) 二子 晉大夫范中行氏之黨

두 사람은 晉나라 大夫 范氏와 中行氏의 黨이다.

4)〔附注〕林曰 卽析成鮒

〔부주〕林: 바로 析成鮒이다.

5)〔附注〕林曰 歸范中行氏

〔부주〕林: 范氏와 中行氏에게 歸依한 것이다.

6) 謀救范氏

范氏를 구원하는 일을 상의하기 위함이었다.

【傳】 衛侯爲夫人南子召宋朝[1)]러니 會于洮[2)]에 大子蒯聵獻盂于齊하야 過宋野[3)]할새 野人歌之曰 旣定爾婁豬어늘 盍歸吾艾豭[4)]오 大子羞之하야 謂戲陽速曰 從我而朝少君[5)]하야 少君見我에 我顧어든 乃殺之하라 速曰 諾다 乃朝夫人하니 夫人見大子하다 大子三顧로되 速不進하니 夫人見其色하고 啼而走[6)]曰 蒯聵將殺余라하니 公執其手以登臺하다 大子奔宋하다 盡逐其黨하다 故公孟彄出奔鄭이라가 自鄭奔齊하다

衛侯가 夫人 南子를 위하여 宋朝를 衛나라로 불러왔더니, 〈齊侯가 宋公과〉 洮에서

회합할 때 太子 蒯聵가 齊나라에 盂邑을 바치기 위해 洮로 가는 길에 宋나라 村野를 지나는데, 村野 사람이 노래하기를 "너의 암퇘지 이미 안정되었는데, 어찌 우리 늙은 수퇘지 돌려보내지 않느냐?"고 하였다. 이 노래를 들은 太子는 羞恥스럽게 여겨 戲陽速에게 이르기를 "〈歸國한 뒤에〉 너는 내가 少君을 뵈러 갈 때 함께 따라가서 少君이 나를 接見할 때 내가 뒤를 돌아보거든 너는 즉시 少君을 죽여라."고 하니, 戲陽速은 "그리하겠다."고 승낙하였다. 〈歸國한 뒤에〉 곧 두 사람이 함께 가서 夫人을 뵈니, 夫人은 太子를 접견하였다. 太子가 세 번 뒤를 돌아보았으나 戲陽速이 앞으로 나오지 않으니, 夫人은 太子의 얼굴빛을 보고서 울면서 달려가서 靈公에게 "蒯聵가 나를 죽이려 한다." 고 말하니, 靈公은 夫人의 손을 잡고서 臺 위로 올라갔다. 太子는 宋나라로 出奔하였다. 靈公은 太子의 黨을 모두 축출하였다. 그러므로 公孟彄가 鄭나라로 달아났다가 鄭나라에서 다시 齊나라로 달아난 것이다.

1) 南子 宋女也 朝 宋公子 舊通于南子 在宋呼之
南子는 宋나라 女人이고, 朝는 宋나라 公子로 오래전부터 南子와 情을 통한 자이다. 宋나라에 있는 朝를 불러온 것이다.

2) 〔附注〕 林曰 使夫人會宋朝于洮*)
〔부주〕 林: 夫人으로 하여금 洮에서 宋朝를 만나게 한 것이다.

*) 역주〕 使夫人會宋朝于洮 : 林注는 옳지 않다. '召宋朝'와 '會于洮'는 별개의 일이다.

3) 蒯聵 衛靈公大子 盂 邑名也 就會獻之 故自衛行而過宋野
蒯聵는 衛靈公의 太子이다. 盂는 邑名이다. 會合하고 있는 洮로 가서 바친 것이다. 그러므로 衛나라에서 출발하여 宋나라의 村野를 지난 것이다.

4) 婁豬 求子豬 以喩南子 艾豭 喩宋朝 艾 老也 〔附注〕 朱曰 艾豭 老牡豬也 蓋豬之求子者得牡則定 意謂南子已厭足 何不令宋朝歸也
婁豬는 發情한 암퇘지이니, 南子를 비유한 것이고, 艾豭는 宋朝를 비유한 것이다. 艾는 老이다.
〔부주〕 朱: 艾豭는 늙은 수퇘지이다. 대체로 발정한 암퇘지는 수퇘지를 만나면 안정이 되니, 南子가 이미 性慾을 만족히 채웠는데, 어찌 宋朝를 돌려보내지 않느냐는 뜻이다.

5) 速 大子家臣 〔附注〕 林曰 少君 卽夫人南子
戲陽速은 太子의 家臣이다.
〔부주〕 林: 少君은 바로 夫人 南子이다.

6) 見大子色變 知其欲殺己
太子의 얼굴빛이 변하는 것을 보고서 太子가 자기를 죽이려 한다는 것을 안 것이다.

大子告人曰 戱陽速禍余라하니 **戱陽速告人曰 大子則禍余**로다 **大子無道**하야 **使余殺其母**하니 **余不許**면 **將戕於余**[1])오 **若殺夫人**이면 **將以余說**(탈)[2)3)]이리라 **余是故許而弗爲**하야 **以紓余死**니라 **諺曰 民保於信**[4])이라하니 **吾以信義也**[5)6)]라

太子가 어떤 사람에게 "戱陽速이 나에게 禍를 입혔다."고 하니, 戱陽速이 어떤 사람에게 말하기를 "太子가 나에게 禍를 떠넘기려 한 것이다. 太子가 無道하여 나에게 자기 어머니를 죽이라고 하니, 내가 허락하지 않았다면 태자는 아마 나를 죽였을 것이고, 내가 만약 夫人을 죽였다면 태자는 아마도 나에게 죄를 씌우고 자기는 죄에서 벗어났을 것이다. 나는 그러므로 허락만 하고 실행하지 않아 나의 죽음을 늦춘 것이다. 俗談에 '백성은 信義로 몸을 보존하다.'고 하였으니, 나는 信義로써 몸을 보존하였다." 고 하였다.

1) 戕 殘殺也
 戕은 殘酷하게 죽임이다.
2) 〔附注〕 林曰 若已殺其母南子 又將殺我以自解說
 〔부주〕 林: 만약 내가 그 어머니 南子를 죽였다면 太子는 또 장차 나를 죽여 스스로 解說(解明)하려 하였을 것이라는 말이다.
3) 역주〕 將以余說 : 南子를 죽였다면 죄를 나에게 돌리고서 자기는 죄에서 解脫(해탈)하였을 것이라는 말이다. 〈楊注〉
4) 역주〕 民保於信 : 백성은 반드시 信義가 있은 뒤에야 그 몸을 보존할 수 있다는 말이다. ≪左氏會箋≫
5) 使義可信 不必信言
 가령 義가 믿을 만하면 말을 믿을 필요가 없다는 말이다.
6) 역주〕 吾以信義 : 事宜를 헤아려 행하는 것이 義이다. 義를 따라 잃지 않았기 때문에 '信義'라 한 것이니, 信義 또한 信이다. 吾以信義는 과연 信義로써 몸을 保存할 수 있었다는 말과 같다. ≪左氏會箋≫

【傳】 冬十二月에 **晉人敗范中行氏之師於潞**하야 **獲籍秦高彊**[1])하고 **又敗鄭師及范氏之師于百泉**[2])하다

겨울 12월에 晉人이 范氏와 中行氏의 군대를 潞에서 패배시키고서 籍秦과 高彊을 사로잡고, 또 鄭軍과 范氏의 군대를 百泉에서 패배시켰다.

1) 二子 黨范氏者 終景王言籍父無後

두 사람은 范氏를 도운 자이다. 끝내 昭公 15년 傳에 '籍父(籍秦의 아버지)는 無後할 것이다.'고 한 周景王의 말과 같이 되었다.

2) 鄭助范氏 故幷敗

鄭나라가 范氏를 도왔기 때문에 함께 패배한 것이다.

〈十五年, 丙午 B.C.495〉

【經】 十有五年春王正月에 邾子來朝하다

15년 봄 周王 正月에 邾子가 와서 朝見하였다.

【經】 鼷鼠食郊牛하야 牛死어늘 改卜牛[1)]하다

생쥐가 郊祭에 犧牲으로 바칠 소를 파먹어 소가 죽으니, 다시 점을 쳐서 다른 소를 郊牛로 정하였다.

1) 無傳 不言所食處 擧死 重也 改卜 禮也

傳이 없다. 파먹은 곳을 말하지 않고 죽은 것을 擧論한 것은 파먹은 곳이 重大하기 때문이다. 改卜하는 것이 禮이다.

【經】 二月辛丑에 楚子滅胡하고 以胡子豹歸하다

2월 辛丑日에 楚子가 胡國을 擊滅하고서 胡子 豹를 데리고 돌아갔다.

【經】 夏五月辛亥에 郊[1)]하다

여름 5월 辛亥日에 郊祭를 지냈다.

1) 無傳 書過

傳이 없다. 이를 기록한 것은 시기를 넘겨 지냈기 때문이다.

【經】 壬申에 公薨于高寢[1)]하다

壬申日에 定公이 高寢에서 薨하였다.

1) 高寢 宮名 不於路寢 失其所

高寢은 宮名이다. 路寢에서 薨하지 않았으니, 죽을 處所를 잃은 것이다.

【經】 鄭罕達帥師伐宋하다

鄭나라 罕達이 군대를 거느리고 가서 宋나라를 토벌하였다.

【經】 齊侯衛侯次于渠蒢[1)]하다

齊侯와 衛侯가 渠蒢에 군대를 주둔시켰다.

1) 不果救 故書次

救援하지 못하였기 때문에 '次'라고 기록한 것이다.

【經】 邾子來奔喪[1)2)]하다

邾子가 와서 奔喪하였다.

1) 無傳 諸侯奔喪 非禮〔附注〕林曰 諸侯來奔喪 於是始

傳이 없다. 諸侯가 奔喪하는 것은 禮가 아니다.

〔부주〕林: 諸侯가 와서 奔喪하는 것이 이때부터 비롯하였다.

2) 역주〕奔喪 : 客地에서 喪事의 소식을 듣고 달려오는 것인데, 여기서는 弔喪의 뜻으로 쓰인 듯하다. 昭公 3년 傳에 의하면 國君의 喪에는 大夫를 보내어 弔喪하고 卿을 보내어 會葬하는 것이 禮이다.

【經】 秋七月壬申에 姒氏卒[1)]하다

가을 7월 壬申日에 姒氏가 卒하였다.

1) 定公夫人

姒氏는 定公의 夫人이다.

【經】 八月庚辰朔에 日有食之[1)]하다

8월 초하루 庚辰日에 日食이 있었다.

1) 無傳

傳이 없다.

【經】 九月에 滕子來會葬[1)]하다

9월에 滕子가 와서 會葬하였다.

1) 無傳 諸侯會葬 非禮也
傳이 없다. 諸侯가 와서 會葬하는 것은 禮가 아니다.

【經】丁巳에 葬我君定公할새 雨하야 不克葬하고 戊午日下昃에 乃克葬하다

丁巳日에 우리 임금 定公을 장사 지낼 때 비가 내려 葬禮를 마치지 못하고, 戊午日 午後 늦게야〔日下昃〕葬禮를 마쳤다.

【經】辛巳葬定姒[1]하다

辛巳日에 定公의 夫人 姒氏를 장사 지냈다.

1) 辛巳 十月三日 有日無月
辛巳日은 10월 3일이다. 日만 기록하고 月은 기록하지 않았다.

【經】冬에 城漆[1]하다

겨울에 漆에 성을 쌓았다.

1) 邾庶其邑[*]
漆은 邾나라 庶其의 邑이다.
*) 역주〕邾庶其邑 : 襄公 21년에 邾나라 庶其가 漆과 閭丘를 가지고 魯나라로 도망해 왔다.

【傳】十五年春에 邾隱公來朝[1]하니 子貢觀焉하다 邾子執玉高하야 其容仰하고 公受玉卑하야 其容俯[2]하다 子貢曰 以禮觀之컨대 二君者는 皆有死亡焉이라 夫禮는 死生存亡之體也니 將左右周旋과 進退俯仰하야 於是乎取之[3)4]하며 朝祀喪戎하야 於是乎觀之[5)6]어늘 今正月相朝호대 而皆不度[7]하니 心已亡矣[8]라 嘉事不體하니 何以能久[9]리오 高仰은 驕也오 卑俯는 替也[10]라 驕近亂하고 替近疾이라 君爲主하니 其先亡乎[11]ㄴ저

15년 봄에 邾隱公이 와서 朝見하니 子貢이 두 나라 임금이 禮를 행하는 것을 보았다. 邾子는 玉을 든 손이 너무 높이 올라가서 그 얼굴이 위로 향하고, 定公은 玉을 받는 자세가 너무 낮아서 그 얼굴이 아래로 향하였다. 子貢이 말하기를 "禮를 행하는 모

습을 보건대 두 임금은 모두 死亡할 것이다. 禮는 死生과 存亡의 主體이니, 左右周旋과 進退俯仰을 가지고서〔將〕 이에서 生存을 취하느냐 死亡을 취하느냐를 알 수 있고, 朝會, 祭祀, 喪事, 戎事를 가지고서 이에서 생존하느냐 사망하느냐를 볼 수 있는데, 지금 正月에 서로 朝見하면서 모두 법도에 맞지 않았으니 마음을 이미 잃은 것이다. 朝會〔嘉事〕가 禮〔體〕에 맞지 않았으니 어찌 오래 살 수 있겠는가? 자세가 높아 얼굴이 위로 올라간 것은 교만이 드러난 것이고, 자세가 낮아 얼굴이 아래로 굽은 것은 怠惰〔替〕가 드러난 것이다. 교만은 禍亂에 가깝고 怠惰는 疾病에 가깝다. 우리 임금이 主人이시니 아마도 먼저 死亡하실 것이다."고 하였다.

1) 邾子益

邾隱公은 邾子 益이다.

2) 玉 朝者之贄〔附注〕林曰 子貢 孔子弟子

玉은 朝見하는 자가 올리는 禮物이다.

〔부주〕林: 子貢은 孔子의 弟子이다.

3)〔附注〕林曰 於是取其死生存亡之度

〔부주〕林: 이에서 자기의 死生과 存亡의 法度를 취한다는 말이다.

4) 역주〕將左右周旋……於是乎取之 : 禮를 행할 때 左나 右로 周旋(선회)하고, 나아갈 때 몸을 굽히고 물러날 때 몸을 펴는 것이 예에 맞느냐 맞지 않느냐를 가지고서 이에서 그 사람이 生存을 취하느냐 死亡을 취하느냐를 알 수 있다는 뜻이다.

5)〔附注〕林曰 朝會祭祀喪葬軍戎 於是觀其死生存亡之度

〔부주〕林: 朝會, 祭祀, 喪葬, 軍戎에서 자기의 死生과 存亡의 법도를 볼 수 있다는 말이다.

6) 역주〕朝祀喪戎 於是乎觀之 : 朝禮, 祀禮, 喪禮, 戎禮를 행하는 것이 예에 맞느냐 맞지 않느냐를 가지고서 이에서 그 사람이 生存할 것인지 死亡할 것인지를 볼 수 있다는 뜻이다.

7) 不合法度

法度에 맞지 않은 것이다.

8)〔附注〕林曰 心之精爽 已先亡矣

〔부주〕林: 마음의 精爽(精神)이 이미 먼저 죽은 것이다.

9) 嘉事 朝禮

嘉事은 朝會의 禮이다.

10)〔附注〕林曰 驕 傲之發見也 替 惰之發見也

〔부주〕林: 驕는 傲慢의 發現이고, 替는 怠惰의 發現이다.

11) 爲此年公薨 哀七年以邾子益歸傳
이해에 定公이 薨하였다. 哀公 7년에 邾子 益을 잡아 데리고 온 傳의 배경이다.

【傳】 吳之入楚也[1)]에 胡子盡俘楚邑之近胡者[2)]하고 楚旣定에 胡子豹又不事楚曰 存亡有命하니 事楚何爲리오 多取費焉[3)]이라 二月에 楚滅胡[4)]하다

吳나라가 楚나라로 쳐들어갔을 때 胡子가 胡國 가까이 있는 楚나라 城邑의 백성들을 다 잡아갔고, 楚나라가 安定된 뒤에도 胡子 豹는 楚나라를 섬기지 않으며 말하기를 "國家의 存亡은 天命에 달린 것이니, 楚나라를 섬겨 무엇하겠는가? 단지〔多〕虛費만을 취할 뿐이다."고 하였다. 2월에 楚나라가 胡國을 擊滅하였다.

1) 在四年
定公 4년에 있었다.
2) 俘 取也
俘는 取함이다.
3)〔附注〕林曰 徒以多取費用而已
〔부주〕林: 한갓 費用만을 많이 취할 뿐이다.
4) 傳言小不事大 所以亡
傳文은 小國이 大國을 섬기지 않았기 때문에 滅亡한 것을 말한 것이다.

【傳】 夏五月壬申에 公薨하다 仲尼曰 賜不幸言而中하니 是使賜多言者也[1)]라

여름 5월 壬申日에 定公이 薨하였다. 仲尼가 말하기를 "賜(子貢)는 不幸하게도 말이 맞았으니, 이것이 賜로 하여금 말이 많은 사람이 되게 할 것이다."고 하였다.

1) 以微知著 知之難者 子貢言語之士 今言而中 仲尼懼其易言 故抑之
隱微한 것을 가지고서 顯著할 것을 아는 것은 알기 어려운 것이다. 子貢은 말을 잘하는 사람인데 지금 그의 말이 맞았으니, 仲尼는 그가 말을 쉽게 할 것을 두려워하였다. 그러므로 그를 억제한 것이다.

【傳】 鄭罕達敗宋師于老丘[1)]하다

鄭나라 罕達이 老丘에서 宋軍을 패배시켰다.

1) 罕達 子齹之子 老丘 宋地 宋公子地奔鄭 鄭人爲之伐宋 欲取地以處之 事見哀十二年
罕達은 子齹의 아들이다. 老丘는 宋나라 땅이다. 宋나라 公子 地가 鄭나라로 出奔하니,

鄭人은 그를 위해 宋나라를 토벌하여 땅을 탈취하여 그를 그곳에 살게 하려 한 것이다. 이 일은 哀公 12년에 보인다.

【傳】 齊侯衛侯次于蘧挐하니 謀救宋也[1]라

齊侯와 衛侯가 蘧挐에 군대를 주둔시켰으니, 이는 宋나라를 구원하는 일을 謀議하기 위함이었다.

1) 〔附注〕 林曰 蘧挐 卽渠蒢 鄭敗宋師 故謀救宋
〔부주〕 林: 蘧挐는 바로 渠蒢이다. 鄭나라가 宋軍을 패배시켰기 때문에 宋나라를 구원하기를 모의한 것이다.

【傳】 秋七月壬申에 姒氏卒하다 不稱夫人은 不赴하고 且不祔也[1]ㄹ새니라

가을 7월 壬申日에 姒氏가 卒하였다. '夫人'으로 칭하지 않은 것은 諸侯에게 赴告하지 않았고, 또 祔廟하지 않았기 때문이다.

1) 赴同祔姑 夫人之禮 二者皆闕 故不曰夫人
同盟國에 赴告하고 姑廟에 祔祭하는 것이 夫人의 禮인데, 이 두 가지를 모두 闕(거행해야 할 일을 거행하지 않음)하였기 때문에 '夫人'이라 하지 않은 것이다.

【傳】 葬定公에 雨하야 不克襄事하니 禮也[1]라

定公을 장사 지낼 때 비가 내려 葬事를 중지하고 끝내지 않았으니, 禮에 맞았다.

1) 襄 成也 雨而成事 若汲汲於欲葬
襄은 成이다. 비가 오는데도 장사를 끝내는 것은 마치 장사 지내기를 서두르는 것 같기 때문이다.

【傳】 葬定姒하다 不稱小君은 不成喪也[1]라

定姒를 장사 지냈다. '小君'으로 칭하지 않은 것은 喪禮를 갖추지 않았기 때문이다.

1) 公未葬而夫人薨 煩於喪禮 不赴不祔 故不稱小君 臣子怠慢也 反哭於寢 故書葬
定公의 葬前에 夫人이 薨하니, 喪禮가 번거로워 赴告도 하지 않고 祔姑도 하지 않았다. 그러므로 '小君'으로 칭하지 않았으니, 이는 臣子가 怠慢해서이다. 正寢에 反哭하였기 때문에 '葬'을 기록한 것이다.

【傳】 冬에 城漆하다 書는 不時告也[1)]라

겨울에 漆에 성을 쌓았다. 經에 이를 기록한 것은 제때에 告廟하지 않았기 때문이다.

1) 實以秋城 冬乃告廟 魯知其不時 故緩告 從而書之以示譏

사실은 가을에 城을 쌓고서 겨울에야 告廟한 것이다. 魯나라는 그것이 제때가 아님을 알았기 때문에 〈마치 겨울에 쌓은 것처럼 가장하기 위해〉 늦게 告廟한 것이다. 〈그러므로 經에〉 사실에 따라 기록하여 譏貶의 뜻을 보인 것이다.

魯哀公 上*

* 公名蔣 定公之子 蓋夫人定姒所生 諡法恭仁短折曰哀

哀公의 이름은 蔣이다. 定公의 아들로 대개 夫人 定姒의 所生인 듯하다. 諡法에 恭遜하고 仁慈롭되 夭折한 이를 '哀'라 한다.

周 敬王二十六年 敬王四十一年 孔子卒 魯哀公十九年 敬王崩子元王立 此據左傳載敬王崩故也 按諸本 敬王崩 皆不同 或作哀十七年十八年 或作哀二十年 未詳孰正

周：敬王 26년이다. 敬王 41년에 孔子가 卒하였다. 魯哀公 19년에 敬王이 崩하고 아들 元王이 卽位하였다. 이것(哀公 19년에 敬王이 崩하였다고 한 것)은 ≪春秋左氏傳≫의 傳文에 의거하여 敬王의 崩을 記載하였기 때문이다. 諸本을 考察하면 敬王의 崩이 모두 같지 않다. 어떤 책에는 哀公 17년, 또는 18년으로 되어 있고, 어떤 책에는 哀公 20년으로 되어 있으니, 어떤 것이 正確한지 자세히 알 수 없다.

鄭 聲公七年 聲公二十二年 孔子卒

鄭：聲公 7년이다. 聲公 22년에 孔子가 卒하였다.

齊 景公五十四年 魯哀公五年 景公卒 安孺子荼立 是年弑 悼公陽生立 哀十年 悼公弑 子簡公壬立 哀十四年 田常弑簡公 立其弟鷔 爲平公而相之 專其國權 齊自是爲田氏矣

齊：景公 54년이다. 魯哀公 5년에 景公이 卒하고 安孺子 荼가 즉위하였는데, 이해에 荼가 弑害되고 悼公 陽生이 즉위하였다. 哀公 10년에 悼公이 弑害되고서 아들 簡公 壬이 즉위하였다. 哀公 14년에 田常이 簡公을 시해하고 簡公의 아우 平公 鷔를 임금으로 세우고서 丞相이 되어 齊나라의 國權을 독점하였다. 齊나라는 이때부터 田氏의 나라가 되었다.

宋 景公二十三年 景公三十八年 孔子卒

宋：景公 23년이다. 景公 38년에 孔子가 卒하였다.

晉 定公十八年 晉霸衰微 魯哀公十三年 會吳黃池 吳始稱伯 哀十六年 孔子卒

晉：定公 18년이다. 晉나라의 霸權이 衰微해지자, 魯哀公 13년에 哀公이 吳子와 黃池에

서 회합하니, 吳나라가 비로소 霸者(諸侯의 領袖)가 되었다. 哀公 16년에 孔子가 卒하였다.

衛 靈公四十一年 魯哀公二年 靈公卒 孫出公輒立 是年六月 晉納衛大子蒯聵于戚 父子爭國 哀十五年 父蒯聵入 是爲莊公 輒出奔 哀十七年 莊公出 立公孫般師 十二月 齊伐衛 立公子起 執般師以歸 哀十八年 衛逐起 衛侯輒復入

衛 : 靈公 41년이다. 魯哀公 2년에 靈公이 卒하고 그 손자 出公 輒이 즉위하였다. 이해 6월에 晉나라가 衛나라 太子 蒯聵를 戚으로 들여보내니, 父子가 나라를 다투었다. 哀公 15년에 아비 蒯聵가 들어가 임금이 되었으니, 이가 莊公이다. 輒이 出奔하였다. 哀公 17년에 莊公을 축출하고 公孫 般師가 즉위하였다. 12월에 齊나라가 衛나라를 토벌하여 公子 起를 임금으로 세우고서 般師를 잡아 데리고 돌아갔다. 哀公 18년에 衛人이 起를 축출하니, 衛侯 輒이 다시 들어왔다.

蔡 昭侯二十五年 魯哀公四年 昭侯弑 子成侯立 成侯十一年 孔子卒

蔡 : 昭侯 25년이다. 魯哀公 4년에 昭侯가 弑害되고 아들 成侯가 즉위하였다. 成侯 11년에 孔子가 卒하였다.

曹 伯陽八年 魯哀公八年 宋滅曹

曹 : 伯陽 8년이다. 魯哀公 8년에 宋나라가 曹나라를 擊滅하였다.

滕 頃公十六年 魯哀公四年 頃公卒 隱公虞母立 哀十一年 隱公卒

滕 : 頃公 16년이다. 魯哀公 4년에 頃公이 卒하고, 隱公 虞母가 즉위하였다. 哀公 11년에 隱公이 卒하였다.

陳 閔公八年 魯哀公十六年 楚滅陳 弑閔公

陳 : 閔公 8년이다. 魯哀公 16년에 楚나라가 陳나라를 擊滅하고서 閔公을 弑害하였다.

杞 僖公十二年 魯哀公八年 僖公卒 子閔公維立

杞 : 僖公 13년이다. 魯哀公 8년에 僖公이 卒하고 아들 閔公 維가 즉위하였다.

薛 惠公三年 魯哀公十年 惠公卒

薛 : 惠公 3년이다. 魯哀公 10년에 惠公이 卒하였다.

莒 郊公

莒 : 郊公이다.

邾 隱公十三年 魯哀公七年 魯入邾 執邾子益 哀八年 歸 吳又討邾子 囚諸樓臺 栫之以棘 使諸大夫奉子革以爲政 哀十年 邾子益來奔

邾 : 隱公 13년이다. 魯哀公 7년에 魯나라가 邾나라로 쳐들어가서 邾子 益을 잡아왔다. 哀

公 8년에 邾子를 돌려보냈다. 吳나라가 또 邾나라를 토벌하여 邾子를 잡아 樓臺에 가두고 가시나무로 울타리를 둘러치고서 大夫들로 하여금 太子 革을 모시고서 國政을 살피게 하였다. 哀公 10년에 邾子 益이 魯나라로 도망해 왔다.

許 元公十年 魯哀公十三年 元公卒

許 : 元公 10년이다. 魯哀公 13년에 元公이 卒하였다.

小邾 詳見昭公元年[*)]

小邾 : 昭公 元年에 자세히 보인다.

*) 역주] 저본에는 이 내용이 보이지 않으나, ≪四庫全書 左傳杜林合注≫本에 의거하여 보충하였다.

楚 昭王二十二年 魯哀公六年 昭王卒 子惠王章立 哀十六年 楚白公勝殺令尹子西攻惠王 葉公攻白公 白公自殺 惠王復國 哀十八年 惠王卒

楚 : 昭王 23년이다. 魯哀公 6년에 昭王이 卒하고 아들 惠王 章이 즉위하였다. 哀公 16년에 楚나라 白公 勝이 令尹 子西를 죽이고 惠王을 공격하니, 葉公이 白公을 공격하였다. 白公이 自殺하니 惠王이 君位를 회복하였다. 哀公 18년에 惠王이 卒하였다.

秦 惠公七年 魯哀公三年 惠公卒 悼公立 魯哀公十八年 悼公卒 子厲共公立

秦 : 惠公 7년이다. 魯哀公 3년에 惠公이 卒하고 悼公이 즉위하였다. 魯哀公 18년에 悼公이 卒하고 아들 厲共公이 즉위하였다.

吳 夫差二年 魯哀公元年 入越 棲越會稽 越行成 哀十年 吳誅伍員 哀十四年 會晉黃池 越入吳 哀二十年 越圍吳 哀二十〈二〉[*)]年 越滅吳

吳 : 夫差 2년이다. 魯哀公 元年에 越나라로 쳐들어가서 越王 句踐을 會稽山에 머물게 하니, 越나라가 講和를 청하였다. 哀公 10년에 吳나라가 伍員을 誅殺하였다. 哀公 14년에 吳子가 黃池에서 晉나라와 會盟하니, 그 틈을 이용하여 越나라가 吳나라로 쳐들어갔다. 哀公 20년에 越나라가 吳나라를 포위하였다. 哀公 22년에 越나라가 吳나라를 멸망시켰다.

*) 역주] 저본에는 '二十年'으로 되어 있으나, 아래 越나라 기사와 ≪四庫全書 左傳杜林合注≫本에 의거하여 '二十二年'으로 바로잡았다.

越 句踐三年 魯哀公元年 吳入越 棲于會稽以行成 用大夫種范蠡爲政 哀十四年 入吳 哀二十年 圍吳 哀二十一年 始來聘 魯哀二十二年 滅吳 乃以兵北渡淮 與齊晉諸侯會于徐州 周元王使人賜句踐胙 命爲伯 當是時 越兵橫行于江淮東 諸侯畢賀 號稱霸王

越 : 句踐 3년이다. 魯哀公 元年에 吳나라가 越나라로 쳐들어가니 句踐은 會稽山에 머물러 살며 吳나라와 講和하고서 大夫 種과 范蠡를 등용하여 정치를 하였다. 哀公 14년에 吳

나라로 쳐들어가고, 哀公 20년에 吳나라를 포위하고, 哀公 21년에 비로소 魯나라에 와서 聘問하고, 魯哀公 22년에 吳나라를 擊滅하고서 군대를 거느리고 북으로 淮水를 건너 齊나라 晉나라 등의 諸侯와 徐州에서 會盟하니, 周나라 元王이 사람을 보내어 句踐에게 胙肉을 내리고 伯(諸侯의 領袖)으로 명하였다. 이때에 越軍이 長江과 淮水 이동지대를 橫行하니 諸侯들은 모두 賀禮하고서 霸王이라고 號稱하였다.

〈元年, 丁未 B.C.494〉

【經】 元年春王正月에 公卽位[1]하다

元年 봄 周王 正月에 公이 卽位하였다.

1) 無傳
傳이 없다.

【經】 楚子陳侯隨侯許男圍蔡[1]하다

楚子, 陳侯, 隨侯, 許男이 蔡나라를 포위하였다.

1) 隨 世服於楚 不通中國 吳之入楚 昭王奔隨 隨人免之 卒復楚國 楚人德之 使列於諸侯 故得見經 定六年 鄭滅許 此復見者 蓋楚封之
隨나라는 대대로 楚나라에 복종하여 中國과 交通하지 않았는데, 吳나라가 楚나라로 쳐들어와서 楚昭王이 隨나라로 도망갔을 때 隨人이 도와 화를 면하게 하였다. 그러므로 楚나라가 마침내 나라를 回復할 수 있었다. 楚人은 隨人을 恩德으로 여겨 隨나라를 諸侯의 列에 끼게 하였다. 그러므로 經에 나타나게 된 것이다. 魯定公 6년에 鄭나라가 許나라를 滅亡시켰는데, 이곳 經에 許나라가 다시 나타난 것은 대개 楚나라가 다시 封한 듯하다.

【經】 鼷鼠食郊牛하니 改卜牛하다 夏四月辛巳에 郊[1]하다

생쥐가 郊祭에 犧牲으로 바칠 소를 파먹으니, 다시 점을 쳐서 다른 소를 郊牛로 정하였다. 여름 4월 辛巳日에 郊祭를 지냈다.

1) 無傳 書過也[*] 不言所食 所食非一處
傳이 없다. 經에 이를 기록한 것은 時期가 지난 뒤에 郊祭를 지냈기 때문이다. 생쥐가 파먹은 곳을 말하지 않은 것은 파먹은 곳이 한 군데가 아니기 때문이다.

*) 역주] 書過 : 桓公 5년 傳에 "凡祀 啓蟄而郊 龍見而雩 始殺而嘗 閉蟄而烝 過則書(무릇 제사는 驚蟄이 되면(正月) 郊祭를 지내고, 蒼龍星이 나타나면(4월) 雩祭를 지내고, 가을의 쌀쌀한 기운이 비로소 일어나면(8월) 嘗祭를 지내고, 벌레가 땅속으로 들어가면(10월) 烝祭를 지낸다. 시기가 지난 뒤에 지내면 기록한다.)"고 하였다.

【經】 秋에 齊侯衛侯伐晉[1)]하다

가을에 齊侯와 衛侯가 晉나라를 토벌하였다.

1) 〔附注〕 林曰 伐夷儀不書 書次五氏 伐河內不書 書次垂葭 公會齊衛于牽 帥狄師襲晉 戰于絳中 猶不書也 諸侯之無伯 春秋誠有不忍書也 必於是而後書春秋 益將終焉 是故春秋之初 諸侯無王者 齊鄭宋魯衛也 春秋之季 諸侯無伯者 亦齊鄭宋魯衛也

〔부주〕 林: 〈定公 9년 經에〉 夷儀를 토벌하였다고 기록하지 않고 五氏에 주둔〔次〕하였다고 기록하고, 〈定公 13년 經에〉 河內를 토벌하였다고 기록하지 않고 垂葭에 주둔〔次〕하였다고 기록하였으며, 〈定公 14년 經에〉 定公이 齊侯, 衛侯와 牽에서 會合한 것만을 기록하고 狄軍을 거느리고 晉나라를 襲擊하여 絳都 안에서 交戰한 것은 오히려 기록하지 않았으니, 이는 諸侯가 伯(領袖)을 무시한 行爲를 ≪春秋≫에 차마 기록할 수 없었기 때문이다. 그런데 반드시 今年 이후에 〈晉나라 토벌한 것을〉 ≪春秋≫에 기록한 것은 〈晉나라가〉 더욱 衰하여 霸業이 끝나려 하였기 때문이다. 그러므로 春秋 初期에 王을 무시한 諸侯도 齊, 鄭, 宋, 魯, 衛이고, 春秋 末期에 伯을 무시한 諸侯도 齊, 鄭, 宋, 魯, 衛이다.

【經】 冬에 仲孫何忌帥師伐邾[1)]하다

겨울에 仲孫何忌가 군대를 거느리고 가서 邾나라를 토벌하였다.

1) 無傳

傳이 없다.

【傳】 元年春에 楚子圍蔡하니 報柏擧也[1)]라 里而栽[2)]호되 廣丈高倍[3)]하고 夫屯晝夜九日[4)]하야 如子西之素[5)]하니 蔡人男女以辨[6)]하다 使疆于江汝之間而還[7)]하니 蔡於是乎請遷于吳[8)]하다

元年 봄에 楚子가 蔡나라를 포위하였으니 이는 柏擧에서의 敗戰을 報復하기 위함이었다. 蔡나라 都城 1里 밖에 板子를 세우고서 堡壘를 쌓되, 두께를 1丈, 높이를 2丈으

로 쌓고서 役夫들이 밤낮 아흐레를 주둔하기를 子西가 미리 세운 계획과 같이 하니, 蔡人이 男女를 각각 따로 묶어 가지고 나와 항복하였다. 楚子는 蔡人을 長江과 汝水 사이로 이주시키고서 還軍하였다. 蔡나라는 이에 吳나라로 옮겨 가기를 청하였다.

1) 在定四年
定公 4년에 있었다.

2) 栽 設板築爲圍壘 周帀去蔡城一里〔附注〕林曰 栽 築墻長板也
栽는 板築을 설치하여 사면이 에워싸인 堡壘를 만든 것인데, 周帀(둘레의 중심지)이 蔡城에서 1里의 거리이다.
〔부주〕林: 栽는 긴 板子로 담을 쌓는 것이다.

3) 壘厚一丈 高二丈
堡壘의 두께가 1丈이고, 높이가 2丈이다.

4) 夫 猶兵也 壘未成 故令人在壘裏屯守蔡
夫는 兵과 같다. 堡壘가 아직 완성되지 않았기 때문에 사람들을 시켜 堡壘 안에 駐屯하여 蔡軍의 攻擊을 防守하게 한 것이다.

5) 子西本計 爲壘當用九日而成
子西의 본래 계획은 堡壘를 쌓는 데는 9日이 걸려야 완성할 것으로 여긴 것이다.

6) 辨 別也 男女各別係纍而出降
辨은 別이다. 男女를 각각 따로 묶어 가지고 나와 降服한 것이다.

7) 楚欲使蔡徙國在江水之北 汝水之南 求田以自安也 蔡權聽命 故楚師還
楚子는 蔡나라로 하여금 江水의 북쪽과 汝水의 남쪽으로 나라를 옮겨 土地를 구하여 스스로 安着하게 하고자 한 것이다. 蔡나라가 臨時方便으로 楚나라의 명을 들었기 때문에 楚軍이 돌아간 것이다.

8) 楚旣還 蔡人更叛楚就吳 爲明年蔡遷州來傳
楚軍이 돌아간 뒤에 蔡人은 다시 楚나라를 배반하고 吳나라에 붙었다. 明年에 蔡나라가 州來로 遷國한 傳의 배경이다.

【傳】 吳王夫差敗越于夫椒하니 報檇李也[1)]라 遂入越하니 越子以甲楯五千保于會稽[2)]하고 使大夫種因吳大宰嚭以行成[3)]하다 吳子將許之한대 伍員曰 不可하다 臣聞之하니 樹德莫如滋오 去疾莫如盡이라하니라 昔有過澆殺斟灌하고 以伐斟鄩[4)]하야 滅夏后相[5)]하니라 后緡方娠이러니 逃出自竇[6)]하야 歸于有仍[7)]하여 生少康焉하다 爲仍牧正[8)]하여 惎澆能戒之[9)]하니 澆使椒求之[10)]어늘 逃奔有虞하야 爲之庖正하야 以除其

害[11)12)]하다 虞思於是妻之以二姚[13)]하고 而邑諸綸[14)]하니 有田一成이오 有衆一旅[15)]라 能布其德하고 而兆其謀[16)]하야 以收夏衆하고 撫其官職[17)]하며 使女艾諜澆[18)]하고 使季杼誘豷[19)]하야 遂滅過戈하고 復禹之績[20)]하야 祀夏配天하야 不失舊物[21)22)]하니라 今吳不如過하고 而越大於少康이어늘 或將豐之면 不亦難乎[23)]아 句踐能親而務施호되 施不失人[24)]하고 親不棄勞[25)26)]라 與我同壤하야 而世爲仇讎[27)]어늘 於是乎克而弗取하고 將又存之하니 違天而長寇讎라 後雖悔之라도 不可食已[28)29)]리니 姬之衰也를 日可俟也[30)]리라 介在蠻夷[31)]하야 而長寇讎하고 以是求伯하니 必不行矣리라 弗聽하다 退而告人曰 越十年生聚하고 而十年敎訓[32)]하리니 二十年之外에 吳其爲沼乎[33)]ㄴ저 三月에 越及吳平하다 吳入越이로되 不書는 吳不告慶하고 越不告敗也[34)]ㄹ새니라

吳王 夫差가 夫椒에서 越軍을 패배시켰으니, 이는 檇李의 敗戰을 보복한 것이다. 드디어 越나라로 쳐들어가니 越子는 갑옷을 입고 방패를 든 군사 5천 인을 거느리고 會稽山으로 가서 지키고 있으면서 大夫 種을 보내어 吳나라 大宰 嚭를 통해 講和를 請求하게 하였다. 吳子가 그 청구를 허락하려 하자, 伍員이 말하기를 "안 됩니다. 신이 들으니 '恩德을 베풂에는 그 은덕이 더욱 伸長되게 하는 것만 한 게 없고, 害惡을 제거함에는 그 해악이 다 제거되게 하는 것만 한 게 없다.'고 하였습니다. 옛날에 過國의 澆가 斟灌을 죽이고서 斟鄩을 공격하여 夏后(夏나라 임금) 相을 멸망시켰습니다. 이때 夏后 相의 아내 后緡이 임신 중이었는데 수챗구멍으로 도망쳐 나와 仍나라로 가서 少康을 낳았습니다. 뒤에 少康이 仍나라의 牧正이 되어 澆를 害毒으로 여겨 철저히 경계하니, 澆는 그 신하 椒를 보내어 少康을 잡아오게 하였습니다. 그러자 少康은 虞나라로 도망가서 虞나라의 庖正(廚房長)이 되어 그 危害를 면하였습니다. 虞나라 임금 思는 두 딸을 그의 아내로 주고 綸을 封邑으로 주니, 少康은 土地 1成과 民衆 1旅를 갖게 되었습니다. 백성들에게 은덕을 베풀고 비로소 夏나라를 恢復할 계획을 세워 夏나라 遺民들을 불러 모으고 官職에 있는 자들을 慰撫하는 한편 女艾를 間諜으로 보내어 澆의 동정을 살피게 하고 季杼를 보내어 澆의 아우 豷를 유인하게 하여 마침내 澆의 過國과 豷의 戈國을 멸망시키고서 禹王의 業績(領土를 뜻함)을 收復하고는 夏나라의 선조를 天帝와 合祀하여 옛 制度〔舊物〕를 잃지 않았습니다.

지금 우리 吳나라는 過國보다 强하지 못하고 越나라는 少康보다 强大한데, 만약〔或〕 장차 〈저들의 요칭을 허락하여〉 越나라를 豐厚하게 만들어준다면 우리나라의 患難이 되지 않겠습니까? 句踐은 親愛하고 施惠하기를 힘쓰되, 施惠할 만하지 못한 사람에게

시혜하지 않았고, 功勞가 있는 사람은 버리지 않고 친애하였습니다. 越나라는 우리나라와 國境을 맞대고 있으면서 대대로 원수로 지내왔습니다. 사정이 이러한데도 勝利하고서도 그 땅을 취하지 않고 도리어 저들을 존속시켜려 하시니, 이는 하늘의 뜻을 어기고 怨讐를 長久히 존속시키는 것입니다. 뒤에 비록 후회하여도 〈그 悔恨이 너무 깊어서 음식을 삭이듯이〉 삭일 수 없을 것이니, 吳나라의 衰亡을 날을 꼽아 기다리게 될 것입니다. 蠻夷 사이에 끼어 있으면서 원수를 장구히 존속시키는 일로 霸者가 되기를 구하시니, 반드시 성공하지 못할 것입니다."고 하였으나, 夫差는 듣지 않았다. 伍員이 물러나와 어떤 사람에게 말하기를 "앞으로 越나라는 10년 동안 出産을 장려하며 財力을 蓄積하고서 10년 동안 백성을 교육하고 兵馬를 訓練시킬 것이니, 20년 뒤에는 吳나라의 宮殿이 아마도 沼池가 될 것이다."고 하였다. 3월에 越나라가 吳나라와 和平하였다. 吳나라가 越나라로 쳐들어간 것을 經에 기록하지 않은 것은 吳나라가 승전을 通報하지 않았고 越나라가 敗戰을 통보하지 않았기 때문이다.

1) 檇李 在定十四年 夫椒 吳郡吳縣西南大湖中椒山
檇李의 戰爭은 定公 14년에 있었다. 夫椒는 吳郡 吳縣 서남쪽에 위치한 大湖 가운데 있는 椒山이다.

2) 上會稽山也 在會稽山陰縣南
會稽山으로 올라간 것이다. 會稽 山陰縣 남쪽에 있다.

3)〔附注〕林曰 嚭 故楚臣 奔吳爲大宰 寵幸於夫差 故因之
〔부주〕林: 嚭는 옛날에 楚나라 신하로 吳나라로 도망해 와서 大宰가 되어 夫差의 寵愛를 받았기 때문에 〈大夫 種이〉 그를 통하게 한 것이다.

4) 澆 寒浞子 封於過者 二斟 夏同姓諸侯 襄四年傳曰 澆用師滅斟灌
澆는 寒浞의 아들로, 過에 封해진 자이다. 斟灌과 斟鄩은 夏나라의 同姓諸侯이다. 襄公 4년 傳에 "澆에게 군대를 거느리고 가서 斟灌과 〈斟鄩氏를〉 擊滅하게 하였다."고 하였다.

5) 夏后相 啓孫也 后相失國 依於二斟 復爲澆所滅
夏后 相은 啓(禹王의 아들)의 손자이다. 夏后 相이 나라를 잃고서 이 두 斟氏에게 의지하였다가 다시 澆에게 滅亡당한 것이다.

6) 后緡 相妻 娠 懷身也
后緡은 夏后 相의 아내이다. 娠은 妊娠이다.

7) 后緡 有仍氏女
后緡은 有仍氏의 딸이다.

8) 牧官之長

牧正은 牧官의 長이다.

9) 惎 毒也 戒 備也〔附注〕朱曰 言以澆爲毒害 而能戒備之

惎는 毒이다. 戒는 備이다.

〔부주〕朱: 澆를 毒害로 여겨 경계해 방비한 것이다.

10) 椒 澆臣〔附注〕林曰 使求少康欲殺之

椒는 澆의 신하이다.

〔부주〕林: 椒를 보내어 少康을 잡아오게 하여 죽이고자 한 것이다.

11) 虞舜後諸侯也 梁國有虞縣 庖正 掌膳羞之官 賴此以得除己害

虞는 舜의 後孫으로 諸侯가 된 나라이다. 梁國에 虞縣이 있다. 庖正은 膳羞(御膳)를 맡은 官員이다. 少康은 이에 힘입어 자신의 害를 免除하게 된 것이다.

12) 역주〕除其害 : 除는 避이니, 內官이 되어 澆의 害를 피하였다는 말이다. ≪左氏會箋≫

13) 思 有虞君也 虞思自以二女妻少康 姚 虞姓

思는 有虞國의 임금이다. 虞思가 스스로 두 딸을 少康의 아내로 준 것이다. 姚는 虞나라의 姓이다.

14) 綸 虞邑

綸은 虞나라의 邑이다.

15) 方十里爲成 五百人爲旅

사방 10里가 成이고, 5백 人이 旅이다.

16) 兆 始

兆는 비로소이다.

17) 襄四年傳曰 靡自有鬲氏 收二國之燼以滅浞而立少康

襄公 4년 傳에 "靡(夏나라의 遺臣)가 有鬲氏에서 두 나라(斟灌과 斟尋)의 遺民을 收合하여 寒浞을 擊滅하고 少康을 세웠다."고 하였다.

18) 女艾 少康臣 諜 候也

女艾는 少康의 신하이다. 諜은 偵探〔候〕함이다.

19) 豷 澆弟也 季杼 少康子后杼也

豷는 澆의 아우이고, 季杼는 少康의 아들 后杼이다.

20) 過 澆國 戈 豷國

過는 澆의 나라이고, 戈는 豷의 나라이다.

21) 物 事也

物은 事이다.

22) 역주〕舊物 : 古禮에 따라 天祭에 先祖를 合祀한 것이라고 한 〈楊注〉의 설을 취해 舊物을 옛 制度로 번역하였다.

23) 言與越成 是使越豐大 必爲吳難

越나라와 講和하는 것이 바로 越나라를 强大〔豐大〕하게 하는 것이니 반드시 吳나라의 患難이 될 것이라는 말이다.

24) 所加惠賜 皆得其人

은혜를 입은 사람이 모두 은혜를 입힐 만한 사람들이었다는 말이다.

25) 推親愛之誠 則不遺小勞

親愛의 誠心을 미루어 넓히면 작은 功勞가 있는 사람도 빠뜨리지 않을 것이다.

26) 역주〕 親不棄勞 : 功勞가 있는 사람은 버리지 않고 親愛하였다는 말이다. 〈楊注〉

27) 猶言天與不取

하늘이 주는데도 取하지 않는다는 말과 같다.

28) 食 消也 已 止也

食은 消이고, 已는 止이다.

29) 역주〕 不可食已 : 깊은 悔恨이 가슴에 맺혀 음식처럼 소화할 수 없다는 말이다. 〈正義〉

30) 姬 吳姓 言可計日而待

姬는 吳나라의 姓이다. 滅亡할 날을 꼽아 기다릴 수 있다는 말이다.

31) 역주〕 蠻夷 : 楚나라와 越나라를 이른다. 吳나라는 楚나라와 越나라 사이에 位置하였다.

32) 生民聚財 富而後敎之

人口를 늘리고 재물을 積聚하여 백성들의 生活이 富裕해진 뒤에 교육한 것이다.

33) 謂吳宮室廢壞 當爲汙池 爲二十二年 越入吳起本

吳나라 宮室이 破壞되어 汙池가 될 것이라는 말이다. 22년에 越軍이 吳나라로 쳐들어간 起本(原因)이다.

34) 嫌夷狄不與華同 故復發傳

夷狄을 中華와 같이 여기지 않은 것으로 의심할 우려가 있으므로 다시 傳을 달은 것이다.

【傳】 夏四月에 齊侯衛侯救邯鄲하야 圍五鹿[1)]하다

여름 4월에 齊侯와 衛侯가 邯鄲을 구원하기 위해 五鹿을 포위하였다.

1) 趙稷以邯鄲叛 范中行氏之黨也 五鹿 晉邑

趙稷이 邯鄲의 백성을 거느리고서 반란을 일으켰다. 趙稷은 范氏와 中行氏의 黨이다. 五鹿은 晉나라 邑이다.

【傳】 吳之入楚也[1)]에 使召陳懷公한대 懷公朝國人而問焉曰 欲與楚者는 右하고

欲與吳者는 左하라 陳人從田하고 無田從黨[2)3)]하라 逢滑當公而進[4)5)]曰 臣聞國之興也以福이오 其亡也以禍라하니 今吳未有福하고 楚未有禍하니 楚未可棄오 吳未可從이라 而晉盟主也니 若以晉辭吳면 若何오 公曰 國勝君亡하니 非禍而何[6)7)]오 對曰 國之有是多矣니 何必不復[8)]이리오 小國猶復이온 況大國乎아 臣聞國之興也에 視民如傷하니 是其福也[9)10)]오 其亡也에 以民爲土芥하니 是其禍也[11)]라 楚雖無德이나 亦不艾殺其民하고 吳日敝於兵하야 暴骨如莽[12)]하니 而未見德焉이라 天其或者正訓楚也[13)]니 禍之適吳가 其何日之有[14)15)]리오 陳侯從之하다 及夫差克越에 乃修先君之怨[16)]하다 秋八月에 吳侵陳하니 修舊怨也[17)]라

吳軍이 楚나라로 쳐들어갔을 적에 吳子(闔廬)가 사람을 보내어 陳懷公을 부르니, 陳懷公은 都城 사람들을 朝堂에 불러놓고서 묻기를 "楚나라를 가까이하고자 하는 자는 오른쪽에 서고, 吳나라를 가까이하고자 하는 자는 왼쪽에 서라. 陳나라 사람 중에 土地가 있는 자는 토지가 있는 곳에 따라 左右로 나누어 서고, 토지가 없는 자는 族黨이 있는 곳에 따라 좌우로 나누어 서라."고 하니, 逢滑이 좌우 어느 쪽으로도 가지 않고 앞으로 나아가 말하기를 "신이 듣건대 국가가 興盛하는 것은 福에서 유래하고, 국가가 衰亡하는 것은 禍에서 유래한다고 합니다. 지금 吳나라는 〈흥성할 만한〉 福이 없고 楚나라는 〈衰亡할 만한〉 禍가 없으니, 楚나라를 아직은 버릴 수 없고 吳나라를 아직은 따를 수 없습니다. 晉나라가 盟主이니 만약 晉나라를 핑계 대어 吳나라의 부름을 사절하면 어떻겠습니까?"라고 하니, 懷公이 말하기를 "楚나라는 吳나라에 勝利를 안겨주고 임금은 도망갔으니 禍가 아니고 무엇인가?"라고 하였다. 逢滑이 대답하기를 "나라들에는 이런 일이 흔히 있었으니, 어찌 반드시 恢復하지 못하겠습니까? 작은 나라도 오히려 회복하였는데 하물며 큰 나라이겠습니까? 신이 듣건대 '국가가 興盛할 때는 백성을 상처처럼 보아 안쓰럽게 여기고 함부로 대하지 않으니 이것이 그 나라의 복이고, 국가가 쇠망할 때는 백성을 草芥처럼 여겨 함부로 부리니 이것이 그 나라의 禍이다.'고 하였습니다. 楚나라가 비록 德은 없으나 그 백성을 함부로 죽이지 않았고, 吳나라는 날마다 전쟁으로 피폐하여 병사들의 시체가 황야에 풀처럼 널려 있으니 德을 볼 수 없습니다. 하늘이 아마도 楚나라를 바르게 교훈하는 것인 듯하니 禍가 吳나라로 갈 날이 얼마나 남았겠습니까?"라고 하니, 陳侯는 그의 말을 따랐다. 夫差는 越나라를 이긴 뒤에 미쳐 先君의 원한을 보복하였다. 가을 8월에 吳軍이 陳나라를 侵攻하였으니 과거의 원한을 보복하기 위함이었다.

1) 在定四年

定公 4년에 있었다.

2) 都邑之人 無田者隨黨而立 不知所與 故直從所居 田在西者居右 在東者居左

都邑 안 사람 중에 土地가 없는 자들은 族黨을 따라 서고 편들 바를 모르기 때문에 곧 사는 곳에 따라 토지가 서쪽에 있는 자는 右側에 서고 토지가 동쪽에 있는 자는 좌측에 서게 한 것이다.

3) 역주〕欲與楚者右……無田從黨 : 陳侯가 南面하였으니, 그 오른쪽이 楚나라이고, 그 왼쪽이 吳나라이다. 토지가 서쪽에 있는 것은 楚나라와 隣接하고 동쪽에 있는 것은 오나라와 隣接한 것이다. 〈楊注〉 黨은 族黨의 黨이니, 토지가 없는 자는 토지가 있는 족당을 따라 서게 한 것이다. ≪左氏會箋≫

4) 當公 不左不右

當公은 左로 가지도 않고 右로 가지도 않은 것이다.

5) 역주〕當公 : 두 나라 중에 어느 나라도 가까이하지 않고 中立을 지킨 것이다.

6) 楚爲吳所勝

楚나라는 吳나라가 승리하는 바가 되었다는 말이다.

7) 역주〕國勝君亡 : 楚나라는 吳나라에 勝利를 안겨주고, 楚君은 도망갔다는 말이다. 〈楊注〉

8)〔附注〕林曰 言國家有此成敗 其類甚多 豈必皆亡不能復振

〔부주〕林: 國家에 이런 成敗가 있은 경우가 매우 많았으니, 어찌 반드시 모두 멸망하고 다시 떨쳐 일어나지 못하였겠느냐는 말이다.

9) 如傷 恐驚動

如傷은 驚動할까 두려워함이다.

10) 역주〕視民如傷 : 帝王이 백성을 상처처럼 보아 안쓰럽게 여기고 함부로 부리지 않는 것이다. ≪孟子≫ 〈離婁 下〉에 "文王視民如傷"이란 말이 보인다.

11) 芥 草也

芥는 草이다.

12) 草之生于廣野 莽莽然 故曰草莽

풀이 드넓은 荒野에 나서 무성하게〔莽莽然〕 자라기 때문에 草莽이라 한다.

13) 使懼而改過

楚나라로 하여금 두려워하여 허물을 고치게 한 것이다.

14) 言今至

곧 닥친다는 말이다.

15) 역주〕其何日之有 : 며칠 남지 않았다는 말이다. ≪左氏會箋≫

16)〔附注〕林曰 召陳不至 闔廬事也 故夫差爲修先君之怨

〔부주〕林: 오라고 불렀으나 陳侯가 가지 않은 것은 闔廬 때의 일이다. 그러므로 夫差가 先君의 怨恨을 갚았다고 한 것이다.

17) 傳言吳不修德而修怨 所以亡

傳文은 吳나라가 德을 닦지 않고 怨恨을 갚았기 때문에 亡하게 된 것을 말한 것이다.

【傳】齊侯衛侯會于乾侯[1)]하니 救范氏也[2)]라 師及齊師衛孔圉鮮虞人伐晉하야 取棘蒲[3)]하다

齊侯와 衛侯가 乾侯에서 會合하였으니, 이는 范氏를 구원하기 위함이었다. 魯軍이 齊軍, 衛나라 孔圉, 鮮虞人과 會合하여 晉나라를 쳐서 棘蒲를 취하였다.

1)〔附注〕林曰 乾侯 晉地

〔부주〕林: 乾侯는 晉나라 땅이다.

2)〔附注〕林曰 范氏在朝歌 故救之

〔부주〕林: 范氏가 朝歌에 있었기 때문에 구원한 것이다.

3) 魯師不書 非公命也 孔圉 孔烝鉏曾孫 鮮虞 狄師 賤故不言

經에 魯師를 기록하지 않은 것은 哀公의 命으로 出動한 것이 아니기 때문이다. 孔圉는 孔烝鉏의 曾孫이다. 鮮虞는 狄軍이니, 賤하기 때문에 經에 기록하지 않은 것이다.

【傳】吳師在陳하니 楚大夫皆懼曰 闔廬惟能用其民하야 以敗我於柏擧러니 今聞其嗣又甚焉이라하니 將若之何오 子西曰 二三子恤不相睦하고 無患吳矣[1)]하라 昔闔廬食不二味하고 居不重席[2)]하며 室不崇壇[3)4)]하고 器不彤鏤[5)6)]하며 宮室不觀[7)]하고 舟車不飾하며 衣服財用을 擇不取費[8)]하며 在國에 天有菑癘[9)]면 親巡孤寡[10)]하야 而共其乏困하며 在軍에 熟食者分而後敢食[11)]하고 其所嘗者를 卒乘與焉[12)]하며 勤恤其民하야 而與之勞逸이라 是以民不罷勞하야 死知不曠[13)14)]이어늘 吾先大夫子常易之하니 所以敗我也[15)]라 今聞夫差는 次有臺榭陂池焉[16)]하고 宿有妃嬙嬪御焉[17)]하며 一日之行에 所欲必成하고 玩好必從하며 珍異是聚하고 觀樂是務하며 視民如讎하야 而用之日新[18)19)]이라 夫先自敗也已니 安能敗我[20)]리오

吳軍이 陳나라에 駐在하니 楚나라 大夫들이 모두 두려워하여 말하기를 "闔廬가 그 백성을 잘 사용하여 우리를 柏擧에서 패배시켰는데, 지금 듣자니 그 後嗣는 도리어 그

보다 심하다 하니, 이 일을 장차 어찌면 좋겠습니까?"라고 하니, 子西가 다음과 같이 말하였다. "여러분들은 서로 화목하지 못하는 것을 걱정하고 吳나라를 걱정하지 마십시오. 과거에 闔廬는 밥을 먹을 때 두 가지 반찬을 먹지 않고 앉을 때 자리를 겹으로 깔지 않았으며, 宮室을 높은 壇 위에 세우지 않았고 器皿에는 옻으로 칠을 하거나 무늬를 彫刻을 하지 않았으며, 宮室에 樓臺나 亭閣을 建造하지 않았고 배와 수레에 장식을 하지 않았으며, 衣服과 財用(用器)은 堅實한 것을 택하고 화려한 것을 숭상하지 않았으며, 國內에 있을 때에 天災나 疫病이 流行하면 친히 巡行하면서 孤兒와 寡婦를 慰撫하고 그들에게 부족한 물품을 供給하였으며, 軍中에 있을 때에는 익힌 음식을 兵士들에게 두루 나누어준 뒤에 감히 먹었으며, 그가 맛보는 珍味를 卒乘들도 모두 맛보게 하였으며, 그 백성들을 성심으로 救恤하여 백성들과 勞逸(苦樂)을 함께하였습니다. 그러므로 백성들은 피로해하지 않고 죽음이 헛되지 않을 것을 알았습니다. 그런데 우리 先大夫 子常은 이와 반대로 하였으니, 이것이 우리가 실패하게 된 까닭입니다. 지금 듣건대 夫差는 이틀 이상 머무는 곳에는 樓臺와 연못을 築造하고 잠자리에는 妃嬙과 嬪御가 모시며, 하루 동안의 出行에도 하고자 한 일을 반드시 이루고 玩好品을 반드시 가지고 가며, 珍奇한 물건만을 모으고 觀樂(觀覽과 宴樂)만을 일삼으며, 백성을 원수처럼 보아 백성을 날마다 새로운 곳에 쓴다고 합니다. 저 夫差는 자신을 먼저 패망시킬 것이니 어찌 우리를 패망시킬 수 있겠습니까?"

1) 〔附注〕 林曰 言楚諸臣所當憂恤者 在於不相親睦 不必以吳爲患
〔부주〕 林: 楚나라 諸臣들이 마땅히 걱정해야 할 바는 서로 親睦하지 못하는 데 있으니, 吳나라를 걱정할 필요가 없다는 말이다.
2) 역주〕 居不重席 : 앉을 때 바닥에 깐 자리 위에 다시 한 장의 자리나 방석을 깔지 않은 것이다.
3) 平地作室 不起壇也
平地에 宮室을 세우고 壇을 쌓지 않은 것이다.
4) 역주〕 室不崇壇 : 古代에 貴族들이 집을 지을 때에는 반드시 먼저 平地보다 높게 壇을 쌓고서 그 위에 집을 세웠는데, 闔廬는 평지에 집을 세우고 단을 쌓지 않았다. 이는 그가 儉素했음을 말한 것이다. 〈楊注〉
5) 彤 丹也 鏤 刻也
彤은 丹靑이고 鏤는 彫刻이다.
6) 역주〕 器不彤鏤 : 器物에 붉은 옻칠을 하거나 꽃무늬를 새기지 않은 것이다. 〈楊注〉
7) 觀 臺榭

觀은 樓臺와 亭子〔榭〕이다.

8) 選取堅厚 不尙細靡

질기고 두꺼운 것을 골라 쓰고, 纖細하고 靡麗(華麗)한 것을 숭상하지 않은 것이다.

9) 癘 疾疫也

癘은 疾疫(流行病)이다.

10) 역주〕親巡孤寡 : 巡은 巡行하여 백성을 慰撫함이다. 〈楊注〉

11) 必須軍上〔士〕*) 皆分熟食 不敢先食 分 猶徧也

반드시 군사들이 모두 익힌 음식을 두루 나누어 먹기를 기다리고 감히 먼저 먹지 않은 것이다. 分은 徧(두루)과 같다.

*) 역주〕저본에는 '上'으로 되어 있으나, ≪十三經注疏≫本에 의거하여 '士'로 바로잡았다.

12) 所嘗 甘珍 非常食〔附注〕林曰 卒乘之賤 亦得與焉

맛본 것은 맛난 珍奇한 食品이고 항상 먹는 음식이 아니다.

〔부주〕林: 卑賤한 卒乘도 珍味를 맛보는 데 참여한 것이다.

13) 知身死不見曠棄

자신의 죽음이 헛되이 버림을 받지 않을 것을 안 것이다.

14) 역주〕死知不曠 : 曠은 空이다. 자신이 죽더라도 그 죽음이 헛되이 버려지지 않고 반드시 임금의 보답을 받을 것을 알았다는 말이다. 參考文獻 ≪左氏會箋≫

15) 易 猶反也

易은 反과 같다.

16) 積土爲高曰臺 有木曰榭 過再宿曰次〔附注〕林曰 鄣澤曰陂 積水曰池 言夫差三宿以上 卽備臺池之樂

흙을 높이 쌓을 것을 '臺'라 하고, 樹木이 있는 것을 '榭'라 하고, 이틀 이상을 묵는 것을 '次'라 한다.

〔부주〕林: 鄣澤(둑이 있는 못)을 '陂'라 하고, 물을 가둔 것을 '池'라 한다. 夫差가 3일 이상 묵는 곳에는 樓臺와 陂池의 즐거움을 갖추었다는 것을 말한 것이다.

17) 妃嬙 貴者 嬪御 賤者 皆內官

妃嬙은 貴한 자이고, 嬪御는 賤한 자인데, 모두 內官이다.

18)〔附注〕林曰 用之爭戰 日新不已

〔부주〕林: 백성들을 爭戰에 사용하여 날마다 새로운 전쟁에 사용하고 그침이 없다는 말이다.

19) 역주〕用之日新 : 民力을 사용하여 한 가지 일이 끝나면 또 다른 일에 使役하여 끝날 때가 없다는 말이다.

20) 爲二十二年越滅吳起本

哀公 22년에 越나라가 吳나라를 멸망시킨 起本이다.

【傳】 冬十月에 晉趙鞅伐朝歌[1)]하다

겨울 10월에 晉나라 趙鞅이 朝歌를 토벌하였다.

1) 討范中行氏
范氏와 中行氏를 토벌한 것이다.

〈二年, 戊申 B.C.493〉

【經】 二年春王二月에 季孫斯叔孫州仇仲孫何忌帥師伐邾하야 取漷東田及沂西田[1)]하다

2년 봄 周王 2월에 季孫斯, 叔孫州仇, 仲孫何忌가 군대를 거느리고 가서 邾나라를 토벌하여 漷水 동쪽의 땅과 沂水 서쪽의 땅을 취하였다.

1) 邾人以賂 取之易也〔附注〕林曰 見三家之專兵權也
邾人이 뇌물로 주었으므로 쉽게 취한 것이다.
〔부주〕林: 三家가 兵權을 獨占한 것을 나타낸 것이다.

【經】 癸巳에 叔孫州仇仲孫何忌及邾子盟于句繹[1)]하다

癸巳日에 叔孫州仇와 仲孫何忌가 邾子와 句繹에서 結盟하였다.

1) 句繹 邾地 取邑 盟以要之〔附注〕林曰 自是內外盟皆不書 不足書也
句繹은 邾나라 땅이다. 邑을 취하고서 結盟하여 脅迫〔要〕한 것이다.
〔부주〕林: 이로부터 內外의 結盟을 모두 기록하지 않은 것은 기록할 만한 가치가 없기 때문이다.

【經】 夏四月丙子에 衛侯元卒[1)]하다

여름 4월 丙子日에 衛侯 元이 卒하였다.

1) 定四年盟皐鼬
定公 4년에 皐鼬에서 同盟하였다.

【經】 滕子來朝[1]하다

滕子가 와서 朝見하였다.

1) 無傳〔附注〕林曰 滕朝 止此
傳이 없다.
〔부주〕林: 滕子의 來朝는 여기에서 그쳤다.

【經】 晉趙鞅帥師하야 納衛世子蒯聵于戚[1]하다

晉나라 趙鞅이 군대를 거느리고서 衛나라 世子 蒯聵를 護衛하여 戚邑으로 들여보냈다.

1)〔附注〕林曰 于戚 內弗受也 輒拒父也 後十二年 而蒯聵自戚入于衛 衛侯輒來奔 則是輒拒父也 世子 正也 屬辭比事 則輒萬世不可掩矣
〔부주〕林: 戚邑으로 들여보낸 것은 內國(衛)이 받아들이지 않았기 때문이니, 輒이 아비가 들어오는 것을 막은 것이다. 이로부터 12년 뒤에 蒯聵가 戚邑에서 衛나라로 들어갔고, 衛侯 輒이 魯나라로 도망해 왔으니, 이는 輒이 아비를 막은 것이다. 世子라고 기록한 것은 正統을 인정한 것이다. 사실에 의거하여 글을 지은 것이니, 輒의 罪惡은 영원〔萬世〕히 덮을 수 없을 것이다.

【經】 秋八月甲戌에 晉趙鞅帥師及鄭罕達帥師戰于鐵하다 鄭師敗績[1]하다

가을 8월 甲戌日에 晉나라 趙鞅이 군대를 거느리고 가서 鄭나라 罕達이 거느린 군대와 鐵에서 交戰하였다. 鄭軍이 大敗하였다.

1) 皆陳曰戰 大崩曰敗績 鐵 在戚城南 罕達 子皮孫
양쪽이 다 陣을 치고서 交戰한 것을 '戰'이라 하고, 군대가 크게 무너진 것을 '敗績'이라 한다. 鐵은 戚城 남쪽에 있다. 罕達은 子皮의 손자이다.

【經】 冬十月에 葬衛靈公[1]하다

겨울 10월에 衛靈公을 장사 지냈다.

1) 無傳 七月而葬 緩
傳이 없다. 7개월 만에 장사 지냈으니 너무 늦었다.

【經】 十有一月에 蔡遷于州來[1)]하다

11월에 蔡나라가 州來로 遷都하였다.

1) 畏楚而請遷 故以自遷爲文

楚나라를 두려워하여 遷都하기를 청하였기 때문에 스스로 옮긴 것으로 글을 만든 것이다.

【經】 蔡殺其大夫公子駟[1)]하다

蔡나라가 그 大夫 公子 駟를 죽였다.

1) 懷土而欺大國 故罪而書名

故土를 그리워하여 大國을 속였기 때문에 懲罰하여 이름을 기록한 것이다.

【傳】 二年春에 伐邾하야 將伐絞[1)]하니 邾人愛其土라 故賂以漷沂之田而受盟[2)]하다

2년 봄에 邾나라를 치기 위해 먼저 絞邑을 치려 하니, 邾人은 그 땅을 아꼈다. 그러므로 漷水 이동과 沂水 이서의 땅을 魯나라에 뇌물로 주고서 盟約을 받아들인 것이다.

1) 絞 邾邑

絞는 邾나라 邑이다.

2) 〔附注〕 林曰 邾人愛絞之土地 故以漷水以東沂水以西之田賂魯 而受盟于句繹

〔부주〕 林: 邾人은 絞의 土地를 아꼈다. 그러므로 漷水 이동과 沂水 이서의 땅을 魯나라에 뇌물로 주고서 句繹에서 맹약을 받아들인 것이다.

【傳】 初衛侯遊于郊에 子南僕[1)]이러니 公曰 余無子하니 將立女[2)]하리라 不對하다 他日에 又謂之한대 對曰 郢不足以辱社稷이니 君其改圖하라 君夫人在堂하고 三揖在下[3)]하니 君命祇辱[4)5)]이라 夏에 衛靈公卒하다 夫人曰 命公子郢爲大子하라 君命也라하니 對曰 郢異於他子[6)7)]하고 且君沒於吾手[8)]하니 若有之면 郢必聞之[9)]리라 且亡人之子輒在[10)]라하니 乃立輒하다

당초에 衛侯가 郊外에서 노닐 적에 子南(公子 郢)이 수레를 몰았더니, 靈公이 말하기를 "나에게 太子가 없으니 장차 너를 태자로 세우려 한다."고 하자, 郢은 아무 대답도 하지 않았다. 후일에 靈公이 또 그렇게 말하자, 郢이 대답하기를 "저는 社稷을 욕되게 할 만하지 못하니 임금님께서는 생각을 바꾸소서. 君夫人께서 堂上에 계시고 三揖

(卿・大夫・士)이 아래에 있으니 임금님의 명을 욕되게 할 뿐입니다."고 하였다. 여름에 衛靈公이 卒하자, 夫人이 말하기를 "公子 郢을 명하여 태자로 삼으라. 先君의 命이시다."고 하니, 郢이 대답하기를 "저는 身分이 다른 아들들과 다르고, 또 제가 先君이 薨逝하실 때 곁에 있었으니, 만약 그런 명이 계셨다면 제가 반드시 들었을 것입니다. 그리고 또 도망간 사람(蒯聵)의 아들 輒이 있습니다."고 하니, 이에 곧 輒을 임금으로 세웠다.

1) 子南 靈公子 郢也 僕 御也
 子南은 靈公의 아들 郢이다. 僕은 수레를 몬 것이다.

2) 蒯聵奔 無大子
 蒯聵가 出奔하여 太子가 없어진 것이다.

3) 三揖 卿大夫士 〔附注〕 林曰 三揖者 孤卿特揖 大夫以其等旅揖 士旁三揖*) 見周禮司士
 三揖은 卿과 大夫와 士이다.
 〔부주〕 林: 三揖은 孤卿에게는 임금이 일일이 揖하고, 大夫는 官爵이 같기 때문에 衆人을 향해 揖하고, 士에게는 옆으로 향해 上士, 中士, 下士에게 揖한다. ≪周禮≫ 〈夏官 司士〉에 보인다.

*) 역주〕 孤卿特揖……士旁三揖 : 鄭玄의 注에 "特揖은 하나하나에 모두 揖하는 것이고, 旅는 衆이니 大夫로 爵位가 같은 자들에게는 衆人을 향해 揖하는 것이고, 三揖은 士에는 上士, 中士, 下士가 있는 것이다. 王이 士에게 읍하면 士는 머뭇거린다."고 하였다. 王이 上士, 中士, 下士에게 揖하면 士들은 地位가 낮기 때문에 감히 그 揖을 받을 수 없어서 모두 머뭇거리며 피하므로 임금이 옆으로 향해 揖하는 것이다. 〈楊注〉

4) 言立適當以禮 與外內同之 今君私命 事必不從 適爲辱
 太子〔適〕를 세움에는 禮에 의거하여 外內가 함께 세움이 마땅한데, 지금 임금님께서 사사로이 명하시니 〈外內가 모두〉 그 일을 반드시 따르지 않을 것이므로 단지 욕이 될 뿐이라는 말이다.

5) 역주〕 君命祗辱 : 임금님께서 夫人 및 卿大夫들과 상의하지 않고 사사로이 나에게 君位를 계승하라고 命하시니, 내가 이 命을 받아들인다면 君命을 욕되게 할 뿐이라는 말이다. 〈楊注〉

6) 言用意不同
 생각이 같지 않다는 말이다.

7) 역주〕 郢異於他子 : 郢은 어머니가 卑賤하였으므로 감히 자신이 다른 아들들과 동등하다고 여기지 않았다. 그러므로 '다른 아들들과 다르다.'고 말한 것이라고 한 ≪左氏會箋≫의 설을 취하여 身分이 다른 것으로 번역하였다.

8) 〔附注〕 林曰 靈公沒時 我在其左右

〔부주〕 林: 靈公이 죽을 때 내가 그 左右에 있었다는 말이다.

9) 言當以臨沒爲正

죽을 때 한 말을 바른 命으로 삼아야 한다는 말이다.

10) 輒 蒯聵之子 出公也 靈公適孫

輒은 蒯聵의 아들 出公이니, 靈公의 適孫이다.

六月乙酉에 **晉趙鞅納衛大子于戚**할새 **宵迷**[1)]하다 **陽虎曰 右河而南**이면 **必至焉**[2)]하리라 **使大子絻**[3)4)]하고 **八人衰絰**하야 **僞自衛逆者**[5)6)]하야 **告于門**하고 **哭而入**하야 **遂居之**[7)]하다

6월 乙酉日에 晉나라 趙鞅이 衛나라 太子를 戚邑으로 들여보낼 때 밤에 가다가 길을 잃고 헤매니, 陽虎가 말하기를 "黃河를 오른쪽에 두고 남쪽으로 가면 반드시 戚에 이를 수 있습니다."고 하였다. 趙鞅은 太子에게 絻하게 하고, 여덟 사람에게 喪服〔衰絰〕을 입혀 衛나라에서 맞이하러 온 사람으로 위장하고서 守門官에게 通告하고 哭하며 들어가서 드디어 戚에 거주하였다.

1) 〔附注〕 林曰 夜行迷路

〔부주〕 林: 밤에 가다가 길을 잃고 헤맨 것이다.

2) 是時 河北流過元城界 戚在河外 晉軍已渡河 故欲出河右而南

이때는 黃河가 북으로 흘러 元城의 경계를 지났다. 戚邑은 黃河 밖에 있다. 晉軍이 이미 渡河하였기 때문에 黃河 오른쪽으로 나아가 남쪽으로 가고자 한 것이다.

3) 絻者 始發喪之服

絻은 처음 喪을 발표할 때 입는 喪服이다.

4) 역주〕 絻 : 免(문)과 같다. 免은 喪人이 갓을 벗고 두 발을 묶고서 베로 머리를 감싸는 것이다.

5) 欲爲衛人逆 故衰絰成服

衛人이 맞이하러 온 것처럼 僞裝하고자 하였기 때문에 衰絰로 服을 입힌 것이다.

6) 역주〕 衰絰 : 喪服의 하나로 衰는 喪服의 가슴에 붙이는 길이 6寸 너비 4촌의 삼베 조각이고, 絰은 머리에 두르는 首絰과 허리에 두르는 腰絰이다.

7) 〔附注〕 林曰 告於戚之邑門 擧哀而後入 遂居于戚 蓋輒以子拒父不受也

〔부주〕 林: 戚의 邑門에 告하고서 소리 내어 울면서 哀悼한 뒤에 들어가서 드디어 戚에 居住한 것이니, 이는 輒이 자식으로서 아비를 막고 받아들이지 않았기 때문이다.

秋八月에 **齊人輸范氏粟**[1)]할새 **鄭子姚子般送之**[2)]하다 **士吉射逆之**하고 **趙鞅禦之**하야 **遇於戚**[3)]하다 **陽虎曰 吾車少**하니 **以兵車之**旆로 **與罕駟兵車先陳**[4)5)]이면 **罕駟自後隨而從之**라가 **彼見吾貌**면 **必有懼心**[6)7)]하리니 **於是乎會之**[8)]면 **必大敗之**하리라 **從之**하다 **卜戰**하니 **龜焦**[9)]어늘 **樂丁曰 詩曰 爰始爰謀**하야 **爰契我龜**[10)]라하니라 **謀協**하니 **以故兆詢可也**[11)12)]라 **簡子誓曰 范氏**[13)]**中行氏**[14)]**反易天明**[15)]하야 **斬艾百姓**하고 **欲擅晉國**하야 **而滅其君**이라 **寡君恃鄭而保焉**이어늘 **今鄭爲不道**하야 **棄君助臣**하니 **二三子順天明**하고 **從君命**하며 **經德義**하고 **除詬恥**가 **在此行也**[16)]라 **克敵者**는 **上大夫受縣**하고 **下大夫受郡**[17)]하며 **士田十萬**[18)]이오 **庶人工商遂**[19)]하고 **人臣隷圉免**[20)]하리라 **志父無罪**면 **君實圖之**[21)]어니와 **若其有罪**면 **絞縊以戮**[22)]하야 **桐棺三寸**에 **不設屬**辟(촉비)[23)]하고 **素車樸馬**[24)25)]로 **無入于兆**[26)]하리니 **下卿之罰也**[27)28)]리라

가을 8월에 齊人이 范氏에게 糧穀을 실어 보낼 때 鄭나라 子姚와 子般이 그 糧穀運送을 맡았다. 士吉射는 子姚와 子般을 맞이하기 위해 나오고 趙鞅은 子姚와 子般을 막기 위해 나왔다가 戚에서 兩軍이 서로 만났다. 陽虎가 趙鞅에게 말하기를 "우리의 兵車가 저들보다 적으니, 旗幟〔旆〕를 세운 兵車로써 罕達(子姚)과 駟弘(子般)의 兵車가 당도하기 전에 먼저 陣을 치면 罕達과 駟弘이 뒤에서 우리를 따라오다가 저들이 나의 모습을 보면 반드시 두려워하는 마음을 가질 것이니, 이때에 交戰한다면 반드시 저들을 大敗시킬 수 있습니다."고 하니, 趙鞅이 그의 말을 따랐다. 交戰에 앞서 吉凶을 점치니 龜甲이 불에 타서 占兆가 형성되지 않았다. 그러자 樂丁이 말하기를 "詩에 '먼저 계획을 세우고서 우리 거북을 불에 구워 점을 친다.'고 하였습니다. 모든 사람의 계획이 같으니 〈다시 점칠 것 없이〉 전에 친 占兆를 믿는 것이 좋습니다."고 하였다. 趙簡子(趙鞅)가 맹서하기를 "范氏와 中行氏가 天命을 어기고서 百姓들을 斬殺하고, 晉나라를 獨占하기 위해 그 임금을 멸망시키고자 한다. 우리 임금께선 鄭나라를 믿고 의지하여 몸을 保護하셨는데, 지금 鄭나라는 도리를 어기고서 임금을 버리고 신하를 도우니, 여러분들이 天命을 順從하고 君命을 服從하며 德義를 常道로 삼고 詬恥(恥辱)를 제거하는 것이 이번 戰爭에 달렸다. 전쟁에서 敵을 이긴 자는, 上大夫는 縣을 받을 것이고 下大夫는 郡을 받을 것이며, 士는 土地 10만 畝를 받을 것이고, 庶人, 工人, 商人은 官職을 받을 것이며, 人臣(奴僕)과 隷圉(奴隷)는 奴隷의 신분에서 벗어나 자유의 몸이 될 것이다. 나 志父가 이번 전쟁에 승리하여 罪를 짓지 않는다면 임금님께서 〈賞賜하기를〉

생각하실 것이지만, 만약 내가 패전하여 죄를 짓는다면 나를 목 졸라 죽여서 屬(촉)棺과 辟(비)棺도 없이 세 치 두께의 오동나무 판자로 짠 棺에 넣어 素車에 실어 樸馬가 끌게 하고, 祖上의 墓域에도 들어가지 못하게 할 것이니, 이는 下卿에게 내리는 懲罰이다."고 하였다.

1) 〔附注〕 林曰 范氏久居朝歌 糧食不足 故齊以粟輸之

〔부주〕 林: 范氏가 오랫동안 朝歌에 駐在하여 糧食이 부족하기 때문에 齊나라가 穀食을 실어 보낸 것이다.

2) 子姚 罕達 子般 駟弘〔附注〕 林曰 爲齊送粟

子姚는 罕達이고 子般은 駟弘이다.

〔부주〕 林: 齊나라를 위해 糧穀輸送을 맡은 것이다.

3) 〔附注〕 林曰 趙鞅率師禦於鄭人之師

〔부주〕 林: 趙鞅이 군대를 이끌고 鄭人의 군대를 막은 것이다.

4) 旆 先驅車也 以先驅車益以兵車以示衆〔附注〕 林曰 先鄭師而結陳

旆는 先導車이다. 先驅車에 兵車를 보태어 軍衆에 보인 것이다.

〔부주〕 林: 鄭軍이 오기 전에 먼저 陣을 치는 것이다.

5) 역주〕 與罕駟兵車先陳 : 罕達과 駟弘의 兵車가 당도하기 전에 먼저 陣을 침이다. 與의 訓은 於와 같다.

6) 晉人先陳 鄭人隨之 不知其虛實 見車多必懼

晉人이 먼저 陣을 치면 鄭人이 뒤따라와서 晉나라 陣營의 虛實를 알지 못하고 兵車가 많은 것을 보고는 반드시 두려워할 것이라는 말이다.

7) 역주〕 吾貌 : 陽虎가 스스로 자기의 容貌를 이른 것이다. 陽虎가 魯나라의 政治를 專斷할 적에 齊나라와 鄭나라가 실로 陽虎를 두려워했었다. 〈楊注〉

8) 會 合戰

會는 交戰함이다.

9) 兆不成

占兆가 形成되지 않은 것이다.

10) 樂丁 晉大夫 詩大雅 言先人事 後卜筮

樂丁은 晉나라 大夫이다. 詩는 ≪詩經≫ 〈大雅 綿〉이다. 人事를 먼저 한 뒤에 거북점이나 蓍草占을 친다는 말이다.

11) 詢 諮詢也 故兆 始納衛大子 卜得吉兆 言今旣謀同 可不須更卜〔附注〕 林曰 但諮詢于衆可也

詢은 諮詢(諮問)이다. 故兆는 처음에 衛나라 太子를 들여보낼 때 점을 쳐서 吉兆를 언은 것을 이른다. 지금 이미 모든 사람의 계획이 같으니 다시 점칠 필요가 없다는 말이다.
〔부주〕 林: 衆人에게 諮詢하는 것이 可할 뿐이라는 말이다.

12) 역주〕 以故兆詢可也 : 전의 占兆를 믿는 것이 좋다는 말이다. ≪左氏會箋≫에 "故兆는 이번 전쟁에 처음 出兵하려 할 때 친 점을 이른다. 이번 전쟁은 衛太子의 일이 아니고 太子는 단지 車右일 뿐이었으니, 杜注는 옳지 않다."고 하였다. '詢은 信이다.'라고 한 〈楊注〉의 설을 취해 번역하였다.

13) 〔附注〕 林曰 士吉射之族
〔부주〕 林: 范氏는 士吉射의 宗族이다.

14) 〔附注〕 林曰 荀寅之族
〔부주〕 林: 中行氏는 荀寅의 宗族이다.

15) 不事君也 〔附注〕 林曰 反易天之明德
임금을 섬기지 않은 것이다.
〔부주〕 林: 하늘의 밝은 德을 違反한 것이다.

16) 〔附注〕 林曰 經常其助順之德義 除刷其討逆之詬恥*)
〔부주〕 林: 順臣을 돕는 德義를 常道로 삼고, 逆臣을 따르는 恥辱을 除去하는 것이다.

*) 역주〕 除刷其討逆之詬恥 : 逆臣을 討伐하는 것이 어찌 恥辱이 되겠는가? 말이 되지 않으므로 부득이 討를 從으로 고쳐 번역하였다. 혹 '討'字가 '從'字의 誤字가 아닌지 모르겠으나, ≪四庫全書 左傳杜林合注≫本에는 이 句가 없으니, 다시 상고할 길이 없다.

17) 周書 作雒篇 千里百縣 縣有四郡
≪周書≫ 〈作雒〉篇에 千里에 1백 개의 縣이 있고, 縣에는 네 개의 郡이 있다고 하였다.

18) 十萬畝也
10만 畝이다.

19) 得遂仕進
官吏가 되는 소망을 이루게 됨이다.

20) 去厮役
厮役(奴隷)에서 벗어나게 됨이다.

21) 志父 趙簡子之一名也 言己事濟 君當圖其賞
志父는 趙簡子의 一名이다. 나의 일이 이루어지면(勝戰을 뜻함) 임금은 응당 나에게 施賞하기를 생각할 것이라는 말이다.

22) 絞 所以縊人物
絞는 사람이나 動物을 목 졸라 죽이는 것이다.

23) 屬辟*1) 棺之重數 王棺四重 君再重 大夫一重 〔附注〕 林曰 棺用難朽之木 桐木易壞 故以爲罰 夫子制于中都 棺四寸 三寸 亦罰也 屬 次大棺也 辟 椑棺也 王棺四重 被水牛及兕

之革爲一重 辟爲二重 屬爲三重 大棺爲四重 君再重 屬與辟爲一重 大棺爲再重 大夫一重 無辟 唯屬與大棺爲一重 今云不設辟者 僭君制耳*2) 非正禮也

屬辟는 棺의 겹수이다. 天王의 棺은 네 겹이고, 國君의 棺은 두 겹이고, 大夫의 棺은 한 겹이다.

〔부주〕林: 棺은 잘 썩지 않는 나무로 만드는데, 오동나무는 쉽게 썩는다. 그러므로 오동나무 棺으로 懲罰한 것이다. 夫子(孔子)께서 中都의 宰가 되시어 棺槨의 制度를 정하실 때 棺을 4寸, 〈槨을 5寸으로〉 정하셨으니, 3寸의 棺을 쓰는 것 또한 懲罰이다. 屬은 大棺(맨 겉의 棺) 안에 있는 棺이고, 辟는 椸棺이다. 王의 棺은 4重인데, 물소와 들소 가죽을 한 장으로 붙여 屍身을 싸니, 이것이 1重이고, 辟가 2重이고, 屬이 3重이고, 大棺이 4重이다. 國君은 棺은 2重인데, 屬과 辟가 1重이고 大棺이 2重이다. 大夫의 棺은 1重인데 辟는 없고 屬과 大棺이 1重이다. 지금 辟를 만들지 않았다고 한 것은 國君의 制度를 僭用한 것이니 바른 禮가 아니다.

*1) 역주〕屬辟 : ≪禮記≫ 〈喪大記〉에 "國君의 大棺은 8寸, 屬은 6촌, 椑(椸棺)는 4촌이고, 上大夫의 大棺은 8촌, 屬은 6촌이고, 下大夫의 大棺은 6촌, 屬은 4촌이고, 士의 大棺은 6촌이다."고 하였으니, 大棺 안에 屬棺이 있고, 屬棺 안에 椸棺이 있는 것이다.

*2) 역주〕今云不設辟者 僭君制耳 : 大夫의 棺에 椑(椸棺)가 없는 것이 禮인데, 지금 趙鞅이 징벌의 뜻으로 비로소 椑(椸棺)를 쓰지 않았다고 한 말로 보아, 당시 대부의 喪에 常禮로 椑(椸棺)를 쓴 것을 알 수 있으니, 國君의 제도를 僭用한 것이라는 말이다. 參考文獻〈喪大記注疏〉

24) 以載柩

素車에 尸柩를 실은 것이다.

25) 역주〕素車樸馬 : 아무 장식이 없는 수레와 갈기를 자르지 않은 볼품없는 말이다.

26) 兆 葬域

兆는 墓域이다.

27) 爲衆設賞 自設罰 所以能克敵

衆人을 위해서는 賞을 설정하고, 자기에게는 罰을 설정하였으므로 능히 敵을 이길 수 있었다.

28) 역주〕下卿之罰也 : 이번 전쟁에 趙簡子가 군대를 統率하였으니, 이미 上卿이 된 것이다. 그러므로 下卿의 罰을 받겠다고 스스로 맹서한 것이다. 〈楊注〉

甲戌에 **將戰**할새 **郵無恤御簡子**하고 **衛大子爲右**1)하다 **登鐵上**2)하야 **望見鄭師衆**하고 **大子懼**하야 **自投于車下**하니 **子良授大子綏**3)**而乘之曰 婦人也**4)라 **簡子巡列**5)**曰**

畢萬은 匹夫也로되 七戰皆獲하야 有馬百乘하고 死於牖下[6]하니 群子勉之하라 死不在寇[7]니라 繁羽御趙羅하고 宋勇爲右[8]러니 羅無勇이어늘 麇之[9]하다 吏詰之한대 御對曰 痁作而伏[10]이라하다 衛大子禱曰 曾孫[11]蒯聵는 敢昭告皇祖文王[12]과 烈祖康叔[13]과 文祖襄公[14]하노이다 鄭勝亂從[15][16]하니 晉午在難[17]하야 不能治亂하고 使鞅討之[18]하니 蒯聵不敢自佚하고 備持矛焉[19]하니 敢告無絶筋하고 無折骨하며 無面傷하야 以集大事하야 無作三祖羞[20][21]하소서 大命은 不敢請[22]이어니와 佩玉은 不敢愛[23]로소이다

甲戌日에 交戰하려 할 때 郵無恤이 趙簡子의 兵車를 몰고 衛나라 太子가 車右가 되었다. 鐵丘 위로 올라가서 鄭軍이 많은 것을 바라보고는 衛太子는 겁이 나서 스스로 兵車 아래로 굴러떨어지니, 子良이 太子에게 손잡이 끈을 쥐여주고 병거에 오르게 하며 말하기를 "여자처럼 겁이 많으십니다."고 하였다. 簡子가 隊列을 巡行하며 말하기를 "畢萬은 평범한 사내였으되 일곱 차례의 전투에서 모두 적을 사로잡았고, 말 4백 匹을 가진 〈富者가 되어 편안히 살다가〉 天壽를 누리고 죽었으니, 그대들은 노력하라. 〈용감하게 싸운다면 반드시〉 적의 손에 죽지 않을 것이다."고 하였다. 繁羽가 趙羅의 병거를 몰고 宋勇이 車右가 되었는데, 趙羅가 勇氣가 없자, 그를 병거 안에 묶어놓았다. 軍吏가 그 이유를 묻자, 御가 "저분은 瘧疾이 발작하여 엎드려 있는 것이다."고 대답하였다. 衛太子는 〈出戰하기에 앞서〉 아래와 같이 祈禱하였다. "曾孫 蒯聵는 감히 皇祖文王과 烈祖康叔과 文祖襄公께 밝게 告하나이다. 鄭나라 勝이 순리〔從〕를 어지럽히니 晉나라 午는 禍難 중에 있어 亂人을 다스리지 못하고, 趙鞅을 보내어 亂人을 토벌하게 하니, 저 蒯聵도 감히 스스로 편안히 있을 수 없어서 창을 드는 車右가 되었으니, 감히 告하건대 힘줄이 끊기거나 뼈가 부러지거나 얼굴을 다치거나 하는 禍가 없이 大事를 성공하여 세 할아버님의 수치가 되지 않게 하소서. 大命(生命)은 감히 請하지 않겠습니다만 佩玉은 감히 아끼지 않겠나이다."

1) 郵無恤 王良也

郵無恤은 王良이다.

2) 鐵 丘名

鐵은 丘陵의 이름이다.

3) 역주〕 綏 : 손으로 잡고서 수레에 오르는 끈이다.

4) 言其怯〔附注〕林曰 子良 卽王良

그가 겁쟁이라는 말이다.

〔부주〕林: 子良은 바로 王良이다.

5)〔附注〕林曰 巡行行列之間

〔부주〕林: 行列 사이를 巡行한 것이다.

6) 畢萬 晉獻公卿也 皆獲 有功 死於牖下 言得壽終

畢萬은 晉獻公의 卿이다. 皆獲은 功이 있는 것이고, 死於牖下는 天壽로 죽는 것을 말한다.

7) 言有命

運命이 있다는 말이다.

8) 三子 晉大夫

세 사람은 晉나라 大夫이다.

9) 麇 束縛也〔附注〕林曰 趙羅無勇 不能乘車

麇은 束縛함이다.

〔부주〕林: 趙羅가 勇氣가 없어 兵車를 탈 수 없었기 때문이다.

10) 痁 瘧疾

痁은 瘧疾이다.

11) 역주〕曾孫 : 손자의 아들 이하는 그 先祖에 대해 모두 자신을 曾孫으로 칭한다. ≪詩經≫ 〈周頌 維天之命〉의 鄭玄 箋을 參考할 것.

12) 周文王 皇 大也〔附注〕林曰 康叔文王之子 故以文王爲大祖

周文王이다. 皇은 大이다.

〔부주〕林: 康叔(衛나라 始祖)은 文王의 아들이다. 그러므로 文王을 太祖라 한 것이다.

13) 烈 顯也

烈은 顯(빛남)이다.

14) 繼業守之〔文〕*) 故曰文祖 蒯聵 襄公之孫

先王의 事業을 繼承하고 先王의 法度를 지켰기 때문에 文祖라 한 것이다. 蒯聵는 衛襄公의 손자이다.

*) 역주〕저본에는 '之'로 되어 있으나, ≪十三經注疏≫本에 의거하여 '文'으로 바로잡았다.

15) 勝 鄭聲公名 釋君助臣 爲從於亂

勝은 鄭聲公의 이름이다. 晉君을 버리고 晉臣을 도왔기 때문에 禍亂을 따랐다고 한 것이다.

16) 역주〕亂從 : 從은 順이니, 順道를 어지럽힘이다. 昭公 5년 傳의 '豎牛禍叔孫氏 使亂大從'의 譯文 및 林注 참고할 것.

17) 午 晉定公名〔附注〕林曰 國有叛臣 爲在於難

午는 晉定公의 이름이다.

〔부주〕林: 나라에 叛臣이 있기 때문에 禍難 중에 있다고 한 것이다.

18) 鞅 簡子名

鞅은 簡子의 이름이다.

19) 戎右持矛

戎右(車右)는 창을 가진다.

20) 集 成也

集은 成이다.

21) 역주〕無作三祖羞 : 作은 爲이다.〈楊注〉

22)〔附注〕林曰 死生大命 故不敢請

〔부주〕林: 死生은 大命(天命)이기 때문에 감히 청하지 않겠다는 말이다.

23) 不敢愛 故以祈禱

감히 아끼지 않기 때문에〈佩玉을 바쳐〉祈禱한다는 말이다.

鄭人擊簡子中肩하야 **斃于車中**[1)]하니 **獲其蠭旗**[2)]하다 **大子救之以戈**하니 **鄭師北**타가 **獲溫大夫趙羅**[3)]어늘 **大子復伐之**한대 **鄭師大敗**어늘 **獲齊粟千車**하다 **趙孟喜曰 可矣**[4)5)]라하니 **傅傁曰 雖克鄭**이나 **猶有知在**하니 **憂未艾也**[6)]라하다

鄭人이 趙簡子를 쳐서 어깨를 맞혀 簡子가 兵車 안에 넘어지니, 鄭人이 簡子의 蠭旗를 鹵獲하였다. 衛太子가 창을 들고 구원하니, 鄭軍이 패주하면서 溫大夫 趙羅를 사로잡았다. 그러자 太子가 재차 공격하니 鄭軍이 大敗하였다. 晉軍이 齊나라의 糧穀 1천 수레를 鹵獲하였다. 趙孟(簡子)이 기뻐하며 말하기를 "이제 되었다." 하니, 傅傁가 말하기를 "비록 鄭軍을 이겼으나, 아직 知氏가 健在하니 憂患이 아직 끝나지 않았습니다."고 하였다.

1) 斃 踣也

斃는 넘어짐이다.

2) 蠭旗 旗名

蠭旗는 旗의 이름이다.

3) 羅無勇 故鄭師雖北 猶獲羅

趙羅가 勇氣가 없기 때문에 鄭軍이 패주하면서도 오히려 趙羅를 사로잡은 것이다.

4) 趙孟 簡子也 喜大子前怯 今更勇

趙孟은 簡子이다. 전에는 겁쟁이였던 太子가 지금 더욱 용감해진 것을 기뻐한 것이다.

5) 역주〕趙孟喜 : 趙孟이 기뻐한 것은 勝戰을 기뻐한 것이다. 鄭軍이 敗하였으니, 范氏와

中行氏는 援軍을 잃고 軍糧이 枯渴되어 반드시 亡하게 될 것이므로 기뻐한 것이다. ≪左氏會箋≫

6) 傳傁 簡子屬也 言知氏將爲難 後竟有晉陽之患

傳傁는 簡子의 下屬이다. 知氏가 장차 禍難이 될 것이라는 말이다. 뒤에 끝내 晉陽의 患難이 있었다.

初에 **周人與范氏田**에 **公孫尨稅焉**[1]이러니 **趙氏得而獻之**[2]하다 **吏請殺之**한대 **趙孟曰 爲其主也**니 **何罪**리오 **止而與之田**[3][4]하다 **及鐵之戰**하야 **以徒五百人**으로 **宵攻鄭師**[5]하야 **取蠭旗於子姚之幕下**하야 **獻曰 請報主德**하노라 **追鄭師**[6]하니 **姚般公孫林殿而射**하야 **前列多死**[7]하다 **趙孟曰 國無小**[8]로다 **旣戰**에 **簡子曰 吾伏弢嘔血**[9]호되 **鼓音不衰**하니 **今日我上也**[10]라하니 **大子曰 吾救主於車**하고 **退敵於下**하니 **我右之上也**[11]라 **郵良曰 我兩靷將絶**이어늘 **吾能止之**[12][13]하니 **我**는 **御之上也**라하고 **駕而乘材**하니 **兩靷皆絶**[14]하다

당초에 周人이 范氏에게 土地를 주었을 때 〈范氏의 家臣〉 公孫 尨이 그 토지에 租稅를 받으러 가니, 趙氏의 사람들이 尨을 잡아 趙孟에게 바쳤다. 軍吏가 尨을 죽이기를 청하자, 趙孟이 말하기를 "저 사람은 그 주인을 위해 온 것이니, 그에게 무슨 죄가 있느냐?"라고 하고서 그에게 土地를 주어 晉나라에 머물러 살게 하였다. 趙孟이 鐵丘에서 전쟁할 때에 미쳐 公孫 尨이 步兵 5백 인을 거느리고 와서 밤에 鄭軍을 공격하여 子姚의 軍幕에서 蠭旗를 奪取하여 趙孟에게 바치며 말하기를 "이것으로 주인님의 은덕에 보답하고자 합니다."라고 하였다. 趙孟이 鄭軍을 추격하니, 子姚, 子般, 公孫 林이 뒤에서 일제히 활을 쏘아대어 前列에 있는 晉軍이 많이 죽었다. 그러자 趙孟이 말하기를 "작은 나라라 하여 무시할 것이 없다."라고 하였다. 전투가 끝난 뒤에 趙簡子가 말하기를 "나는 활집 위에 엎드려 피를 토하면서도 쉬지 않고 북을 쳤으니, 오늘의 승리에는 나의 공이 으뜸이다."고 하니, 太子가 말하기를 "내가 車上에서 主公(趙鞅을 이름)을 구원하고 車下에서 敵을 擊退하였으니, 나의 功이 車右 중에 으뜸입니다."고 하고, 郵良이 말하기를 "내가 거의 끊어져가는 두 驂馬의 腹帶를 끊어지지 않도록 막았으니, 나는 御者 중에 공이 으뜸입니다."고 하고서 郵良은 수레에 말을 메우고서 작은 橫木을 수레 위에 올려놓자, 두 참마의 복대가 모두 끊어졌다.

1) 尨 范氏臣 爲范氏收周人所與田之稅

尨은 范氏의 家臣이다. 范氏를 위해 周人이 준 田地에 租稅를 徵收한 것이다.

2) 得尨以獻簡子〔附注〕林曰 趙氏之衆 得尨以獻

尨을 잡아서 趙簡子에게 바친 것이다.

〔부주〕林: 趙氏의 家衆이 尨을 잡아서 〈趙簡子에게〉 바친 것이다.

3) 還其所稅

尨이 징수한 租稅를 돌려준 것이다.

4) 역주〕止而與之田 : 趙氏의 사람들이 尨을 잡아 趙孟에게 바치자, 趙孟은 그를 晉나라에 머물게 하고서 그에게 田地를 주어 벼슬하게 한 것이다. 止는 그를 晉나라에 머물게 한 것이니, 그렇다면 그에게 준 田地도 晉나라의 田地이고 그가 收稅한 田地가 아니라고 한 ≪左氏會箋≫의 설을 취해 번역하였다.

5)〔附注〕林曰 公孫尨以步兵五百人 乘夜以攻鄭師

〔부주〕林: 公孫 尨이 步兵 5백 인을 거느리고 가서 夜陰을 틈타 鄭軍을 공격한 것이다.

6)〔附注〕林曰 鄭師敗走 簡子追之

〔부주〕林: 鄭軍이 敗走하자 趙簡子가 추격한 것이다.

7) 晉前列〔附注〕林曰 二子 鄭大夫

晉軍의 前列이다.

〔부주〕林: 두 사람은 鄭나라 大夫이다.

8) 言雖小國 猶有善射者

작은 나라에도 오히려 활을 잘 쏘는 자가 있다는 말이다.

9) 弢 弓衣 嘔 吐也

弢는 활집이고, 嘔는 吐함이다.

10) 功爲上

功이 으뜸이 된다는 말이다.

11)〔附注〕林曰 我車右之功爲上

〔부주〕林: 나의 功이 車右 중에 으뜸이라는 말이다.

12) 止使不絶〔附注〕林曰 郵良 卽王良 在胸曰靷

막아서 끊어지지 않게 한 것이다.

〔부주〕林: 郵良은 바로 王良이다. 말의 가슴에 있는 〈腹帶를〉 靷이라 한다.

13) 역주〕我兩靷將絶 吾能止之 : 두 驂馬의 腹帶가 끊어지면 驂馬가 밖으로 벗어나 制御할 수 없게 된다. 王良은 수레를 잘 몰아 복대가 거의 끊어져가는 참마를 잘 制御한 것이다. 〈楊注〉

14) 材 橫木 明細小也 傳言簡子不讓下自伐〔附注〕林曰 乘 載也 乃駕馬而載細小之橫木 使簡子觀之 兩靷同時皆絶 以明止使不絶之功

材는 橫木(빗장 따위인 듯함)이니 가늘고 작은 것임을 밝힌 것이다. 傳文은 趙簡子가

功을 아랫사람에게 양보하지 않고 자신의 공으로 자랑할 것을 말한 것이다.

〔부주〕 林: 乘은 載(싣다)이다. 곧 수레에 말을 메우고서 가늘고 작은 橫木을 실어서 趙簡子로 하여금 두 驂馬의 腹帶가 동시에 모두 끊어지는 것을 보게 하여, 자기가 막아서 끊어지지 않게 한 功을 밝힌 것이다.

【傳】 吳洩庸如蔡納聘하야 而稍納師[1)]하다 師畢入에 衆知之[2)]하다 蔡侯告大夫하고 殺公子駟以說[3)4)]하다 哭而遷墓[5)6)]하다 冬에 蔡遷于州來하다

吳나라 洩庸이 蔡나라로 가서 聘幣를 바치는 기회를 이용하여 吳軍을 조금씩 蔡나라로 들여보냈다. 吳軍이 다 들어간 뒤에야 蔡나라 民衆이 비로소 알았다. 蔡侯가 大夫들에게 告하고 公子 駟를 죽여 解明〔說〕하였다. 그러고는 蔡侯는 哭하면서 先君의 墓를 遷葬하였다. 겨울에 蔡나라가 州來로 나라를 옮겼다.

1) 역주〕 稍納師 : 군사를 聘幣를 운반하는 車徒로 삼아 조금씩 蔡나라로 들여보낸 것이다. ≪左氏會箋≫

2) 元年 蔡請遷于吳 中悔 故因聘襲之
 定公 元年에 蔡나라가 吳나라 땅으로 遷國하기를 청하였는데, 중간에 후회하고서 〈옮기려 하지 않았기〉 때문에 聘問하는 기회를 이용해 蔡나라를 襲擊한 것이다.

3) 殺駟以說吳 言不時遷 駟之爲
 駟를 죽이고 吳나라에 해명해 말하기를 "제때에 옮기지 않은 것은 駟가 그렇게 한 것이다."고 한 것이다.

4) 역주〕 蔡侯告大夫 殺公子駟以說 : 蔡侯는 遷國하고자 하였으나, 大夫들의 반대가 심하여 遷國이 여의치 않자, 蔡侯는 吳나라로 하여금 강제로 옮기게 하였다. 이에 吳軍이 몰래 城 안으로 들어오니, 蔡나라 民衆이 吳軍이 들어온 것을 알고서 騷動을 벌이자, 蔡侯는 대부들을 불러 사정을 말해주고, 罪를 公子 駟에게 씌워 그를 죽여 吳나라에 解明한 것이다. 參考文獻 ≪左氏會箋≫

5) 將遷 與先君辭 故哭
 나라를 옮기려면 先君과 辭訣(離別)하게 되므로 哭을 한 것이다.

6) 역주〕 哭而遷墓 : 哭하면서 先君의 무덤을 遷葬한 것이다. 參考文獻 ≪左氏會箋≫

〈三年, 己酉 B.C.492〉

【經】 三年春에 齊國夏衛石曼姑帥師圍戚[1)]하다

3년 봄에 齊나라 國夏와 衛나라 石曼姑가 군대를 거느리고 가서 戚邑을 포위하였다.

1) 曼姑爲子圍父 知其不義 故推齊使爲兵首 戚不稱衛 非叛人
曼姑는 자식을 위하여 그 아비를 포위하는 것이 不義인 줄을 알았기 때문에 齊나라를 추대하여 兵首(主將)가 되게 한 것이다. 戚을 衛戚으로 칭하지 않은 것은 蒯聵가 叛人이 아니기 때문이다.

【經】 夏四月甲午에 地震[1]하다

여름 4월 甲午日에 地震이 일어났다.

1) 無傳
傳이 없다.

【經】 五月辛卯에 桓宮僖宮災[1]하다

5월 辛卯日에 桓宮(桓公의 廟)과 僖宮(僖公의 廟)에 불이 났다.

1) 天火曰災
落雷 등 自然現象으로 발생하는 火災를 災라 한다.

【經】 季孫斯叔孫州仇帥師城啓陽[1]하다

季孫斯와 叔孫州仇가 군대를 거느리고 가서 啓陽에 城을 쌓았다.

1) 無傳 魯黨范氏 故懼晉 比年四城 啓陽 今琅邪開陽縣
傳이 없다. 魯나라 公室이 范氏를 도왔기 때문에 晉나라가 〈쳐들어올 것을〉 두려워하여 近年에 네 개의 城을 쌓았다. 啓陽은 지금의 琅邪 開陽縣이다.

【經】 宋樂髡帥師伐曹[1]하다

宋나라 樂髡이 군대를 거느리고 가서 曹나라를 토벌하였다.

1) 無傳
傳이 없다.

【經】 秋七月丙子에 季孫斯卒[1]하다

가을 7월 丙子日에 季孫斯가 卒하였다.

【經】 蔡人放其大夫公孫獵于吳[1]하다

蔡人이 그 大夫 公孫 獵을 吳나라로 追放하였다.

1) 無傳 公子駟之黨
   傳이 없다. 公子 駟의 黨이다.

【經】 冬十月癸卯에 **秦伯卒**[1]하다

겨울 10월 癸卯日에 秦伯이 卒하였다.

1) 無傳 不書名 未同盟
   傳이 없다. 이름을 기록하지 않은 것은 同盟하지 않았기 때문이다.

【經】 叔孫州仇仲孫何忌帥師圍邾하다

叔孫州仇와 仲孫何忌가 군대를 거느리고 가서 邾나라를 포위하였다.

1) 無傳
   傳이 없다.

【傳】 三年春에 **齊衛圍戚**하야 **求援于中山**[1]하다

3년 봄에 齊나라와 衛나라가 戚邑을 포위하고서 中山에 援軍을 요구하였다.

1) 中山 鮮虞
   中山은 鮮虞이다.

【傳】 夏五月辛卯에 **司鐸火**[1]하야 **火踰公宮**하야 **桓僖災**[2]하니 **救火者皆曰 顧府**[3]하라 하다 **南宮敬叔至**하야 **命周人**하야 **出御書**하야 **俟於宮**[4]하고 **曰 庀女**하리니 **而不在**면 **死**[5][6]하리라 **子服景伯至**하야 **命宰人**호되 **出禮書**[7]하야 **以待命**하라 **命不共**이면 **有常刑**[8]하리라 **校人乘馬**하고 **巾車脂轄**[9]하며 **百官官備**하야 **府庫愼守**하고 **官人肅給**[10][11]하라 **濟濡帷幕**하야 **鬱攸從之**[12][13]하라 **蒙葺公屋**[14]호되 **自大廟始**[15]하야 **外內以悛**[16]하고 **助所不給**하라 **有不用命**이면 **則有常刑**하니 **無赦**하리라 **公父文伯至**하야 **命校人駕乘車**[17][18]하다 **季桓子至**하야 **御公立于象魏之外**[19]하야 **命救火者**호되 **傷人則止**하라 **財可爲也**[20]니라

命藏象魏[21]**曰 舊章不可亡也**니라 **富父槐至**하야 **曰 無備而官辦者**는 **猶拾瀋也**[22]라 **於是乎去表之槀**[23]하고 **道還公宮**[24]하다

여름 5월 辛卯日에 司鐸에 火災가 발생하여 그 불이 公宮으로 넘어와 桓公과 僖公의 廟를 태웠다. 이때 불을 끄는 자들은 모두 "府庫를 주의해 살피라."고 하였다. 南宮敬叔이 와서 周人에게 命하여 御書를 救出하여 宮에서 기다리게 하고서 말하기를 "불이 잡힌 뒤에 너에게 이 御書를 챙겨〔庀〕 올리게 할 것이니, 그때 만약〔而〕 損失〔不在〕된 것이 있으면 死罪로 다스릴 것이다."고 하였다. 子服景伯이 와서 宰人에게 명하기를 "禮書를 救出하고서 命을 기다리라. 命을 받들지 않으면 정해진 法에 따라 處罰할 것이다. 校人은 수레에 메울 네 필의 말을 준비하고, 巾車는 수레바퀴에 기름을 치고, 百官들은 각자의 職務를 다하여, 〈府人과 庫人은〉 府庫를 조심해 지키고, 官人(館人)은 엄숙히 供給하라. 帷幕을 물에 적셔 불이 붙을 만한 곳으로 가라. 公宮의 지붕을 덮되 太廟의 지붕부터 먼저 덮고, 밖과 안을 차례로 덮으라. 人力이 부족한 곳에는 人力을 補助하라. 命을 따르지 않는 자가 있으면 정해진 法에 따라 처벌하고 용서하지 않을 것이다."고 하였다. 公父文伯이 와서 校人에게 乘車(임금의 수레)에 말을 메우라고 명하였다. 季桓子가 와서 哀公을 수레에 모시고서 象魏 밖에 서서 불을 끄는 사람들에게 명하기를 "불의 기세에 사람이 傷할 성싶으면 불 끄는 일을 중지하라. 財物은 다시 모을 수 있다."고 하였다. 그리고 또 象魏를 갈무리하라고 명하며 말하기를 "옛 典章을 잃어서는 안 된다."고 하였다. 富父槐가 와서 말하기를 "화재의 대비가 없으면서 백관에게 책임을 지우는 것은 엎지른 국물을 수습하게 하는 것과 같다."고 하고서 이에 불길을 표시한 곳에 쌓인 마른 나무들을 다 제거하고, 公宮 둘레의 길을 깨끗이 치웠다.

1) 司鐸 宮名

司鐸은 宮名이다.

2) 桓公僖公廟

桓公과 僖公의 廟이다.

3) 言常人愛財

일반인은 재물을 아낀다는 것을 말한 것이다.

4) 敬叔 孔子弟子 南宮閱 周人 司周書典籍之官 御書 進於君者也 使待命於宮

敬叔은 孔子의 弟子 南宮閱이다. 周人은 周나라 文書와 典籍을 맡은 官員이다. 御書는 임금께 올리는 文書인데, 周人으로 하여금 〈御書를 救出해〉 宮에서 命을 기다리게 한 것이다.

5) 庀 具也 〔附注〕 林曰 言具汝所職 而有不在 其罪死

庀는 具이다.

〔부주〕 林: 네가 맡은 것을 모두 챙기되, 잃은 것이 있으면 그 죄를 死刑으로 다스린다는 말이다.

6) 역주〕 庀女 而不在 死 : 불이 잡힌 뒤에 너에게 御書를 챙겨 올리게 할 것이니, 혹 損失된 것이 있으면 그 죄를 사형으로 다스리겠다는 말이다. ≪左氏會箋≫

7) 景伯 子服何也 宰人 冢宰之屬

景伯은 子服何이다. 宰人은 冢宰의 下屬이다.

8) 待求之命

求하는 命을 기다리라는 말이다.

9) 校人 掌馬 巾車 掌車 乘馬 使四四相從 爲駕之易

校人은 말〔馬〕을 맡은 官吏이고, 巾車는 수레를 맡은 관리이다. 乘馬는 말을 네 匹씩 서로 짝을 맞추어 수레에 메우기 쉽게 한 것이다.

10) 國有火災 恐有變難 故愼爲備 〔附注〕 林曰 國之百官 各備其官 府人庫人 各謹所守 居官之人 整肅供給 以承其事

나라에 火災가 일어나서 變難이 생길까 두렵기 때문에 조심해 對備하게 한 것이다.

〔부주〕 林: 나라의 모든 官員은 각각 그 官屬을 갖추고, 府人과 庫人은 각각 지켜야 할 職務를 조심해 지키고, 官職에 있는 사람은 整肅하게 供給하여 그 일을 처리하게 한 것이다.

11) 역주〕 百官官備 : ≪左氏會箋≫에 "官備와 官辦은 같은 말이니, 官吏가 각각 자기의 職務를 처리함이다."고 하였으니, 곧 모든 官吏는 각자의 職務를 다하는 것이다.

12) 鬱攸 火氣也 濡物於水 出用爲濟 〔附注〕 林曰 濡帷幕於水中 出而用之 從火氣而爲之備

鬱攸는 火氣이다. 장막 등의 물건을 물에 담갔다가 꺼내어 불을 끄는 用具로 삼는 것이다.

〔부주〕 林: 帷幕을 물속에 담갔다가 꺼내어 불을 끄는 用具로 삼아 火氣가 있는 곳으로 가서 防備하는 것이다.

13) 역주〕 鬱攸從之 : 鬱은 火이고 攸는 所이니, 火氣가 發生한 곳으로 가는 것이다. 參考文獻 ≪左氏會箋≫

14) 以濡物冒覆公屋

물에 적신 帷幕 등의 물건으로 公宮의 지붕을 덮는 것이다.

15) 〔附注〕 林曰 始自太祖之廟 重宗廟也

〔부주〕 林: 太祖의 廟부터 덮기 시작한 것은 宗廟를 중하게 여기기 때문이다.

16) 悛 次也 先尊後卑 以次救之

悛은 차례이다. 尊貴한 곳을 먼저 덮고 卑賤한 곳을 뒤에 덮어 차례로 불을 끈 것이다.

17) 乘車 公車

乘車는 公車(임금의 수레)이다.

18) 역주] 駕乘車 : 哀公이 곧 올 것이므로 수레에 말을 메워 맞이하려 한 것이다. ≪左氏會箋≫

19) 象魏 門闕

象魏는 門闕이다.

20) 〔附注〕 林曰 火勢傷人則止勿救 有財則可爲 不欲重財而輕民命

〔부주〕 林: 火勢가 사람을 傷할 성싶으면 중지하고 불을 끄지 말라. 財物이 있으면 다시 지을 수 있다고 한 것은 財物을 重視하고 人命을 輕視하고자 하지 않은 것이다.

21) 周禮正月 縣敎令之法于象魏 使萬民觀之 故謂其書爲象魏

≪周禮≫ 〈天官 太宰〉에 의하면 正月에 敎令의 法을 象魏에 揭示하여 萬民으로 하여금 보게 한다. 그러므로 그 글을 象魏라 한 것이다.

22) 槐 富父終生之後 瀋 汁也 言不備而責辦不可得 〔附注〕 林曰 備豫無素 而欲責辦於官 猶拾汁 終不可得

槐는 富父終生의 後孫이다. 瀋은 汁(국물)이다. 평소에 미리 대비하지 않고 일이 생긴 뒤에 관리에게 책임을 지우면 사태를 수습할 수 없다는 말이다.

〔부주〕 林: 평소에 豫備하지 않았다가 〈일이 생긴 뒤에〉 관리에게 그 處理를 책임 지우는 것은 엎지른 국물을 수습하게 하는 것과 같아서 끝내 수습할 수 없다는 말이다.

23) 表 表火道 風所向者 去其槀積

表는 불이 타들어오는 길을 표시한 標識이다. 바람이 향하는 곳에 쌓인 나뭇더미를 제거함이다.

24) 開除道 周帀公宮 使火無相連

公宮 둘레의 道路를 깨끗이 淸掃하여 불이 계속 타들어오지 못하게 한 것이다.

孔子在陳이러니 **聞火**하고 **曰 其桓僖乎**[1]ㄴ저

이때 孔子께서 陳나라에 계셨는데, 魯나라에 불이 났다는 말을 듣고 말하기를 "불이 난 곳이 아마도 桓宮과 僖宮일 것이다."고 하였다.

1) 言桓僖親盡而廟不毁 宜爲天所災

桓公과 僖公이 親盡하였는데도 廟를 毁撤하지 않았으니, 天災를 당하는 것이 당연하다는 것을 말한 것이다.

【傳】 劉氏范氏世爲婚姻[1]하고 **萇弘事劉文公**[2]이라 **故周與范氏**[3]하다 **趙鞅以爲**

討[4]하니 **六月癸卯**에 **周人殺萇弘**[5]하다

劉氏가 范氏와 대대로 婚姻을 하였고, 萇弘이 劉文公을 섬겼다. 그러므로 周나라가 范氏를 도왔다. 趙鞅이 그것을 꾸짖으니, 6월 癸卯日에 周人이 萇弘을 죽였다.

1) 劉氏 周卿士 范氏 晉大夫
劉氏는 周나라 卿士이고, 范氏는 晉나라 大夫이다.

2) 爲之屬大夫
劉氏의 屬大夫가 된 것이다.

3) 〔附注〕 林曰 周黨於范氏
〔부주〕 林: 周나라가 范氏를 도왔다는 말이다.

4) 責周與范氏
周나라가 范氏를 도운 것을 꾸짖은 것이다.

5) 終違天之禍*)
하늘이 뜻을 어긴 禍를 〈면하지 못할 것이라고 한 말이〉 끝내 들어맞았다.

*) 역주〕 違天之禍 : 定公 元年 傳에 "周나라 萇弘과 齊나라 高張은 모두 禍를 면하지 못할 것이다. 萇叔은 하늘의 뜻을 어겼고, 高張은 사람의 뜻을 어겼다."고 한 晉나라 女叔寬의 말이 보인다.

【傳】 秋에 **季孫有疾**에 **命正常曰 無死**[1]하고 **南孺子之子男也**어든 **則以告而立之**[2]하고 **女也**어든 **則肥也可**[3]니라 **季孫卒**커늘 **康子卽位**하다 **旣葬**에 **康子在朝**[4]러니 **南氏生男**이어늘 **正常載以如朝**하야 **告曰 夫子有遺言**하야 **命其圉臣**[5]**曰 南氏生男**이어든 **則以告於君與大夫而立之**어늘 **今生矣**가 **男也**ㄹ새 **敢告**하노라하고 **遂奔衛**하다 **康子請退**[6]하니 **公使共劉視之**[7]한대 **則或殺之矣**러라 **乃討之**[8]하고 **召正常**한대 **正常不反**[9]하다

가을에 季孫(季桓子)이 병이 들자 正常에게 명하기를 "나를 따라 죽지 말고 南孺子가 낳은 아들이 사내이거든 나의 말을 임금님께 告하고서 이 아이를 後繼者로 세우게 하고, 딸이거든 肥(康子)를 세우게 하라."고 하였다. 季孫이 卒하자 康子가 後繼者의 자리에 올랐다. 季孫을 장사 지낸 뒤에 康子가 朝廷에 나아가 있는데, 南氏가 사내아이를 낳으니, 正常이 그 아이를 수레에 싣고 조정으로 가서 告하기를 "夫子께서 遺言을 남기시어 저 圉臣에게 명하기를 '南氏가 사내아이를 낳거든 나의 말을 임금님과 大夫들에게 告하여 이 아이를 後繼者로 세우게 하라.'고 하셨는데, 지금 낳은 아기가 사내아이이므로 감히 아룁니다."고 하고서, 드디어 衛나라로 出奔하였다. 康子가 後繼者의 자

리에서 물러나기를 청하니, 哀公이 共劉를 보내어 살펴보게 하였는데, 共劉가 가서 보니 이미 어떤 자가 그 아이를 죽였더라. 이에 아이를 죽인 자를 토벌하고서 正常을 불렀으나 正常은 돌아오지 않았다.

1) 正常 桓子之寵臣 欲付以後事 故勑令勿從己死
正常은 季桓子의 寵臣이다. 後事를 부탁하려 하였기 때문에 나를 따라 죽지 말라고 命令〔勅令〕한 것이다.

2) 南孺子 季桓子之妻 言若生男 告公而立之
南孺子는 季桓子의 아내이다. 만약 사내아이를 낳거든 哀公께 告하여 이 아이를 後繼者로 세우게 하라는 말이다.

3) 肥 康子也
肥는 康子이다.

4) 在公朝也
公朝(朝廷)에 나와 있는 것이다.

5)〔附注〕林曰 圉臣 正常自稱以爲養馬之僕
〔부주〕林: 圉臣은 正常이 스스로 말을 기르는 奴僕이라고 稱한 것이다.

6) 退 辟位也
退는 자리를 피함이다.

7) 共劉 魯大夫〔附注〕林曰 使親所生子
共劉는 魯나라 大夫이다.
〔부주〕林: 태어난 아이가 사내아이인지 살펴보게 한 것이다.

8) 討殺者
아이를 죽인 자를 토벌한 것이다.

9) 畏康子也 傳備言季氏家事
康子가 〈자기를 해칠 것을〉 두려워하였기 때문이다. 傳文은 季氏의 家事를 자세히 말한 것이다.

【傳】冬十月에 **晉趙鞅圍朝歌**하고 **師于其南**[1]하니 **荀寅伐其郛**[2)3)]하야 **使其徒自北門入**하고 **已犯師而出**[4)5)]하야 **癸丑奔邯鄲**[6)]하다

겨울 10월에 晉나라 趙鞅이 朝歌를 포위하고서 그 남쪽에 주둔하니, 荀寅(中行文子)이 南門의 外城을 공격하여 〈趙鞅의 군대가 이곳으로 集結하게 하고서 성 밖에서〉 자기를 應援하는 무리들로 하여금 北門으로 쳐들어오게 하고, 자기는 포위를 뚫고 나와

서 癸丑日에 邯鄲으로 도망갔다.

1) 范中行所在

范氏와 中行氏가 있는 곳이다.

2) 伐其北郭圍

朝歌의 北郭을 포위하고 있는 군대를 공격한 것이다.

3) 역주〕伐其郛 : 荀寅이 포위되어 朝歌城 안에 있으면서 南門의 外城을 공격하여 趙鞅의 兵力이 이곳으로 모이게 하고자 한 것이다. 〈楊注〉

4) 荀寅使在外救己之徒擊趙氏圍之北門 因外內攻得出[*)]

荀寅이 밖에서 자기를 구원하는 무리로 하여금 北門을 포위하고 있는 趙氏의 군대를 공격하게 한 것이다. 밖과 안에서 함께 공격하였기 때문에 脫出할 수 있었던 것이다.

*) 역주〕荀寅使在外……因外內攻得出 : 荀寅은 안에서 北郭의 外城을 공격하고, 또 자기를 救援하는 무리로 하여금 밖에서 外城의 北門을 包圍하고 있는 趙鞅의 군대를 공격하고서 들어오게 한 것이다. 밖과 안에서 공격하였기 때문에 脫出할 수 있었던 것이다. 〈正義〉

5) 역주〕使其徒自北門入 己犯師而出 : 北門에 있던 趙鞅의 兵力이 이미 減少하였기 때문에 朝歌 밖에서 와서 荀寅을 救援하는 자들이 쉽게 쳐들어온 것이다. 그 기회를 이용하여 荀寅은 兵力을 옮겨 北門으로부터 包圍를 뚫고 나온 것이다. 〈楊注〉

6) 〔附注〕林曰 趙稷以邯鄲叛 黨於范氏 故荀寅等奔之

〔부주〕林: 趙稷이 邯鄲의 백성을 거느리고 叛亂을 일으켜 范氏를 도왔기 때문에 荀寅等이 邯鄲으로 도망간 것이다.

十一月에 趙鞅殺士皐夷하니 惡范氏也[1)]라

11월에 趙鞅이 士皐夷를 죽였으니, 이는 范氏를 憎惡하였기 때문이다.

1) 惡范氏而殺其族 言遷怒

范氏를 미워하여 그 宗族을 죽였으니, 甲에게 怒한 것을 乙에게 옮긴 것이다.

〈四年, 庚戌 B.C.491〉

【經】 四年春王二月庚戌에 盜殺蔡侯申[1)]하다

4년 봄 周王 2월 庚戌日에 盜賊이 蔡侯 申을 殺害하였다.

1) 賤者 故稱盜 不言弒其君 賤盜也

賤한 자이기 때문에 '盜'로 칭한 것이다. '그 임금을 시해하였다.〔弑其君〕'고 말하지 않은 것은 도적을 천하게 여겼기 때문이다.

【經】 蔡公孫辰出奔吳[1]하다

蔡나라 公孫 辰이 吳나라로 出奔하였다.

1) 弑君賊之黨 故書名
임금을 시해한 賊黨이기 때문에 그 이름을 기록한 것이다.

【經】 葬秦惠公[1]하다

秦나라 惠公을 장사 지냈다.

1) 無傳
傳이 없다.

【經】 宋人執小邾子[1]하다

宋人이 小邾子를 잡았다.

1) 無傳 邾子無道於其民 故稱人以執
傳이 없다. 邾子가 그 백성에게 無道하였기 때문에 '人이 잡았다.'고 稱한 것이다.

【經】 夏에 蔡殺其大夫公孫姓公孫霍[1]하다

여름에 蔡나라가 大夫 公孫 姓과 公孫 霍을 죽였다.

1) 皆弑君黨
모두 임금을 시해한 逆黨이다.

【經】 晉人執戎蠻子赤하야 歸于楚[1]하다

晉人이 戎蠻子 赤을 잡아서 楚나라로 돌려보냈다.

1) 晉恥爲楚執諸侯 故稱人以告 若蠻子不道於其民也 赤 本屬楚 故言歸〔附注〕林曰 晉執戎蠻子 不歸天子 而歸于楚 是京師楚也
晉나라가 楚나라를 위하여 諸侯를 잡은 것을 恥辱으로 여겼다. 그러므로 '人'으로 稱해 通告하여 마치 蠻子가 그 백성들에게 不道한 것처럼 글을 만든 것이다. 赤은 본래 楚나라에 屬하였기 때문에 '歸'라고 한 것이다.

〔부주〕 林: 晉나라 戎蠻子를 잡아서 天子에게 보내지 않고 楚나라로 보냈으니, 이는 楚나라를 京師(天子를 뜻함)로 여긴 것이다.

【經】 城西郛[1]하다

魯나라 서쪽 外城을 修築하였다.

1) 無傳 魯西郭 備晉也

傳이 없다. 魯나라 서쪽 外郭이다. 晉나라의 侵攻을 對備한 것이다.

【經】 六月辛丑에 亳社災[1]하다

6월 辛丑日에 亳社에 火災가 발생하였다.

1) 無傳 天火也 亳社 殷社 諸侯有之 所以戒亡國[*) 〔附注〕 林曰 亡國之社有屋 使不得上通於天 故災

傳이 없다. 災는 天火(저절로 일어난 불)이다. 亳社는 殷나라의 社인데, 諸侯가 亳社를 세운 것은 亡國을 경계로 삼기 위한 것이다.

〔부주〕 林: 亡國의 社는 지붕을 설치하여 위로 하늘과 통하지 못하게 한다. 그러므로 火災가 발생한 것이다.

*) 역주〕 所以戒亡國 : 武王이 紂를 征伐하고서 亳社의 흙을 諸侯들에게 나누어주어 각각 亳社를 세우게 하였으니, 이는 亡國을 경계로 삼게 한 까닭이다. 〈正義〉

【經】 秋八月甲寅에 滕子結卒[1]하다

가을 8월 甲寅日에 滕子 結이 卒하였다.

1) 無傳 同盟於皐鼬

傳이 없다. 皐鼬에서 同盟하였다.

【經】 冬十有二月에 葬蔡昭公[1]하다

겨울 12월에 蔡나라 昭公을 장사 지냈다.

1) 無傳 亂故 是以緩

傳이 없다. 亂離 때문에 늦은 것이다.

【經】葬滕頃公[1]하다

滕나라 頃公을 장사 지냈다.

1) 無傳

傳이 없다.

【傳】四年春에 蔡昭侯將如吳한대 諸大夫恐其又遷也하야 承[1)2)]公孫翩逐而射之하니 入於家人而卒[3)]하다 以兩矢門之하니 衆莫敢進[4)]하다 文之鍇後至[5)]하야 曰 如牆而進이면 多而殺二人[6)]이라하고 鍇執弓而先한대 翩射之하야 中肘하니 鍇遂殺之하다 故逐公孫辰而殺公孫姓公孫盱〔肝〕[7)8)]하다

4년 봄에 蔡昭侯가 吳나라에 가려 하자 大夫들은 그가 또 나라를 옮길까 두려워하여 公孫 翩을 도와 뒤쫓아가서 昭侯에게 활을 쏘니, 昭侯는 民家〔家人〕로 들어가서 죽었다. 公孫 翩이 두 대의 화살을 가지고서 민가의 문을 지키니 누구도 감히 앞으로 나아오지 못하였다. 文之鍇가 뒤늦게 와서 말하기를 "담장처럼 나란히 서서 앞으로 나아가면 많아야 두 사람 정도 죽일 것이다."고 하고서, 鍇가 손에 활을 들고 앞장서서 나아가자 翩이 그를 향해 활을 쏘아 팔꿈치를 맞히니, 鍇가 맞받아 활을 쏘아 드디어 翩을 죽였다. 그러므로 公孫 辰을 축출하고 公孫 姓과 公孫 盱를 죽인 것이다.

1) 承 音懲 蓋楚言[*)]

承의 音은 懲이다. 楚나라 말인 듯하다.

*) 역주〕承音懲 蓋楚言 : 往年에 옮긴 것을 懲戒하여 다시 옮길까 두려워한 것이다. 承과 懲은 音이 서로 가까우니, 楚人의 말인 듯하다. 聲만을 轉用하고 글자는 다르다. 〈正義〉

2) 역주〕承 : 杜氏는 "承은 懲이니, 大夫들이 모두 往年에 옮긴 것을 懲戒한 것이다."고 하고, 惠棟은 "承은 止이니, 대부들은 모두 蔡侯가 가는 것을 沮止하고자 한 것이다."고 하고, 兪樾은 "承은 乘이니 蔡侯가 수레를 타고서 吳나라로 가려 하자 公孫 翩이 亂을 일으킨 것이다."고 하고, ≪左氏會箋≫에는 "承은 佐이니, 함께 난을 도운 자는 公孫 姓, 公孫 盱 등이다."고 하여 解釋이 紛紛하다. 譯者는 ≪左氏會箋≫의 설을 취하였다.

3) 翩 蔡人夫〔附注〕林曰 逐昭侯而射之

翩은 蔡나라 大夫이다.

〔부주〕林: 蔡昭侯를 뒤쫓아가서 昭侯에게 화살을 쏜 것이다.

4) 翩以矢自守其門

翩이 화살을 들고서 스스로 그 門(民家의 門)을 지킨 것이다.

5) 鍇 蔡大夫

鍇는 蔡나라 大夫이다.

6) 併行如牆俱進〔附注〕林曰 翩以兩矢 多則殺二人

담장처럼 나란히 서서 함께 걸어 나아간다는 말이다.

〔부주〕林: 翩이 가진 화살은 두 대뿐이니 많아야 두 사람을 죽일 것이라는 말이다.

7) 盱 卽霍也

盱는 바로 公孫霍이다.

8) 역주〕저본에는 '旴'로 되어 있으나, ≪十三經注疏≫本에 의거하여 '盱'로 바로잡았다.

【傳】夏에 **楚人旣克夷虎**[1]하고 **乃謀北方**하다 **左司馬眅申公壽餘葉公諸梁**이 **致蔡於負函**[2]하고 **致方城之外於繒關**[3]**曰 吳將泝江入郢**[4]하니 **將奔命焉**하라하고 **爲一昔之期**하야 **襲梁及霍**[5]하다 **單浮餘圍蠻氏**한대 **蠻氏潰**[6]하니 **蠻子赤奔晉陰地**[7]하다 **司馬起豐析與狄戎**[8]하야 **以臨上雒**하다 **左師軍于菟和**[9]하고 **右師軍于倉野**[10]하야 **使謂陰地之命大夫士蔑**[11]**曰 晉楚有盟**하야 **好惡同之**하니 **若將不廢**[12]ㄴ댄 **寡君之願也**어니와 **不然**이면 **將通於少習以聽命**[13][14]하리라 **士蔑請諸趙孟**한대 **趙武〔孟〕**[15]**曰 晉國未寧**하니 **安能惡於楚**리오 **必速與之**[16]하라 **士蔑乃致九州之戎**[17][18]하야 **將裂田以與蠻子以城之**[19]하고 **且將爲之卜**[20]이라한대 **蠻子聽卜**[21]이어늘 **遂執之與其五大夫**하야 **以畀楚師三戶**[22]하다 **司馬致邑立宗焉**하야 **以誘其遺民**[23]하야 **而盡俘以歸**하다

여름에 楚人이 이미 夷虎를 공격해 승리하고서 곧 北方(中原)을 圖謀하였다. 左司馬 眅과 申公 壽餘와 葉公 諸梁이 蔡나라 사람들을 불러 負函에 모이게 하고, 方城山 밖의 사람들을 불러 繒關에 모이게 하고서 말하기를 "吳軍이 長江을 거슬러 올라와 郢都로 進入하려 하니, 〈그대들은〉 장차 出動命令이 내려지면 달려가 吳軍을 막으라."고 하고서 하룻밤으로 期限을 정하고서 梁과 霍을 襲擊하였다. 單浮餘가 蠻氏(戎의 別族)를 포위하자 蠻氏가 逃走〔潰〕하니 蠻子 赤이 晉나라 陰地로 도망갔다. 司馬 眅이 豐과 析의 사람과 狄戎를 동원〔起〕하여 上雒을 逼迫하였다. 左軍은 菟和에 駐屯시키고 右軍은 倉野에 주둔시키고서 陰地의 命大夫 士蔑에게 사람을 보내어 말하기를 "晉나라와 楚나라가 盟約을 맺어 好惡를 함께하기로 하였으니, 만약 그 맹약을 廢棄하지 않는다면 이

는 바로 우리 임금님의 바람입니다. 그러나 만약 그렇게 하지 않는다면 우리는 장차 少習山의 길을 뚫은 뒤에 다시 晉나라의 命을 기다리겠습니다."고 하였다. 士蔑이 趙孟에게 이 일의 처리를 청하니, 趙孟이 말하기를 "우리 晉나라가 安寧하지 못하니 어찌 楚나라와 관계를 惡化시켜서야 되겠소. 반드시 속히 蠻子를 楚나라에 넘겨주십시오."라고 하였다. 士蔑은 이에 九州의 戎을 召集해 놓고서 "土地를 쪼개어 蠻子에게 주고 그곳에 성을 쌓아줄 것이다. 그리고 築城의 吉凶을 점치려 한다."고 거짓말을 하자, 蠻子가 점을 듣기 위해 오니 드디어 蠻子와 다섯 大夫를 잡아서 三戶에서 楚軍에게 넘겨주었다. 司馬 眅이 또 蠻子에게 城邑을 주어 宗主로 세워주겠다고 속여 그 遺民을 誘引하여 모두 捕虜로 잡아 돌아갔다.

1) 夷虎 蠻夷 叛楚者

夷虎는 楚나라를 背叛한 蠻夷이다.

2) 三子 楚大夫也 此蔡之故地人民 楚因以爲邑 致之者 會其衆也

세 사람은 楚나라 大夫이다. 이것은 蔡나라의 故土와 人民들을 楚나라가 그대로 자기들의 邑으로 만든 것이다. 致는 그 民衆을 모은 것이다.

3) 負函 繒關 皆楚地

負函과 繒關은 모두 楚나라 땅이다.

4) 逆流曰泝

물을 거슬러 올라가는 것을 '泝'라 한다.

5) 僞辭當備吳 夜結期 明日便襲梁霍 使不知之 梁 河南梁縣西南故城也 梁南有霍陽山 皆蠻子之邑也〔附注〕林曰 致此故蔡之衆與方城外之衆 將奔命焉 一昔 一夜也

吳軍을 防備해야 한다고 거짓말을 하고서 밤에 기한을 정하여 내일 바로 梁과 霍을 습격하여 梁과 霍이 모르게 한 것이다. 梁은 河南 梁縣 서남쪽에 있는 故城이다. 梁縣 남쪽에 霍陽山이 있는데 모두 蠻子의 邑이다.

〔부주〕林: 옛 蔡나라의 民衆과 方城山 밖의 民衆들을 이곳으로 召集한 것은 장차 出動命令이 내려지면 달려가 吳軍을 막게 하기 위함이라는 말이다. 一昔은 一夜이다.

6) 浮餘 楚大夫

浮餘는 楚나라 大夫이다.

7) 陰地 河南山北 自上雒以東至陸渾

陰地는 河南의 山北으로 上雒에서부터 동쪽으로 陸渾까지이다.

8) 楚司馬眅也 析縣屬南鄕郡 析南有豐鄕 皆楚邑 發此二邑人及戎狄

楚나라 司馬 眅이다. 析縣은 南鄕郡에 屬하였다. 析縣 남쪽에 豐鄕이 있는데, 모두 楚나라 邑이다. 이 두 邑의 人民과 戎狄을 徵發한 것이다.

9) 菟和山 在上雒東也

菟和山은 上雒縣의 동쪽에 있다.

10) 倉野 在上雒縣

倉野는 上雒縣에 있다.

11) 命大夫 別縣監尹

命大夫는 別縣의 監尹이다.

12) 역주] 若將不廢 : 晉나라가 만약 그 盟約을 廢棄하지 않는다면 마땅히 楚나라를 위하여 蠻子를 잡아야 한다는 말이다. ≪左氏會箋≫

13) 少習 商縣武關也[*] 將大開武關道以伐晉

少習은 商縣의 武關이다. 장차 武關에 길을 크게 열어 晉나라를 치겠다는 뜻이다.

*) 역주] 少習 商縣武關也 : 少習山 밑이 武關이다.

14) 역주] 將通於少習以聽命 : 少習山에 길을 뚫고 서쪽으로 秦나라를 위협하여 秦軍과 聯合해 동으로 陰地를 취하고, 북으로 黃河를 건너서 晉의 國都를 핍박하겠다는 뜻이다. 〈楊注〉

15) 역주] 저본에는 '武'로 되어 있으나, ≪十三經注疏≫本에 의거하여 '孟'으로 바로잡았다.

16) 未寧 時有范中行之難

未寧은 이때 范氏와 中行氏의 患難이 있었기 때문이다.

17) 九州戎 在晉陰地陸渾者

九州戎은 晉나라 陰地와 陸渾에 있는 자들이다.

18) 역주] 致九州之戎 : 致는 召集한다는 말과 같으니, 九州戎 각 部落의 長을 召集한 것이다. 〈楊注〉

19) 以詐蠻子

이 말로 蠻子를 속인 것이다.

20) 卜城

築城의 吉凶을 점친 것이다.

21) 〔附注〕 林曰 蠻子信之 遂來聽卜

〔부주〕 林: 蠻子는 그 말을 믿고서 드디어 점을 듣기 위해 온 것이다.

22) 今丹水縣北三戶亭

지금 丹水縣 북쪽의 三戶亭이다.

23) 楚復詐爲蠻子作邑 立其宗主

楚나라가 다시 蠻子를 위하여 都邑을 建設해주고 그를 宗主로 세워주겠다고 속인 것이다.

【傳】秋七月에 齊陳乞弦施衛甯跪救范氏[1)]하다 庚午에 圍五鹿[2)]하다 九月에 趙鞅圍邯鄲하다 冬十一月에 邯鄲降하니 荀寅奔鮮虞하고 趙稷奔臨[3)]하다 十二月에 弦施逆之하야 遂墮臨[4)]하다 國夏伐晉하야 取邢任欒鄗逆時陰人盂壺口[5)]하고 會鮮虞하야 納荀寅于柏人[6)]하다

가을 7월에 齊나라 陳乞·弦施와 衛나라 甯跪가 范氏를 救援하였다. 庚午日에 五鹿을 포위하였다. 9월에 趙鞅이 邯鄲을 포위하였다. 겨울 11월에 邯鄲이 降伏하니 荀寅은 鮮虞로 도망가고 趙稷은 臨邑으로 도망갔다. 12월에 弦施가 趙稷을 맞이하고서 드디어 臨邑의 城을 허물었다. 齊나라 國夏가 晉나라를 쳐서 邢, 任, 欒, 鄗, 逆時, 陰人, 盂, 壺口를 取하고서 鮮虞와 會合하여 荀寅을 柏人으로 들여보냈다.

1) 陳乞 僖子 弦施 弦多
陳乞은 僖子이고, 弦施는 弦多이다.

2) 五鹿 晉邑
五鹿은 晉나라 邑이다.

3) 臨 晉邑
臨은 晉나라 邑이다.

4)〔附注〕林曰 遂墮臨邑 以處趙稷
〔부주〕林: 드디어 臨邑의 성을 허물고서 趙稷을 그곳에 살게 한 것이다.

5) 八邑 晉地 欒在趙國平棘縣西北 鄗卽高邑縣也 路縣東有壺口關
여덟 邑은 晉나라 땅이다. 欒은 趙나라 平棘縣 서북쪽에 있고, 鄗는 바로 高邑縣이다. 路縣 동쪽에 壺口關이 있다.

6) 晉邑也 今趙國柏人縣也 弦施與鮮虞會也
柏人은 晉나라 邑이다. 지금의 趙나라 柏人縣이다. 弦施가 鮮虞와 회합한 것이다.

〈五年, 辛亥 B.C.490〉

【經】五年春에 城毗[1)]하다

5년 봄에 毗에 성을 쌓았다.

1) 無傳 備晉也
傳이 없다. 晉나라를 防備하기 위함이었다.

【經】 夏에 齊侯伐宋[1)]하다

여름에 齊侯가 宋나라를 토벌하였다.

1) 無傳

傳이 없다.

【經】 晉趙鞅帥師伐衛하다

晉나라 趙鞅이 군대를 거느리고 가서 衛나라를 토벌하였다.

【經】 秋九月癸酉에 齊侯杵臼卒[1)]하다

가을 9월 癸酉日에 齊侯 杵臼가 卒하였다.

1) 再同盟也

두 차례 同盟하였다.

【經】 冬에 叔還如齊하다

겨울에 叔還이 齊나라에 갔다.

【經】 閏月에 葬齊景公[1)]하다

閏月에 齊景公을 장사 지냈다.

1) 無傳

傳이 없다.

【傳】 五年春에 晉圍柏人하니 荀寅士吉射奔齊하다 初에 范氏之臣王生惡張柳朔[1)]러니 言諸昭子하야 使爲柏人[2)]한대 昭子曰 夫非而讐乎[3)]아 對曰 私讐不及公[4)]이라 好不廢過하고 惡不去善이 義之經也니 臣敢違之리오 及范氏出[5)]하야 張柳朔謂其子호되 爾從主勉之하라 我將止死[6)]하리라 王生授我矣[7)]니 吾不可以僭之[8)]라하고 遂死於柏人[9)]하다 夏에 趙鞅伐衛하니 范氏之故也라 遂圍中牟[10)]하다

5년 봄에 晉軍이 柏人을 포위하니 荀寅과 士吉射가 齊나라로 도망갔다. 당초에 范氏

의 家臣 王生이 張柳朔을 미워하였는데, 張柳朔을 昭子에게 좋게 말하여 柏人의 邑宰로 삼게 하자, 昭子가 말하기를 "張柳朔은 너의 원수가 아니더냐?"라고 하였다. 그러자 王生이 대답하기를 "개인의 怨恨은 公事와 관계가 없습니다. 좋아하되 그 사람의 허물을 버리지 않고 미워하되 그 사람의 長點을 버리지 않는 것이 道義의 常法이니, 臣이 어찌 감히 이 常法을 어기겠습니까?"라고 하였다. 范氏가 柏人을 脫出할 때에 미쳐 張柳朔이 자기 아들에게 이르기를 "너는 主公을 따라가서 힘을 다해 모셔라. 나는 장차 이곳에 남아 싸우다가 죽을 것이다. 王生이 나에게 절개를 지켜 죽을 수 있는 기회를 주었으니, 나는 王生을 믿지 않을 수 없다."라고 하고서 드디어 柏人에서 〈抗戰하다가〉 죽었다. 여름에 趙鞅이 衛나라를 토벌하였으니, 이는 范氏 때문이었다. 드디어 中牟를 포위하였다.

1)〔附注〕林曰 王生張柳朔 皆范氏家族
〔부주〕林: 王生과 張柳朔은 모두 范氏의 家族이다.

2) 爲柏人宰也 昭子 范吉射也
柏人의 邑宰로 삼게 한 것이다. 昭子는 范吉射이다.

3)〔附注〕林曰 而 汝也
〔부주〕林: 而는 汝이다.

4) 公家之事也
公은 公家의 일이다.

5) 出柏人 奔齊
柏人을 탈출하여 齊나라로 도망간 것이다.

6)〔附注〕林曰 我將留此 距戰以死
〔부주〕林: 나는 장차 이곳에 남아서 抗戰하다가 죽겠다는 말이다.

7) 授我死節
나에게 절개를 지켜 죽을 수 있는 기회를 주었다는 말이다.

8)〔附注〕林曰 僭 不信也
〔부주〕林: 僭은 不信이다.

9) 爲吉射距晉戰死
范吉射를 위해 晉軍을 막다가 戰死한 것이다.

10) 衛助范氏故也
衛나라가 范氏를 도왔기 때문이다.

【傳】 齊燕姬生子러니 不成而死[1]하다 諸子鬻姒之子荼嬖[2][3]하니 諸大夫恐其爲

大子也하야 **言於公曰 君之齒長矣**로되 **未有大子**하니 **若之何**오 **公曰 二三子間於憂虞**면 **則有疾疢**이니 **亦姑謀樂**이오 **何憂於無君**[4)5)]가 **公疾**에 **使國惠子高昭子立荼**[6)]하고 **寘群公子於萊**[7)]하다 **秋**에 **齊景公卒**하다 **冬十月**에 **公子嘉公子駒公子黔奔衛**하고 **公子鉏公子陽生來奔**[8)]하다 **萊人歌之曰 景公死乎不與埋**하고 **三軍之事乎不與謀**하니 **師乎師乎**여 **何黨之乎**[9)]아

齊나라 燕姬가 아들을 낳았으나 成年이 되기 전에 죽었다. 諸子(諸妾) 중의 하나인 鬻姒가 낳은 아들 荼를 사랑하니, 大夫들은 그가 太子가 될까 두려워하여 齊景公에게 말하기를 "임금님의 연세가 높으신데 아직 太子가 없으시니 어찌하면 좋겠습니까?"라고 하니, 景公이 말하기를 "그대들의 마음에 憂慮가 끼어들면 질병이 생길 것이니, 우선 즐겁게 지내기를 꾀할 것이지 임금 없는 것을 걱정할 게 뭐 있소."라고 하였다. 景公이 病이 위독해지자 國惠子와 高昭子로 하여금 荼를 太子로 세우고, 모든 公子들을 萊에 安置하게 하였다. 가을에 齊景公이 卒하였다. 겨울 10월에 公子 嘉, 公子 駒, 公子 黔은 衛나라로 도망가고, 公子 鉏, 公子 陽生은 魯나라로 도망해 왔다. 萊人이 노래하기를 "景公이 죽었는데도 埋葬에도 참여하지 못하고, 三軍의 일에도 참여해 모의하지 못하였으니, 公子들이여! 公子들이여! 장차 어디로 가실 것인가?"

1) 燕姬 景公夫人 不成 未冠也
  燕姬는 景公의 夫人이다. 不成은 冠禮를 하지 않은 것이다.
2) 諸子 庶公子也 鬻姒 景之妾 荼 安孺子
  諸子는 庶公子이다. 鬻姒는 景公의 妾이다. 荼는 安孺子이다.
3) 역주〕諸子 : 襄公 19년 傳 杜注에 "諸子는 姓이 子인 여러 妾이다."고 하였다.
4) 景公意欲立荼而未發 故以此言塞大夫請〔附注〕林曰 言群臣當國無憂虞而事得閒暇 則恐有疾疢 不得爲樂 今無疾病 則且圖爲樂耳 又何憂於無君
  景公이 荼를 太子로 세우고자 생각하였으나, 아직 드러내지는 않았다. 그러므로 이 말로 大夫들의 請을 막은 것이다.
  〔부주〕林: 모든 大夫들이 國家에 憂患이 없어 일이 閒暇한 때를 당하면 疾病이 생겨서 즐거운 일을 할 수 없게 될 것이 두렵다. 지금 질병이 없으니 우선 즐겁게 지내기를 꾀할 것이지 어찌 임금이 없을 것을 걱정하느냐는 말이다.
5) 역주〕二三子間於憂虞……何憂於無君 : 〈楊注〉에 "間은 參與이니, 間厠(끼어들다)의 뜻이다. 莊公 10년 傳에 '又何間焉'의 '間'과 같다. 이는 너희들에게 만약 憂慮하는 일이 있으면 疾病이 생긴다는 말이다."고 하였다. 이 說에 의거하면 그대들의 마음에 우려가 끼

어들면 질병이 생길 것이니, 太子가 없는 것을 우려하지 말고 우선 즐겁게 지내기를 꾀하라는 뜻이 된다. 譯者는 이 說을 취하여 번역하였다.

6) 惠子 國夏 昭子 高張

惠子는 國夏이고 昭子는 高張이다.

7) 萊 齊東鄙邑

萊는 齊나라 동쪽 邊方의 邑이다.

8) 皆景公子在萊者

모두 景公의 아들로 萊에 있던 자들이다.

9) 師 衆也 黨 所也 之 往也 稱謚 蓋葬後而爲此歌 哀群公子失所 〔附注〕林曰 景公死乎 群公子不得與葬以盡其孝誠 齊有三軍之事乎 不得與謀以盡其忠力 師 衆也 言衆公子也 重言之者 哀之甚也*)

師는 衆이고, 黨은 所이고, 之는 往이다. 景公이란 謚號를 칭한 것으로 보아 葬後에 이 노래를 지어 公子들이 處所를 잃은 것을 슬퍼한 것인 듯하다.

〔부주〕林: 景公이 죽었는데도 여러 公子들은 葬事에 참여하여 그 孝誠을 다하지 못하고, 齊나라에 三軍의 일이 있는데도 謀議에 참여하여 그 충성과 힘을 다하지 못하였다는 말이다. 師는 衆이니 衆公子를 말한 것이다. 거듭 말한 것은 매우 哀惜해 한 것이다.

*) 역주〕이 林注는 ≪四庫全書 左傳杜林合注≫本에는 보이지 않는다.

【傳】鄭駟秦富而侈하야 **嬖大夫也**[1)]로되 **而常陳卿之車服於其庭**하니 **鄭人惡而殺之**하다 **子思曰 詩曰 不解于位**가 **民之攸塈**[2)3)]라하니 **不守其位而能久者鮮矣**라 **商頌曰 不僭不濫**하고 **不敢怠皇**하니 **命以多福**[4)5)]이라하니라

鄭나라 駟秦은 富裕하고 사치스러워서 嬖大夫(下大夫)이면서도 항상 卿의 車服을 그 뜰에 陳列해놓으니, 鄭人이 그를 미워하여 죽였다. 子思가 이에 대해 다음과 같이 말하였다. "詩에 '職位에 게을리 하지 않는 것이 백성들이 安息을 얻는 까닭이다.'라고 하였으니, 그 직위를 지키지 못하고서 長久할 수 있는 자는 드물다. 商頌에 '僭差(분수를 넘어 법도를 어김)하지 않고 濫溢(정해진 법도를 넘음)하지 않으며, 감히 怠惰하게 한가로이 지내지 않으니 하늘이 많은 福으로 命하셨다.'고 하였다."

1) 〔附注〕林曰 鄭之下大夫也

〔부주〕林: 鄭나라의 下大夫이다.

2) 子思 子産子國參也 詩大雅 攸 所也 塈 息也

子思는 子産의 아들 國參이다. 詩는 ≪詩經≫ 〈大雅 假樂〉篇의 詩句이다. 攸는 所이고

塈는 息이다.

3) 역주] 不解于位 民之攸塈 : 윗자리에 있는 자가 그 職位(職務)를 게을리 하지 않는 것이 백성들이 安息을 얻을 수 있는 까닭이라는 말이다. 〈正義〉

4) 僭 差也 濫 溢也 皇 暇也 言駟秦違詩商頌 故受禍

僭은 差(분수에 어긋남)이고, 濫은 溢(넘침)이고, 皇은 暇(閑暇)이다. 駟秦이 詩와 商頌을 어겼기 때문에 禍를 받은 것이라고 말한 것이다.

5) 역주] 不僭不濫 不敢怠皇 命以多福 : ≪詩經≫ 〈商頌 殷武〉篇의 詩句이다. 成湯의 德이 僭差하지 않고 濫溢하지 않으며, 감히 怠惰하게 한가로이 지내지 않으니, 이 때문에 上天이 많은 福으로 命하였다고 노래한 것이다. 詩에는 '怠皇' 아래에 '命于下國 封建厥福'이라는 말이 있는데, 傳에 '命以多福'이라고 말하고, 다시 詩의 글을 다 引用하지 않은 것은 그 뜻만을 취하여 말한 것이다. 〈正義〉 詩曰 이하는 杜注와 孔疏의 解釋에 따라 飜譯하였으므로 本文의 懸吐를 〈注疏〉에 의해 달았고, ≪詩傳諺解≫의 懸吐를 취하지 않았다.

〈六年, 壬子 B.C.489〉

【經】 六年春에 城邾瑕하다

6년 봄에 邾瑕에 성을 쌓았다.

1) 無傳 備晉也 任城亢父縣北有邾婁城

傳이 없다. 晉나라의 侵攻을 防備하기 위해서이다. 任城 亢父縣 북쪽에 邾婁城이 있다.

【經】 晉趙鞅帥師伐鮮虞하다

晉나라 趙鞅이 군대를 거느리고 가서 鮮虞를 토벌하였다.

【經】 吳伐陳하다

吳나라가 陳나라를 토벌하였다.

【經】 夏에 齊國夏及高張來奔[1)]하다

여름에 齊나라 國夏와 高張이 魯나라로 도망해 왔다.

1) 二子阿君 廢長立少 旣受命 又不能全 書名 罪之也

두 사람은 임금에게 아첨하여 長子를 버리고 少子를 세웠으며, 命을 받은 뒤에도 保全하지 못하였기 때문에 이름을 써서 懲罰한 것이다.

【經】 叔還會吳于柤[1]하다

叔還이 柤에서 吳人과 會合하였다.

1) 無傳
傳이 없다.

【經】 秋七月庚寅에 楚子軫卒[1]하다

가을 7월 庚寅日에 楚子 軫이 卒하였다.

1) 未同盟而赴以名
同盟하지 않았으나, 이름을 기록해 赴告하였기 때문에 그 이름을 기록한 것이다.

【經】 齊陽生入于齊[1]하다

齊나라 陽生이 齊나라로 들어갔다.

1) 爲陳乞所逆 故書入
陳乞의 迎接을 받았기 때문에 '入'으로 기록한 것이다.

【經】 齊陳乞弑其君荼[1]하다

齊나라 陳乞이 그 임금 荼를 弑害하였다.

1) 弑荼者 朱毛與陽生也 而書陳乞 所以明乞立陽生而荼見弑 則禍由乞始也 楚比刦〔劫〕[*1)]立[*2)] 陳乞流涕[*3)] 子家憚老[*4)] 皆疑於免罪 故春秋明而書之 以爲弑主
荼를 弑害한 자는 朱毛와 陽生인데, 陳乞이 弑害한 것으로 기록한 것은 陳乞이 陽生을 세우자 荼가 弑害당하였으니, 禍가 陳乞에서 비롯한 것임을 밝힌 것이다. 楚나라 公子 比는 劫迫에 의해 임금이 되었고, 陳乞은 눈물을 흘렸고, 子家는 늙은 짐승도 죽이기를 꺼린다〔憚老〕고 하였으니, 이들 모두 죄를 면한 것으로 의심할 수 있다. 그러므로 ≪春秋≫에 분명히 기록하여 그들을 弑害의 主動者로 여긴 것이다.

*1) 역주〕 저본에는 '刦'으로 되어 있으나, ≪十三經注疏≫本에 의거하여 '劫'으로 바로잡았다.

* 2) 역주〕 楚比劫立 : 昭公 13년 經의 '夏四月 楚公子比自晉歸于楚 弑其君虔于乾谿' 밑의 杜注에 "比가 비록 脅迫에 의해 마지못해 임금이 되었으나(比雖脅立)"란 말이 보인다.
* 3) 역주〕 陳乞流涕 : 哀公 6년 傳에 보이는 僖子(陳乞)가 대답하지 않고 눈물을 흘린 것(僖子不對而泣)을 이른다.
* 4) 역주〕 子家憚老 : 宣公 4년 傳에 子公이 靈公을 弑害하자고 청하자 子家가 "늙은 家畜도 오히려 죽이기를 꺼리는데, 하물며 임금이겠는가?〔畜老 猶憚殺之 而況君乎〕"라고 한 말을 이른다.

【經】 冬에 仲孫何忌帥師伐邾[1]하다

겨울에 仲孫何忌가 군대를 거느리고 가서 邾나라를 토벌하였다.

1) 無傳

傳이 없다.

【經】 宋向巢帥師伐曹[1]하다

宋나라 向巢가 군대를 거느리고 가서 曹나라를 토벌하였다.

1) 無傳

傳이 없다.

【傳】 六年春에 晉伐鮮虞하니 治范氏之亂也[1]라

6년 봄에 晉나라가 鮮虞를 토벌하였으니, 이는 范氏의 叛亂을 도운 죄를 懲治(懲罰)하기 위함이었다.

1) 四年 鮮虞納荀寅于柏人

哀公 4년에 鮮虞가 荀寅을 柏人으로 들여보냈기 때문이다.

【傳】 吳伐陳하니 復修舊怨也[1]라 楚子曰 吾先君與陳有盟하니 不可以不救라하고 乃救陳하야 師于城父[2]하다

吳나라가 陳나라를 토벌하였으니, 이는 다시 옛 원한을 보복〔修〕하기 위함이었다. 楚子가 말하기를 "우리 先君께서 陳나라와 盟約한 일이 있으니, 救援하지 않을 수 없

다."고 하고서 이에 陳나라를 救援하기 위해 出兵하여 城父에 주둔하였다.

1) 元年 未得志故也
哀公 元年에 陳나라를 침공하였으나, 뜻을 이루지 못하였기 때문에 다시 침공한 것이다.

2) 陳盟 在昭十三年
楚나라가 陳나라와 盟約한 일은 昭公 13년에 있었다.

【傳】齊陳乞僞事高國者[1)]하야 每朝에 必驂乘焉하다 所從에 必言諸大夫[2)]曰 彼皆偃蹇하니 將棄子之命[3)]하리라 皆曰 高國得君[4)]이면 必偪我리니 盍去諸오 固[5)]將謀子[6)]하니 子早圖之하라 圖之ㄴ댄 莫如盡滅之니라 需는 事之下也[7)8)]라하고 及朝하얀 則曰 彼虎狼也라 見我在子之側이면 殺我無日矣리니 請就之位[9)]하노라 又謂諸大夫曰 二子者禍矣[10)11)]라 恃得君而欲謀二三子하야 曰 國之多難은 貴寵之由니 盡去之而後에 君定이라하야 旣成謀矣니 盍及其未作也하야 先諸[12)]오 作而後悔라도 亦無及也리라 大夫從之하다

齊나라 陳乞이 高氏와 國氏를 섬기는 것처럼 僞裝하여 朝廷으로 나아갈 때마다 반드시 驂乘(同乘)하였고, 隨從할 때마다 반드시 大夫들을 誣陷해 말하기를 "저들은 모두 교만하니 장차 당신의 命을 버릴 것입니다. 저들은 모두 '高氏와 國氏가 임금의 寵愛를 얻으면 반드시 우리를 핍박할 것이니, 어찌 高氏와 國氏를 제거하지 않겠는가?'라고 말합니다. 저들은 본래부터 두 분을 해치려고 劃策하였으니 두 분께서도 早期에 計策을 세우십시오. 계책을 세우신다면 저들을 다 죽이는 것이 좋습니다. 망설이며 결단하지 못하고 기다리는 것은 일을 처리하는 데 있어 가장 낮은 計策입니다."고 하고, 朝廷에 당도하여서는 말하기를 "저들은 虎狼입니다. 내가 두 분 곁에 있는 것을 보면 당장 나를 죽이려 할 것이니, 내가 저들의 자리로 가도록 허락하시기를 청합니다."고 하고서, 大夫들에게 가서 또 말하기를 "저 두 사람이 禍亂을 일으키려 합니다. 임금의 총애를 믿고서 여러분을 謀害하고자 하여, '國家에 禍難이 많은 것은 貴寵들 때문이니, 저들을 다 제거한 뒤에야 임금님의 자리가 안정될 것이다.'라고 말하고서 이미 계획을 정하였으니, 어찌 저들이 움직이기 전에 먼저 움직이지 않으십니까? 저들이 움직인 뒤에는 후회해도 미칠 수 없습니다."라고 하니, 大夫들이 그의 말을 따랐다.

1) 高張國夏受命立荼 陳乞欲害之 故先僞事焉

高張과 國夏가 景公의 命을 받고서 荼를 임금으로 세웠다. 陳乞은 이들을 殺害하고자 하였기 때문에 그들을 섬기는 것처럼 먼저 僞裝한 것이다.

2) 言其罪過〔附注〕林曰 凡所從行 必言諸大夫之罪過

大夫들의 罪過를 말한 것이다.

〔부주〕林: 隨行할 때마다 반드시 大夫들의 罪過를 말한 것이다.

3) 偃蹇 驕敖〔附注〕林曰 彼 謂諸大夫

偃蹇은 驕敖이다.

〔부주〕林: 彼는 大夫들을 이른다.

4) 得君寵也

임금의 寵愛를 얻는 것이다.

5) 역주〕林氏는 '固'를 安固로 해석하였으나, 역자는 이를 따르지 않고 '본래'의 뜻으로 번역하였다.

6)〔附注〕林曰 若諸大夫安固 將謀害子

〔부주〕林: 만약 大夫들은 처지가 安固해지면 장차 두 사람을 해치려고 계획할 것이라는 말이다.

7) 需 疑也

需는 疑이다.

8) 역주〕需 : 망설이며 결정하지 못하고 기다림(遲疑須待)이다. ≪左氏會箋≫

9) 欲與諸大夫謀高國 故求就之

諸大夫들과 함께 高氏와 國氏의 제거를 謀議하고자 하였으므로 大夫들의 자리로 가도록 허락해달라고 요구한 것이다.

10)〔附注〕林曰 言高國二子將召禍矣

〔부주〕林: 高氏와 國氏 두 사람은 장차 禍를 부를 것이라는 말이다.

11) 역주〕二子者禍矣 : 二子는 高氏와 國氏이다. 禍矣는 장차 禍亂을 일으킬 것이라는 말이다. 〈楊注〉

12)〔附注〕林曰 先事而去之

〔부주〕林: 저들이 일을 벌이기에 앞서 먼저 저들을 제거하라는 말이다.

夏六月戊辰에 **陳乞鮑牧**[1]**及諸大夫以甲入于公宮**하니 **昭子聞之**하고 **與惠子乘**하야 **如公**[2]하야 **戰于莊**타가 **敗**[3]하다 **國人追之**하니 **國夏奔**莒라가 **遂及高張晏**圉**弦施來奔**[4]하다

여름 6월 戊辰日에 陳乞이 鮑牧 및 大夫들과 甲士를 거느리고 公宮으로 들어갔다.

昭子가 이 소식을 듣고서 惠子와 함께 수레를 타고 公宮으로 가서 莊에서 交戰하다가 패배하였다. 國人이 추격하니 國夏는 莒나라로 달아났다가 드디어 高張·晏圉·弦施와 함께 魯나라로 도망해 왔다.

1) 牧 鮑國孫

鮑牧은 鮑國의 손자이다.

2) 〔附注〕 林曰 昭子 卽高張 惠子 卽國夏 共載往公宮

〔부주〕 林: 昭子는 바로 高張이고, 惠子는 바로 國夏이다. 함께 수레를 타고 公宮으로 간 것이다.

3) 高國敗也 莊 六軌之道

高氏와 國氏가 패배한 것이다. 莊은 六軌(6車線)의 道路이다.

4) 圉 晏嬰之子 圉施 不書 非卿

圉는 晏嬰의 아들이다. 晏圉와 弦施를 經에 쓰지 않은 것은 卿이 아니기 때문이다.

【傳】 秋七月에 楚子在城父[1)]하야 將救陳할새 卜戰하니 不吉하고 卜退하니 不吉이어늘 王曰 然則死也로다 再敗楚師가 不如死[2)]오 棄盟逃讎도 亦不如死[3)]라 死一也니 其死讎乎ㄴ저 命公子申爲王한대 不可어늘 則命公子結한대 亦不可어늘 則命公子啓[4)]한대 五辭而後許[5)]하다 將戰에 王有疾하다 庚寅에 昭王攻大冥하고 卒于城父[6)]하다 子閭退曰 君王舍其子而讓하니 群臣敢忘君乎아 從君之命이 順也[7)]오 立君之子도 亦順也니 二順不可失也라하고 與子西子期謀하야 潛師閉塗하야 逆越女之子章하야 立之而後還[8)9)]하다

가을 7월에 楚子가 城父에 주둔하여 陳나라를 구원하려 할 때 出戰에 대해 점을 치니 不吉하고, 退軍에 대해 점을 치니 역시 不吉하자, 楚昭王이 말하기를 "그렇다면 죽음이 있을 뿐이다. 楚軍이 재차 패배하게 하는 것은 죽는 이만 못하고, 盟邦을 버리고 怨讎를 피해 도망가는 것도 죽는 이만 못하다. 〈이래 죽으나 저래 죽으나〉 죽기는 일반이니 원수와 싸우다가 죽겠다."고 하고서 公子 申에게 명하여 王位를 繼承하게 하자, 申이 그 명을 받아들이지 않았다. 公子 結에게 명하니 역시 받아들이지 않았다. 公子 啓에게 명하니, 다섯 차례 사양한 뒤에 허락하였다. 戰爭하려 할 때 昭王이 病을 앓았다. 庚寅日에 昭王이 大冥을 공격하고서 城父에서 卒하였다. 子閭가 王位를 辭退하며 말하기를 "君王께서 당신의 아들을 놓아두고 다른 사람에게 王位를 사양하셨으니 群臣이 어찌 감히 임금님을 잊을 수 있습니까? 임금의 명을 따르는 것이 順理이고, 임금님

의 아들을 嗣王으로 세우는 것도 順理이니, 두 順理 중에 한 가지도 잃을 수 없습니다."라고 하고서, 子西·子期와 상의하고 나서 은밀히 군대를 보내고 道路를 封鎖하고서, 越女의 아들 章을 맞이해 와서 임금으로 세운 뒤에 還軍하였다.

1) 〔附注〕 林曰 楚昭王自春出師在城父 至今未退
〔부주〕 林: 楚昭王이 봄에 出兵하여 城父에 駐在한 뒤로 지금까지 아직 退軍하지 않았다.

2) 前已敗於柏擧 今若退還 亦是敗
前에 이미 柏擧에서 패배하였는데, 지금 만약 後退해 돌아간다면 이 또한 패배라는 말이다.

3) 〔附注〕 林曰 棄先君好陳之盟誓 逃吳人累世之仇敵
〔부주〕 林: 陳나라와 사이좋게 지내기로 한 先君의 盟誓를 버리고, 累代의 원수인 吳人을 피해 도망가는 것이다.

4) 申 子西 結 子期 啓 子閭 皆昭王兄
申은 子西이고 結은 子期이고 啓는 子閭이다. 모두 昭王의 兄이다.

5) 〔附注〕 林曰 子閭五辭 不肯而後 許王以立
〔부주〕 林: 子閭가 다섯 차례 사양하여 命을 받아들이려 하지 않은 뒤에 昭王에게 자기를 임금으로 세우라고 허락한 것이다.

6) 大冥 陳地 吳師所在
大冥은 陳나라 땅으로 吳軍이 駐在한 곳이다.

7) 從命 許立
從命은 임금이 되겠다고 허락한 것이다.

8) 潛師 密發也 閉塗 不通外使也 越女 昭王妾 章 惠王
潛師는 隱密히 出發한 것이고, 閉塗는 外國 使臣의 通行을 막은 것이다. 越女는 昭王의 妾이고, 章은 惠王이다.

9) 역주〕 潛師閉塗 : 潛師는 은밀히 군대를 보내어 惠王을 맞이하게 한 것이고, 閉塗는 行人(使臣)의 통행을 禁한 것이다. 임금이 죽은 소식이 敵에게 알려질 것을 두려워하여 閉塗한 것이다. ≪左氏會箋≫

是歲也에 **有雲如衆赤鳥**하야 **夾日以飛三日**하다 **楚子使問諸周大史**한대 **周大史曰 其當王身乎**[1]ㄴ저 **若禜之**면 **可移於令尹司馬**[2]리라 **王曰 除腹心之疾**하야 **而寘諸股肱**이면 **何益**[3]이리오 **不穀不有大過**면 **天其夭諸**[4]아 **有罪受罰**이면 **又焉移之**리오하고 **遂**

弗禜하다

이해에 〈楚나라 하늘에〉 한 떼의 붉은 새 모양을 한 彩雲이 太陽을 끼고 사흘 동안 飛翔하였다. 楚子가 사람을 보내어 周나라 太史에게 물으니, 周나라 太史가 말하기를 "〈그 應驗이〉 아마도 王의 身上에 當到할 것이다. 그러나 禳祭를 지낸다면 그 禍를 令尹이나 司馬에게로 옮겨가게 할 수 있다."라고 하였다. 楚昭王이 말하기를 "나〔腹心〕의 病을 除去하려고 그 病을 신하〔股肱〕에게 옮겨놓는 것이 무슨 이익이 되겠는가? 나에게 大過가 없다면 하늘이 어찌 나를 夭死시킬 것이며, 罪가 있어 받는 罰이라면 또 어찌 남에게 옮겨가게 할 수 있겠는가?"라고 하고서 드디어 禳祭를 지내지 않았다.

1) 日爲人君 妖氣守之 故以爲當王身 雲在楚上 唯楚見之 故禍不及他國

太陽은 임금을 象徵하는데, 妖氣가 태양을 지키고 있기 때문에 王의 신상에 해당한다고 한 것이다. 구름이 楚나라 天上에 滯在하여 오직 楚나라에서만 볼 수 있었기 때문에 禍가 다른 나라에는 미치지 않은 것이다.

2) 禜 禳祭

禜은 禳祭(神에게 災殃을 물리쳐주기를 비는 祭祀)이다.

3) 〔附注〕 林曰 腹心 昭王自喩 股肱 以喩令尹司馬

〔부주〕 林: 腹心은 昭王 자신을 비유한 것이고, 股肱은 令尹과 司馬를 비유한 것이다.

4) 〔附注〕 林曰 言我若無大過失 天必不令我夭折以死

〔부주〕 林: 나에게 큰 過失이 없다면 하늘은 반드시 나를 夭折해 죽게 하지 않을 것이라는 말이다.

初에 昭王有疾에 卜曰 河爲祟라호되 王弗祭하다 大夫請祭諸郊[1)]한대 王曰 三代命祀는 祭不越望[2)3)]이라 江漢睢漳은 楚之望也[4)]니 禍福之至도 不是過也[5)6)]라 不穀雖不德이나 河非所獲罪也라하고 遂弗祭하다

당초에 昭王이 病을 앓을 때 卜人이 말하기를 "河神이 빌미를 만든 것입니다."라고 하였으나, 昭王은 河神에게 祭祀를 지내지 않았다. 大夫들이 南郊에서 河神에게 제사 지내기를 청하자, 昭王이 말하기를 "夏·商·周〔三代〕 때 王命으로 規定한 祭祀〔命祀〕는 〈各國의〉 祭祀가 그 境內의 名山大川에 望祭하는 데 불과하였다. 長江, 漢水, 睢水, 漳水는 우리 楚나라가 望祭하는 大川이니 禍福이 오는 것도 여기에서 지나지 않을 것이다. 내가 비록 不德하지만 河神에게 罪를 얻을 바는 아니다."고 하고서 드디어 제사를 지내지 않았다.

1)〔附注〕林曰 大夫請卽楚郊望祭有河之神
〔부주〕林: 大夫들이 楚나라 南郊로 가서 大河의 神에게 望祭를 지내기를 청한 것이다.
2) 諸侯望祀竟內山川星辰
諸侯는 竟內의 山川과 星辰에게 望祭를 지낸다.
3) 역주〕望 : 諸侯가 王命을 받아 그 境內의 山川에 제사 지내는 것을 '望祭'라 한다.
4) 四水 在楚界
네 江은 楚나라 境內에 있다.
5)〔附注〕林曰 不過竟內之山川星辰而已
〔부주〕林: 竟內의 山川과 星辰에 불과할 뿐이라는 말이다.
6) 역주〕不是過 : 禍福을 내릴 수 있는 神도 境內 山川의 神에 不過하다는 말이다. ≪左氏會箋≫

孔子曰 楚昭王知大道矣니 **其不失國也宜哉**ㄴ저 **夏書曰 惟彼陶唐**으로 **帥彼天常**[1])하야 **有此冀方**이어늘 **今失其行**(항)하고 **亂其紀綱**하야 **乃滅而亡**[2])이라하고 **又曰 允出玆在玆**라하니라 **由己**니 **率常可矣**[3)4])니라

孔子가 다음과 같이 論評하였다. "楚昭王이 大道를 알았으니, 그가 나라를 잃지 않은 것은 당연하다. 〈夏書〉에 '저 陶唐(帝堯)으로부터 저 하늘의 常道를 遵循하여 이 冀州地方을 所有하였는데, 이제 그 道〔行〕를 잃고 그 紀綱을 어지럽혀 이에 滅亡하였다.'고 하고, 또 '진실로 이런 일〔玆〕이 생기는 것은 나〔玆〕에게 달렸다.'고 하였다. 모든 禍福은 자신의 行爲에서 由來하니 常道를 따라야 한다."

1) 逸書[*)] 言堯循天之常道
逸書이다. 堯가 하늘의 常道를 遵循하였다는 말이다.
*) 역주〕逸書 : 이 逸書의 글이 ≪古文尙書≫ 〈五子之歌〉에 보는데, ≪左傳≫의 글과 약간 다르다.
2) 滅亡 謂夏桀也 唐虞及夏同都冀州 不易地而亡 由於不知大道故
滅亡은 夏桀을 이른다. 唐·虞와 夏가 똑같이 冀州에 都邑하여, 都邑地를 바꾸지 않았으되, 夏桀이 망한 것은 大道를 알지 못한 데서 나온 것이다.
3) 又 逸書 言信出己 則福亦在己
又는 逸書이다. 忠信이 나에게서 나오면 福도 나에게 있다는 말이다.
4) 역주〕允出玆在玆 由己 率常可矣 : 逸書이다. 이 글이 ≪古文尙書≫ 〈大禹謨〉에 보인다.

≪左氏會箋≫에 "允은 虛字로 '允執其中'의 允과 같다. '진실로'라는 말이니 忠信의 信으로 해석하는 것은 옳지 않다. 위의 '兹'字는 일을 가리킨 것이고, 아래 '兹'字는 몸을 가리킨 것이니, 禍福과 利害는 나의 行爲에서 由來한다는 말이다."고 하였다. 由己率常은 ≪左氏會箋≫에 의거하면 禍福은 自身의 行爲에서 유래하니, 常道를 따라야 한다는 말이다. 譯者는 이 설을 취하여 위와 같이 번역하였다.

【傳】八月에 **齊邴意兹來奔**[1)]하다

8월에 齊나라 邴意兹가 魯나라로 도망해 왔다.

1) 高國黨

高夏와 國張의 黨이다.

【傳】陳僖子使召公子陽生[1)]한대 **陽生駕而見南郭且于**[2)]**曰 嘗獻馬於季孫**이나 **不入於上乘**이라 **故又獻此**[3)]하노니 **請與子乘之**[4)]하노라하고 **出萊門而告之故**[5)]하다 **闞止知之**하고 **先待諸外**[6)]한대 **公子曰 事未可知**니 **反**하야 **與壬也處**[7)]하라 **戒之**하고 **遂行**[8)]하다 **逮夜**하야 **至於齊**하니 **國人知之**[9)]하다 **僖子使子士之母養之**[10)]하고 **與饋者皆入**[11)]하다

陳僖子가 사람을 보내어 公子 陽生을 부르자, 陽生이 수레에 말을 메워 타고 가서 南郭且于를 보고 말하기를 "전에 季孫에게 말을 獻上한 적이 있었으나, 그 말이 上等馬에 들지 못하였습니다. 그러므로 다시 이 말을 바치는 바이니 그대와 함께 타고서 이 말이 어떤지 시험해보기를 청합니다."고 하고서, 萊門을 나와서 그 사실을 고하였다. 이때 闞止가 그 사실을 알고서 먼저 나와 밖에서 기다리자, 公子가 말하기를 "일이 어찌 될지 알 수 없으니 너는 돌아가서 壬과 함께 있으라."고 하고서, 누설하지 말도록 경계하고 드디어 길을 떠났다. 밤에 齊에 이르니 國人들이 모두 그가 돌아온 것을 알았다. 僖子가 子士의 모친을 보내어 陽生을 봉양하게 하고 그에게 음식을 올리는 자들도 모두 들여보냈다.

1) 召在七月 今在八月下 記事之次〔附注〕林曰 陳僖子 卽齊陳乞

부른 일이 7월에 있었는데, 지금 8월 아래에 기록한 것은 일의 순서에 따라 기록하였기 때문이다.

〔부주〕林: 陳僖子는 바로 齊나라 陳乞이다.

2) 且于 卽齊公子鉏 在魯南郭

且于는 바로 齊나라 公子 鉏이다. 魯나라 南郭에 있었다.

3)〔附注〕林曰 謬言魯[*)]獻馬於季康子 馬不良 不得入上乘 又欲獻此馬

〔부주〕林: 季康子에게 말을 바쳤으나 그 말이 좋지 못하여 上等馬에 들지 못하였기 때문에 다시 이 말을 바치고자 한다고 거짓말을 한 것이다.

*) 역주〕謬言魯 : 魯는 嘗의 誤字인 듯하다. ≪四庫全書 左傳杜林合注≫本에는 "馬不良 不得入上乘"이란 두 句만이 있고 그 밖의 세 句는 없다.

4) 畏在家 人聞其言 故欲二人共載以試馬爲辭

집에 있으면 사람들이 그 말을 들을까 두려웠기 때문에 두 사람이 함께 수레를 타고서 말을 시험하고자 한다고 말한 것이다.

5) 魯郭門也

魯나라 外郭의 門이다.

6) 闞止 陽生家臣子我也 待外 欲俱去

闞止는 陽生의 家臣 子我이다. 밖에서 기다린 것은 齊나라로 함께 가고자 해서이다.

7) 壬 陽生子簡公〔附注〕林曰 使闞止歸 與其子共處

壬은 陽生의 아들 簡公이다.

〔부주〕林: 闞止에게 돌아가서 자기의 아들과 함께 있게 한 것이다.

8) 戒使無洩言

말을 漏泄하지 말도록 경계한 것이다.

9) 故以昏至 不欲令人知也 國人知而不言 言陳氏得衆

짐짓 밤에 당도하여 〈자기가 돌아온 것을〉 사람들이 모르게 하고자 하였다. '國人이 알고도 말하지 않았다.'는 것은 陳氏가 人心을 얻었음을 말한 것이다.

10) 隱於僖子家內 子士母 僖子妾〔附注〕林曰 陽生隱於僖子之家 故使養之

僖子의 집안에 숨겨놓은 것이다. 子士의 母親은 僖子의 妾이다.

〔부주〕林: 陽生이 僖子의 집안에 숨어 있었기 때문에 子士의 母親으로 하여금 그를 봉양하게 한 것이다.

11) 陳僖子又令陽生隨饋食之人 入處公宮

陳僖子가 또 陽生을 隨從하며 음식을 올리는 사람들로 하여금 公宮으로 들어와 거처하게 한 것이다.

冬十月丁卯에 立之하고 將盟[1)]할새 鮑子醉而往[2)]하다 其臣差車鮑點[3)]曰 此誰之命也[4)]오 陳子曰 受命于鮑子라하고 遂誣鮑子曰 子之命也[5)]라하니 鮑子曰 女忘君之爲孺子牛而折其齒乎아 而背之也[6)7)]니라 悼公稽首[8)]曰 吾子는 奉義而行者也니 若我可ㄴ댄 不必亡一大夫[9)10)]오 若我不可라도 不必亡一公子[11)]리라 義則進하고 否

則退[12]리니 **敢不唯子是從**가 **廢興無以亂**이면 **則所願也**[13)14)]라 **鮑子曰 誰非君之子**오하고 **乃受盟**[15]하다 **使胡姬以安孺子如賴**[16]하고 **去鬻姒**[17)18)]하고 **殺王甲**하고 **拘江說**하고 **囚王豹于句竇之丘**[19]하다

겨울 10월 丁卯日에 陽生을 임금으로 세우고서 結盟하려 할 때 鮑子가 술에 취하여 그 자리로 나아왔다. 鮑子의 家臣 差車 鮑點이 僖子에게 "陽生을 임금으로 세운 것이 누구의 命입니까?"라고 물으니, 陳子가 "鮑子에게 명을 받았다."고 대답하고서 드디어 鮑子에게 "당신의 命이었습니다."라고 誣陷하니, 鮑子가 말하기를 "그대는 先君께서 孺子의 소가 되셨다가 당신의 齒牙를 부러뜨린 일을 잊었는가? 그대는 先君을 배반한 것이다."고 하였다. 그러자 悼公(陽生)이 머리를 조아리며 말하기를 "그대는 道義를 奉行하는 사람이니, 가령 내가 임금이 될 만하다면 나는 반드시 한 大夫를 죽이지 않을 것이고, 가령 내가 임금이 될 만하지 못하더라도 그대는 반드시 한 公子를 죽이지 않을 것입니다. 그대가 合當〔義〕하다고 하면 나아가서 임금이 될 것이고, 합당하지 않다고 하면 물러날 것이니, 어찌 감히 그대가 명하는 대로 따르지 않겠습니까? 荼를 廢位시키고 나를 임금으로 세우는 사이에 變亂이 없었으면 하는 것이 나의 바람입니다."라고 하니, 鮑子가 말하기를 "누구를 세운들 先君의 아들이 아니겠습니까?"라고 하고서 이에 盟約을 받아들였다. 悼公은 胡姬에게 安孺子를 데리고 賴로 가게 하고, 鬻姒를 다른 곳으로 보내고, 王甲을 죽이고, 江說을 拘禁하고, 王豹를 句竇의 언덕에 囚禁하였다.

1) 盟諸大夫

大夫들과 盟約한 것이다.

2)〔附注〕林曰 鮑子 鮑牧也

〔부주〕林: 鮑子는 鮑牧이다.

3) 點 鮑牧臣也 差車 主車之官

點은 鮑牧의 신하이다. 差車는 수레를 主管하는 벼슬아치이다.

4)〔附注〕林曰 言立陽生 出於誰之命令

〔부주〕林: 陽生을 임금으로 세운 것이 누구에게서 나온 命令이냐는 말이다.

5) 見其醉 故誣之

그가 취한 것을 보았기 때문에 무함한 것이다.

6) 孺子 荼也 景公嘗銜繩爲牛 使荼牽之 荼頓地 故折其齒

孺子는 荼이다. 景公이 일찍이 노끈을 입에 물고 소가 되어 荼로 하여금 끌게 하였는데, 荼가 땅에 엎어졌기 때문에 그 이가 부러졌다.

7) 역주〕荼頓地 故折其齒：齒도 景公의 齒이고 땅에 엎어진 것도 景公이다. 景公이 孺子

를 사랑함이 이처럼 깊었는데, 어찌하여 先君께서 사랑하던 아들을 배반하고 다른 사람을 세웠느냐는 말이다. ≪左氏會箋≫

8) 悼公 陽生

悼公은 陽生이다.

9) 言己可爲君 必不怨鮑子〔附注〕林曰 不必歸怨於鮑子而亡之 大夫 謂鮑子也

내가 임금이 될 만하다면 반드시 鮑子를 원망하지 않을 것이라는 말이다.

〔부주〕林: 반드시 鮑子에게 원한을 돌려 죽이지 않을 것이라는 말이다. 大夫는 鮑子를 이른다.

10) 역주〕亡一大夫 : 鮑子를 죽임이다. 〈楊注〉

11) 公子 自謂也 恐鮑子殺己 故要之

公子는 悼公이 자신을 이른 것이다. 鮑子가 자기를 죽일까 두려웠기 때문에 〈道義로써〉 협박〔要〕한 것이다.

12) 역주〕義則進 否則退 : 그대가 나를 마땅하다고 하면 나아가서 임금이 될 것이지만, 만약 마땅하지 않다고 하면 물러날 것이니, 오직 그대가 명하는 대로 따르겠다는 말이다. ≪左氏會箋≫

13)〔附注〕林曰 或廢或立 勿以兵亂 則我之所願望也

〔부주〕林: 누구(荼)를 廢하고 누구(나)를 세우더라도 兵亂을 일으키지 않는다면 이것이 나의 所望이라는 말이다.

14) 역주〕廢興無以亂 : 廢는 荼를 廢位시킴을 이르고, 興은 陽生을 임금으로 세움을 이른다. 한 대부를 죽이거나 한 공자를 죽이는 것이 모두 亂이니, 廢立하는 사이에 피를 흘리지 말라는 말이다. 〈楊注〉

15) 言陽生亦君之子 固可立

陽生도 先君의 아들이니 당연히〔固〕 세울 수 있다는 말이다.

16) 胡姬 景公妾也 賴 齊邑 安 號也

胡姬는 景公의 妾이다. 賴는 齊나라 邑이다. 安은 號이다.

17) 荼之母

荼의 母親이다.

18) 역주〕去 : 다른 곳으로 보낸 것이다. 〈楊注〉

19) 三子 景公嬖臣 荼之黨也〔附注〕林曰 或拘或囚 文之變也

세 사람은 景公의 嬖臣으로 荼의 黨이다.

〔부주〕林: 혹은 拘라 하고 或은 囚라 한 것은 文詞를 變化시킨 것이다.

公使朱毛告於陳子[1)]曰 微子면 則不及此라 然君異於器[2)]하니 不可以二라 器二不匱어니와 君二多難이니 敢布諸大夫[3)]하노라 僖子不對而泣曰 君擧不信群臣乎[4)]아 以齊國之困[5)]이면 困又有憂[6)]나 少君不可以訪[7)]이라 是以求長君하야 庶亦能容群臣乎[8)]ㄴ저 不然이면 夫孺子何罪[9)]오 毛復命하니 公悔之[10)]하다 毛曰 君大訪於陳子하고 而圖其小可也[11)]라하니 使毛遷孺子於駘하다 不至에 殺諸野幕之下하야 葬諸殳冒淳[12)]하다

悼公 朱毛를 보내어 陳子에게 고하기를 "그대가 아니었으면 내가 이 자리에 이르지 못하였을 것이오. 그러나 임금은 그릇과 달라서 둘이 있을 수 없소. 그릇은 둘이 있으면 궁핍해지지 않지만 임금은 둘이 있으면 禍難만 많아질 뿐이니, 감히 大夫에게 내 마음을 陳述하는 바이오."라고 하니, 僖子는 대답하지 않고 눈물을 흘리며 말하기를 "임금님께서는 우리 신하들을 다 믿지 못하십니까? 齊나라의 困難한 형편으로 論하면 안으로는 饑荒으로 인한 貧困이 있고, 또 外侵의 憂患이 있습니다. 그러나 어린 임금과 國政을 商議할 수 없으므로 長成한 임금을 찾아서 群臣을 包容하기를 바랐던 것입니다. 그런 것이 아니라면 저 孺子에게 무슨 罪가 있어서 그를 廢黜하고 다른 이를 임금으로 세웠겠습니까?"라고 하였다. 朱毛가 復命하니, 悼公이 후회하였다. 그러자 朱毛가 말하기를 "임금님께서는 큰일은 陳子에게 물으시고, 작은 일만 직접 처리하기를 생각하시는 것이 좋습니다."라고 하니, 悼公은 朱毛를 보내어 孺子를 駘로 옮기게 하였다. 朱毛는 駘에 당도하기 전에 孺子를 野營하는 帳幕 아래에서 죽여 殳冒淳에 埋葬하였다.

1) 朱毛 齊大夫
   朱毛는 齊나라 大夫이다.
2) 〔附注〕 林曰 然人之置君[*)] 與置器不同
   〔부주〕 林: 사람이 임금을 세우는 것은 그릇을 備置하는 것과 같지 않다는 말이다.
*) 역주〕 然 : 衍文이다. ≪四庫全書 左傳杜林合注≫本에는 '然'字가 없다.
3) 〔附注〕 朱曰 布 陳也 大夫 謂陳子
   〔부주〕 朱: 布는 陳(陳述)이다. 大夫는 陳子를 이른다.
4) 擧 皆也
   擧는 皆이다
5) 역주〕 以齊國之困 : 以는 論事의 根據를 紹介하는 介詞로 '以……論'의 뜻으로 쓰인 듯하다.
6) 內有飢荒之困 又有兵革之憂

國內에 飢荒으로 인한 困窮이 있고, 또 兵革(戰爭)의 憂患이 있다는 말이다.

7)〔附注〕朱曰 孺子幼少 不可得而訪問

〔부주〕朱: 孺子는 어려서 國政의 처리를 諮問할 수 없다는 말이다.

8)〔附注〕林曰 庶幾長君閱歷多而識見明 亦能與群臣相容

〔부주〕林: 長成한 임금은 經歷이 많고 識見이 밝아서 群臣들과 서로 包容할 수 있을 것으로 바랐다는 말이다.

9)〔附注〕林曰 夫孺子荼 何所得罪而廢之也

〔부주〕林: 저 孺子 荼가 무슨 罪를 얻은 것이 있기에 廢位시켰겠느냐는 말이다.

10) 悔失言

失言한 것을 후회한 것이다.

11) 大 謂國政 小謂殺荼

大는 國政을 이르고, 小는 荼를 죽이는 일을 이른다.

12) 恐駘人不從 故毛駐於野 張帳而殺之 駘 齊邑 殳冒淳 地名 實以冬殺 經書秋者 史書秋記始事 遂連其死通以冬告魯〔附注〕林曰 葬孺子荼於齊殳冒淳之地

駘人이 따르지 않을 것이 두려웠기 때문에 朱毛가 野外에 駐在하다가 장막을 치고서 荼를 죽인 것이다. 駘는 齊나라 邑이다. 殳冒淳은 地名이다. 사실은 겨울에 죽였는데, 經에 가을로 기록한 것은 史官이 '秋'를 기록하여 記事를 시작하고서, 드디어 荼가 죽은 것까지 모두 겨울로 기록하여 魯나라에 통고하였기 때문이다.

〔부주〕林: 孺子 荼를 齊나라 殳冒淳의 땅에 埋葬한 것이다.

〈七年, 癸丑 B.C.488〉

【經】七年春에 **宋皇瑗帥師侵鄭**하다

7년 봄에 宋나라 皇瑗이 군대를 거느리고 가서 鄭나라를 侵攻하였다.

【經】晉魏曼多帥師侵衛하다

晉나라 魏曼多가 군대를 거느리고 가서 衛나라를 侵攻하였다.

【經】夏에 **公會吳于鄫**[1)]하다

여름에 哀公이 鄫에서 吳人과 회합하였다.

1) 鄫 今琅邪鄫縣

鄫은 지금의 琅邪 鄫縣이다.

【經】 秋에 公伐邾하다

가을에 哀公이 邾나라를 토벌하였다.

【經】 八月己酉에 入邾하야 以邾子益來[1)]하다

8월 己酉日에 邾나라로 들어가서 邾子 益을 데리고 돌아왔다.

1) 他國言歸 於魯言來 內外之辭

他國이 〈임금을 잡아가는 경우에는〉 '歸'로 말하고, 魯나라가 〈임금을 잡아오는 경우에는〉 '來'로 말하는 것은 內國과 外國을 구별하는 말이다.

【經】 宋人圍曹하다

宋人이 曹나라를 포위하였다.

【經】 冬에 鄭駟弘帥師救曹하다

겨울에 鄭나라 駟弘이 군대를 거느리고 가서 曹나라를 救援하였다.

【傳】 七年春에 宋師侵鄭하니 鄭叛晉故也[1)]라

7년 봄에 宋軍이 鄭나라를 侵攻하였으니, 이는 鄭나라가 晉나라를 背叛하였기 때문이다.

1) 定八年 鄭始叛

定公 8년에 鄭나라가 비로소 배반하였다.

【傳】 晉師侵衛하니 衛不服也[1)]라

晉軍이 衛나라를 침공하였으니, 이는 衛나라가 服從하지 않았기 때문이다.

1) 五年 晉伐衛 至今未服

哀公 5년에 晉나라가 衛나라를 쳤으나, 지금까지 복종하지 않았다.

【傳】夏에 **公會吳于鄫**[1]하다 **吳來徵百牢**[2)3]하니 **子服景伯對曰 先王未之有也**니라 **吳人曰 宋百牢我**[4]하니 **魯不可以後宋**이니라 **且魯牢晉大夫過十**[5]하니 **吳王百牢**가 **不亦可乎**아 **景伯曰 晉范鞅貪而棄禮**하야 **以大國懼敝邑**이라 **故敝邑十一牢之**니라 **君若以禮命於諸侯**면 **則有數矣**[6)7]어니와 **若亦棄禮**면 **則有淫者矣**[8]리라 **周之王也**에 **制禮**호되 **上物不過十二**[9]하니 **以爲天之大數也**[10]니라 **今棄周禮**하고 **而曰必百牢**하라 하니 **亦唯執事**하리라 **吳人弗聽**하다 **景伯曰 吳將亡矣**리라 **棄天而背本**[11)12]이라 **不與**면 **必棄疾於我**[13)14]리라하고 **乃與之**하다

여름에 哀公이 鄫에서 吳人과 會合하였다. 吳人이 와서 百牢의 饗宴을 요구하니, 子服景伯이 "先王 때에 이런 禮는 없었습니다."고 대답하였다. 吳人이 말하기를 "宋나라는 우리를 百牢로 饗宴하였으니, 魯나라가 宋나라보다 못해서는 안 되지요. 그리고 또 魯나라가 10牢 이상으로 晉나라 大夫에게 饗宴을 베풀었으니 吳王에게 百牢의 향연을 베푸는 것이 옳지 않습니까?"라고 하였다. 景伯이 말하기를 "晉나라 范鞅이 貪慾을 부려 禮를 버리고서 大國의 위세로 우리나라를 겁주었습니다. 그러므로 우리나라가 11牢로 饗宴하였던 것입니다. 吳君께서 만약 禮로써 諸侯에게 명하신다면 정해진 數가 있을 것입니다. 그러나 만약 禮를 버리신다면 정해진 수보다 지나침이 있을 것입니다. 周나라가 천하를 다스릴 때 禮를 制定하되 上物도 12牢에 지나지 않게 하였으니, 이는 12를 하늘의 大數로 여겼기 때문입니다. 이제 周나라 禮를 버리고서 반드시 百牢의 향연을 베풀라고 하시니 執事의 명을 따르겠습니다." 하니, 吳人이 듣지 않았다. 景伯이 말하기를 "吳나라는 머잖아 망할 것이다. 하늘의 數를 버리고 근본을 배반하였다. 요구를 들어주지 않으면 반드시 우리에게 해를 입힐 것이다."고 하고서 그 요구를 들어주었다.

1) 吳欲霸中國

吳나라가 中國에 霸者가 되고자 해서이다.

2) 〔附注〕林曰 吳來召魯 索百牢之禮

〔부주〕林: 吳人이 와서 會合에 오라고 魯君을 부르면서 百牢의 禮를 요구한 것이다.

3) 역주〕百牢 : 牛·羊·豕가 1牢이니, 소·양·돼지를 각각 1백 마리씩 잡아서 베푸는 향연이다.

4) 是時 吳過宋 得百牢

이때 吳나라가 宋나라에 들러 百牢의 禮遇를 받았다.

5) 晉大夫范鞅也 在昭二十一年

晉나라 大夫 范鞅이다. 昭公 21년 傳에 보인다.

6) 有常數

常數가 있다는 말이다.

7) 역주] 有數 : ≪周禮≫ 〈秋官 大行人〉에 "上公의 饗宴에는 9牢, 侯伯은 7牢, 子男은 5牢를 쓰는 것이 정해진 常數이다."고 하였다. 〈楊注〉

8) 淫 過也

淫은 지나침이다.

9) 上物 天子之牢

上物은 天子의 牢이다.

10) 天有十二次 故制禮象之

하늘에 12次가 있기 때문에 禮를 制定하여 天數를 象徵한 것이다.

11) 違周爲背本

周나라를 어기는 것이 根本을 배반하는 것이 된다.

12) 역주] 棄天而背本 : 하늘에는 단지 12次가 있을 뿐인데, 지금 百牢를 요구하였기 때문에 棄天이라 한 것이고, 吳나라는 泰伯의 후손으로 周나라의 禮를 어겼기 때문에 背本이라 한 것이다. 〈楊注〉

13) 放棄凶疾 來伐擊我

凶惡한 疾病을 放棄하여 와서 우리를 공격할 것이라는 말이다.

14) 역주] 棄疾 : 오늘날의 加害라는 말과 같다. 〈楊注〉

大宰嚭召季康子[1]하니 **康子使子貢辭**[2]하다 **大宰嚭曰 國君道長**[3)4]이어늘 **而大夫不出門**하니 **此何禮也**[5]오 **對曰 豈以爲禮**리오 **畏大國也**[6]라 **大國不以禮命於諸侯**하니 **苟不以禮**면 **豈可量也**[7]아 **寡君既共命焉**하니 **其老豈敢棄其國**이리오 **大伯端委**하야 **以治周禮**어늘 **仲雍嗣之**하야 **斷髮文身**하야 **贏以爲飾**하니 **豈禮也哉**아 **有由然也**[8]라 **反自鄫**하야 **以吳爲無能爲也**[9]라하다

吳나라 太宰 嚭가 季康子를 부르니, 康子가 子貢을 보내어 謝絶하게 하였다. 太宰 嚭가 말하기를 "임금은 먼 길을 오느라고 길에서 장구한 날을 보냈는데, 大夫들은 문을 닫고 나오지 않으니 이것이 무슨 禮이오."라고 하니, 子貢이 대답하기를 "어찌 이것을 禮라 하겠습니까? 大國을 두려하기 때문입니다. 大國이 禮로써 諸侯에게 명하지 않으시니, 진실로 禮로써 명하지 않는다면 〈小國의 禍를〉 어찌 헤아릴 수 있겠습니까? 우리 임금께서 이미 명을 받고 이곳에 와 계시니, 그 신하들이 어찌 감히 그 나라를 버려

두고 올 수 있겠습니까? 太伯께서는 玄端服에 委帽를 쓰고서 周禮를 행하셨는데, 仲雍이 뒤를 이어 임금이 되어서는 頭髮을 자르고 몸에 무늬를 새겨 넣어 裸體를 裝飾하였으니, 이것을 어찌 禮라 할 수 있겠습니까? 까닭이 있어서 그렇게 한 것입니다."고 하였다. 鄫에서 돌아와서는 吳나라가 큰일을 할 수 없을 것으로 여겼다.

1) 嚭 吳大夫

嚭는 吳나라 大夫이다.

2)〔附注〕林曰 辭 不往見

〔부주〕林: 辭는 가서 만나보지 않은 것이다.

3) 言君長大於道路

임금은 〈먼 길을 장기간에 걸쳐 오느라〉 道路에서 長大(나이가 늘어남)하였다는 말이다.

4) 역주〕道長 : 長은 久와 같으니, 길에서 보낸 날이 長久하다는 말이다.

5)〔附注〕林曰 君勞臣逸 果爲何禮

〔부주〕林: 임금은 勤勞하는데 신하는 安逸한 것이 과연 무슨 禮이냐는 말이다.

6) 畏大國 不敢虛國盡行

大國이 〈쳐들어올까〉 두려워서 감히 나라를 비우고 다 올 수 없다는 말이다.

7)〔附注〕林曰 其包藏 豈可量度

〔부주〕林: 大國이 숨기고 있는 凶惡한 마음을 어찌 헤아릴 수 있겠느냐는 말이다.

8) 大伯 周大王之長子 仲雍 大伯弟也 大伯仲雍讓其弟季歷 俱適荊蠻 遂有民衆 大伯卒 無子 仲雍嗣立 不能行禮致化 故效吳俗 言其權時制宜以辟災害 非以爲禮也 端委 禮衣也〔附注〕林曰 端 玄端服 委 冠也 剪斷其髮 文綉其身 嬴衣露體 以爲盛飾

太伯은 周나라 太王의 長子이고, 仲雍은 太伯의 아우이다. 太伯과 仲雍이 太子의 자리를 그 아우 季歷에게 사양하고서 함께 荊蠻으로 가서, 마침내 民衆을 소유하였다. 太伯이 卒하고 아들이 없자, 仲雍이 그 뒤를 이어 임금이 되었으나, 禮를 행하여 敎化를 펴지 못하였다. 그러므로 吳나라 風俗을 본받은 것이다. 이것은 仲雍이 當時의 狀況을 참작하여 適宜한 방법을 찾아서 災害를 피한 것이고, 그것을 禮로 여긴 것이 아니라는 말이다. 端委는 禮衣이다.

〔부주〕林: 端은 玄端服이고, 委는 冠이다. 頭髮을 자르고 그 몸에 繡를 놓아 옷을 벗고 몸을 드러내어 그 수로써 성대한 장식을 삼은 것이다.

9) 棄禮 知其不能霸也

禮를 버렸기 때문에 吳王이 霸者가 될 수 없을 것을 안 것이다.

【傳】季康子欲伐邾하야 乃饗大夫以謀之하다 子服景伯曰 小所以事大는 信也오 大所以保小는 仁也며 背大國은 不信[1]이오 伐小國은 不仁이라 民保於城하고 城保於德니라 失二德者는 危니 將焉保[2]리오 孟孫曰 二三子以爲何如[3]오 惡賢而逆之[4]오 對曰 禹合諸侯於塗山에 執玉帛者萬國[5][6]이나 今其存者가 無數十焉하니 唯大不字小하고 小不事大也[7]ㄹ새니라 知必危면 何故不言[8]가 魯德如邾어늘 而以衆加之하니 可乎[9]아하고 不樂而出[10]하다

季康子가 邾나라를 토벌하고자 하여, 이에 饗宴을 열어 大夫들을 招請하여 그 일을 商議하였다. 子服景伯이 말하기를 "小國이 大國을 섬기는 것은 信이고 大國이 小國을 보호는 것은 仁이며, 大國을 배신하는 것은 不信이고 小國을 토벌하는 것은 不仁입니다. 백성은 城에 의해 보호되고 城은 德에 의해 보호됩니다. 두 德을 잃는 자는 危險해질 것이니 장차 어찌 人民과 城地를 보호할 수 있겠습니까?"라고 하였다. 孟孫이 〈대부들에게〉 말하기를 "여러분들은 어떻게 생각하십니까? 어찌 賢者의 말을 거역할 수 있습니까?"라고 하니, 대부들이 대답하기를 "옛날 禹王이 塗山에서 諸侯를 會合할 때 玉帛을 잡은 나라가 萬國이었으나 지금 남아 있는 나라가 수십 나라도 되지 않는 것은 大國이 小國을 돌보지 않고 小國이 大國을 섬기지 않았기 때문입니다. 危險할 것을 안다면 어찌 말을 하지 않겠습니까?"라고 하였다. 그러자 孟孫이 말하기를 "魯나라의 德이 邾나라보다 나은 것이 없으면서 大兵만을 믿고서 토벌하는 것이 옳은 일이라고 할 수 있는가?"라고 하고서 饗宴을 즐기지 않고 나갔다.

1) 大國 吳也

大國은 吳나라이다.

2) 二德 信與仁也

二德은 信과 仁이다.

3) 怪諸大夫不言 故指問之

大夫들이 말하지 않는 것을 괴이하게 여겼기 때문에 지적해 물을 것이다.

4) 孟孫賢景伯 欲使大夫不逆其言 惡 猶安也〔附注〕林曰 言安有賢如景伯 而可不順其言者

孟孫이 子服景伯을 어질게 여겨 大夫들로 하여금 그의 말을 거역하지 못하게 하고자 한 것이다. 惡는 安(어찌)과 같다.

〔부주〕林: 어디에 景伯처럼 어진 자가 있기에 그의 말을 따르지 않을 수 있겠느냐는 말이다.

5) 諸大夫對也 諸侯執玉 附庸執帛 塗山 在壽春東北

大夫들이 대답한 것이다. 諸侯는 玉을 잡고 附庸은 帛을 잡는다. 塗山은 壽春 동북쪽에 있다.

6) 역주] 玉帛 : 諸侯가 天子에게 朝見할 때 손에 잡는 五玉과 諸侯의 世子가 손에 드는 三帛을 이른다. 五玉과 三帛은 ≪書經≫ 〈舜典〉의 〈蔡注〉를 參考할 것.

7) 言諸侯相伐 古來以然

諸侯가 서로 侵伐하는 것은 예로부터 그러하였다는 말이다.

8) 知伐邾必危 自當言 今不言者 不危故也 大夫以答孟孫所怪 且阿附季孫

邾나라를 치면 반드시 危險해질 것을 안다면 당연히 말을 할 것이지만, 지금 말을 하지 않는 것은 危險하지 않기 때문이란 말이다. 大夫들은 이 말로 괴이하게 여기는 孟孫에게 대답하고, 또 季孫에게 阿附한 것이다.

9) 孟孫忿答大夫 今魯德無以勝邾 但欲恃衆 可乎 言不可

孟孫이 大夫들의 답을 듣고 忿怒하여, "지금 魯나라의 德이 邾나라보다 나은 것이 없으면서 단지 병력이 많은 것만을 믿고자 하는 것이 옳은 일이라 할 수 있는가?"라고 하였으니, 옳지 않다는 말이다.

10) 季孟意異 佞直不同 故罷饗

季孫과 孟孫은 생각이 달랐고, 奸邪〔佞〕하고 正直함도 같지 않았다. 그러므로 饗宴을 파한 것이다.

秋에 **伐邾**하야 **及范門**[1)]이로되 **猶聞鐘聲**[2)]하다 **大夫諫**호되 **不聽**[3)4)]하고 **茅成子請告於吳**[5)]호되 **不許**하고 **曰 魯擊柝聞於邾**[6)]어니와 **吳二千里**라 **不三月不至**니 **何及於我**리오 **且國內豈不足**[7)]이리오 **成子以茅叛**[8)]하다 **師遂入邾**하야 **處其公宮**하다 **衆師晝掠**[9)]하니 **邾衆保于繹**[10)]하다 **師宵掠**하야 **以邾子益來**[11)]하야 **獻于亳社**[12)]하고 **囚諸負瑕**하다 **負瑕故有繹**[13)14)]이라

가을에 邾나라를 侵伐하여 范門에 이르렀으되, 〈邾나라는 방어할 생각은 하지 않고〉 오히려 鐘을 치며 〈음악을 연주하는〉 소리가 들렸다. 邾나라 大夫가 〈魯軍을 防禦하라고〉 諫하였으나 邾子는 듣지 않았고, 茅成子가 吳나라에 急한 사정을 알려 〈援軍을 청하자고〉 요청하였으나 邾子는 허락하지 않고서 말하기를 "〈魯나라는 우리나라와 거리가 매우 가까워서〉 魯나라 夜警꾼이 치는 딱따기 소리가 우리 邾나라에 들리지만 吳나라는 2천 리 밖에 있으니 〈설령 援軍이 온다 하더라도〉 3개월 이전에는 당도하지 못할 것이니 어찌 우리가 위급할 때에 미쳐 올 수 있겠는가? 그리고 또 國內의 힘이 어찌 魯軍을 막기에 不足하겠는가?"라고 하니, 成子는 茅邑의 백성들을 거느리고 배반하였다.

魯軍이 드디어 邾나라 城內로 들어가서 邾나라 公宮에 거처하였다. 魯나라 軍衆이 대낮에 재물을 掠奪하니 邾나라 民衆이 繹山으로 물러가 보루를 쌓고서 지켰다. 魯軍이 밤에 繹山을 侵掠하여 邾子 益을 잡아 데리고 돌아와서 亳社에 바쳐 〈승전을 告하고서〉 그를 負瑕에 囚禁하였다. 그러므로 負瑕에는 지금도 거주하는 繹人이 있다.

1) 邾郭門也
邾나라 外郭의 門이다.

2) 邾不禦寇〔附注〕林曰 猶擊鍾作樂 不屑禦寇
邾나라가 外寇를 막지 않은 것이다.
〔부주〕林: 오히려 鍾을 치고 音樂을 연주하면서 外寇를 막으려 하지 않은 것이다.

3)〔附注〕林曰 邾大夫諫不從
〔부주〕林: 邾나라 大夫가 諫하였으나 따르지 않은 것이다.

4) 역주〕大夫諫 : 邾나라 大夫가 속히 음악을 멈추고서 군대를 정비해 抵抗하라고 諫한 것이다. 〈楊注〉

5) 成子 邾大夫 茅夷鴻〔附注〕林曰 請告急於吳
成子는 邾나라 大夫 茅夷鴻이다.
〔부주〕林: 危急한 사정을 吳나라에 通告하기를 청한 것이다.

6) 言以近〔附注〕林曰 柝 兩木相擊以行夜也
거리가 가까움을 말한 것이다.
〔부주〕林: 柝은 두 개의 나무를 두 손에 하나씩 잡고서 서로 치면서 밤에 巡察을 도는 것이다.

7) 言足以距魯
魯軍을 막기에 충분하다는 말이다.

8) 高平西南有茅鄕亭〔附注〕林曰 成子知邾必亡 故先以其邑叛
高平 서남쪽에 茅鄕亭이 있다.
〔부주〕林: 成子는 邾나라가 반드시 亡할 줄을 알았기 때문에 먼저 그 邑의 백성들을 거느리고서 背叛한 것이다.

9) 虜掠取財物也
虜掠하여 財物를 取한 것이다.

10) 繹 邾山也 在鄒縣北
繹은 邾나라 山이다. 鄒縣 북쪽에 있다.

11) 益 邾隱公也 晝夜掠 傳言康子無法
益은 邾隱公이다. 밤낮으로 虜掠한 것이다. 傳文은 康子가 法을 무시했음을 말한 것이다.

12) 以其亡國與殷同

邾子가 나라를 망친 것이 殷나라와 같기 때문이다.

13) 負瑕 魯邑 高平南平陽縣西北有瑕丘城 前者魯得邾之繹民使在負瑕 故使相就以辱之

負瑕는 魯나라 邑이다. 高平 南平陽縣 서북쪽에 瑕丘城이 있다. 전에 魯나라가 잡은 邾나라 繹의 백성들을 負瑕에 살게 하였기 때문에 邾子를 그곳으로 보내어 恥辱스럽게 한 것이다.

14) 역주] 負瑕故有繹 : 杜注에서는 전부터 魯나라가 잡은 繹의 백성들이 負瑕에 살고 있는 것으로 풀이하였으나, '이 기록은 곁에 끼워 넣은(旁揷) 글이다. 邾子의 囚禁으로 인해 負瑕에 지금까지 繹民이 있는 것이다.'고 한 吳闓生의 ≪文史甄微≫를 인용한 〈楊注〉의 해석을 따라 번역하였다.

邾茅夷鴻以束帛乘韋[1)]로 自請救於吳[2)]曰 魯弱晉而遠吳[3)]라하야 馮恃其衆[4)]而背君之盟[5)]하고 辟君之執事[6)7)]하야 以陵我小國하니라 邾非敢自愛也라 懼君威之不立이라 君威之不立은 小國之憂也ㄹ새니라 若夏盟於鄫衍[8)]하고 秋而背之[9)]하야 成求而不違[10)]면 四方諸侯其何以事君이리오 且魯賦八百乘이니 君之貳也[11)12)]오 邾賦六百乘이니 君之私也[13)]라 以私奉貳이니 唯君圖之하라 吳子從之[14)]하다

邾나라 茅夷鴻이 束帛(다섯 필의 비단)과 乘韋(네 장의 소가죽)를 가지고 가서 개인의 자격으로 吳나라에 救援兵을 요청하기를 "魯나라는 晉나라가 衰弱하여 〈魯나라가 邾나라를 토벌하더라도 懲罰하지 못할 것이고,〉 吳나라는 멀리 있어 〈魯나라를 威脅할 수 없다고〉 여겨 그 兵力을 믿고, 임금님(吳君)과 맺은 盟約을 저버리고 임금님의 執事를 淺陋하게 여기고서 우리 小國을 陵蔑하였습니다. 〈지금 援軍을 요청하는 것은〉 우리 邾나라가 감히 自國을 愛護하기 위해서가 아니라 임금님의 權威가 서지 않을까 두려워서입니다. 임금님이 권위가 서지 않은 것은 小國의 근심이기 때문입니다. 가령 〈魯나라가〉 여름에 鄫衍에서 맺은 맹약을 가을에 저버리고서 欲求를 達成하는데도 그것을 制裁[違]하지 않는다면 사방의 諸侯가 어찌 임금님을 〈믿고〉 섬길 수 있겠습니까? 그리고 또 魯나라의 軍賦(兵車)는 8百 乘이니 〈그 國力이〉 임금님 나라의 버금이고, 邾나라의 軍賦는 6백 승이니 〈邾나라는〉 임금님의 私屬입니다. 〈邾나라를 구원하지 않는 것은〉 私屬을 버금가는 나라에 奉獻하는 것이니, 임금님께서는 깊이 생각하소서."라고 하니 吳子가 그의 말을 따랐다.

1)〔附注〕林曰 束帛 帛十端爲五匹作一束也 乘韋 熟韋四張也
〔부주〕林: 束帛은 비단 10端을 5匹로 만들어 한 묶음으로 만든 것이고, 乘韋는 熟牛皮 4장이다.
2) 無君命 故言自
君命이 아니었기 때문에 '自(개인의 자격)'라고 말한 것이다.
3) 역주〕魯弱晉而遠吳 : 魯나라는 邾나라를 토벌하더라도 晉나라는 衰弱하여 魯나라를 懲罰하지 못할 것이고, 吳나라는 멀리 있어 魯나라를 威脅할 수 없다고 여긴다는 말이다.
4) 馮 依
馮은 依(의지함)이다.
5) 역주〕背君之盟 : 鄫의 會盟에 당연히 邾나라를 치지 않겠다는 盟約이 있었을 것이다.〈楊注〉
6) 辟 陋
辟은 陋이다.
7) 역주〕辟君之執事 : 吳君을 淺陋하게 여겼다는 말이다. 비록 '執事'라고 말하였으나, 실은 吳君을 가리킨 것이다. ≪左傳≫의 辭令은 대체로 이와 같다.〈楊注〉
8) 鄫衍 卽鄫也 鄫盟不書 吳行夷禮 禮儀不典 非所以結信義 故不錄
鄫衍은 바로 鄫이다. 鄫의 盟約을 經에 기록하지 않은 것은 吳나라가 夷狄의 禮를 행하여 禮儀가 常道에 맞지 않았으니 信義를 맺는 방법이 아니었다. 그러므로 기록하지 않은 것이다.
9)〔附注〕林曰 伐邾而背其約
〔부주〕林: 邾나라를 토벌하여 鄫의 盟約을 저버린 것이다.
10) 言魯成其所求 無違逆也
魯나라가 그 欲求를 達成하는데도〈吳나라가 魯나라의 뜻을〉거역하지 않는다는 말이다.
11) 貳 敵也 魯以八百乘之賦 貢于吳[*)] 言其國大
貳는 敵이다. 魯나라는 8백 乘의 軍賦로 吳나라에 進貢함이니, 그 나라가 크다는 말이다.
*) 역주〕魯以八百乘之賦 貢于吳 : 魯나라는 兵車 8백 乘을 基準으로 삼아 吳나라에 바치는 貢物의 數量을 定하였다는 뜻이다. 春秋時代에는 各國의 兵車 數를 基準으로 삼아 盟主에게 바치는 貢物의 數量을 정하였던 것 같다. 哀公 13년 傳을 參考할 것.
12) 역주〕魯賦八百乘 君之貳 :〈楊注〉에 "賦는 軍賦(兵車)이다. 이때 魯나라의 兵力이 겨우 8백 乘이었다. 貳는 副貳이니, 吳나라의 兵車가 8백 乘보다 많기 때문에 魯나라는 겨우 吳나라의 佐助가 될 뿐이라고 한 것이다. 佐助者는 반드시 忠誠하지 않는다."고 하였으

나, 貳를 佐助로 보지 않고 '버금'으로 보는 것이 좋을 것 같아 '버금'으로 번역하였다.

13) 爲私屬 *)

邾나라는 吳王의 私屬이라는 말이다.

*) 역주] 私屬 : 개인에게 소속된 私有物이다.

14) 爲明年吳伐我傳

明年에 吳나라가 우리나라를 토벌한 傳의 배경이다.

【傳】 宋人圍曹하니 **鄭桓子思曰 宋人有曹**는 **鄭之患也**니 **不可以不救**[1]라하고 **冬**에 **鄭師救曹**하고 **侵宋**하다

宋人이 曹나라를 포위하니, 鄭나라 桓子思가 말하기를 "宋人이 曹나라를 소유하는 것은 鄭나라의 憂患이니, 曹나라를 救援하지 않을 수 없다."고 하고서, 겨울에 鄭軍을 거느리고 가서 曹나라를 구원하고서 宋나라를 침공하였다.

1) 桓 諡 〔附注〕 林曰 宋若滅曹 有其土地 必爲鄭國邊境之患

桓은 〈子產의 아들 國參의〉 諡號이다.

〔부주〕 林: 宋나라가 曹나라를 擊滅하고서 그 土地를 소유하면 반드시 鄭나라 邊境의 憂患이 될 것이라는 말이다.

初에 **曹人或夢衆君子立于社宮**[1]하야 **而謀亡曹**이어늘 **曹叔振鐸請待公孫彊**한대 **許之**[2]하다 **旦而求之**하니 **曹無之**[3]하다 **戒其子**[4]**曰 我死**에 **爾聞公孫彊爲政**이어든 **必去之**하라 **及曹伯陽即位**하야 **好田弋**하다 **曹鄙人公孫彊好弋**하여 **獲白雁獻之**하고 **且言田弋之說**[5]한대 **說之**하야 **因訪政事**하고 **大說之**하다 **有寵**하야 **使爲司城以聽政**하니 **夢者之子乃行**하다

당초에 曹나라의 어떤 사람이 꿈에 여러 君子들이 社宮에 서서 曹나라를 滅亡시킬 일을 謀議하는데, 曹叔 振鐸이 公孫 彊이 〈執政할 때를〉 기다리기를 청하자 여러 君子가 허락하는 것을 보았다. 그 사람은 이튿날 公孫 彊이란 자를 찾아보았으나 曹나라에는 그런 자가 없었다. 그러자 그 아들에게 경계하기를 "내가 죽은 뒤에 너는 公孫 彊이란 사람이 執政이 되었다는 말을 듣거든 반드시 이곳을 떠나라."고 하였다. 曹伯 陽이 即位함에 미쳐 사냥〔田弋〕을 좋아하였다. 曹나라 변방 사람 公孫 彊이 주살로 새 잡기를 좋아하여 白雁을 잡아 曹伯 陽에게 바치고서 사냥의 技巧를 말하자, 曹伯 陽은 기뻐하고서 이어 政事에 대해 묻고는 크게 기뻐하였다. 寵愛하여 司城으로 삼아 國政을 處

理하게 하니, 꿈꾼 자의 아들이 곧 曹나라를 떠났다.

1) 社宮 社也
社宮은 社이다.

2) 振鐸 曹始祖〔附注〕林曰 請衆君子待公孫彊爲政 而後亡曹 衆君子許之
振鐸은 曹나라 始祖이다.
〔부주〕林: 衆君子에게 公孫 彊이 執政할 때를 기다린 뒤에 曹나라를 멸망시키기를 청하자 衆君子가 허락한 것이다.

3)〔附注〕林曰 夢之明日 徧求於曹國 無所謂公孫彊者
〔부주〕林: 꿈을 꾼 다음날 曹나라에 두루 찾아보았으나 이른바 公孫 彊이란 자가 없었다는 말이다.

4)〔附注〕林曰 夢者戒其子
〔부주〕林: 꿈을 꾼 자가 그 아들에게 경계한 것이다.

5) 역주〕田弋之說 : 田은 길짐승을 잡는 狩獵을 이르고, 弋은 주살로 날짐승을 잡는 것을 이른다. 〈楊注〉에 "說은 技巧를 이른다."고 하였다.

彊言霸說於曹伯[1]한대 **曹伯從之**하야 **乃背晉而奸宋**[2]하다 **宋人伐之**로되 **晉人不救**하다 **築五邑於其郊**[3)4)]하니 **曰 黍丘揖丘大城鍾邘**[5]라

公孫 彊이 曹伯에게 霸者가 되는 방법〔說〕을 말하자, 曹伯이 그 말을 따라 晉나라를 배반하고 宋나라를 침범하였다. 그러므로 宋人이 토벌하는데도 晉人이 구원하지 않은 것이다. 그 郊外에 다섯 邑을 建築하였으니 黍丘·揖丘·大城·鍾·邘이다.

1)〔附注〕林曰 公孫彊獻創霸之說於伯陽
〔부주〕林: 公孫 彊이 曹伯 陽에게 霸業을 創建하는 方法〔說〕을 進言한 것이다.

2)〔附注〕林曰 奸犯宋國
〔부주〕林: 宋나라를 침범한 것이다.

3)〔附注〕林曰 宋取曹五邑而城築之於其近郊
〔부주〕林: 宋나라가 曹나라의 다섯 邑을 취하여 曹나라 近郊에 성을 쌓은 것이다.

4) 역주〕築五邑於其郊 : 鄭나라의 救援으로 宋軍이 물러가자, 公孫 彊은 宋나라를 防備할 목적으로 曹나라 郊外의 다섯 邑에 城을 修築한 것이다. 參考文獻 ≪左氏會箋≫, 〈楊注〉 등

5) 爲明年入曹傳也 梁國下邑縣西南有黍丘亭〔附注〕林曰 所築五邑名也
明年에 宋軍이 曹나라로 쳐들어간 傳의 배경이다. 梁國 下邑縣 서남쪽에 黍丘亭이

있다.

〔부주〕 林: 築城한 다섯 邑의 이름이다.

〈八年, 甲寅 B.C.487〉

【經】 八年春王正月에 **宋公入曹**하야 **以曹伯陽歸**[1)]하다

8년 봄 周王 正月에 宋公이 曹나라로 쳐들어가서 曹伯 陽을 잡아 데리고 돌아갔다.

1) 曹人背晉而奸宋 是以致討 宋公旣還 而不忍褚師之詬 怒而反兵 一擧滅曹 滅非本志 故以入告〔附注〕林曰 檜亡東周之始 曹亡春秋之終 夫子之刪詩也 係曹檜於國風之後 檜之卒篇曰 思周道也 傷天下之無王也 曹之卒篇曰 思治也 傷天下之無道〔伯〕[*1)]也[*2)]

曹人이 晉나라를 배반하고 宋나라를 침범하였다. 그러므로 討伐를 自招한 것이다. 宋公이 이미 還軍하는 중이었는데, 褚師의 꾸짖음을 참을 수 없어서 怒하여 군대의 발길을 돌려 일거에 曹나라를 擊滅하였으나, 滅亡시킨 것이 宋公의 本意가 아니었기 때문에 〈'滅'로 通告하지 않고〉 '入'으로 통고한 것이다.

〔부주〕 林: 檜나라의 滅亡이 東周의 시작이고, 曹나라의 멸망이 春秋의 終末이다. 夫子께서 刪詩하실 때 〈曹風〉과 〈檜風〉을 뒤에 매어놓으시고서 〈檜風〉의 卒篇은 "周나라 道를 생각한 것이다."고 하셨으니, 이는 天下에 明王이 없음을 상심한 것이고, 〈曹風〉의 卒篇은 "治世를 생각한 것이다."고 하셨으니, 이는 천하에 賢伯(盟主)이 없음을 상심하신 것이다.

*1) 역주〕 저본에는 '道'로 되어 있으나, ≪四庫全書 左傳杜林合注≫本에 의거하여 '伯'으로 바로잡았다.

*2) 역주〕 思周道也……傷天下之無道〔伯〕也 : '思周道'는 〈檜風〉 卒篇 〈匪風篇 小序〉의 말이고, '思治'는 〈曹風〉 卒篇 〈下泉篇 小序〉의 말이다. 孔子가 刪詩하였느냐의 與否는 千古의 疑案이고, 小序는 子夏의 作品이라고 하나 確實하지 않은데, 林氏는 어떤 근거로 孔子가 刪詩하였고, 小序도 孔子의 作品인 양 附會하였는지 모르겠다.

【經】 吳伐我하다

吳나라가 우리나라를 侵伐하였다.

【經】 夏에 **齊人取讙及闡**[1)]하다

여름에 齊人이 讙과 闡을 취하였다.

1) 不書伐 兵未加而魯與之邑 闡在東平剛縣北

'伐'하였다고 기록하지 않은 것은 齊나라가 攻擊하기 전에 魯나라가 먼저 邑을 주었기 때문이다. 闡은 東平 剛縣 북쪽에 있다.

【經】 歸邾子益于邾하다

邾子 益을 邾나라로 돌려보냈다.

【經】 秋七月이라

가을 7월이다.

【經】 冬十有二月癸亥에 杞伯過卒[1)]하다

겨울 12월 癸亥日에 杞伯 過가 卒하였다.

1) 無傳 未同盟而赴以名

傳이 없다. 同盟하지 않았으나, 이름을 기록하여 赴告하였기 때문에 經에 그 이름을 기록한 것이다.

【經】 齊人歸讙及闡[1)]하다

齊人이 讙과 闡을 되돌려주었다.

1) 不言來 命歸之 無言〔旨〕[*1)]使也[*2)]

'來'라고 말하지 않은 것은 齊侯가 돌려주라고 命하면서 旨示해 보낸 사자가 없었기 때문이다.

*1) 역주〕 저본에는 '言'으로 되어 있으나, ≪十三經注疏≫本에 의거하여 '旨'로 바로잡았다.

*2) 역주〕 不言來……無旨使也 : ≪春秋≫의 書法으로 보면 '齊人使某來歸讙及闡'으로 써야 하는데, 齊侯가 돌려주라고 命하면서 旨示해 보낸 使者가 없었기 때문에 '來'라고 쓰지 않았다는 말이다.

【傳】 八年春에 宋公伐曹將還할새 褚師子肥殿[1)]하다 曹人詬之어늘 不行[2)]하니 師待之[3)4)]하다 公聞之하고 怒하야 命反之[5)]하야 遂滅曹하고 執曹伯及司城彊以歸하야

殺之[6)] 하다

8년 봄에 宋公이 曹나라를 토벌하고 還軍할 때 褚師 子肥가 宋軍의 後尾를 맡았는데, 曹人이 욕하며 꾸짖자 後軍이 行軍을 停止하니 全軍이 그를 기다렸다. 宋公이 그 소식을 듣고 노하여 全軍에 反擊을 명하여 마침내 曹나라를 擊滅하고서 曹伯과 司城彊을 잡아 가지고 돌아가서 죽였다.

1) 子肥 宋大夫
　子肥는 宋나라 大夫이다.
2) 詬 詈辱也 不行 殿兵止也
　詬는 욕하며 꾸짖음이다. 不行은 殿兵(後軍)이 停止한 것이다.
3)〔附注〕林曰 曹師見殿兵不行 遂待之
　〔부주〕林: 曹軍은 宋軍의 殿兵이 가지 않는 것을 보고서 드디어 기다린 것이다.
4) 역주〕師待之 : 이곳의 師는 宋師이다. 宋나라 殿兵이 걸음을 停止하고 가지 않았기 때문에 宋軍이 後軍을 기다린 것이다. 參考文獻 ≪左氏會箋≫ 및 〈楊注〉
5)〔附注〕林曰 命反攻之
　〔부주〕林: 反擊하라고 명한 것이다.
6) 終曹人之夢
　끝내 曹人의 꿈과 같이 되었다.

【傳】 **吳爲邾故**로 **將伐魯**하야 **問於叔孫輒**[1)] 한대 **叔孫輒對曰 魯有名而無情**[2)] 하니 **伐之**면 **必得志焉**하리라하고 **退而告公山不狃**[3)] 한대 **公山不狃曰 非禮也**[4)] 라 **君子違**에 **不適讐國**[5)6)] 하며 **未臣而有伐之**면 **奔命焉**하야 **死之可也**[7)] 오 **所託也則隱**[8)9)] 이라 **且夫人之行也**[10)] 에 **不以所惡**(오)**廢鄕**[11)] 이어늘 **今子以小惡**로 **而欲覆宗國**하니 **不亦難乎**[12)] 아 **若使子率**[13)14)] 이어든 **子必辭**하라 **王將使我**[15)] 하리라 **子張病之**[16)17)] 하다 **王問於子洩**[18)] 한대 **對曰 魯雖無與立**[19)20)] 이나 **必有與斃**[21)] 라 **諸侯將救之**리니 **未可以得志焉**이라 **晉與齊楚輔之**면 **是四讐也**[22)23)] 라 **夫魯**는 **齊晉之脣**[24)] 이라 **脣亡齒寒**은 **君所知也**니 **不救何爲**리오

吳나라가 邾나라를 위한 일로 魯나라를 치고자 하여 叔孫輒에게 묻자, 叔孫輒이 대답하기를 "魯나라는 이름만 있고 실상이 없으니, 토벌하면 반드시 뜻을 이룰 수 있을 것입니다."고 하고서 물러와서 公山不狃에게 고하자, 公山不狃가 말하기를 "당신께서

이렇게 말한 것은 禮가 아닙니다. 君子는 본국을 떠나 外國으로 亡命하는 경우에도 怨讐의 나라로 가지 않고, 도망간 나라의 신하가 되기 전에 그 나라가 本國을 치는 일이 있으면 본국으로 돌아가서 임금의 명을 받고 달려가 싸우다가 죽어야 하고, 이미 그 나라에 몸을 依託하였으면 〈그 토벌에 참여하지 않고〉 몸을 숨겨야 합니다. 그리고 또 사람은 자기 나라를 떠난 경우에도 怨恨으로 인해 故鄕을 버리지 않는 것인데, 지금 당신께서는 작은 원한으로 宗國을 顚覆시키고자 하시니 어렵지 않겠습니까? 만약 吳王이 당신께 길을 引導〔率〕하라고 하거든 당신께서는 반드시 사양하십시오. 그러면 吳王은 나에게 시킬 것입니다."라고 하니, 子張은 앞서 한 자신의 말을 悔恨하였다. 吳王이 子洩에게 묻자, 子洩이 대답하기를 "魯나라에 비록 나라를 함께 부흥시킬 사람은 없으나 반드시 함께 죽을 사람은 있습니다. 諸侯가 救援하려 할 것이니 뜻을 이룰 수 없을 것입니다. 晉나라가 齊나라·楚나라와 함께 魯나라를 돕는다면 이 나라들이 吳나라의 네 怨讐國이 될 것입니다. 저 魯나라는 齊나라와 晉나라의 입술입니다. 입술이 없어지면 이가 시려지는 것은 임금님께서도 아시는 바이니, 저 齊나라와 楚나라가 魯나라를 救援하지 않고 어찌하겠습니까?"라고 하였다.

1) 問可伐不 輒故魯人
   討伐해도 될는지를 물은 것이다. 輒은 본래〔故〕 魯나라 사람이다.
2) 有大國名 無情實
   大國이란 이름만 있고, 그에 걸맞은 실상이 없다는 말이다.
3) 不狃 亦故魯人
   公山不狃도 본래 魯나라 사람이다.
4) 〔附注〕 林曰 非對故國之禮
   〔부주〕 林: 故國를 대하는 禮가 아니라는 말이다.
5) 違 奔亡也
   違는 도망감이다.
6) 역주〕 違 : 故國을 떠나 他國으로 도망가는 것이다. ≪論語≫ 〈公冶長〉에 "崔子弑齊君 陳文子有馬十乘 棄而違之"란 말이 보인다.
7) 未臣所適之國 若有伐本國者 則可還奔命 死其難
   도망간 나라의 신하가 되기 전에 만약 本國을 토벌하는 일이 있으면 돌아와서 임금의 명을 받고 달려가 싸우다가 그 禍難에 죽어야 한다는 말이다.
8) 曾所因託 則爲之隱惡
   일찍이 依託한 바가 있으면 故國을 위하여 나쁜 점을 숨긴다는 말이다.
9) 역주〕 所託也則隱 : 몸을 의탁하였으면 그 토벌에 참여하지 않고 몸을 숨기는 것이다.

參考文獻〈楊注〉

10)〔附注〕林曰 夫人 指君子 言其去國也

〔부주〕林: 夫人은 君子를 가리킨다. 君子가 자기 나라를 떠나는 경우를 말한 것이다.

11) 不以其私怨惡 廢棄鄕黨之好

개인의 원한〔怨惡〕으로 옛 鄕黨의 友好를 폐기하지 않는 것이다.

12) 輒 魯公族 故謂之宗國

叔孫輒은 魯나라 公族이다. 그러므로 魯나라를 宗國이라 한 것이다.

13)〔附注〕林曰 若吳使子帥師

〔부주〕林: '만약 吳나라가 당신께 군대를 거느리고 가라 한다면'이라는 말이다.

14) 역주〕若使子率 : 率은 군대의 앞에서 길을 인도하며 무리를 이끌고 가는 것을 이르니, 군대의 將帥가 되는 것이 아니다.〈正義〉

15)〔附注〕林曰 吳王必將使我帥師

〔부주〕林: 吳王은 반드시 나에게 군대를 거느리게 할 것이라는 말이다.

16) 子張 輒也

子張은 叔孫輒이다.

17) 역주〕子張病之 : '病之'는 앞서 한 말이 옳지 않았음을 스스로 悔恨하였다는 말과 같다.〈楊注〉

18) 子洩 不狃

子洩은 公山不狃이다.

19) 緩時 若無能自立

平常時〔緩時〕에는 自立할 수 없을 것 같다는 말이다.

20) 역주〕無與立 : '與立'은 齊桓公과 晉文公이 많은 英材를 거느리고서 나라를 復興시킨 것과 같은 것이다. '與立'과 '與斃'는 모두 國內로써 말한 것이다. ≪左氏會箋≫

21) 急則人人知懼 皆將同死戰

危急하면 사람마다 두려움을 알아서 모두 함께 죽기로 싸우려 할 것이라는 말이다.

22) 與魯而四

魯나라와 더불어 넷이다.

23) 역주〕是四讐也 : 魯·晉·齊·楚가 變하여 吳나라의 네 敵國이 된다는 말이다.〈楊注〉

24)〔附注〕林曰 魯居齊晉之東 自吳觀之 是爲脣

〔부주〕林: 魯나라는 齊나라와 晉나라의 동쪽에 있으니, 吳나라에서 보면 魯나라가 바로 두 나라의 입술이다.

三月에 吳伐我에 子洩率[1)]이러니 故道險하야 從武城[2)]하다 初에 武城人或有因於吳竟田焉[3)]이러니 拘鄫人之漚菅者하야 曰 何故使吾水滋[4)5)]오하다 及吳師至하야 拘者道之以伐武城하야 克之[6)]하다 王犯嘗爲之宰러니 澹臺子羽之父好焉하니 國人懼[7)8)]하다 懿子謂景伯호되 若之何오 對曰 吳師來면 斯與之戰이니 何患焉이리오 且召之而至어니 又何求焉[9)]이리오 吳師克東陽而進하야 舍於五梧라가 明日에 舍于蠶室[10)]하다 公賓庚公甲叔子與戰于夷러니 獲叔子與析朱鉏[11)12)]하야 獻於王하니 王曰 此同車라 必使能이니 國未可望也[13)14)]로다 明日에 舍于庚宗이라가 遂次于泗上[15)]이어늘 微虎欲宵攻王舍[16)]하야 私屬(촉)徒七百人하야 三踊於幕庭[17)]하고 卒三百人하니 有若與焉[18)]하다 及稷門之內[19)]에 或謂季孫曰 不足以害吳오 而多殺國士[20)]니 不如已也라한대 乃止之하다 吳子聞之하고 一夕三遷[21)]하다

3월에 吳나라가 우리나라를 토벌할 때 子洩이 길을 引導하였는데, 故意로 吳軍을 험한 길로 인도하여 武城을 經由〔從〕하였다. 당초에 武城의 어떤 사람 중에 吳나라 境內에 依託〔因〕하여 農事를 짓는 자가 있었는데, 菅草를 물에 담가둔 鄫人을 잡아 가두고서 말하기를 "무엇 때문에 나의 물을 混濁하게 하느냐?"고 하였다. 吳軍이 당도함에 미쳐 잡혔던 자가 吳軍을 인도하여 武城을 토벌하여 승리하게 하였다. 王犯이 일찍이 武城의 邑宰가 된 적이 있었는데, 澹臺子羽의 父親이 王犯과 사이좋게 지내니 國人이 두려워하였다. 懿子가 自服景伯에게 이르기를 "어찌하면 좋겠소."라고 하니, 景伯이 대답하기를 "吳軍이 오면 그들과 싸울 뿐이니 걱정할 게 뭐 있습니까? 그리고 또 우리가 저들을 불러서 저들이 온 것이니, 또 저들에게 무엇을 요구하겠습니까?"라고 하였다. 吳軍이 東陽을 공격해 승리하고서 進軍하여 五梧에 주둔하였다가 다음날 蠶室에 주둔하였다. 公賓庚과 公甲叔子가 吳軍과 夷에서 交戰하였는데, 吳軍이 叔子와 析朱鉏의 首級을 베어 吳王에게 바치니 吳王이 말하기를 "이들은 한 兵車에 同乘한 자들로 〈함께 싸우다가 죽었다. 이에서〉 魯나라가 반드시 有能한 자를 임용한 것을 〈볼 수 있으니〉 魯나라를 얻을 가망이 없다."고 하였다. 다음날 庚宗에 주둔하였다가 드디어 泗水가에 주둔하자, 微虎가 밤에 吳王의 駐屯地를 공격하고자 하여 사사로이 兵士〔徒〕 7백 인을 集合〔屬〕시켜 軍幕 앞에서 세 번씩 뛰어보게 하고서 마침내 3백 인을 선발하였는데, 그 가운데 有若도 끼었다. 稷門 안에 미쳐 어떤 자가 季孫에게 말하기를 "이 兵力으로는 吳軍을 危害할 수 없고 단지 國士만을 죽일 뿐이니, 그만두는 것이 좋겠습니다."고 하니, 季孫은 즉시 行軍을 中止시켰다. 吳子는 이 소문을 듣고 하룻밤 사이에 주둔지를

세 차례나 옮겼다.

1)〔附注〕林曰 公山不狃帥師
〔부주〕林: 公山不狃가 군대를 거느린 것이다.

2) 故由險道 欲使魯成備
故意로 險한 길을 經由한 것은 魯나라로 하여금 防備策을 완성할 수 있게 하고자 한 것이다.

3) 僑田吳界
吳나라 境界에서 타향살이를 하며 農事를 지은 것이다.

4) 鄫人 亦僑田吳 滋 濁也
鄫人도 역시 吳나라에서 타향살이를 하면서 농사를 지은 것이다. 滋는 濁이다.

5) 역주〕漚菅 : 菅草를 물속에 오래 담가둔 것이다. 菅草는 벼과의 속하는 다년초로 잎이 가늘고 길다. 그 줄기는 밧줄을 꼬거나 신을 삼을 수 있고, 그 잎은 지붕을 이는 이엉으로 쓸 수 있다.

6) 鄫人教吳必可克*)
鄫人이 吳軍에게 반드시 이길 수 있는 길을 가르쳐준 것이다.

*) 역주〕鄫人教吳必可克 : 이긴 것은 武城을 이긴 것이다. 杜注의 解釋은 實際에 符合하지 않는다.

7) 王犯 吳大夫 故嘗奔魯爲武城宰 澹臺子羽 武城人 孔子弟子也 其父與王犯相善 國人懼其爲內應
王犯은 吳나라 大夫이다. 전에 魯나라로 도망해 와서 武城의 邑宰가 된 적이 있었다. 澹臺子羽는 武城 사람으로 孔子의 弟子이다. 그의 父親이 王犯과 서로 사이좋게 지내니, 國人(都城에 사는 人民)들은 그가 內應할까 두려워한 것이다.

8) 역주〕國人懼 : 澹臺子羽가 魯나라를 해칠까 두려워한 것이다. 만약 武城 사람들이 그가 內應할까 두려워한 것이라면 당연히 '國人'이라고 말하지 않았을 것이다. ≪左氏會箋≫

9) 言犯盟伐邾 所以召吳
盟約을 어기고서 邾나라를 토벌한 것이 吳軍을 불러들이게 된 원인이라는 말이다.

10) 三邑 魯地
세 邑은 魯나라 땅이다.

11) 公賓庚公甲叔子幷析朱鉏 爲三人 皆同車 傳互言之*)〔附注〕林曰 皆魯大夫 戰言二人 獲言二人者 互言之
公賓庚·公甲叔子에 析朱鉏까지 아우르면 세 사람이 된다. 이들이 모두 한 兵車에 同乘한 것이다. 傳文은 互言한 것이다.

〔부주〕林: 모두 魯나라 大夫이다. 交戰에서 두 사람을 말하고 俘獲에서 두 사람을 말한 것은 互言한 것이다.

*) 역주〕互言 : 同義詞를 번갈아 사용하여 글자의 중복을 피하는 修辭法이다. 交戰에서 公賓庚·公甲叔子를 말하고 獲(斬首)에서 公甲叔子와 析朱鉏를 말하였으나, 사실은 세 사람이 함께 交戰하고 세 사람이 함께 斬首된 것인데, 글자의 중복을 피하기 위해 이렇게 修辭한 것이다.

12) 역주〕獲叔子與析朱鉏 : 전쟁 중에 生捕하거나 斬首하는 것을 모두 '獲'이라 한다. 여기의 獲은 吳軍이 公甲叔子와 析朱鉏의 首級을 벤 것이다.

13) 同車能俱死 是國能使人 故不可望得〔附注〕林曰 未可望得魯國

한 兵車에 同乘한 사람이 능히 함께 죽었으니, 이는 魯나라가 사람을 잘 任用하였기 때문이다. 그러므로 魯나라를 얻기를 바랄 수 없다는 말이다.

〔부주〕林: 魯나라를 얻을 가망이 없다는 말이다.

14) 역주〕此同車 必使能 國未可望也 : 吳王이 同乘한 자들이 모두 죽은 것을 보고서, "이 同乘者들은 반드시 有能한 자를 任用한 것이니, 이에서 魯나라는 賢才를 선발하여 衆職에 任用한 것을 볼 수 있다. 그러므로 그 나라를 얻기를 바랄 수 없다."고 한 것이다. ≪左氏會箋≫

15)〔附注〕林曰 庚宗 魯地 每日遷舍 見吳師速而疾

〔부주〕林: 庚宗은 魯나라 땅이다. 매일 주둔지를 옮겼다는 것은 吳軍이 迅速하고 빠름을 表見한 말이다.

16) 微虎 魯大夫

微虎는 魯나라 大夫이다.

17) 於帳前設格 令士試躍之

帳幕 앞에 格(障碍物)을 설치하고서 兵士들로 하여금 한번 뛰어넘게 한 것이다.

18) 卒 終也 終得三百人任行[*)] 有若 孔子弟子 與在三百人中

卒은 終이다. 마침내 3백 인을 선발하여 任行하였다. 有若은 孔子의 弟子인데, 그도 3백 인 가운데 끼었다.

*) 역주〕任行 : 3백 인을 선발하여 吳王의 幕舍에 공격을 決行할 任務를 주었다는 말인지, 아니면 義에 용감한 任俠의 行實이 있는 3백 인을 얻었다는 말인지 未詳이다.

19) 三百人行至稷門

3백 인이 行進하여 稷門에 이른 것이다.

20) 역주〕多殺國士 : 多는 秖(다만)이고, 國士는 智識이 있는 사람이다. 〈楊注〉

21) 畏微虎

微虎를 두려워해서이다.

吳人行成[1]하야 **將盟**한대 **景伯曰 楚人圍宋**에 **易子而食**하고 **析骸而爨**[2]이로되 **猶無城下之盟**[3]이라 **我未及虧**어늘 **而有城下之盟**이면 **是棄國也**[4]라 **吳輕而遠**하니 **不能久**하야 **將歸矣**리니 **請少待之**하라 **弗從**하다 **景伯負載**하고 **造於萊門**[5)6]하다 **乃請釋子服何於吳**하니 **吳人許之**하다 **以王子姑曹當之**하다 **而後止**[7]하다 **吳人盟而還**[8]하다

吳人이 和親하기를 요구하여 魯나라가 盟約하려 하자, 子服景伯이 말하기를 "楚人이 宋나라를 포위하였을 때 宋人들은 자식을 바꾸어 먹고 骸骨을 쪼개어 밥을 지었으되 오히려 城下의 盟約은 하지 않았습니다. 우리는 아직 國力이 虧損되는 데 이르지 않았는데, 城下의 盟約을 한다면 이는 國家를 포기하는 것입니다. 吳人은 輕率한 데다가 나라에서 멀리 나와 있으니 오래 있을 수 없어서 속히 돌아갈 것이니, 조금만 더 기다리소서."라고 하였으나 듣지 않았다. 그러자 子服景伯은 器物을 지고 萊門으로 갔다. 魯人은 이에 子服何를 볼모로 데려가 吳나라에 留置〔釋〕하기를 청하니 吳人이 허락하였다. 그러자 魯人은 또 吳나라 王子 姑曹를 魯나라에 볼모로 잡히기〔當〕를 요구하였다. 두 나라는 결국 人質을 交換하는 일을 停止하였다. 吳人이 盟約을 맺고 돌아갔다.

1) 求與魯成
   魯나라와 和親〔成〕하기를 요구한 것이다.
2) 在宣十五年
   宣公 15년에 있었다.
3) 역주〕 城下之盟 : 敵이 城 아래까지 쳐들어왔을 때 그 脅迫을 견딜 수 없어 屈辱的인 盟約을 받아들이는 것으로 가장 恥辱스러운 盟約을 이른다.
4) 〔附注〕 林曰 今我雖被吳師 而於國勢 未有虧損
   〔부주〕 林: 지금 우리가 비록 吳軍의 공격을 받고 있지만 國勢에 아직 虧損이 없다는 말이다.
5) 以言不見從 故負載書 將欲出盟
   자기 말이 받아들여지지 않았기 때문에 載書를 지고 나가서 盟約하고자 한 것이다.
6) 역주〕 負載 : 載書는 盟主가 作成하는 것이니, 그렇다면 당연히 吳나라가 作成하였을 것인데, 어째서 다시 魯나라로 流出되었겠는가? 또 載書는 몇 쪽의 文書일 뿐이니 등에 질 필요가 뭐 있겠는가? 그리고 載書를 말한 여러 곳에 '載'로 單稱한 곳이 없었으니, 器物을 지고서〔負載〕 吳나라에 人質로 가고자 한 것이다. 〈正義〉
7) 釋 舍也 魯人不以盟爲了 欲因留景伯爲質於吳 旣得吳之許 復求吳王之子以交質 吳人不欲

留王子 故遂兩止〔附注〕林曰 子服何 卽子服景伯

釋은 舍(머무름)이다. 魯人은 盟約을 目的〔爲了〕으로 삼지 않고, 이 기회를 이용〔因〕하여 子服景伯을 吳나라에 留置하여 人質로 삼게 하고자 하였다. 吳나라의 허락을 얻은 뒤에 다시 吳王의 아들을 人質로 交換하기를 요구하니 吳人은 王子를 魯나라에 人質로 留置하고자 하지 않았다. 그러므로 드디어 兩方이 人質을 交換하는 일을 停止한 것이다.

〔부주〕林: 子服何는 바로 子服景伯이다.

8) 不書盟 恥吳夷

經에 結盟을 기록하지 않은 것은 夷狄인 吳나라와 結盟한 것을 恥辱으로 여겼기 때문이다.

【傳】齊悼公之來也[1)]에 **季康子以其妹妻之**러니 **卽位而逆之**하다 **季魴侯通焉**[2)]하다 **女言其情**[3)]하니 **弗敢與也**하다 **齊侯怒**하다 **夏五月**에 **齊鮑牧帥師伐我**하야 **取讙及闡**하다

전에 齊悼公이 魯나라에 왔을 적에 季康子가 누이동생을 그의 아내로 주었는데, 悼公이 卽位한 뒤에 그 여자를 맞아 가기 위해 사람을 보내왔다. 季魴侯가 그 여자와 私通하였다. 그 여자가 그 사실을 季康子에게 말하니 康子는 감히 그 여자를 齊侯에게 보내지 못하였다. 그러자 齊侯가 怒하였다. 여름 5월에 齊나라 鮑牧이 군대를 거느리고 와서 우리나라를 도벌하여 讙과 闡을 취하였다.

1) 在五年

5년에 있었다.

2) 魴侯 康子叔父

魴侯는 康子의 叔父이다.

3)〔附注〕林曰 女 卽康子之妹

〔부주〕林: 女는 바로 康子의 누이동생이다.

或譖胡姬於齊侯[1)]**曰 安孺子之黨也**라하니 **六月**에 **齊侯殺胡姬**[2)]하다

어떤 자가 齊侯에게 胡姬를 譖訴해 말하기를 "安孺子의 黨입니다."고 하니 6월에 齊侯가 胡姬를 죽였다.

1) 胡姬 景公妾

胡姬는 齊景公의 妾이다.

2) 傳言齊侯無道 所以不終

傳文은 齊侯가 無道하였기 때문에 善終하지 못한 것을 말한 것이다.

齊侯使如吳請師하야 **將以伐我**어늘 **乃歸邾子**[1)]하다 **邾子又無道**하니 **吳子使大宰子餘討之**[2)]하다 **囚諸樓臺**하야 **栫之以棘**[3)]하고 **使諸大夫奉大子革以爲政**[4)]하다

齊侯가 사람을 보내어 吳나라에 가서 出兵을 요청하여 우리나라를 토벌하려 하자, 이에 邾子를 돌려보냈다. 邾子가 도리어 無道한 짓을 하니, 吳子는 太宰 子餘를 보내어 그를 討伐하여 樓臺에 가두어 가시울타리를 치고서 邾나라 大夫들에게 太子 革을 모시고서 國政을 처리하게 하였다.

1) 齊未得季姬 故請師也 吳前爲邾討魯 懼二國同心 故歸邾子
齊侯가 季姬를 얻지 못하였기 때문에 吳나라에 出兵을 요청한 것이다. 吳나라는 전에 邾나라를 위해 魯나라를 토벌한 적이 있었으니, 齊와 吳 두 나라가 合心할 것이 두려웠다. 그러므로 邾子를 돌려보낸 것이다.

2) 子餘 大宰嚭
子餘는 太宰 嚭이다.

3) 栫 擁也
栫은 擁(가림)이다.

4) 革 邾大子 桓公也 爲十年邾子來奔傳
革은 邾나라 太子이니 桓公이다. 10년에 邾子가 魯나라로 도망해 온 傳의 배경이다.

【傳】**秋**에 **及齊平**하다 **九月**에 **臧賓如如齊涖盟**[1)]하다 **齊閭丘明來涖盟**[2)]하고 **且逆季姬以歸**하니 **嬖**[3)]하다

가을에 齊나라와 講和하였다. 9월에 臧賓如가 齊나라에 가서 盟約에 參加하였다. 齊나라 閭丘明이 와서 盟約에 參加하고서 季姬를 맞이해 가니, 齊悼公은 그 여자를 寵愛하였다.

1) 賓如 臧會子
賓如는 臧會의 아들이다.

2) 明 閭丘嬰之子也 盟不書 諱略之
閭丘明은 閭丘嬰의 아들이다. 經에 結盟을 기록하지 않은 것은 숨기기 위해 省略한 것이다.

3) 季姬 魴侯所通者〔附注〕林曰 嬖 有寵

季姬는 魴侯가 私通한 女人이다.

〔부주〕 林: 嬖는 寵愛가 있는 것이다.

鮑牧又謂群公子曰 使女有馬千乘乎[1]ㄴ저하니 **公子愬之**[2]하다 **公謂鮑子**호되 **或譖子**하니 **子姑居於潞**하라 **以察之**[3]하야 **若有之**면 **則分室以行**[4]하고 **若無之**면 **則反子之所**[5]하리라 **出門**에 **使以三分之一行**[6]하고 **半道**에 **使以二乘**[7]하다 **及潞**하니 **麇之以入**하야 **遂殺之**[8]하다

鮑牧이 또 여러 公子들에게 "내가 그대들로 하여금 말 千乘을 소유하게 할 수 있다." 고 하니, 公子들이 齊侯에게 그를 告訴하였다. 齊悼公이 鮑子에게 이르기를 "어떤 이가 그대를 참소하니, 그대는 우선 潞에 가서 있으라. 내가 罪의 有無를 조사〔察〕하여 만약 죄가 있으면 家産〔室〕의 절반을 나누어 가지고 外國에 가도록 할 것이고, 만약 죄가 없으면 그대의 원래 자리로 회복시킬 것이다."고 하였다. 〈鮑牧이 潞로 가기 위해〉 國門을 나올 때 悼公은 그에게 사람을 보내어 從者를 3분의 1만을 나누어 가지고 떠나게 하고, 중도에 이르렀을 때 또 그에게 사람을 보내어 수레 2乘만을 거느리고 가게 하였다. 潞에 당도하니 그를 束縛해 데리고 들어가서 드디어 죽였다.

1) 有馬千乘 使爲君也 鮑牧本不欲立陽生 故諷動群公子
'有馬千乘'은 임금이 되게 하겠다는 말이다. 鮑牧은 본래 陽生(悼公)을 임금으로 세우고 싶어 하지 않았는데, 또 公子들을 넌지시 煽動한 것이다.

2) 〔附注〕 林曰 群公子以鮑牧之言 愬於悼公
〔부주〕 林: 群公子가 鮑牧의 말을 가지고 가서 悼公에게 告訴한 것이다.

3) 潞 齊邑
潞는 齊나라 邑이다.

4) 〔附注〕 林曰 若其有罪 則分室之半 聽其出奔
〔부주〕 林: 만약 罪가 있으면 家産의 절반을 나누어 가지고 出奔하도록 허락하겠다는 말이다.

5) 〔附注〕 林曰 若無罪 則復子之職位
〔부주〕 林: 만약 죄가 없으면 그대의 職位를 회복시켜 주겠다는 말이다.

6) 〔附注〕 林曰 留其從者 使以三分之一從行
〔부주〕 林: 그 從者들을 남겨놓고 3분의 1만이 隨行하게 한 것이다.

7) 〔附注〕 林曰 又留其從者 使以二乘從
〔부주〕 林: 또 그 종자들을 남겨놓고 2乘만이 隨行하게 한 것이다.

8) 麇亦束縛

麇도 束縛이다.

【傳】 冬十二月에 齊人歸讙及闡하니 季姬嬖故也라

겨울 12월에 齊人이 讙과 闡을 돌려주었으니, 이는 季姬가 총애를 받았기 때문이다.

〈九年, 乙卯 B.C.486〉

【經】 九年春王二月에 葬杞僖公[1)]하다

9년 봄 周王 2월에 杞僖公을 장사 지냈다.

1) 無傳 三月而葬 速

傳이 없다. 세 달 만에 장사 지냈으니 너무 빨랐다.

【經】 宋皇瑗帥師取鄭師于雍丘[1)]하다

宋나라 皇瑗이 군대를 거느리고 가서 鄭軍을 雍丘에서 取하였다.

1) 書取 覆而敗之 雍丘縣屬陳留

'取'하였다고 기록한 것은 埋伏하여 패배시켰기 때문이다. 雍丘縣은 陳留에 속하였다.

【經】 夏에 楚人伐陳하다

여름에 楚人이 陳나라를 토벌하였다.

【經】 秋에 宋公伐鄭하다

가을에 宋公이 鄭나라를 토벌하였다.

【經】 冬十月이라

겨울 10월이다.

【傳】 九年春에 齊侯使公孟綽辭師于吳[1)]한대 吳子曰 昔歲寡人聞命이어늘 今又

革之하니 **不知所從**이라 **將進受命於君**[2)]하노라

9년 봄에 齊侯가 公孟綽을 보내어 吳나라에 出兵을 사양하자, 吳子가 말하기를 "去年에 寡人이 出兵하라는 임금님의 命을 받았는데, 지금 또 그 명을 바꾸시니 어느 명을 따라야 할지 모르겠습니다. 내 장차 齊나라로 가서 임금님께 명을 받겠습니다."고 하였다.

1) 齊與魯平 故辭吳師

齊나라가 魯나라와 和平하였기 때문에 吳나라에 出兵을 사양한 것이다.

2) 爲十年吳伐齊傳

10년에 吳나라가 齊나라를 토벌한 傳의 배경이다.

【傳】 **鄭武子**賸**之嬖許瑕求邑**하니 **無以與之**[1)]하다 **請外取**한대 **許之**[2)]하다 **故圍宋雍丘**하다 **宋皇瑗圍鄭師**[3)]하야 **每日遷舍**[4)5)]하야 **壘合**[6)]하니 **鄭師哭**[7)]하다 **子姚救之**타가 **大敗**[8)]하다 **二月甲戌**에 **宋取鄭師于雍丘**하고 **使有能者無死**[9)]하야 **以郲張與鄭羅歸**[10)]하다

鄭나라 武子賸의 嬖人 許瑕가 邑을 請하니 그에게 줄 만한 邑이 없었다. 許瑕가 外國의 城邑을 取하기를 청하자 武子賸이 허락하였다. 그러므로 宋나라의 雍丘를 포위한 것이다. 宋나라 皇瑗이 鄭軍을 포위하고서 매일 옮겨가며 堡壘 하나씩을 쌓아 그 보루가 〈마침내 鄭軍 陣營을〉 에워싸니 鄭軍이 통곡하였다. 子姚가 鄭軍을 救援하다가 大敗하였다. 2월 甲戌日에 宋軍이 鄭軍을 雍丘에서 패배시키고 有能한 자들은 죽이지 않고서 郲張과 鄭羅를 데리고 돌아갔다.

1) 賸 罕達也 瑕 武子之屬 〔附注〕 林曰 罕達謚曰武子 瑕 武子之嬖也 從武子求邑 無邑可與

武子賸은 罕達이고, 許瑕는 武子의 下屬이다.

〔부주〕 林: 罕達의 謚가 武子이다. 瑕는 武子의 嬖人이다. 武子에게 邑을 요구하였으나 줄 만한 邑이 없어서 〈주지 못한 것이다.〉

2) 瑕請取於他國

許瑕가 他國에서 취하기를 청한 것이다.

3) 許瑕師

許瑕의 군대이다.

4) 作壘塹成 輒徙舍 合其圍

지은 堡壘와 塹壕가 완성되면 이내 옆으로 옮겨 다시 보루를 세워서 그 보루가 鄭軍 陣營을 에워싼 것이다.

5) 역주〕每日遷舍 : 매일 하나의 보루를 짓고 하나의 壕溝를 파고서, 그것이 완성되면 다른 곳으로 옮겨가서 또 보루를 짓고 호구를 판 것이다. 〈楊注〉
6) 역주〕壘合 : 堡壘가 鄭軍의 陣營을 에워싼 것이다.
7)〔附注〕林曰 知不免 故哭
〔부주〕林: 죽음을 면하지 못할 것을 알았기 때문에 통곡한 것이다.
8) 子姚 武子賸也
子姚는 武子賸이다.
9) 惜其能也
그 才能을 아낀 것이다.
10) 鄭之有能者
鄭나라의 有能한 자이다.

【傳】 夏에 楚人伐陳하니 陳即吳故也라

여름에 楚人이 陳나라를 토벌하였으니 이는 陳나라가 吳나라에 붙었기 때문이다.

【傳】 宋公伐鄭[1)]하다

宋公이 鄭나라를 토벌하였다.

1) 報雍丘
雍丘의 전쟁을 報復한 것이다.

【傳】 秋에 吳城邗하고 溝通江淮[1)]하다

가을에 吳나라가 邗에 성을 쌓고, 水路를 뚫어 長江과 淮水를 貫通시켰다.

1) 於邗江築城穿溝 東北通射陽湖 西北至末口入淮 通糧道也 今廣陵韓江是
邗江에 성을 쌓고 水路를 뚫어, 동북쪽으로는 射陽湖와 貫通하고 서북쪽으로는 末口에 이르러 淮水로 들어가는 糧穀 運送路를 開通한 것이다. 지금의 廣陵 韓江이 그것이다.

【傳】 晉趙鞅卜救鄭하야 遇水適火[1)2)]하다 占諸史趙史墨史龜[3)]하니 史龜曰 是謂沈陽[4)]이니 可以興兵[5)]이라 利以伐姜하고 不利子商[6)]하니 伐齊則可하고 敵宋不吉이라하고 史墨曰 盈은 水名也오 子는 水位也[7)]라 名位敵하니 不可干也[8)]라 炎帝爲火師[9)]하니

姜姓其後也라 **水勝火**하니 **伐姜則可**라하고 **史趙曰 是謂如川之滿**이니 **不可游也**[10)]라 **鄭方有罪**하니 **不可救也**[11)]라 **救鄭則不吉**이니 **不知其他**[12)]로라 **陽虎以周易筮之**하야 **遇泰**䷊[13)]**之需**䷄[14)]하야 **曰 宋方吉**하니 **不可與也**[15)]라 **微子啓**는 **帝乙之元子也**라 **宋鄭**은 **甥舅也**[16)]오 **祉**는 **祿也**라 **若帝乙之元子歸妹而有吉祿**이면 **我安得吉焉**이리오 **乃止**[17)]하다

晉나라 趙鞅이 鄭나라를 救援하는 것이 吉한지에 대해 거북점을 쳐서 물이 불로 간 占卦를 만났다. 趙鞅이 史趙, 史墨, 史龜에게 이 점을 풀이하게 하니, 史龜는 "이것을 일러 '陽이 물에 잠긴 것이라.' 하니 군대를 出動시킬 수 있습니다. 姜姓을 치는 것은 有利하고 子商을 치는 것은 不利하니 齊나라를 치는 것은 吉하고 宋나라를 대적하는 것은 不吉합니다."고 하고, 史墨은 "盈은 물(江)의 이름이고 子는 물의 方位입니다. 이름과 방위는 대등하니 서로 침범할 수 없습니다. 炎帝가 火師였는데 姜姓은 그 후손입니다. 물이 불을 이기니 姜姓의 나라를 치는 것은 좋습니다."고 하고, 史趙는 "이것을 일러 '내에 물이 가득 찬 것과 같다.'는 것이니 헤엄쳐 건널 수 없습니다. 鄭나라는 죄가 있으니 救援해서는 안 됩니다. 鄭나라를 구원하는 것은 不吉합니다. 그 밖의 것은 모르겠습니다."고 하였다. 陽虎가 ≪周易≫으로 蓍草占을 쳐서 泰卦가 변하여 需卦가 된 卦를 만났다. 陽虎가 말하기를 "宋나라가 바야흐로 吉한 때를 만났으니 그들과 대적해서는 안 됩니다. 微子啓는 帝乙의 元子이고 宋나라와 鄭나라는 사위와 장인의 나라입니다. 祉는 福祿입니다. 가령 帝乙의 元子가 누이동생을 시집보내어 吉한 福祿이 있다면 우리가 어찌 吉할 수 있겠습니까?"라고 하니, 趙鞅은 이에 鄭나라를 구원하는 일을 중지하였다.

1) 水火之兆
   水가 火로 간 占兆이다.

2) 역주] 水適火 : 龜甲을 불에 구워 터져서 생긴 兆紋(線)이 남쪽의 火의 자리로 간 것이다.〈正義〉

3) 皆晉史
   모두 晉나라 史(卜筮를 맡은 官名)이다.

4) 火陽得水故沈
   火는 陽인데 水를 만났기 때문에 잠긴 것이다.

5) 兵 陰類也 故可以興兵
   兵은 陰의 類이다. 그러므로 군대를 일으킬 수 있다.

6) 姜 齊姓 子商 謂宋〔附注〕林曰 姜 火師之後 火弱 故伐姜則利 子商姓 屬水 故伐商不利

姜은 齊나라 姓이고, 子商은 宋나라를 이른다.

〔부주〕林: 姜은 火師의 後孫이다. 火가 약하기 때문에 姜姓을 치면 有利하고, 子는 商나라 姓으로 水에 속하기 때문에 商나라를 치면 不利하다.

7) 趙鞅 姓盈 宋 姓子 水盈坎乃行 子姓又得北方水位

趙鞅의 姓이 盈이다. 宋나라는 姓이 子이다. 물을 웅덩이를 채우고서야 흘러가고, 子姓은 또 北方의 水의 方位를 얻었다.

8) 二水俱盛 故言不可干

두 물(江)이 함께 성대하기 때문에 침범할 수 없다고 말한 것이다.

9) 神農有火瑞 以火名官*)

神農氏 때 火瑞가 있었기 때문에 火로써 官職의 名稱을 삼았다.

*) 역주] 以火名官 : 炎帝는 春官을 大火, 夏官을 鶉火, 秋官을 西火, 冬官을 北火, 中官을 中火로 命名하였다고 한다. 昭公 17년 傳 〈正義〉

10) 旣盈而得水位 故爲如川之滿不可馮游 言其波流盛

이미 가득 찼고 물의 方位를 얻었기 때문에 마치 내에 물이 가득 차서 헤엄쳐 건널 수 없는 것과 같은 것이니, 그 물의 流波가 성대하다는 것을 말한 것이다.

11) 鄭以嬖寵伐人 故以爲有罪

鄭나라가 총애하는 사람으로 인해 남의 나라를 쳤기 때문에 죄가 있다고 한 것이다.

12) 救鄭則當伐宋 故不吉也

鄭나라를 救援하려면 宋나라를 쳐야 하기 때문에 不吉하다고 한 것이다.

13) 乾下坤上泰

下卦가 乾이고 上卦가 坤인 것이 泰卦이다.

14) 乾下坎上需泰六五變

下卦가 乾이고 上卦가 坎인 것이 需卦이니, 泰卦의 六五爻가 변한 것이다.

15) 不可與戰 泰六五曰 帝乙歸妹 以祉元吉 帝乙 紂父 五爲天子 故稱帝乙 陰而得中 有似王者嫁妹 得如其願 受福祿而大吉

그들과 전쟁해서는 안 된다는 말이다. 泰卦 六五에 "帝乙이 누이동생을 시집보냄이니 복을 받을 것이고 크게 길하리라."고 하였다. 帝乙은 紂의 아버지이고, 五는 天子의 位이다. 그러므로 帝乙이라 칭한 것이다. 陰으로 中正한 자리를 얻은 것이 王者가 누이동생을 시집보내어 소원한 대로 福祿을 받아 大吉한 것과 같음이 있다.

16) 宋鄭爲昏姻 甥舅之國 宋爲微子之後 今卜得帝乙卦 故以爲宋吉

宋나라와 鄭나라는 서로 昏姻을 한 사위와 장인의 나라이다. 宋나라는 微子의 후손인데, 지금 점을 쳐서 帝乙의 卦를 얻었기 때문에 宋나라가 吉하다고 한 것이다.

17) 吉在彼 則我伐之爲不吉

吉이 저들에게 있다면 우리가 저들을 치는 것은 不吉함이 된다.

【傳】 冬에 吳子使來儆師伐齊[1)2)]하다

겨울에 吳子가 사람을 보내와서 魯나라에 出兵하여 齊나라를 토벌하자고 告하였다.

1) 前年 齊與吳謀伐魯 齊旣與魯成而止 故吳恨之 反與魯謀伐齊

작년에 齊나라가 吳나라와 함께 魯나라를 토벌하기로 謀議하였으나, 齊나라가 이미 魯나라와 和平을 맺고서 토벌을 중지하였다. 그러므로 吳나라가 齊나라를 怨恨하여 도리어 魯나라와 함께 齊나라를 치기를 謀議한 것이다.

2) 역주] 儆師 : 儆은 戒로 바로 오늘날의 警戒인데, 여기서는 告戒(勸告해 당부함)의 뜻으로 쓰였다. 吳나라가 魯나라와 結盟하였기 때문에 魯나라에 出兵하기를 告戒한 것이다. 〈楊注〉

〈十年, 丙辰 B.C.485〉

【經】 十年春王二月에 邾子益來奔하다

10년 봄 周王 2월에 邾子 益이 魯나라로 도망해 왔다.

【經】 公會吳伐齊[1)]하다

哀公이 吳軍과 會合하여 齊나라를 토벌하였다.

1) 書會 從不與謀[*)]

'會'라고 기록한 것은 '不與謀'의 例를 따른 것이다.

*) 역주] 不與謀 : 宣公 7년 傳에 "出師를 기록함에 있어 謀議에 참여하였으면 '及'으로 기록하고, 참여하지 않았으면 '會'로 기록한다."고 하였다.

【經】 三月戊戌에 齊侯陽生卒[1)]하다

3월 戊戌日에 齊侯 陽生이 卒하였다.

1) 以疾赴 故不書弑

疾病으로 卒하였다고 赴告하였기 때문에 '弑'로 기록하지 않은 것이다.

【經】夏에 宋人伐鄭[1)]하다

夏에 宋人이 鄭나라를 토벌하였다.

1) 無傳

傳이 없다.

【經】晉趙鞅帥師侵齊하다

晉나라 趙鞅이 군대를 거느리고 가서 齊나라를 侵攻하였다.

【經】五月에 公至自伐齊[1)]하다

5월에 哀公이 齊나라 토벌에서 돌아왔다.

1) 無傳

傳이 없다.

【經】葬齊悼公[1)]하다

齊悼公을 장사 지냈다.

1) 無傳

傳이 없다.

【經】衛公孟彄自齊歸于衛[1)]하다

衛나라 公孟彄가 齊나라에서 衛나라로 돌아갔다.

1) 無傳 書歸 齊納之

傳이 없다. '歸'라고 기록한 것은 齊나라가 그를 들여보냈기 때문이다.

【經】薛伯夷卒[1)]하다

薛伯 夷가 卒하였다.

1) 無傳 赴以名 故書

傳이 없다. 이름을 기록하여 赴告하였기 때문에 그 이름을 기록한 것이다.

【經】 秋에 葬薛惠公[1)]하다

가을에 薛惠公을 장사 지냈다.

1) 無傳

傳이 없다.

【經】 冬에 楚公子結帥師伐陳하다

겨울에 楚나라 公子 結이 군대를 거느리고 가서 陳나라를 토벌하였다.

【經】 吳救陳[1)]하다

吳나라가 陳나라를 救援하였다.

1) 季子不書 陳人來告 不以名〔附注〕林曰 此延州來季子也 不書 誼不在季子也 吳救陳 諸夏幾於亡也

季子를 기록하지 않은 것은 陳人이 와서 通告할 때 그 이름을 말하지 않았기 때문이다. 〔부주〕林: 陳나라를 구원한 것은 延州來의 季子이다. 〈그런데도 季子를〉 기록하지 않은 것은 〈史官이 이를 기록한〉 意義가 季子에게 있지 않기 때문이다. 吳나라가 陳나라를 구원한 것은 諸夏가 거의 망하는 데 이르렀기 때문이다.

【傳】 十年春에 邾隱公來奔하다 齊甥也라 故遂奔齊[1)]하다

10년 봄에 邾隱公이 魯나라로 도망해 왔다. 그는 齊나라의 外甥(사위)이었기 때문에 드디어 齊나라로 도망갔다.

1) 終子貢之言[*)]

끝내 子貢의 말과 같이 되었다.

*) 역주〕子貢之言 : 定公 15년에 邾隱公이 來朝하여 禮를 행하는 것을 보고서 子貢이 "二君者 皆有死亡焉……何以能久"라고 한 말을 이른다.

【傳】 公會吳子邾子郯子伐齊南鄙하고 師于鄎[1)]하다

哀公이 吳子, 邾子, 郯子와 聯合하여 齊나라 남쪽 邊鄙를 토벌하고서 鄎에 주둔하였다.

1) 鄎 齊地 邾郯不書 兵并屬吳 不列於諸侯

鄎은 齊나라 땅이다. 邾子와 郯子를 기록하지 않은 것은 군대가 吳나라에 併合되어 諸侯에 끼지 못하였기 때문이다.

【傳】 齊人弑悼公하고 **赴于師**[1)]하니 **吳子三日哭于軍門之外**[2)]하다 **徐承帥舟師將自海入齊**러니 **齊人敗之**하니 **吳師乃還**[3)]하다

齊人이 悼公을 弑害하고서 聯合軍에 赴告하니 吳子가 3일 동안 軍門 밖에서 哭하였다. 徐承이 舟師(水軍)를 거느리고 海上에서 齊나라로 쳐들어가려 하였는데, 齊人이 이들을 패배시키니, 吳軍은 이에 還軍하였다.

1) 以說吳

〈悼公의 죽음으로써〉 吳나라에 解明〔說〕하기 위해서이다.

2) 〔附注〕 林曰 擧哀于軍門之外

〔부주〕 林: 軍門 밖에서 큰 소리로 哭하여 哀悼〔擧哀〕한 것이다.

3) 承 吳大夫

徐承은 吳나라 大夫이다.

【傳】 夏에 **趙鞅帥師伐齊**[1)]에 **大夫請卜之**[2)]한대 **趙孟曰 吾卜於此起兵**[3)]하니 **事不再令**[4)5)]이오 **卜不襲吉**[6)]이니 **行也**리라 **於是乎取犁及轅**[7)]하고 **毁高唐之郭**하고 **侵及賴而還**하다

여름에 趙鞅이 군대를 거느리고 가서 齊나라를 토벌하려 할 때 大夫들이 점을 치기를 청하자, 趙孟이 말하기를 "나는 이미 齊나라에 군대를 일으킬 것에 대해 점을 쳤으니, 이 일로 재차 거북에게 命하지 않을 것이오. 점은 거듭 吉하지 않는 것이니 行師(出兵)할 것이오."라고 하고서, 이에 〈出兵하여〉 犁와 轅을 取하고 高唐의 外郭을 헐고 賴에까지 侵入하였다가 還軍하였다.

1) 經書侵 以侵告

經에 '侵'으로 기록한 것은 '侵'으로 通告하였기 때문이다.

2) 〔附注〕 林曰 晉大夫請卜其吉凶

〔부주〕 林: 晉나라 大夫들이 그 吉凶을 점치기를 청한 것이다.

3) 謂往歲卜伐宋不吉 利以伐姜 故今興兵

작년에 친 점에 宋나라를 토벌하는 것은 不吉하고, 姜姓의 나라를 토벌하는 것은 이롭다고 하였기 때문에 지금 군대를 일으킨 것이라는 말이다.

4) 再命 瀆也

재차 〈거북에게〉 命하는 것은 神을 모독함이라는 말이다.

5) 역주] 事不再令 : 令은 命龜이니, 한 가지 일에 대해 재차 점을 치지 않는 것이라는 말이다. 〈楊注〉 命龜는 점을 칠 때 점치는 일을 거북에게 告하는 것이다.

6) 襲 重也

襲은 重(거듭)이다.

7) 犂 一名隰 濟南有隰陰縣 祝阿縣西有轅城

犂의 일명은 隰이다. 濟南에 隰陰縣이 있고, 祝阿縣 서쪽에 轅城이 있다.

【傳】 秋에 吳子使來復儆師[1)]하다

가을에 吳子가 使臣을 보내와서 다시 出兵할 것을 告戒하였다.

1) 伐齊未得志故 爲明年吳伐齊傳

齊나라 토벌에서 뜻을 이루지 못하였기 때문이다. 明年에 吳나라가 齊나라를 친 傳의 배경이다.

【傳】 冬에 楚子期伐陳[1)]한대 吳延州來季子救陳[2)]이러니 謂子期曰 二君不務德[3)]而力爭諸侯하니 民何罪焉고 我請退하야 以爲子名[4)]하리니 務德而安民하라하고 乃還[5)]하다

겨울에 楚나라 子期가 陳나라를 토벌하자, 吳나라 延州來의 季子가 陳나라를 救援하기 위해 가서, 子期에게 말하기를 "두 나라 임금이 德行은 힘쓰지 않고 武力으로 諸侯와 전쟁하기만을 힘쓰니 백성들에게 무슨 죄가 있습니까? 나는 退軍하여 그대로 하여금 〈승리하였다는 아름다운〉 名聲을 얻게 할 것이니, 德行을 힘써 백성들을 안정시키십시오."라고 하고서 이에 還軍하였다.

1) 陳卽吳故

陳나라가 吳나라에 붙었기 때문이다.

2) 〔附注〕 林曰 延陵州來 皆季札邑 故曰延州來季子

〔부주〕 林: 延陵과 州來는 모두 季札의 食邑이다. 그러므로 延州來의 季子라고 한 것이다.

3) 二君 吳楚

二君은 吳君과 楚君이다.

4) 〔附注〕 林曰 以成子期伐陳之名

〔부주〕 林: 子期가 陳나라를 토벌한 명성을 이루게 하겠다는 말이다.

5) 季子 吳王壽夢少子也 壽夢以襄十二年卒 至今七十七歲 壽夢卒 季子已能讓國 年當十五六 至今蓋九十餘

季子는 吳王 壽夢의 작은 아들이다. 壽夢이 魯襄公 12년이 卒하였으니 지금으로부터 77년 전이다. 壽夢이 卒하였을 때 季子가 나라를 사양한 것으로 보면 그의 나이가 15세나 16세는 되었을 것이니, 지금 그의 나이가 대개 90여 세였을 것이다.

〈十一年, 丁巳 B.C.484〉

【經】 十有一年春에 齊國書帥師伐我하다

11년 봄에 齊나라 國書가 군대를 거느리고 와서 우리나라를 토벌하였다.

【經】 夏에 陳轅頗出奔鄭[1)]하다

여름에 陳나라 轅頗가 鄭나라로 出奔하였다.

1) 書名 貪也

이름을 기록한 것은 貪慾스러웠기 때문이다.

【經】 五月에 公會吳伐齊하다

5월에 哀公이 吳軍과 會合하여 齊나라를 토벌하였다.

【經】 甲戌에 齊國書帥師及吳戰于艾陵타가 齊師敗績하다 獲齊國書[1)]하다

甲戌日에 齊나라 國書가 군대를 거느리고 가서 吳軍과 艾陵에서 戰爭하다가 齊軍이 大敗하니 吳軍이 齊나라 國書를 잡았다.

1) 公與伐而不與戰 艾陵 齊地〔附注〕林曰 齊魯交兵止此

哀公이 토벌에는 참여하였으나 交戰에는 참여하지 않았다. 艾陵은 齊나라 땅이다. 〔부주〕林: 齊나라와 魯나라의 交兵(交戰)이 여기에서 그쳤다.

【經】 秋七月辛酉에 滕子虞母卒[1)]하다

가을 7월 辛酉日에 滕子 虞母가 卒하였다.

1) 無傳 赴以名 故書之

傳이 없다. 이름을 기록해 赴告하였기 때문에 이름을 기록한 것이다.

【經】冬十有一月에 葬滕隱公[1)]하다

겨울 11월에 滕隱公을 장사 지냈다.

1) 無傳

傳이 없다.

【經】衛世叔齊出奔宋[1)]하다

衛나라 世叔齊가 宋나라로 出奔하였다.

1) 書名 淫也

이름을 기록한 것은 淫亂하였기 때문이다.

【傳】十一年春에 齊爲鄎故[1)]하야 國書高無丕帥師伐我하야 及淸[2)]하니 季孫謂其宰冉求[3)]曰 齊師在淸은 必魯故也니 若之何[4)]오 求曰 一子守[5)]하고 二子從公禦諸竟[6)]하라 季孫曰 不能[7)]이로라 求曰 居封疆之間[8)]하라 季孫告二子[9)]한대 二子不可라하다 求曰 若不可면 則君無出하고 一子帥師하야 背城而戰하라 不屬者는 非魯人也[10)11)]라 魯之群室이 衆於齊之兵車[12)]하야 一室敵車優矣[13)]니 子何患焉이리오 二子之不欲戰也宜[14)]니 政在季氏[15)]ㄹ새니라 當子之身하야 齊人伐魯而不能戰이면 子之恥也大이니 不列於諸侯矣[16)]리라 季孫使從於朝[17)]하야 俟於黨氏之溝[18)]러니 武叔呼而問戰焉[19)]이어늘 對曰 君子有遠慮리니 小人何知리오 懿子强問之한대 對曰 小人은 慮材而言하고 量力而共者也[20)21)]라 武叔曰 是謂我不成丈夫也[22)]라하고 退而蒐乘[23)]하다 孟孺子洩帥右師[24)25)]하고 顔羽御하고 邴洩爲右[26)]하며 冉求帥左師하고 管周父御하고 樊遲爲右[27)]하다 季孫曰 須也弱이라하니 有子曰 就用命焉[28)]이라하다 季氏之甲七千이러니 冉有以武城人三百爲己徒卒[29)30)]하야 老幼守宮하고 次于雩門之外[31)]하다 五日에 右師從之[32)]하다 公叔務人[33)]見保者而泣[34)35)]曰 事充[36)]하고 政重[37)]하며 上不能謀하고 士不能死하니 何以治民이리오 吾旣言之矣니 敢不勉乎[38)]아

11년 봄에 齊나라가 鄎의 전쟁을 보복하기 위하여 國書와 高無丕가 군대를 거느리고

서 우리나라를 토벌하기 위해 淸에 이르니, 季孫이 그 宰(家臣의 長) 冉求에게 말하기를 "齊軍이 淸에 주둔한 것은 틀림없이 우리 魯나라를 치기 위한 까닭이니, 이 일을 어쩌면 좋겠는가?"라고 하니, 冉求가 말하기를 "한 분(季孫)은 남아서 國都를 지키고 두 분은 임금님을 따라가서 齊軍을 邊境에서 막게 하십시오."라고 하였다. 그러자 季孫이 "나에게는 저 두 사람에게 명령할 수 있는 힘이 없다."고 하니, 冉求가 "〈그렇다면 저들에게〉 近郊〔封疆〕 사이에 나가 있게 하십시오."라고 하였다. 季孫이 두 사람에게 告하자, 두 사람은 同意하지 않았다. 冉求가 말하기를 "〈저들이〉 만약 동의하지 않는다면 임금님께서 나가실 필요가 없고, 한 분(季孫)이 군대를 거느리고서 城을 등지고 戰爭하십시오. 〈그러면 누가 당신을 따라 出戰하지 않겠습니까? 만약〉 따르지 않는 자가 있다면 이는 魯나라 사람이 아닙니다. 魯나라 大夫들의 家兵의 數가 齊나라의 兵車보다 많아서 한 집의 兵車만으로도 齊軍을 막기에 넉넉하니 당신께서는 무엇을 근심하십니까? 저 두 분이 出戰하려 하지 않는 것은 당연하니 政權이 季氏에게 있기 때문입니다. 당신께서 國政을 담당하고 있는 때를 당하여 齊人이 魯나라를 토벌하는데도 應戰하지 않는다면 이는 당신의 恥辱이 커서 諸侯에 끼지 못할 것입니다."고 하니, 季孫이 冉求에게 자기를 따라 함께 朝廷으로 가서 黨氏의 溝에서 기다리게 하였다. 〈이때〉 武叔이 〈이곳을 지나가가 冉求를 보고서〉 冉求를 불러 戰爭에 대해 물으니, 冉求가 대답하기를 "君子에게 深遠한 思慮가 있을 것이니 小人이 어찌 알겠습니까?"라고 하였다. 懿子가 强要해 묻자, 冉求가 대답하기를 "小人은 〈相對方의〉 재능을 考慮해 말을 하고 能力을 헤아려 命을 따르는 자입니다."고 하니, 武叔이 말하기를 "이 사람이 나를 丈夫가 못 되는 것으로 여기는구나."라고 하고서 물러와 〈出戰하기 위해〉 군대를 檢閱〔蒐〕하였다. 右軍은 孟孺子 洩을 將帥로, 顏羽를 御로, 邴洩을 車右로 삼고, 左軍은 冉求를 將帥, 管周父를 御로, 樊遲를 車右로 삼았다. 季孫이 "須(樊遲)는 나이가 젊다."고 하자, 有子(冉求)가 "〈저 사람이 비록 나이는 젊지만〉 명령을 잘 따를 것입니다."고 하였다. 季氏의 甲士 7천 인이었는데, 冉有는 武城人 3백 인을 자기의 徒卒(直屬部隊)로 삼아 늙은이와 어린이들은 宮을 지키게 하고서 雩門 밖에 주둔하였다. 5일이 지난 뒤에 孟孺子의 右軍이 따라왔다. 公叔務人이 城을 지키는 자들을 보고서 눈물을 흘리며 말하기를 "徭役은 煩多〔事充〕하고 賦稅는 過重〔政重〕하며 윗사람은 〈國事를〉 계획하지 않고 戰士는 목숨을 바쳐 싸우지 않으니 무슨 방법으로 백성을 다스리겠는가? 내 이미 남을 책망하는 말을 하였으니 내 감히 힘쓰지 않겠는가?"라고 하였다.

1) 郞在前年

郞의 전쟁은 前年에 있었다.

2) 淸 齊地 濟北盧縣東有淸亭
淸은 齊나라 땅이다. 濟北 盧縣 동쪽에 淸亭이 있다.

3) 冉求 魯人 孔子弟子
冉求는 魯나라 사람으로 孔子의 弟子이다.

4)〔附注〕林曰 必爲伐魯之故
〔부주〕林: 반드시 魯나라를 토벌하기 위한 까닭이라는 말이다.

5)〔附注〕林曰 一子 謂季孫
〔부주〕林: 一子는 季孫을 이른다.

6) 역주〕一子守 二子從公禦諸竟 : 一子와 二子는 季孫과 孟孫, 叔孫을 이른다. 세 사람 중에 한 사람은 군대의 일부를 남겨 國內를 지키고, 두 사람은 哀公을 따라 國境으로 가서 敵을 막게 하라는 말이다.〈楊注〉

7) 自度力不能使二子禦諸竟
季孫은 두 사람에게 國境으로 나가 齊軍을 防禦하라고 命令할 만한 힘이 없음을 스스로 헤아린 것이다.

8) 封疆 竟內近郊之地〔附注〕林曰 冉求又欲使二子 從公居竟內近郊之地
封疆은 境內의 近郊地方이다.
〔부주〕林: 冉求는 또 두 사람으로 하여금 哀公을 따라가서 境內의 近郊地方에 머물러 있게 하고자 한 것이다.

9) 二子 叔孫孟孫也
二子는 叔孫과 孟孫이다.

10) 屬 臣屬也 言不戰爲不臣
屬은 臣屬이니, 出戰하지 않으면 신하의 도리를 하지 않는 것이 된다는 말이다.

11) 역주〕一子帥師……非魯人也 : 一子는 季孫을 이른다. 屬은 從이다. 國家의 安危와 存亡이 이에서 결정되니, 一子를 따라 出戰하지 않는 자는 다시 魯나라의 臣子가 아니라는 말이다. 반드시 出戰하려 할 것이라는 말이다. ≪左氏會箋≫

12) 群室 都邑居家
群室은 都邑에 거주하는 大夫家이다.

13) 역주〕一室敵車優矣 : 이곳의 一室은 季氏를 가리킨다. 公室을 4等分하여 季氏가 그 2분을 소유한 것이 昭公 6년 傳에 보이니, 季氏의 兵車는 많고, 出動한 齊나라 兵車는 적다. 그러므로 '季孫의 兵力만으로 齊軍을 대적하여도 매우 餘裕가 있다.'고 말한 것이다.〈楊注〉

14)〔附注〕林曰 二子不欲與齊力戰 誠宜
〔부주〕林: 두 사람이 齊軍과 力戰하지 않으려는 것은 진실로 당연하다는 말이다.

15) 言二子恨季氏專政 故不盡力
두 사람은 季氏가 政權을 독점한 것을 怨恨하기 때문에 힘을 다하지 않는다는 말이다.

16) 역주] 子之恥也大 不列於諸侯矣 : '大'字에 句를 떼야 하니, 上文의 '不欲戰也宜'와 句法이 같다. '不列於諸侯'는 列國이 될 수 없다는 말이다. ≪左氏會箋≫

17) 使冉求隨己之公朝
冉求에게 자기를 따라 公朝로 가게 한 것이다.

18) 黨氏溝 朝中地名
黨氏溝는 朝廷 안의 地名이다.

19) 問冉求〔附注〕林曰 武叔 卽叔孫州仇 呼冉求問所以與齊戰
冉求에게 물은 것이다.
〔부주〕林: 武叔은 바로 叔孫州仇이다. 冉求를 불러 齊나라와 戰爭할 방법을 물은 것이다.

20) 言子所問 非己材力所及 故不能言〔附注〕林曰 小人 冉求自稱
당신이 묻는 일은 나의 材力으로 미칠 수 있는 바가 아니기 때문에 말할 수 없다는 말이다.
〔부주〕林: 小人은 冉求가 스스로 자신을 일컬은 것이다.

21) 역주] 慮材而言 量力而共者也 : 慮材는 才能과 能力을 헤아리는 것이다. 名色은 자기를 가리킨 것이지만 사실은 묻는 相對方을 가리킨 것이다. 듣는 사람의 재능과 능력을 헤아린 뒤에 말해주는 것이니, 내가 말하지 않은 것은 상대방이 더불어 말할 만하지 못하기 때문이라는 뜻이다. 〈楊注〉

22) 知冉求非己不欲戰 故不對
武叔은 자기가 戰爭하려 하지 않는 것에 대해 冉求가 그르게 여기는 줄을 알았기 때문에 대답하지 않은 것이다.

23) 蒐 閱
蒐는 閱兵이다.

24) 孺子 孟懿子之子武伯彘〔附注〕林曰 孺子洩爲右軍帥
孺子는 孟懿子의 아들 武伯 彘이다.
〔부주〕林: 孺子洩이 右軍의 將帥가 된 것이다.

25) 역주] 孟孺子洩 : 이름은 彘이고 諡는 武伯이고, 洩은 그의 字이다. 〈楊注〉

26) 二子 孟氏臣
두 사람은 孟氏의 家臣이다.

27) 樊遲 魯人 孔子弟子樊須
樊遲는 魯나라 사람으로 孔子의 弟子 樊須이다.

28) 雖年少 能用命 有子 冉求也
비록 나이는 젊지만 명령을 따를 수 있다는 말이다. 有子는 冉求이다.

29) 步卒 精兵
步卒과 精兵이다.

30) 역주] 季氏之甲七千……三百爲己徒卒 : 季氏의 甲士 7천 인 이외에 또 武城人 3백 인을 자기의 直屬部隊로 삼았으니, 이때 出動한 군대가 모두 7천3백 인이다.

31) 南城門也
남쪽 城門이다.

32) 五日乃從 言不欲戰
5일이 되어서야 따라왔다는 것은 전쟁하려 하지 않았다는 것을 말한 것이다.

33) 務人 公爲 昭公子
公叔務人는 公爲이니 昭公의 아들이다.

34) 保 守城者
保는 城을 지키는 자들이다.

35) 역주] 見保者而泣 : 城을 지키는 자들이 죽음을 바쳐 지키려는 뜻이 없기 때문에 눈물을 흘린 것이다. 參考文獻 ≪左氏會箋≫

36) 繇役煩
繇役이 煩多함이다.

37) 賦稅多
賦稅가 過多함이다.

38) 既言人不能死 己不敢不死〔附注〕林曰 我既言他人不能死節矣 敢不自勉以徇國
이미 사람들이 죽기로 싸우지 않는다고 말하였으니, 내가 감히 죽기로 싸우지 않을 수 없다는 말이다.
〔부주〕林: '내가 이미 남이 절의를 다해 목숨을 바쳐 싸우지 않는다고 말하였으니, 감히 힘써 나라를 위해 싸우다 죽지 않을 수 있겠는가.'라고 말한 것이다.

師及齊師戰于郊하다 **齊師自稷曲**[1)]이로되 **師不踰溝**[2)]하니 **樊遲曰 非不能也**라 **不信子也**[3)]니 **請三刻而踰之**[4)5)]하노라 **如之**하니 **衆從之**[6)7)]하다 **師入齊軍**[8)]하다

魯軍이 齊軍과 郊外에서 交戰하였다. 齊軍이 稷曲에서 쳐들어오는데도 魯軍은 도랑을 넘어가려 하지 않으니, 樊遲가 冉求에게 말하기를 "〈군사들이 도랑을 넘어가지 않는 것은〉 넘어갈 수 없어서가 아니라 당신을 믿지 못하기 때문이니, 號令을 세 차례 거듭 闡明하고서 먼저 도랑을 넘어가시기를 청합니다."라고 하였다. 그의 말대로 하니 軍衆

이 모두 冉求의 뒤를 따라 도랑을 넘어갔다. 魯軍(左軍)이 齊軍으로 쳐들어갔다.

1) 稷曲 郊地名
稷曲은 郊外의 地名이다.

2) 〔附注〕 林曰 其地有溝瀆 魯師不肯踰過
〔부주〕 林: 그곳에 있는 도랑을 魯軍이 넘어가려 하지 않은 것이다.

3) 〔附注〕 林曰 不信子之號令也
〔부주〕 林: 당신의 號令을 믿지 못하기 때문이라는 말이다.

4) 與衆三刻約信
軍衆과 세 차례 約定하는 것이다.

5) 역주〕 三刻而踰之 : ≪左氏會箋≫에 의하면 刻에는 戒約의 뜻이 있으니, 賞罰의 規程을 만들어 軍衆과 戒約하여 모두 믿고서 도랑을 넘어가게 한 것이고, 〈楊注〉에 의하면 刻에는 戒約의 뜻이 있으니, 대개 號令을 세 차례 거듭 闡明하고서 먼저 도랑을 넘어가기를 청한 것이다.

6) 如樊遲言 乃踰溝
樊遲의 말과 같이 하고서 이에 도랑을 넘어간 것이다.

7) 역주〕 衆從之 : '軍衆이 그를 따랐다.'고 하였으니, 冉求가 먼저 도랑을 넘어간 것을 알 수 있다. ≪左氏會箋≫

8) 冉求之師
師는 冉求의 군대이다.

右師奔하니 **齊人從之**[1]하야 **陳瓘陳莊涉泗**[2]하다 **孟之側後入以爲殿**[3]이러니 **抽矢策其馬曰 馬不進也**[4]라하다 **林不狃之伍曰 走乎**[5)6]아 **不狃曰 誰不如**[7]리오 **曰 然則止乎**아 **不狃曰 惡賢**[8]이리오하고 **徐步而死**[9]하다

右軍이 逃走하니 齊人이 추격하여, 陳瓘과 陳莊이 泗水를 건너 〈魯나라 右軍을 뒤쫓았다.〉 이때 孟之側이 後軍이 되어 뒤에 들어왔는데, 화살을 뽑아 그 말에 채찍질을 하면서 "〈내가 맨 뒤에 온 것은〉 말이 앞으로 나아가지 않아서이다."고 하였다. 林不狃의 隊員이 不狃에게 "逃走하겠습니까?"라고 묻자, 不狃가 "우리가 누구만 못하기에 逃走하겠느냐?"고 하였다. 그 대원이 "그렇다면 멈춰 서서 싸우겠습니까?"라고 묻자, 不狃가 말하기를 "멈춰 서서 싸우는 것이 어찌 훌륭한 일이 되겠는가?"라고 하고서 천천히 걸어가다가 敵에게 被殺되었다.

1) 逐右師

齊軍이 魯나라 右軍을 追擊한 것이다.

2) 二陳 齊大夫〔附注〕林曰 涉泗水以從魯師

陳瓘과 陳莊은 齊나라 大夫이다.

〔부주〕林: 泗水를 건너 魯軍을 뒤쫓아온 것이다.

3) 之側 孟氏族也 字反

之側은 孟氏의 宗族으로 字는 反이다.

4) 不欲伐善

자신의 有能함을 자랑하고자 하지 않은 것이다.

5) 不狃 魯士 五人爲伍 敗而欲走

林不狃는 魯나라 戰士이다. 5人이 伍가 된다. 敗戰하여 逃走하고자 한 것이다.

6) 역주〕林不狃之伍 : 伍는 5인으로 編成된 군대 조직의 名稱이니, 곧 같은 伍에 屬한 隊員을 이른 것이다. 杜氏는 林不狃를 '魯士'라고 하였으니, 이는 그를 伍의 長으로 여긴 것이다. 參考文獻 〈楊注〉

7) 我不如誰而欲走

우리가 누구만 못하기에 도주하고자 하느냐는 말이다.

8) 言止戰惡足爲賢 皆無戰志

멈춰 서서 戰鬪한들 어찌 賢能함이 되겠느냐는 말이니, 모두 싸울 뜻이 없었던 것이다.

9) 徐行而死 言魯非無壯士 但季孫不能使

천천히 걸어가다가 被殺되었다는 것은 魯나라에 壯士가 없는 것이 아니었으되 季孫이 그들을 잘 부리지 못한 것을 말한 것이다.

師獲甲首八十[1]하니 齊人不能師[2]하다 宵諜曰 齊人遁[3]이라하니 冉有請從之三[4]호되 季孫弗許하다

魯軍이 齊나라 甲士 80인의 首級을 베니, 齊人은 군대를 整頓할 수 없었다. 밤에 諜者가 와서 "齊人이 도망가고 있습니다."고 하니, 冉有가 追擊하기를 세 차례 청하였으나, 季孫이 허락하지 않았다.

1) 冉求所得

冉求가 獲得한 首級이다.

2) 不能整其師

그 군대를 整頓할 수 없었던 것이다.

3) 諜 間也

諜은 間者이다.

4)〔附注〕林曰 凡三請

〔부주〕林: 모두 세 차례 요청한 것이다.

孟孺子語人曰 我不如顏羽나 **而賢於邴洩**[1]이라 **子羽銳敏**[2]하고 **我不欲戰而能默**[3]이어늘 **洩曰 驅之**[4]하라하니라 **公爲與其嬖僮汪錡乘**이라가 **皆死**하니 **皆殯**[5]하다 **孔子曰 能執干戈以衛社稷**하니 **可無殤也**[6)7]니라 **冉有用矛於齊師**라 **故能入其軍**하니라 **孔子曰 義也**[8]라하다

孟孺子가 어떤 사람에게 다음과 같이 말하였다. "내가 顏羽만은 못하지만 邴洩보다는 낫다. 子羽는 싸우고자 하였고〔銳敏〕, 나는 싸우고 싶지 않았으나 말을 하지 않았는데, 邴洩은 '말을 달려 逃走하자.'고 하였다." 公爲가 총애하는 家僮(집안에서 부리는 어린 사내종) 汪錡와 한 兵車에 同乘하여 싸우다가 함께 戰死하니 함께 殯葬하였다. 孔子께서 이에 대해 말하기를 "〈汪錡가 비록 나이는 어리지만〉 무기를 들고 社稷을 保衛하다가 〈죽었으니〉 成年이 되기 전에 죽은 자의 喪을 치르는 禮를 쓰지 않는 것이 옳다."고 하셨다. 冉有가 長矛을 사용하였기 때문에 齊나라 軍中으로 쳐들어갈 수 있었다. 孔子께서 이에 대해 "義를 보고서 용감하게 실행하였다."고 하셨다.

1) 二子 與孟孺子同車

두 사람은 孟孺子와 한 兵車에 同乘한 자들이다.

2) 子羽 顏羽 銳 精也 敏 疾也 言欲戰

子羽는 顏羽이다. 銳는 精(마음씨가 專一함)이고 敏은 疾(빠름)이니, 戰爭하고자 하였다는 말이다.

3) 心雖不欲 口不言奔

마음은 비록 전쟁하고 싶지 않았으나, 입으로 逃走를 말하지는 않았다는 말이다.

4) 言驅馬欲奔

말을 달려 逃走하고자 하였다는 말이다.

5) 皆 俱也〔附注〕林曰 公爲與其嬖僮汪錡共載 二人俱死 故俱殯

皆는 俱(함께)이다.

〔부주〕林: 公爲가 총애하는 家僮 汪錡와 함께 한 兵車를 타고서 〈나가서 싸우다가〉 두 사람이 함께 죽었기 때문에 함께 殯葬한 것이다.

6) 時人疑童子當殤

당시 사람들은 童子는 成年이 되기 전에 죽은 자의 喪을 치르는 禮를 쓰는 것이 마땅하

다고 의심하였다.

7) 역주] 殤 : 成年이 되기 전에 죽은 자를 이른다. 16세부터 19세 사이에 죽은 자를 '長殤', 12세부터 15세 사이에 죽은 자를 '中殤', 8세부터 11세 사이에 죽은 자를 '下殤'이라 하는데, 長殤과 中傷은 服을 한 等을 낮추어 입고, 下殤은 두 等을 낮추어 입는다. 孔子曰……可無殤也는 ≪禮記≫ 〈檀弓 下〉의 '戰于郎'章에 보이는데, ≪左傳≫에 비해 자세하다.

8) 言能以義勇*) 不書戰 皆不陳也 不書敗 勝負不殊

義를 보고 용감하게 실행하였다는 말이다. 經에 '戰'하였다고 기록하지 않은 것은 兩軍이 모두 陣을 치지 않았기 때문이고, '敗'하였다고 기록하지 않은 것은 勝負를 區別할 수 없기 때문이다.

*) 역주] 義勇 : ≪論語≫ 〈爲政〉篇에 '見義不爲 無勇也'라 하였으니, 義勇은 '見義勇爲'이다. 그러므로 이상과 같이 번역하였다.

【傳】夏에 **陳轅頗出奔鄭**하다 **初**에 **轅頗爲司徒**에 **賦封田以嫁公女**[1]하고 **有餘**어늘 **以爲己大器**[2]하다 **國人逐之**하다 **故出**하니라 **道渴**[3]이어늘 **其族轅咺進稻醴梁糗腶脯焉**[4]한대 **喜曰 何其給也**[5]오 **對曰 器成而具**[6)7]하니라 **曰 何不吾諫**고 **對曰 懼先行**[8]이니라

여름에 陳나라 轅頗가 鄭나라로 出奔하였다. 지난날 轅頗가 司徒가 되었을 때에 封邑 안의 土地에 賦稅를 徵收하여 公女를 시집보내는 비용으로 쓰고, 餘分이 있자, 그것으로 자기의 大器를 만들었다. 〈이 일로 인해〉 國人이 그를 축출하였기 때문에 出奔한 것이다. 道中에서 목이 말라 물을 찾으니, 그 族人 轅咺이 쌀로 빚은 단술과 좁쌀로 지은 마른 밥과 肉脯를 올리자, 기뻐하며 말하기를 "어쩌면 이리 豊足하냐?"고 하였다. 그 族人이 "당신의 大器가 完成되었을 때 나는 이 물건들을 준비하였습니다."고 하자, 轅頗가 "어찌하여 나에게 諫하지 않았느냐?"고 하니, 그 族人은 "먼저 나를 내칠까 두려워 〈諫하지 못하였습니다.〉"고 대답하였다.

1) 封內之田 悉賦稅之

封邑 안의 田地에 모두 賦稅를 徵收한 것이다.

2) 大器 鐘鼎之屬

大器는 鐘과 鼎 따위이다.

3) 〔附注〕 林曰 轅頗在道渴 欲求飮

〔부주〕 林: 轅頗가 道上에서 목이 말라 마실 것을 구하고자 한 것이다.

4) 糗 乾飯也 〔附注〕 林曰 以稻米爲醴酒 以粱米爲乾飯

糗는 마른 밥이다.

〔부주〕 林: 쌀로 단술을 만들고, 좁쌀로 마른 밥을 만든 것이다.

5) 〔附注〕 林曰 言何其行齎如此之備也

〔부주〕 林: 어쩌면 그 行齎(길을 가는 사람이 의복·음식 등을 꾸린 보따리)에 물건들을 이처럼 준비하였느냐는 말이다.

6) 具此醴糗 〔附注〕 林曰 所鑄大器方成 卽具此醴糗之屬

이 단술과 마른 밥을 준비〔具〕한 것이다.

〔부주〕 林: 鑄造하는 大器가 完成되었을 때 이 단술과 마른 밥 등을 준비하였다는 말이다.

7) 역주〕 器成而具 : 大器를 造成할 때 이미 당신이 逐出될 것을 알았기 때문에 이것들을 준비하였다는 말이다. ≪左氏會箋≫

8) 恐言不從先見逐

諫言을 따르지 않고 먼저 逐出할까 두려워서 〈諫하지 못하였다〉는 말이다.

【傳】 爲郊戰故하야 **公會吳子伐齊**[1]하다 **五月**에 **克博**하고 **壬申**에 **至于嬴**[2]하다 **中軍從王**[3]하고 **胥門巢將上軍**하고 **王子姑曹將下軍**하고 **展如將右軍**[4]하다 **齊國書將中軍**하고 **高無丕將上軍**하고 **宗樓將下軍**하다 **陳僖子謂其弟書**호되 **爾死**면 **我必得志**[5]라하고 **宗子陽與閭丘明相厲也**[6]하다 **桑掩胥御國子**[7]러니 **公孫夏曰 二子必死**[8]하라하다 **將戰**에 **公孫夏命其徒歌虞殯**[9]하고 **陳子行命其徒具含玉**[10)11]하고 **公孫揮命其徒曰 人尋約**하라 **吳髮短**[12]이라하고 **東郭書曰 三戰必死**라하니 **於此三矣**[13)14]라하고 **使問弦多以琴**[15]**曰 吾不復見子矣**[16]라하고 **陳書曰 此行也**에 **吾聞鼓而已**오 **不聞金矣**[17]라하다

지난번 郊外의 戰爭을 보복하기 위하여 哀公이 吳子와 會合하여 齊나라를 토벌하였다. 五月에 博邑을 공격해 勝利하고 壬申日에 嬴邑에 당도하였다. 中軍은 吳王을 따르고, 胥門巢가 上軍을 거느리고 王子 姑曹가 下軍을 거느리고 展如가 右軍을 거느렸다. 齊나라는 國書가 中軍을 거느리고 高無丕가 上軍을 거느리고 宗樓가 下軍을 거느렸다. 陳僖子는 그 아우 書에게 "네가 戰死하면 내가 반드시 뜻을 얻을 것이다."고 하고, 宗子陽과 閭丘明은 〈죽을힘을 다해 싸우자고〉 서로 激勵하였다. 桑掩胥가 國子의 御者가 되었는데, 公孫 夏가 말하기를 "두 사람은 必死의 각오로 싸우십시오."라고 하였다. 交戰하려 할 때 公孫 夏는 자기의 부하들에게 命하여 虞殯(輓歌)을 노래하게 하고, 陳子

行은 그 부하들에게 명하여 含玉을 준비하게 하고, 公孫 揮는 그 부하들에게 명하기를 "사람마다 8尺의 새끼줄을 준비하라 吳人은 頭髮이 짧다."라고 하고, 東郭書는 "세 차례 出戰하면 반드시 죽는다고 하는데, 이번이 세 번째이다."고 하고서 사람을 시켜 弦多에게 거문고를 보내며 말하기를 "내 다시 그대를 볼 수 없을 것이오."라고 하고, 陳書는 "이번 전쟁에 나는 북소리만을 들을 뿐, 징소리는 듣지 못할 것이다."라고 하였다.

1) 欲以報也

報復하고자 한 것이다.

2) 博嬴 齊邑也 二縣 皆屬泰山

博과 嬴은 齊나라 邑이다. 두 縣은 모두 泰山에 屬하였다.

3) 吳中軍

吳나라 中軍이다.

4) 三將 吳大夫

세 將帥는 모두 吳나라 大夫이다.

5) 書 子占也 欲獲死事之功

國書는 子占이다. 國家를 위해 죽는 功을 얻고자 한 것이다.

6) 相勸厲致死 子陽 宗樓也

서로 목숨 바쳐 싸우기를 勸勉한 것이다. 宗子陽은 宗樓이다.

7) 國子 國書

國子는 國書이다.

8) 亦勸勉之

이 또한 勸勉한 것이다.

9) 虞殯 送葬歌曲 示必死

虞殯은 葬送歌曲이다. 必死의 각오로 싸울 뜻을 보인 것이다.

10) 子行 陳逆也 具含玉 亦示必死

子行은 陳逆이다. 含玉을 준비하게 한 것 또한 필사의 각오로 싸울 뜻을 보인 것이다.

11) 역주] 含玉 : 殮襲할 때 死者의 입 안에 넣는 구슬이다.

12) 約 繩也 八尺爲尋 吳髮短 欲以繩貫其首〔附注〕林曰 公孫揮 齊大夫

約은 繩(새끼줄)이다. 8尺이 尋이다. 吳人은 頭髮이 짧으니, 이 새끼줄로 그 首級을 꿰고자 한 것이다.

〔부주〕林: 公孫 揮는 齊나라 大夫이다.

13) 三戰 夷儀五氏與今〔附注〕林曰 東郭書 齊大大 言二戰致死 必死於敵

三戰은 夷儀의 戰爭과 五氏의 戰爭과 이번의 전쟁이다.

〔부주〕 林: 東郭書는 齊나라 大夫이다. 세 번 出戰하면 죽음에 이르게 되니, 반드시 敵에게 被殺될 것이라는 말이다.

14) 역주〕 三戰必死 : 당시에 이런 말이 있었거나, 혹은 古代로부터 전해온 말인 듯하다. 〈楊注〉

15) 弦多 齊人也 六年奔魯 問 遺也

弦多는 齊나라 사람으로 哀公 6년에 魯나라로 도망해 왔다. 問은 遺(물건을 보내줌)이다.

16) 言將死戰

장차 죽기로 마음먹고 싸우겠다는 것을 말한 것이다.

17) 鼓以進軍 金以退軍 不聞金 言將死也 傳言吳師彊 齊人皆自知將敗

〈전쟁에는〉 북소리를 신호로 進軍하고 징〔金〕소리를 신호로 退軍한다. 징소리를 들을 수 없다는 것은 장차 죽을 것임을 말한 것이다. 傳文은 吳軍이 强하니, 齊人은 모두 스스로 장차 敗戰할 것을 알았다는 것을 말한 것이다.

甲戌에 **戰于艾陵**하다 **展如敗高子**[1)]하고 **國子敗胥門巢**[2)]하니 **王卒助之**하야 **大敗齊師**하야 **獲國書公孫夏閭丘明陳書東郭書**와 **革車八百乘**과 **甲首三千**하야 **以獻于公**[3)]하다

甲戌日에 艾陵에서 交戰하였다. 展如가 高子를 패배시키고 國子가 胥門巢를 패배시키니 王卒이 胥門巢를 도와 齊軍을 大敗시키고서 國書, 公孫 夏, 閭丘明, 陳書, 東郭書와 革車 8백 乘과 齊나라 甲士의 首級 3천을 俘獲하여 哀公에게 바쳤다.

1) 齊上軍敗

齊나라 上軍이 敗한 것이다.

2) 吳上軍亦敗

吳나라 上軍도 敗한 것이다.

3) 公以兵從 故以勞公

哀公이 군대를 거느리고 從戰하였기 때문에 이로써 哀公을 慰勞한 것이다.

將戰에 **吳子呼叔孫**[1)]**曰 而事何也**[2)]오 **對曰 從司馬**[3)4)]라 **王賜之甲劒鈹曰 奉爾君事**하야 **敬無廢命**하라 **叔孫未能對**[5)]하니 **衛賜進**[6)]**曰 州仇奉甲從君**이리라 **而拜**[7)8)]하다

交戰하려 할 때 吳子가 叔孫에게 큰소리로 "그대가 맡은 일이 무엇인가?"라고 묻자, 叔孫이 "司馬입니다."라고 대답하니, 吳王은 叔孫에게 갑옷과 劒과 鈹(兩刃刀)를 주며 말하기를 "그대 임금이 賦與한 일을 받들어 공경히 거행하여 命을 폐기하지 말라."고

하였다. 叔孫이 대답할 바를 몰라 대답을 하지 못하자, 衛賜(子貢)가 앞으로 나와서 말하기를 "州仇는 갑옷을 받고서 임금님을 따라 〈전쟁에 참여할 것입니다.〉"고 하였다. 그러자 叔孫은 절하고서 그 갑옷을 받았다.

1) 叔孫 武叔州仇
 叔孫은 武叔州仇이다.
2) 問何職
 무슨 職責을 맡았느냐고 물은 것이다.
3) 從吳司馬所命
 吳나라 司馬가 命하는 바를 따르는 것이라는 말이다.
4) 역주〕 從司馬 : ≪左氏會箋≫에 "吳王이 叔孫에게 그대의 일이 무엇이냐고 물은 것은 叔孫에게 어떤 직책에 있느냐고 물은 것이니, 당연히 '從吳司馬所命'으로 대답하지 않았을 것이다. 이것은 스스로 자신의 官職이 司馬임을 말한 것이다."고 하였고, 〈楊注〉에는 "從司馬는 司馬가 되었다는 말과 같다. '從'이라 말한 것은 당시의 謙辭이다. ≪國語≫ 〈晉語 九〉에 董安于가 '以從司馬'라고 自稱하였고, ≪論語≫ 〈先進〉과 〈憲問〉에 모두 孔子가 '從大夫之後'라고 스스로 말하였으니, 〈'從'이 당시에 謙辭로 쓰였음을〉 증명할 수 있다."고 하였다.
5) 역주〕 叔孫未能對 : 임금이 신하에게 劍을 주는 것은 그 신하로 하여금 自決하게 하기 위함이니, 아마도 옛날에는 검을 주는 禮는 없었을 것이다. 그러므로 叔孫이 대답할 바를 모른 것이다. 〈楊注〉
6) 賜 子貢 孔子弟子
 賜는 子貢이다. 孔子의 弟子이다.
7) 拜受之
 절하고 받은 것이다.
8) 역주〕 州仇奉甲從君 而拜 : '州仇奉甲從君'은 吳王에게 대답한 말이고, '而拜'는 叔孫이 절하고 받은 것이다. ≪左氏會箋≫

公使大史固歸國子之元[1]호되 寘之新篋하고 褽之以玄纁[2]하고 加組帶焉[3)4)]하고 寘書于其上曰 天若不識不衷이면 何以使下國[5]이리오

哀公이 太史 固를 보내어 國子의 首級을 齊나라에 돌려보내되, 그 首級을 새로 만든 광주리에 담고, 검은 비단으로 위를 덮고 붉은 비단으로 밑을 받쳐 싸서 명주실을 꼬아 짠 띠〔組帶〕로 묶고서, 그 위에 "하늘이 만약 齊나라의 不善을 알지 못하였다면 어찌

下國(魯나라)으로 하여금 勝利하게 하였겠는가?"라고 썼다.

1) 歸於齊也 元 首也 吳以獻魯
齊나라로 돌려보낸 것이다. 元은 首(머리)이다. 吳나라가 이것을 魯나라에 獻上한 것이다.

2) 褽 薦也
褽는 薦(밑에 까는 것)이다.

3)〔附注〕林曰 以組帛之帶加於其上
〔부주〕林: 組帛의 띠를 그 위에 올려놓은 것이다.

4) 역주〕褽之以玄纁 加組帶焉 : 褽는 包(包裝)이다. 검은 비단으로 위를 덮고 붉은 비단으로 밑을 받쳐 싸 가지고 명주실을 꼬아서 짠 띠로써 묶은 것이다. 만약 밑에 깔았을 뿐이라면 붉은 비단 한 폭으로 충분하니 검은 비단을 사용할 필요가 없고, 또 組帶를 얹어 놓을 필요가 없다. 그러므로 '褽之'가 '包之'를 이른 것임을 알 수 있다. 參考文獻 ≪左氏會箋≫

5) 言天識不善 故殺國子〔附注〕林曰 下國 魯自稱 卽天而言 故稱下國 言使我討國子而殺之
하늘이 齊나라의 不善을 알았기 때문에 國子를 죽인 것이라는 말이다.
〔부주〕林: 下國은 魯나라가 自稱한 것이다. 하늘을 가지고 말하였기 때문에 下國이라고 칭한 것이다. 우리(魯나라)로 하여금 國子를 토벌해 죽이게 한 것이라는 말이다.

吳將伐齊하니 **越子率其衆以朝焉**[1]하야 **王及列士皆有饋賂**하니 **吳人皆喜**호되 **唯子胥懼曰 是豢吳也夫**[2]ㄴ저하고 **諫曰 越在我**[3]**心腹之疾也**[4]니 **壤地同而有欲於我**[5]일새니라 **夫其柔服**은 **求濟其欲也**[6]니 **不如早從事焉**[7]이라 **得志於齊**라도 **猶獲石田也**니 **無所用之**[8]라 **越不爲沼**면 **吳其泯矣**[9]리라 **使醫除疾**호되 **而曰必遺類焉者**는 **未之有也**[10]라 **盤庚之誥曰 其有顚越不共**이면 **則劓殄無遺育**하야 **無俾易種于玆邑**[11][12]이라하니 **是商所以興也**어늘 **今君易之**하야 **將以求大**하니 **不亦難乎**[13][14]아 **弗聽**하다 **使於齊**하야 **屬其子於鮑氏**하야 **爲王孫氏**[15]하다 **反役**에 **王聞之**하고 **使賜之屬鏤以死**[16]하다 **將死**에 **曰 樹吾墓檟**하라 **檟可材也**면 **吳其亡乎**[17]ㄴ저 **三年**에 **其始弱矣**리니 **盈必毁**는 **天之道也**[18]니라

吳나라가 齊나라를 토벌하려 하니 越子가 그 신하들을 거느리고 가서 吳王에게 朝見하고서 吳王과 그 신하들에게 食品과 財物을 주니 吳人이 모두 기뻐하였으나, 오직 子胥만은 두려워하며 말하기를 "이는 吳나라를 짐승으로 기르는 것이다."고 하고서 諫하

기를 "越나라는 우리 吳나라에 있어서 心腹의 疾患이니, 같은 地域에 있으면서 우리에게 野欲을 품고 있기 때문입니다. 저들이 柔順하게 服從하는 것은 그 야욕을 이루고자 해서이니 조기에 越나라를 攻擊하는 것만 못합니다. 우리가 齊나라를 토벌하여 勝利한다 하더라도 이는 마치 石田을 얻는 것과 같아서 쓸 곳이 없습니다. 만약 越나라를 擊滅하여 그 宮室을 연못으로 만들지 않는다면 越나라는 장차 우리나라를 滅亡시킬 것입니다. 醫員에게 病을 치료하게 하면서 반드시 병의 뿌리를 남겨두라고 한 사람은 아직까지 없었습니다. 〈盤庚〉의 誥文에 '橫暴를 恣行하여 王命을 공손히 奉行하지 않는〔顚越不共〕 자가 있으면 그를 죽이고 그 後裔도 남기지 않아 이 新邑에 그 種子가 옮겨오지 못하게 할 것이다.'고 하였으니, 이것이 바로 商나라가 興盛한 原因인데, 지금 임금님께선 이와 반대로 하면서 强大해지기를 구하려 하시니 어렵지 않겠습니까?"라고 하니, 吳王은 듣지 않았다. 그러자 子胥는 齊나라에 사신으로 가서 자기의 아들을 鮑氏에게 맡겨 王孫氏가 되게 하였다. 吳王은 艾陵의 戰爭에서 돌아와서 이 말을 듣고서 子胥에게 屬鏤劍을 주어 自殺하게 하였다. 죽으려 할 때 子胥는 "내 무덤에 檟木(가래나무)을 심으라. 그 나무가 木材로 쓸 수 있게 자라면 吳나라는 아마도 滅亡할 것이다. 3년 뒤부터 吳나라는 衰弱해지기 시작할 것이다. 가득 차면 반드시 기우는 것이 하늘의 道(自然의 攝理)이다."고 하였다.

1)〔附注〕林曰 句踐率其臣以朝于吳

〔부주〕林: 句踐이 그의 신하들을 거느리고 吳나라에 朝見한 것이다.

2) 豢 養也 若人養犧牲 非愛之 將殺之

豢은 기름이니, 사람이 犧牲을 기르는 것이 犧牲을 사랑해서가 아니라 장차 잡아먹기 위함과 같다는 말이다.

3)〔附注〕林曰 越之在吳

〔부주〕林: '越나라가 吳나라에 있어서'라는 말이다.

4) 역주〕心腹之疾也 : 體內에 있는 致命的인 疾病을 이르는데, 큰 憂患을 비유하는 말로 쓰인다.

5) 欲得吳

吳나라를 얻고자 함이다.

6)〔附注〕林曰 柔順以服於我 求以成其所大欲也

〔부주〕林: 柔順하게 우리 吳나라에 복종하는 것은 越王이 크게 원하는 바를 이루고자 해서라는 말이다.

7) 從事 擊之

從事는 越나라를 攻擊하라는 말이다.

8) 石田 不可耕

石田은 耕作할 수 없다.

9) 〔附注〕 朱曰 若不伐越國以爲池沼 則吳必爲越所滅矣

〔부주〕 朱: 만약 越나라를 토벌하여 〈그 宮室을〉 연못으로 만들지 않는다면 吳나라는 반드시 越나라에게 滅亡당할 것이라는 말이다.

10) 〔附注〕 林曰 留其種類 勿除去病根

〔부주〕 林: 같은 種類를 남겨두고 병의 뿌리를 제거하지 못하게 한다는 말이다.

11) 盤庚 商書也 顚越不共 從橫不承命者也 劓 割也 殄 絶也 育 長也 俾 使也 易種 轉生種類

〈盤庚〉은 〈商書〉이다. 顚越不共은 橫暴를 恣行〔從橫〕하여 王命을 받들어 따르지 않는 자이다. 劓는 割이고, 殄은 絶이고, 育은 長(기름)이고, 俾는 使(하여금)이고, 易種은 種類가 옮겨와 사는 것이다.

12) 역주〕 顚越不共……無俾易種于玆邑 : 이 글이 ≪尙書≫ 〈盤庚 中〉에 보이는데, 長篇의 글을 左氏가 節略해 인용한 것이다. ≪尙書≫에는 '不共'이 '不恭'으로 되어 있다. 注疏에는 顚越을 예법을 隕墜하는 것으로, 劓殄을 割絶(죽임)로, 易을 相染으로 해석하였고, ≪蔡傳≫에는 顚을 隕으로, 越을 踰로, 易을 移로 해석하였다 〈楊注〉에는 顚越을 狂亂으로, 育을 冑(자손)로, 易을 延易(蔓延)으로 訓釋하고서 '狂亂하여 命을 듣지 않는 자가 있으면 즉시 割絶(죽임)하고 그 後裔도 남기지 않아 그 種子가 이곳에 蔓延하게 하지 못하게 하겠다는 뜻이다.'고 하였다. 杜注와 이상의 세 注說을 참고해 번역하였다.

13) 〔附注〕 林曰 求伯諸侯之大事

〔부주〕 林: 諸侯의 霸者가 되는 大事를 구함이다.

14) 역주〕 將以求大 : 大는 强大를 이르니, 그 뜻은 霸業을 가리킨 것이다. 〈楊注〉

15) 私使人至齊屬其子 故〔改〕[*]姓爲王孫 欲以辟吳禍

사사로이 사람을 齊나라에 보내어 그 아들을 맡기면서 姓을 王孫으로 고쳐서 吳나라의 禍亂를 피하게 하고자 한 것이다.

*) 역주〕 저본에는 '故'로 되어 있으나, ≪十三經注疏≫本에 의거하여 '改'로 바로잡았다.

16) 艾陵役也 屬鏤 劍名

艾陵의 戰役이다. 屬鏤는 劍의 이름이다.

17) 〔附注〕 林曰 若檟木可爲材用之時 吳其爲越所滅乎

〔부주〕 林: 만약 檟木이 자라서 木材로 쓸 수 있는 때가 되면 吳나라는 아마도 越나라에 滅亡될 것이라는 말이다.

18) 越人朝之 伐齊勝之 盈之極也 爲十三年越伐吳〈起〉[*]本

越人이 朝見하고, 齊나라를 토벌하여 勝利하였으니, 가득 참이 極限에 도달한 것이다. 哀公 13년에 越나라가 吳나라를 토벌한 원인이다.

*) 역주] 저본에는 '起'가 빠져 있으나, ≪十三經注疏≫本에 의거하여 보충하였다.

【傳】秋에 季孫命修守備曰 小勝大는 禍也니 齊至無日矣[1)]리라

가을에 季孫이 守備를 整備〔修〕하도록 命하며 말하기를 "小國이 大國과 싸워 勝利하는 것은 禍를 부르는 일이니 齊나라가 머지않아 쳐들어올 것이다."고 하였다.

1) 善有備

事前에 準備한 것을 훌륭하게 여긴 것이다.

【傳】冬에 衛大叔疾出奔宋[1)]하다 初에 疾娶于宋子朝[2)]러니 其娣嬖[3)]하다 子朝出[4)]에 孔文子使疾出其妻而妻之[5)]하다 疾使侍人誘其初妻之娣하야 寘於犁[6)]하고 而爲之一宮하야 如二妻[7)]하니 文子怒하야 欲攻之한대 仲尼止之하다 遂奪其妻[8)]하다 或淫于外州하니 外州人奪之軒以獻[9)10)]하다 恥是二者라 故出하니라 衛人立遺하고 使室孔姞[11)]하다 疾臣向魋[12)]하야 納美珠焉하니 與之城鉏[13)]하다 宋公求珠호되 魋不與하다 由是得罪하다 及桓氏出[14)]하야 城鉏人攻大叔疾[15)]하니 衛莊公復之[16)]하야 使處巢하다 死焉하니 殯于鄖이라가 葬於少禘[17)]하다

겨울에 衛나라 太叔疾이 宋나라로 出奔하였다. 당초에 太叔疾이 宋나라 子朝의 딸을 아내로 맞이하였더니, 그 아내의 동생을 寵愛하였다. 子朝가 出奔하자 孔文子는 太叔疾에게 그 아내를 내치게 하고서 자기의 딸을 그의 아내로 주었다. 太叔疾이 侍人을 보내어 前妻의 동생을 유인해 데리고 오게 하여 그 여자를 犁邑에 安置하고서 그 여자를 위해 집 한 채를 지어 살게 하니, 마치 두 아내가 있는 것 같았다. 文子가 노하여 太叔疾을 공격하려 하자, 仲尼가 말렸다. 文子는 드디어 그의 아내로 주었던 딸을 도로 빼앗아왔다. 太叔疾이 또 外州에서 어떤 여인과 姦淫하니 外州人이 太叔疾의 수레를 빼앗아 衛君에게 바쳤다. 太叔疾은 이 두 일을 羞恥로 여겼다. 그러므로 出奔한 것이다. 衛人이 遺를 承繼人으로 세우고서 遺로 하여금 孔姞을 아내로 삼게 하였다. 太叔疾이 向魋의 家臣이 되어 아름다운 珍珠를 向魋에게 바치니 向魋는 그에게 城鉏를 주었다. 宋景公이 向魋에게 그 珍珠를 달라고 요구하였으나 向魋가 주지 않았다. 그러므로 景公에게 罪를 얻었다. 桓氏가 國外로 出奔함에 미쳐 城鉏人이 太叔疾을 공격하니, 衛莊

公이 그를 돌아오게 하여 巢邑에 살게 하였다. 그곳에서 죽으니, 鄖邑에 殯(葬事 때까지 棺을 安置해둠)하였다가 少禘에 장사 지냈다.

1) 疾卽齊也
 疾은 바로 世叔齊이다.
2) 子朝 宋人 仕衛爲大夫
 子朝는 宋나라 사람으로 衛나라에 벼슬하여 大夫가 되었다.
3) 娣 所娶女之娣
 娣는 아내로 맞이한 여자의 동생이다.
4) 出奔
 出奔한 것이다.
5) 〔附注〕 林曰 出宋朝之女 自以其女妻大叔疾
 〔부주〕 林: 宋朝의 딸을 내치게 하고서 스스로 자기의 딸을 太叔疾의 아내로 준 것이다.
6) 犂 衛邑
 犂는 衛나라 邑이다.
7) 〔附注〕 林曰 別爲一宮居之
 〔부주〕 林: 따로 집 한 채를 지어 그 여자를 살게 한 것이다.
8) 〔附注〕 林曰 孔文子遂奪其女 不嫁大叔疾
 〔부주〕 林: 孔文子가 드디어 자기의 딸을 빼앗아 太叔疾에게 시집보내지 않은 것이다.
9) 外州 衛邑 軒 車也 以獻於君 〔附注〕 林曰 大叔疾或時往淫于外州
 外州는 衛나라 邑이고, 軒은 수레이다. 임금에게 바친 것이다.
 〔부주〕 林: 太叔疾이 혹 때때로 外州로 가서 姦淫한 것이다.
10) 역주〕 或淫于外州 : 或은 또 이런 일이 있었다는 것이니, '又嘗(또 일찍이)'과 같은 말이다.
11) 遺 疾之弟 孔姞 孔文子之女 疾之妻
 遺는 太叔疾의 아우이고, 孔姞은 太叔疾에게 아내로 주었던 孔文子의 딸이다.
12) 爲宋向魋臣
 宋나라 向魋의 家臣이 된 것이다.
13) 城鉏 宋邑
 城鉏는 宋나라 邑이다.
14) 出在十四年 〔附注〕 林曰 桓氏 卽向魋
 桓氏의 出奔은 哀公 14년에 있다.
 〔부주〕 林: 桓氏는 바로 向魋이다.

15)〔附注〕林曰 疾居向魋邑 魋旣逃 故攻之

〔부주〕林: 太叔疾이 向魋의 邑에 居住한 것이다. 向魋가 이미 도망갔기 때문에 그를 공격한 것이다.

16) 聽使還

돌아오도록 허락한 것이다.

17) 終言疾之失所也 巢郥少禘 皆衛地

太叔疾이 處所를 잃은 결과를 말한 것이다. 巢와 郥과 少禘는 모두 衛나라 땅이다.

初에 **晉悼公子憖亡在衛**에 **使其女僕而田**[1)]이러니 **大叔懿子止而飮之酒**[2)]하고 **遂聘之**하야 **生悼子**[3)]하다 **悼子卽位**[4)]라 **故夏戊爲大夫**[5)]하다 **悼子亡**[6)]에 **衛人翦夏戊**[7)8)]하다

당초에 晉悼公의 아들 憖이 衛나라로 도망가 있을 적에 그 딸에게 수레를 몰게 하고서 사냥을 나갔더니, 太叔懿子가 憖을 머물게 하여 함께 술을 마시고서, 드디어 그의 딸을 아내로 맞이하여 悼子(太叔疾)를 낳았다. 悼子가 卿의 자리에 올랐기 때문에 夏戊가 大夫가 되었다. 悼子가 도망가자 衛人이 夏戊의 官爵과 封邑을 깎았다.

1) 僕 御 田 獵

僕은 수레를 모는 御者이고, 田은 사냥이다.

2) 懿子 大孫〔叔〕[*)]儀之孫〔附注〕林曰 懿子止公子憖而與之飮酒

懿子는 太叔儀의 손자이다.

〔부주〕林: 懿子가 公子 憖을 머물게 하고서 그와 함께 술을 마신 것이다.

*) 역주〕저본에는 '孫'으로 되어 있으나, ≪十三經注疏≫本에 의거하여 '叔'으로 바로잡았다.

3) 悼子 大叔疾

悼子는 太叔疾이다.

4)〔附注〕林曰 卽卿位

〔부주〕林: 卿의 地位에 오른 것이다.

5) 夏戊 悼子之甥

夏戊는 悼子의 甥姪이다.

6)〔附注〕林曰 旣奔宋

〔부주〕林: 宋나라로 出奔한 뒤이다.

7) 翦 削其爵邑

翦은 그 官爵과 封邑을 깎은 것이다.

8) 역주〕 翦 : 哀公 25년 傳文을 보면 '翦'은 그 爵邑만을 깎은 것이 아니라 그 家室과 財産을 모두 彌子瑕에게 준 것이다. 〈楊注〉

孔文子之將攻大叔也에 訪於仲尼한대 仲尼曰 胡簋之事則嘗學之矣[1)]어니와 甲兵之事는 未之聞也라하고 退하야 命駕而行曰 鳥則擇木이어니와 木豈能擇鳥[2)]리오 文子遽止之曰 圉豈敢度其私리오 訪衛國之難也[3)]라 將止[4)]러니 魯人以幣召之어늘 乃歸[5)]하다

孔文子가 太叔疾을 공격하려 할 때 仲尼에게 묻자, 仲尼가 말하기를 "胡簋(祭祀)의 일이라면 일찍이 배웠지만 甲兵의 일이라면 아직 듣지 못하였습니다."고 하고서 물러나와 수레에 말을 메우라고 명하여 떠나면서 말하기를 "새는 樹木을 선택할 수 있지만 樹木이 어찌 새를 선택할 수 있는가?"라고 하였다. 文子가 급히 挽留하며 말하기를 "내가 어찌 감히 나 개인의 이익을 꾀하겠습니까? 衛나라의 禍難에 대해 諮問하려 했던 것입니다."고 하였다. 그러자 仲尼는 머물려 하였더니, 魯人이 幣帛을 보내어 부르므로 이에 魯나라로 돌아왔다.

1) 胡簋 禮器名 夏曰胡 周曰簋
　胡簋는 禮器의 이름이다. 夏나라는 '胡'라 하고, 周나라는 '簋'라 하였다.

2) 以鳥自喩〔附注〕林曰 以木喩孔文子
　새로써 孔子 자신을 비유한 것이다.
　〔부주〕 林: 樹木으로써 孔文子를 비유한 것이다.

3) 圉 文子名 度 謀也〔附注〕林曰 所以咨訪者 慮衛之難也
　圉는 文子의 이름이다. 度은 謀이다.
　〔부주〕 林: 咨訪(咨問)한 이유는 衛나라의 禍難을 걱정하였기 때문이라는 말이다.

4) 仲尼止
　仲尼가 머물려 한 것이다.

5) 於是自衛反魯 樂正 雅頌各得其所[*)]
　이때 衛나라에서 魯나라로 돌아오시니, 樂이 바르게 되어 雅와 頌이 각각 제자리를 찾았다.

*) 역주〕 自衛反魯 樂正 雅頌各得其所 : 이 말은 ≪論語≫ 〈子罕〉篇에 보인다.

【傳】 季孫欲以田賦[1)2)]하야 使冉有訪諸仲尼한대 仲尼曰 丘不識也로라 三發[3)]하고 卒曰[4)] 子爲國老[5)]라 待子而行이어늘 若之何子之不言也오 仲尼不對[6)]하고 而私於

冉有曰 君子之行也[7]는 度於禮하야 施取其厚하며 事擧其中하며 斂從其薄[8]하나니 如是則以丘亦足矣[9]어니와 若不度於禮而貪冒無厭이면 則雖以田賦라도 將又不足이리라 且子季孫[10]若欲行而法[11]이면 則周公之典在니라 若欲苟而行[12]이면 又何訪焉가 弗聽[13]하다

季孫이 田畝의 多少에 따라 賦稅를 徵收하고자 하여 冉有를 보내어 仲尼에게 意見을 묻자, 仲尼는 "나는 모르겠다."고 하였다. 季孫이 연달아 冉有를 세 차례 보내어 물었으나 〈대답하지 않으니,〉 冉有를 마지막으로 보내어 말하기를 "그대는 國家의 元老라서 그대의 대답을 기다려 일을 처리하려 하는데, 어찌하여 그대는 말을 하지 않는가?"라고 하였다. 仲尼는 대답하지 않고 冉有에게 사사로이 말하기를 "君子가 일을 처리함에는 禮를 헤아려 施惠는 厚한 쪽을 취하고 일은 適中하게 거행하고 賦斂은 薄한 쪽을 따라야 한다. 이와 같이 하면 丘賦만으로도 충분하지만, 만약 禮를 헤아리지 않고 貪慾하여 만족을 모른다면 비록 田畝에 따라 賦稅를 徵收하더라도 도리어 부족할 것이다. 장차 자네의 季孫氏가 만약 일 처리를 법에 맞게 하고자 한다면 周公의 法이 있으니 〈參照할 수 있다.〉 만약 구차하게 일을 처리하고자 한다면 또 남의 의견을 물을 게 뭐 있는가?"라고 하였다. 季孫은 孔子의 말을 듣지 않았다.

1) 丘賦之法 因其田財 通出馬一匹牛三頭 今欲別其田及家財 各爲一賦 故言田賦
'丘賦의 法'은 각자의 田地와 財産에 따라 똑같이 말 한 필과 소 세 마리를 낸다. 지금 그 전지와 재산에 따로 각각 부세를 매기고자 하였기 때문에 '田賦'라고 한 것이다.

2) 역주] 田賦 : '丘賦의 法'을 이른다. 丘는 16井인데, 16井에서 말 한 필, 소 세 마리를 내는 法이다.

3) 三發問
세 차례 질문한 것이다.

4) 卒 終也
卒은 終(마지막)이다.

5) 〔附注〕 林曰 子 謂孔子 爲魯國之元老
〔부주〕 林: 子는 孔子를 이른다. 魯나라의 元老가 되었다는 말이다.

6) 不公答
公的으로 대답하지 않은 것이다.

7) 行政事
政事를 시행함이다.

8) 〔附注〕 林曰 其施恩惠 寧過於厚 其擧政事 必得其中 其取賦斂 寧過於薄

〔부주〕林: 恩惠를 베풂에는 〈薄하게 주기보다〉 차라리 厚하게 주는 過誤를 범하며, 政事를 거행함에는 반드시 過不及이 없게 하며, 賦斂을 취함에는 〈厚하게 徵收하기보다〉 차라리 薄하게 징수하는 과오를 범한다는 말이다.

9) 丘 十六井 出戎馬一匹牛三頭 是賦之常法

丘는 16井인데, 16井이 戎馬(軍馬) 한 필과 소 세 마리를 낸다. 이것이 賦稅의 常法이다.

10) 〔附注〕林曰 且子之季康子

〔부주〕林: '장차 자네의 季康子가'라는 말이다.

11) 〔附注〕林曰 若欲行其常法

〔부주〕林: '만약 그 常法을 시행하고자 한다면'이라는 말이다.

12) 〔附注〕林曰 若欲苟焉妄行 以快己志

〔부주〕林: '만약 구차하게 함부로 행동하여 자기 마음을 통쾌하게 하고자 한다면'이라는 말이다.

13) 爲明年出〔用〕[*)]田賦傳

明年에 田畝에 따라 賦稅하는 制度를 시행〔用〕한 傳의 배경이다.

*) 역주〕저본에 '出'로 되어 있으나, ≪十三經注疏≫本에 의거하여 '用'으로 바로잡았다.

〈十二年, 戊午 B.C.483〉

【經】 十有二年春에 用田賦[1)]하다

12년 봄에 田畝에 따라 賦稅하는 制度를 시행〔用〕하였다.

1) 直書之者 以示改法重賦 〔附注〕林曰 以丘賦一乘爲未足 又以田賦之也 田賦之也者 家一人也 家一人 管子內政之法也[*)] 諸侯之益兵 自齊始 晉次之 州兵是也 春秋之季 魯亦行之矣 是故作丘甲用田賦 不書初

이를 直書한 것은 法을 고쳐 賦稅를 중하게 징수하였음을 보인 것이다.

〔부주〕林: 1丘에 1乘을 賦課하는 것을 부족하게 여겨 또 田畝에 따라 賦稅를 徵收하는 제도를 실시한 것이다. 田賦의 제도는 집집마다 한 사람씩 軍役에 나가니, 집집마다 한 사람씩 軍役에 나가는 것은 ≪管子≫ 內政의 法이다. 諸侯가 군대를 늘린 것은 齊나라에서 시작하였고, 晉나라가 그 다음이었으니, 晉나라의 州兵制度가 그것이다. 春秋 말엽에 魯나라도 이 제도를 시행하였기 때문에 成公 元年 經의 '作丘甲'과 〈이곳의〉 '用田賦'에 모두 '初(처음으로 만들었다.)'라고 기록하지 않았다.

*) 역주〕管子內政之法也 : 管仲이 軍隊 編制에 대한 政策〔內政〕을 만들어, 1家를 1軌,

10軌를 1里, 4里를 1連, 10連을 1鄕으로 정한 軍制를 이른다. ≪管子≫ 〈小匡〉

【經】 夏五月甲辰에 孟子卒[1)]하다

여름 5월 甲辰日에 孟子가 卒하였다.

1) 魯人諱娶同姓 謂之孟子 春秋不改 所以順時

魯人이 同姓에게 장가간 것을 숨겨 그를 '孟子'라 하였다. ≪春秋≫에 이를 고치지 않고 '孟子'로 기록한 것은 時代를 따른 것이다.

【經】 公會吳于槖皐[1)]하다

哀公이 吳子와 槖皐에서 會合하였다.

1) 槖皐 在淮南逡遒縣東南

槖皐는 淮南 逡遒縣 동남쪽에 있다.

【經】 秋에 公會衛侯宋皇瑗于鄖[1)]하다

秋에 哀公이 衛侯·宋나라 皇瑗과 鄖에서 회합하였다.

1) 鄖 發陽也 廣陵海陵縣東南有發繇口

鄖은 發陽이다. 廣陵 海陵縣 동남쪽에 發繇口가 있다.

【經】 宋向巢帥師伐鄭하다

宋나라 向巢가 군대를 거느리고 가서 鄭나라를 토벌하였다.

【經】 冬十有二月에 螽[1)]하다

겨울 12월에 蝗蟲의 災害가 발생하였다.

1) 周十二月 今十月 是歲應置閏 而失不置 雖書十二月 實今之九月 司歷誤一月 九月之初 尙溫 故得有螽

周나라 12월은 지금의 10월이다. 이해에 閏月을 넣어야 하는데, 〈司歷(曆을 맡은 官員)이〉 잊고서 넣지 않았다. 비록 12월로 기록하였으나 사실은 지금의 9월이다. 司歷이 한 달을 誤算한 것이다. 9월 초순은 아직 따뜻하기 때문에 蝗蟲이 있을 수 있다.

【傳】 十二年春王正月에 用田賦[1)]하다

12년 봄 周王 正月에 田畝에 따라 賦稅하는 제도를 시행하였다.

1) 終前年事

前年의 일을 終結한 것이다.

【傳】 夏五月에 昭夫人孟子卒하다 昭公娶于吳라 故不書姓[1)]하고 死不赴라 故不稱夫人[2)]하고 不反哭이라 故不言葬小君[3)]하다 孔子與弔하야 適季氏하니 季氏不絻이어늘 放絰而拜[4)]하다

여름 5월에 昭公의 夫人 孟子가 卒하였다. 昭公이 吳나라 女人에게 장가갔기 때문에 經에 姓을 기록하지 않았고, 죽었을 때 諸侯에게 赴告하지 않았기 때문에 '夫人'이라 칭하지 않았고, 反哭하지 않았기 때문에 '葬小君'이라고 말하지 않은 것이다. 孔子가 弔喪에 참여하고서 季氏에게 가니, 季氏가 喪冠을 쓰지 않고 있으므로 孔子도 상복을 벗고서 절하였다.

1) 諱娶同姓 故謂之孟子 若宋女

同姓에게 장가간 것을 숨겼다. 그러므로 그를 '孟子'라고 하여 마치 宋나라 女人인 것처럼 만든 것이다.

2) 不稱夫人 故不言薨

夫人이라고 칭하지 않았기 때문에 '薨'하였다고 말하지 않은 것이다.

3) 反哭者 夫人禮也 以同姓故 不成其夫人喪

反哭하는 것은 夫人의 禮이다. 同姓이기 때문에 夫人의 喪禮를 갖추지〔成〕 않은 것이다.

4) 孔子始老 故與弔也 絻 喪冠也 孔子以小君禮往弔 季孫不服喪 故去絰 從主節制

孔子가 비로소 告老(致仕)하였기 때문에 弔喪에 참여한 것이다. 絻은 喪冠이다. 孔子가 小君의 喪禮에 따라 가서 弔喪한 것이다. 季孫이 服喪하지 않고 있기 때문에 〈孔子도〉 상복을 벗어 主人을 따라 節制한 것이다.

【傳】 公會吳于橐皐하니 吳子使大宰嚭請尋盟[1)2)]하다 公不欲하야 使子貢對曰 盟所以周信也[3)]라 故心以制之[4)]하고 玉帛以奉之[5)]하고 言以結之[6)]하고 明神以要之[7)8)]하나니라 寡君以爲苟有盟焉이면 弗可改也已라 若猶可改면 日盟何益이리오 今吾

子曰 必尋盟이라하니 若可尋也면 亦可寒也[9)]라하고 乃不尋盟하다

哀公이 吳子와 槖皐에서 會合하니 吳子가 太宰 嚭를 보내어 전에 맺은 맹약을 重修〔尋盟〕하기를 청하였다. 哀公은 重修하고 싶지 않아, 子貢을 보내어 대답하게 하기를 "盟約하는 것은 믿음을 鞏固히 하기 위함입니다. 그러므로 마음으로써 制約하고, 玉帛으로써 奉獻하고, 言語로써 맹약을 맺고, 明神으로써 단속〔要〕하는 것입니다. 寡君께서는 盟約을 하면 變更할 수 없다고 여기십니다. 만약 오히려 변경할 수 있다면 날마다 맹약을 맺은들 무슨 도움이 되겠습니까? 그런데 지금 당신은 '반드시 重修하겠다.'고 하시니, 만약 따뜻하게 데울 수 있다면 다시 싸늘하게 식게 할 수도 있습니다."고 하고서, 이에 重修하지 않았다.

1) 尋繒〔鄫〕[*)]盟
哀公 7년에 鄫에서 맺은 맹약을 되살리려 한 것이다.

*) 역주〕 저본에는 '繒'으로 되어 있으나, ≪十三經注疏≫本에 의거하여 '鄫'으로 바로잡았다.

2) 역주〕 尋盟 : 尋은 따뜻하게 데우는 것이다. 이미 死文이 된 지난날의 맹약을 다시 되살리는 것이니, 곧 重修의 뜻이다.

3) 周 固
周는 固(견고)이다.

4) 制其義
盟辭를 適宜〔義〕하게 制定함이다.

5) 奉贄明神
明神에게 幣帛을 바침이다.

6) 結其信
盟約을 誠信하게 맺음이다.

7) 要以禍福
禍福으로 단속함이다.

8) 역주〕 心以制之……明神以要之 : 네 '之'字는 모두 盟約을 指示한 代詞이다. '心以制之'는 誠心으로 맹약을 지키기 위해 자신을 制約함이고, '玉帛以奉之'는 神에게 玉帛을 바쳐 盟約을 告함이고, '言以結之'는 言語로써 맹약을 맺음이고, '明神以要之'는 맹약을 어기는 자는 神이 禍를 내릴 것이라는 盟辭로 當事者들을 단속〔要〕함이다. 參考文獻 〈楊注〉

9) 尋 重也 寒 歇也 〔附注〕 林曰 若盟可尋而溫之 亦可寒而歇之
尋은 重(거듭)이고, 寒은 歇(消盡)이다.

〔부주〕 林: 만약 따뜻하게 하여 데울 수 있다면 차갑게 하여 消滅되게 할 수도 있다는 말이다.

【傳】 吳徵會于衛하다 **初衛人殺吳行人且姚而懼**하야 **謀于行人子羽**[1]하니 **子羽曰 吳方無道**하니 **無乃辱吾君**[2]가 **不如止也**[3]니라 **子木曰 吳方無道**[4]하니 **國無道**면 **必棄疾於人**이라 **吳雖無道**나 **猶足以患衛**[5]니 **往也**하라 **長木之斃**면 **無不摽也**[6]며 **國狗之瘈**면 **無不噬也**[7]어든 **而況大國乎**아

吳나라가 衛나라를 會合에 오라고 불렀다. 당초에 衛人이 吳나라 行人 且姚를 죽인 일 있으므로 겁이 나서 〈부름에 應해야 하는지를〉 行人 子羽와 商議하니, 子羽가 말하기를 "吳나라는 현재 無道한 짓을 하고 있으니, 우리 임금님을 侮辱하려는 것이 아니겠습니까? 가지 않는 것이 좋겠습니다."고 하였다. 子木이 말하기를 "吳나라가 현재 無道한 짓을 하고 있으니, 나라가 無道하면 반드시 남에게 해를 입힙니다. 吳나라가 비록 無道하지만 오히려 우리 衛나라에 禍患을 입히기에 충분하니 가시는 것이 좋습니다. 큰 나무가 쓰러지면 그 밑에 打擊을 받지 않는 草木이 없고, 國狗(一國의 名犬)가 미치면 물리지 않는 사람이 없는데, 하물며 큰 나라이겠습니까?"라고 하였다.

1) 子羽 衛大夫
   子羽는 衛나라 大夫이다.
2) 〔附注〕 林曰 必召吾君而辱之
   〔부주〕 林: 반드시 우리 임금을 불러 侮辱할 것이라는 말이다.
3) 〔附注〕 朱曰 不如勿往也
   〔부주〕 朱: 가지 않는 것만 못하다는 말이다.
4) 子木 衛大夫
   子木은 衛나라 大夫이다.
5) 爲衛患也
   衛나라의 憂患이 된다는 말이다.
6) 摽 擊
   摽는 打擊이다.
7) 瘈 狂也 噬 齧也
   瘈는 미침이고, 噬는 무는 것이다.

【傳】 秋에 **衛侯會吳於鄖**하다 **公及衛侯宋皇瑗盟**[1]하고 **而卒辭吳盟**하다 **吳人藩衛**

侯之舍[2)]하니 子服景伯謂子貢曰 夫諸侯之會事既畢矣면 侯伯致禮하고 地主歸餼[3)4)]하야 以相辭也[5)6)]어늘 今吳不行禮於衛하고 而藩其君舍以難之[7)]하니 子盍見大宰[8)]오하니 乃請束錦以行[9)]하다 語及衛故[10)]한대 大宰嚭曰 寡君願事衛君이나 衛君之來也緩하니 寡君懼라 故將止之[11)]니라 子貢曰 衛君之來에 必謀於其衆하니 其衆或欲或否라 是以緩來니라 其欲來者는 子之黨也오 其不欲來者는 子之讐也라 若執衛君이면 是墮黨而崇讐也[12)]니 夫墮子者得其志矣리라 且合諸侯而執衛君이면 誰敢不懼리오 墮黨崇讐하야 而懼諸侯면 或者難以霸乎ㄴ저 大宰嚭說하야 乃舍衛侯하다 衛侯歸하야 效夷言[13)]하다 子之尙幼[14)]러니 曰 君必不免이리니 其死於夷乎ㄴ저 執焉而又說其言[15)]하니 從之固矣[16)17)]로다

가을에 衛侯가 鄖에서 吳子와 회합하였다. 哀公이 衛侯 및 宋나라 皇瑗과 結盟하고서 끝내 吳나라와의 結盟을 사절하였다. 吳人이 衛侯가 머무는 客舍에 울타리를 치니, 子服景伯이 子貢에게 말하기를 "諸侯의 會事가 끝나면 侯伯(盟主)은 賓客에게 禮를 表하고 地主는 食物을 보내어 서로 이별하는 것인데, 지금 吳나라는 衛나라에게 예를 행하지 않고 그 임금이 머문 客舍에 울타리를 쳐서 困難하게 하는데도 그대는 어찌 太宰를 만나보지 않는 것이오."라고 하니, 子貢은 이에 束錦을 請求하여 가지고서 太宰에게 갔다. 말이 衛나라 일에 미치자 太宰 嚭가 말하기를 "우리 임금께서 비록 衛君을 섬기기를 원하였으나 衛君께서 늦게 오시니 우리 임금께서는 두려워하였습니다. 그러므로 衛君을 抑留하려는 것입니다."고 하니, 子貢이 말하기를 "衛君이 오실 때 반드시 그 신하들과 상의하셨을 것인데, 그 신하 중에는 임금님이 오시기를 바란 자도 있고, 바라지 않은 자도 있었을 것입니다. 그러므로 늦게 오신 것입니다. 임금님이 오시기를 바란 자는 당신들의 편이고 바라지 않은 자는 당신들의 원수입니다. 만약 衛君을 逮捕한다면 이는 자기편을 허물고 원수를 높이는 것이니, 당신들을 허물고자 한 자들이 뜻을 얻게 될 것입니다. 그리고 또 諸侯를 會合하고서 衛君을 逮捕한다면 누가 감히 두려워하지 않겠습니까? 자기편을 허물고 원수를 높여서 諸侯를 두렵게 한다면 아마도 霸者가 되기 어려울 것입니다."고 하였다. 그러자 太宰 嚭는 기뻐하여 이에 衛侯를 釋放〔舍〕하였다. 衛侯가 돌아와서 蠻夷(吳나라)의 말을 본받아 하였다. 子之는 이때 아직 어렸는데, 말하기를 "임금님은 반드시 화를 면하지 못할 것이니, 아마도 蠻夷의 나라에서 죽을 것이다. 저들에게 체포를 당하였으면서도 도리어 저들의 말을 하기 좋아하니 저들을 따라갈 것이 틀림없다."고 하였다.

1) 盟不書 畏吳竊盟

經에 盟을 기록하지 않은 것은 吳나라를 두려워하여 몰래 結盟하였기 때문이다.

2) 藩 籬〔附注〕林曰 吳人執衛侯 作藩籬 圍其館舍 以困辱之

藩은 울타리이다.

〔부주〕林: 吳人이 衛侯를 逮捕하고서 衛侯의 館舍에 울타리를 둘러쳐서 심하게 侮辱한 것이다.

3) 侯伯致禮 以禮賓也 地主 所會主人也 饟 生物

'侯伯致禮'는 禮로써 賓客을 대우함이다. 地主는 會合한 땅의 主人(會合場所를 提供한 나라의 임금)이다. 饟는 生物이다.

4) 역주〕侯伯 : 諸侯의 長이니, 盟主를 이른다.

5) 各以禮相辭讓

각각 禮로써 서로 辭讓함이다.

6) 역주〕以相辭也 : 서로 辭別함이다. 〈楊注〉

7) 難 苦困也

難은 苦困(괴롭고 困難함)이다.

8)〔附注〕林曰 何不往吳見吳大宰而說之

〔부주〕林: 어찌하여 吳나라로 가서 吳나라 太宰를 만나 說得하지 않느냐는 말이다.

9) 以賂吳〔附注〕林曰 十端爲一束

吳나라에 賂物로 주기 위해서이다.

〔부주〕林: 10端이 '1束'이다.

10) 若本不爲衛請者

본래 衛나라를 위해 請願하지 않는 것처럼 한 것이다.

11) 止 執

止는 執(逮捕)이다.

12) 墮 毁也

墮는 毁(무너뜨림)이다.

13)〔附注〕林曰 學爲吳人方音

〔부주〕林: 吳人의 方音(方言)을 배워서 말한 것이다.

14) 子之 公孫彌牟

子之는 公孫 彌牟이다.

15)〔附注〕林曰 遭吳執辱 喜其方音 效其言語

〔부주〕林: 吳人에게 체포되는 모욕을 당하고도 吳나라의 方言을 좋아하여 그 말을 본받은 것이다.

16) 出公輒 後卒死於越〔附注〕林曰 從夷之心 固不可改矣
出公 輒이 뒤에 마침내 越나라에서 죽었다.
〔부주〕林: 蠻夷를 따르는 마음이 굳어서 고칠 수 없다는 말이다.
17) 역주〕固 : 必(틀림없음)과 같다. 〈楊注〉

【傳】冬十二月에 **螽**하다 **季孫問諸仲尼**한대 **仲尼曰 丘聞之**하니 **火伏而後蟄者畢**[1]이라하니 **今火猶西流**하니 **司歷過也**[2]라

겨울 12월에 蝗蟲의 災害가 발생하였다. 季孫이 仲尼에게 물으니, 仲尼가 말하기를 "내가 듣건대 火星이 潛伏한 뒤에는 昆蟲이 모두 땅속으로 들어가 숨는다고 하는데, 지금 火星이 아직 서쪽 하늘에 보이니, 司歷이 曆을 잘못 계산한 것입니다."라고 하였다.

1) 火 心星也 火伏 在今十月
火는 心星이다. 火星이 潛伏하는 것은 지금의 10월이다.
2) 猶西流 言未盡沒 知是九月 歷官失二〔一〕[*)]閏 釋例論之備
猶西流는 아직 다 없어지지 않은 것이니 9월임을 알 수 있는데, 歷官이 閏月 하나를 빠뜨린 것이다. ≪春秋釋例≫에 자세히 論하였다.
*) 역주〕저본에는 '二'로 되어 있으나, ≪十三經注疏≫本에 의거하여 '一'로 바로잡았다.

【傳】宋鄭之間有隙地焉[1]하니 **曰彌作頃丘玉暢嵒戈錫**[2]이다 **子產與宋人爲成**[3]**曰 勿有是**[4]하라 **及宋平元之族自蕭奔鄭**[5]하야 **鄭人爲之城嵒戈錫**[6]하니 **九月**에 **宋向巢伐鄭**[7]하야 **取錫**하고 **殺元公之孫**하고 **遂圍嵒**하다 **十二月**에 **鄭罕達救嵒**하야 **丙申**에 **圍宋師**[8]하다

宋나라와 鄭나라 사이에 閒田이 있으니 彌作, 頃丘, 玉暢, 嵒, 戈, 錫이다. 子產이 宋人과 和平을 맺고서 "〈兩國이 함께〉 이 땅을 占有하지 말자."고 하였다. 宋나라의 平公과 元公의 宗族이 蕭邑에서 鄭나라로 出奔함에 미쳐 鄭人이 그들을 위해 嵒, 戈, 錫에 城을 쌓아 居住하게 하니, 9월에 宋나라 向巢가 鄭나라를 토벌하여 錫을 占領하고서 元公의 손자를 죽이고, 드디어 嵒을 포위하였다. 12월에 鄭나라 罕達이 嵒을 救援하기 위해 丙申日에 宋軍을 포위하였다.

1) 隙地間〔閒〕[*1)]田[*2)]
隙地는 閒田이다.
*1) 역주〕저본에는 '間'으로 되어 있으나, ≪十三經注疏≫本에 의거하여 '閒'으로 바로잡

았다.

＊2) 역주〕閒田：兩國의 邊境에 있는 主人 없는 땅을 이른다.

2) 凡六邑

모두 여섯 邑이다.

3)〔附注〕林曰 鄭子産執政 與宋結平

〔부주〕林: 鄭나라 子産이 執政하였을 때 宋나라와 和平을 맺은 것이다.

4) 俱棄之

兩國이 함께 抛棄하기로 한 것이다.

5) 在定十五年

定公 15년에 있었다.

6) 城以處平元之族

城을 쌓고서 平公과 元公의 宗族을 그곳에 살게 한 것이다.

7)〔附注〕林曰 以鄭背盟城三邑 故討之

〔부주〕林: 鄭나라가 盟約을 違背하고서 세 邑에 성을 쌓았기 때문에 토벌한 것이다.

8) 此事 經在十二月螽上 今倒在下 更具列其月以爲別者 丘明本不以爲義例 故不皆齊同[*)]

이 일이 經에는 '十二月螽' 위에 있는데, 지금 傳에는 倒置시켜 아래에 갖다 놓고서 다시 그 月을 구체적으로 列記하여 別個의 일로 만든 것은 左丘明이 본래 義例로 삼지 않았기 때문에 글이 모두 같지 않다.

＊) 역주〕丘明本不以爲義例 故不皆齊同：左氏는 본래 經文의 순서대로 傳文을 쓰는 것을 義例(凡例)로 삼지 않았기 때문에 모든 傳文의 순서가 經文의 순서와 一致하지 않는다는 말이다.

〈十三年, 己未 B.C.482〉

【經】 十有三年春에 **鄭罕達帥師取宋師于嵒**[1)]하다

13년 봄에 鄭나라 罕達이 군대를 거느리고 가서 嵒에서 宋軍을 取하였다.

1) 書取 覆而敗之

'取'라고 기록한 것은 매복하여 宋軍을 패배시켰기 때문이다.

【經】 夏에 **許男成卒**[1)]하다

여름에 許男 成이 卒하였다.

1) 無傳

傳이 없다.

【經】 公會晉侯及吳子于黃池[1]하다

哀公이 晉侯 및 吳子와 黃池에서 會合하였다.

1) 陳留封丘縣南有黃亭 近濟水 夫差欲霸中國 尊天子 自去其僭號而稱子 以告令諸侯 故史承而書之

陳留 封丘縣 남쪽에 黃亭이 있는데, 濟水와 가깝다. 夫差가 中國에 霸者가 되어 天子를 높이고자 하여 스스로 王이라는 僭濫한 稱號를 버리고 '子'라고 칭하여 諸侯에게 告令(命令)하였다. 그러므로 史官이 그대로 받아쓴 것이다.

【經】 楚公子申帥師伐陳[1]하다

楚나라 公子 申이 군대를 거느리고 가서 陳나라를 토벌하였다.

1) 無傳

傳이 없다.

【經】 於越入吳하다

越나라가 吳나라로 쳐들어갔다.

【經】 秋에 公至自會[1]하다

가을에 哀公이 黃池의 會合에서 돌아왔다.

1) 無傳

傳이 없다.

【經】 晉魏曼多帥師侵衛[1]하다

晉나라 魏曼多가 군대를 거느리고 가서 衛나라를 侵攻하였다.

1) 無傳

傳이 없다.

【經】 葬許元公[1]하다

許元公을 장사 지냈다.

1) 無傳

傳이 없다.

【經】 九月에 **螽**[1]하다

9월에 蝗蟲의 災害가 발생하였다.

1) 無傳 書災

傳이 없다. 기록한 것은 災害가 되었기 때문이다.

【經】 冬十有一月에 **有星孛于東方**[1]하다

겨울 11월에 彗星이 東方에 出現하였다.

1) 無傳 平旦衆星皆沒 而孛乃見 故不言所在之次

傳이 없다. 동틀 무렵 모든 별이 다 들어간 뒤에 彗星이 나타났기 때문에 혜성이 있는 位次를 말하지 않은 것이다.

【經】 盜殺陳夏區夫[1]하다

盜가 陳나라 夏區夫를 죽였다.

1) 無傳 稱盜 非大夫

傳이 없다. '盜'로 칭한 것은 大夫가 아니기 때문이다.

【經】 十有二月에 **螽**[1]하다

12월에 蝗蟲의 災害가 발생하였다.

1) 無傳 前年季孫雖聞仲尼之言 而不正歷 失閏至此年 故復十二月螽 實十一月

傳이 없다. 前年에 季孫이 비록 仲尼의 말을 들었으나, 歷을 바로잡지 않아 閏月을 넣지 않은 잘못이 금년까지 이르렀다. 그러므로 다시 '十二月螽'이라고 한 것이다. 사실은 11월이다.

【傳】 十三年春에 **宋向魋救其師**[1]하다 **鄭子賸使徇**[2]**曰 得桓魋者**는 **有賞**하리라 **魋**

也逃歸어늘 **遂取宋師于嵒**하고 **獲成讙郜延**[3)]하다 **以六邑爲虛**[4)]하다

13년 봄에 宋나라 向魋가 嵒에서 포위당한 宋軍을 救援하였다. 鄭나라 子賸이 사람을 보내어 全軍에 宣布하기를 "桓魋를 잡는 자는 賞이 있을 것이다."고 하니, 桓魋가 도망하여 돌아갔다. 鄭軍은 드디어 嵒에서 宋軍을 패배시키고 成讙과 郜延을 俘獲하고서 여섯 邑을 空地(임자 없는 땅)로 만들었다.

1) 救前年圍嵒師
前年에 嵒을 포위하였던 宋軍을 구원한 것이다.
2) 〔附注〕林曰 鄭子賸卽罕達
〔부주〕林: 鄭나라 子賸은 바로 罕達이다.
3) 二子 宋大夫
두 사람은 宋나라 大夫이다.
4) 空虛之 各不有
空閒地로 버려두고 각각 소유하지 않은 것이다.

【傳】 **夏**에 **公會單平公晉定公吳夫差于黃池**[1)]하다

여름에 哀公이 單平公, 晉定公, 吳나라 夫差와 黃池에서 회합하였다.

1) 平公 周卿士也 不書 尊之 不與會
平公은 周나라 卿士이다. 經에 이를 기록하지 않은 것은 그를 높여서 함께 會合에 참여하지 않은 것처럼 〈말을 만든 것이다.〉

【傳】 **六月丙子**에 **越子伐吳**[1)]할새 **爲二隧**[2)]하야 **疇無餘謳陽自南方**[3)]하야 **先及郊**하니 **吳大子友王子地王孫彌庸壽於姚自泓上觀之**[4)]하다 **彌庸見姑蔑之旗**[5)]하고 **曰 吾父之旗也**[6)]니 **不可以見讎而弗殺也**로라 **大子曰 戰而不克**이면 **將亡國**[7)]이니 **請待之**하노라 **彌庸不可**라하고 **屬**(촉)**徒五千**[8)]하니 **王子地助之**하다 **乙酉**에 **戰**하야 **彌庸獲疇無餘**하고 **地獲謳陽**하다 **越子至**[9)]하니 **王子地守**[10)]하다 **丙戌**에 **復戰**하야 **大敗吳師**하고 **獲大子友王孫彌庸壽於姚**[11)]하고 **丁亥**에 **入吳**하다 **吳人告敗于王**[12)]한대 **王惡**(오)**其聞也**[13)]하야 **自剄七人於幕下**[14)]하다

6월 丙子日에 越子가 吳나라를 토벌할 때 두 길로 나누어 出兵하여 疇無餘와 謳陽이 남쪽 길로 가서 먼저 吳나라 郊外에 當到하니, 吳나라 太子 友·王子 地·王孫 彌庸·

壽於姚가 泓水가에서 越軍의 情況을 觀察하였다. 彌庸이 姑蔑人이 든 旌旗를 보고서 “우리 아버지의 軍旗이니, 怨讐를 보고서 죽이지 않을 수 없습니다.”고 하니, 太子가 말하기를 “交戰하였다가 勝利하지 못하면 장차 나라가 망할 것이니 잠시 기다리십시오.”라고 하자, 彌庸은 “기다릴 수 없다.”고 하고서 部下 5천 인을 集合시키니 王子 地가 그를 돕기로 하였다. 乙酉日에 交戰하여 彌庸은 疇無餘를 俘獲하고 王子 地는 謳陽을 俘獲하였다. 越子가 大軍을 이끌고 오니, 王子 地가 陣地를 固守하였다. 丙戌日에 다시 交戰하여 越軍이 吳軍을 大敗시키고서 太子 友와 王孫 彌庸과 壽於姚를 俘獲하고서, 丁亥日에 吳나라 國都로 쳐들어갔다. 吳人이 〈黃池에 會盟하고 있는〉 吳王에 敗戰을 報告하자, 吳王은 敗戰이 소문날 것을 싫어하여 직접 帳幕 아래서 일곱 사람을 죽였다.

1) 〔附注〕 林曰 句踐因夫差在會 乘虛伐吳

〔부주〕 林: 句踐은 夫差가 會合에 나가 있는 기회를 이용하여 吳나라 國都가 빈 틈을 타서 吳나라를 토벌한 것이다.

2) 隧 道也

隧는 道(길)이다.

3) 二子 越大夫

두 사람은 越나라 大夫이다.

4) 觀越師 泓 水名

越軍을 觀察한 것이다. 泓은 水名이다.

5) 姑蔑 越地 今東陽大末縣

姑蔑은 越나라 땅인데, 지금의 東陽 大末縣이다.

6) 彌庸父爲越所獲 故姑蔑人得其旌旗

彌庸의 아버지가 越軍에게 俘獲되었기 때문에 姑蔑人이 旌旗를 얻은 것이다.

7) 〔附注〕 林曰 國虛 故懼亡

〔부주〕 林: 國都가 비었기 때문에 나라가 망할 것을 두려워한 것이다.

8) 屬 會也

屬은 會(모음)이다.

9) 〔附注〕 林曰 越句踐以師至吳

〔부주〕 林: 越王 句踐이 군대를 거느리고서 吳나라로 온 것이다.

10) 〔附注〕 林曰 守國

〔부주〕 林: 나라를 지킨 것이다.

11) 地守 故不獲

王子 地는 陣地를 지키고 있었기 때문에 俘獲되지 않은 것이다.

12) 〔附注〕 林曰 吳人告敗于夫差

〔부주〕 林: 吳人이 夫差에게 敗戰을 報告한 것이다.

13) 惡諸侯聞之

諸侯가 그 소문을 들을 것을 싫어한 것이다.

14) 以絶口

그들을 죽여 입을 막은 것이다.

【傳】 秋七月辛丑에 **盟**할새 **吳晉爭先**[1)2)]하다 **吳人曰 於周室我爲長**[3)]이라 **晉人曰 於姬姓我爲伯**[4)5)]이라 **趙鞅呼司馬寅**[6)]**曰 日旰矣**[7)]로되 **大事未成**은 **二臣之罪也**[8)]니 **建鼓整列**[9)]하야 **二臣死之**[10)]면 **長幼必可知也**[11)12)]리라 **對曰 請姑視之**[13)]하노라 **反**하야 **曰 肉食者無墨**[14)]이어늘 **今吳王有墨**하니 **國勝乎**[15)16)]아 **大子死乎**아 **且夷德輕**하야 **不忍久**[17)]하니 **請少待之**[18)]하노라 **乃先晉人**[19)]하다

가을 7월 辛丑日에 盟約할 때 吳나라와 晉나라가 먼저 歃血하기를 다투었다. 吳人은 "周나라 王室 중에 우리의 始祖 太伯이 長子이다."고 하고, 晉人은 "姬姓 諸侯 중에 우리가 侯伯(盟主)이다."고 하였다. 趙鞅이 司馬 寅에게 큰 소리로 말하기를 "날이 저물었는데도 大事를 아직 完成하지 못한 것은 우리 두 신하의 罪이니, 旗鼓를 세우고 隊列을 整備하고서 우리 두 신하가 〈吳軍과〉 죽기로 싸운다면 선후〔長幼〕의 순서를 알 수 있을 것이오."라고 하자, 司馬 寅이 대답하기를 "우선 吳王에게 가서 情況을 살펴보고 오기를 청합니다."고 하였다. 司馬 寅이 吳王에게 갔다가 돌아와서 말하기를 "肉食하는 사람은 顔色이 어둡지 않은 것인데, 지금 吳王은 안색이 어두우니, 國都가 敵에게 陷落되어서 그런 것입니까? 아니면 太子가 죽어서 그런 것입니까? 그리고 또 夷狄의 性情〔德〕은 가벼워서 오래 참지 못하니, 잠시 기다리십시오."라고 하였다. 이에 晉人이 먼저 歃血하였다.

1) 爭歃血先後

歃血의 先後를 다툰 것이다.

2) 역주〕 爭先 : 먼저 歃血하는 쪽이 盟主가 되기 때문에 吳와 晉이 서로 먼저 歃血하기를 다툰 것이다.

3) 吳爲大伯後[*)] 故爲長

吳나라는 太伯의 後裔이다. 그러므로 長子라고 한 것이다.

*) 역주〕 太伯 : 古公亶父의 長子로 季歷의 長兄이고 文王의 伯父이다.

4) 爲侯伯

侯伯(諸侯의 長, 곧 盟主)이 된 것이다.

5) 역주] 吳人……晉人 : 모두 雙方의 協商代表이지만 그 나라의 君主가 아니고, 또 卿이 아니다. 그러므로 '人'으로 칭한 것이다. 參考文獻 〈楊注〉

6) 寅 晉大夫

寅은 晉나라 大夫이다.

7) 旰 晩也

旰은 晩이다.

8) 大事 盟也 二臣 鞅與寅

大事는 盟約이다. 두 신하는 趙鞅과 司馬 寅이다.

9) 〔附注〕林曰 建立旗鼓 整齊行列 以決勝負於一戰

〔부주〕林: 旗鼓를 세우고 行列을 整齊하고서 한 번의 싸움으로 勝負를 決定하자는 말이다.

10) 역주] 二臣死之 : 趙鞅과 司馬 寅이 서로 죽기로 싸운다는 말이 아니고, 두 사람이 吳軍과 죽기로 싸워서 勝負를 決定하면 歃血의 順序가 가려진다는 말이다.

11) 〔附注〕林曰 勝者爲長 負者爲幼 必可知也

〔부주〕林: 勝者가 長이 되고, 敗者가 幼가 된다는 것을 반드시 알 수 있다는 말이다.

12) 역주] 長幼 : 先後라는 말과 같으니, 먼저 歃血하고 뒤에 歃血함을 이른다. 〈楊注〉

13) 〔附注〕朱曰 言我且往視其事

〔부주〕朱: 내가 우선 가서 그 事情을 살펴보겠는 말이다.

14) 墨 氣色下〔附注〕朱曰 言有爵位肉食之人 心志充悅 無氣色下者

墨은 氣色이 내려간 것이다.

〔부주〕朱: 爵位를 갖고 肉類를 먹는 사람은 心志가 만족하고 기뻐서 氣色이 내려가지 않는다는 말이다.

15) 國爲敵所勝

國都가 敵이 勝利하는 바가 되었다는 말이다.

16) 역주] 國勝 : 敵이 國都를 침공하여 戰勝하였다는 뜻이니, 곧 國都가 陷落되었다는 말이다.

17) 〔附注〕林曰 且夷狄之德 輕狂淺躁 不能堅忍耐久

〔부주〕林: 夷狄의 性情〔德〕은 가볍고 躁急하여 오래 忍耐할 수 없다는 말이다.

18) 少待 無與爭

少待는 저들과 다투지 말라는 말이다.

19) 盟不書 諸侯恥之 故不錄

經에 結盟한 것을 기록하지 않은 것은 諸侯가 그 結盟을 恥辱으로 여겼기 때문에 기록하지 않은 것이다.

吳人將以公見晉侯한대 子服景伯對使者曰 王合諸侯[1]면 則伯帥侯牧以見於王[2]하고 伯合諸侯면 則侯帥子男以見於伯[3]이라 自王以下로 朝聘玉帛不同이라 故敝邑之職貢於吳가 有豐於晉하고 無不及焉은 以爲伯也어늘 今諸侯會하야 而君將以寡君見晉君하니 則晉成爲伯矣이라 敝邑將改職貢[4]하리라 魯賦於吳八百乘이나 若爲子男[5]이면 則將半邾以屬於吳[6][7]하고 而如邾以事晉[8]하리라 且執事以伯召諸侯하야 而以侯終之[9]면 何利之有焉이리오 吳人乃止하다 旣而悔之[10]하야 將囚景伯한대 景伯曰 何也立後於魯矣[11]니 將以二乘與六人從하리라 遲速唯命[12]하리라 遂囚以還[13]하다 及戶牖[14]하야 謂大宰[15]曰 魯將以十月上辛有事於上帝先王[16]하야 季辛而畢[17]이라 何世有職焉[18]하야 自襄以來로 未之改也[19]하니 若不會[20]면 祝宗將曰 吳實然[21]이라하리라 且謂魯不共이라하야 而執其賤者七人[22]이라도 何損焉이리오 大宰嚭言於王曰 無損於魯하고 而祗爲名[23]이니 不如歸之라하고 乃歸景伯하다

吳人이 哀公을 데리고 가서 晉侯에게 謁見시키고자 하자, 子服景伯이 使者에게 말하기를 "天王이 諸侯를 會合하면 侯伯이 侯牧을 거느리고 가서 天王을 謁見하고, 伯(諸侯의 長, 곧 盟主)이 諸侯를 會合하면 侯(侯爵)가 子爵와 男爵을 거느리고 가서 伯을 謁見합니다. 天王으로부터 아래로 諸侯에 이르기까지 朝聘할 때 進獻하는 玉帛이 각각 같지 않습니다. 그러므로 우리나라가 吳나라에 바치는 貢物이 晉나라에 바치는 貢物보다 많고 晉나라에 바치는 貢物에 비해 적지 않았던 것은 吳나라를 盟主로 여겼기 때문입니다. 그런데 지금 이곳에 諸侯를 불러 모아놓고서 吳君께서 우리 임금을 데리고 가서 晉君에게 謁見하려 하니, 이는 晉나라를 盟主로 대우하는 것입니다. 우리나라는 장차 貢物의 數量을 改定할 것입니다. 魯나라는 8백 乘을 基準으로 삼아 吳나라에 貢物을 바쳐왔습니다만 만약 우리나라를 子爵이나 男爵의 나라로 대우하신다면 3백 乘을 기준으로 貢物을 바쳐 吳나라의 屬國되고, 6백 乘을 기준으로 貢物을 바쳐 晉나라를 섬길 것입니다. 그리고 또 執事께서 盟主로 諸侯를 불러 會合하고서 일반 諸侯로서 일을 마친다면 무슨 이익이 있겠습니까?"라고 하니 吳人이 즉시 그 일을 그만두었다. 얼마 뒤에 그만둔 것을 후회하여 景伯을 囚禁하려 하자, 景伯이 말하기를 "나는 이미 魯나라에 後繼者를 세웠으니, 장차 수레 두 채와 從者 6인을 데리고 따라가겠습니다만

늦게 출발하느냐 빨리 출발하느냐는 명하시는 대로 따르겠습니다." 하였다. 吳人은 마침내 景伯을 囚禁하여 데리고 돌아갔다. 戶牖에 당도하여 景伯이 太宰에게 말하기를 "魯나라는 장차 10월 上辛日(上旬에 든 辛日)에 上帝와 先王께 제사를 올리기 시작하여 季辛日(下旬에 든 辛日)에 그 제사를 마칩니다. 우리 집안은 대대로 그 제사에 일을 맡아 襄公 이후로 變更하지 않았으니, 만약 내가 그 제사에 參與〔會〕하지 않으면 祝宗이 아마도 〈神에게〉 '吳나라가 실로 그렇게 한 것이다.'라고 告할 것입니다. 그리고 또 吳나라는 우리 魯나라가 공경하지 않는다고 하여 魯나라의 卑賤한 일곱 사람을 逮捕하였지만 魯나라에 무슨 손해가 되겠습니까?"라고 하니, 太宰 嚭가 吳王에게 말하기를 "魯나라에 손해될 것이 없고 惡名만을 얻을 뿐이니, 돌려보내는 것이 좋겠습니다."라고 하였다. 吳나라는 이에 景伯을 돌려보냈다.

1) 〔附注〕 林曰 天子合諸侯爲會

〔부주〕 林: 天子가 諸侯를 모아놓고서 會議함이다.

2) 伯 王官伯 侯牧 方伯

伯은 王官伯(盟主)이고, 侯牧은 方伯이다.

3) 伯 諸侯長

伯은 諸侯의 長(盟主)이다.

4) 〔附注〕 林曰 今魯將改吳晉之職貢

〔부주〕 林: 지금 魯나라는 吳나라와 晉나라에 바치는 貢物의 數量을 改定하려 한다는 말이다.

5) 〔附注〕 林曰 若吳以魯見晉侯 是魯爲子男之國

〔부주〕 林: 만약 吳王이 魯君를 데리고 가서 晉侯에게 謁見시킨다면 이는 魯나라를 子爵과 男爵의 나라로 대우하는 것이라는 말이다.

6) 半邾 三百乘

邾나라의 반은 3백 乘이다.

7) 역주〕 將半邾以屬於吳 : 上文에 '侯가 子爵과 男爵을 거느리고 가서 伯을 謁見한다.'고 하였으니, 지금 만약 吳君이 魯君을 거느리고 가서 晉侯를 謁見하다면 이는 魯나라가 子爵이나 男爵이 되는 것이다. 만약 魯나라가 子爵이나 男爵이 된다면 3백 乘의 軍賦를 기준으로 삼아 吳나라에 貢物을 바치겠다는 말이다. 哀公 7년 傳에 '邾나라는 軍賦가 6백 乘이다.'고 하였으니, '半邾'는 3백 乘이다. 〈楊注〉

8) 如邾 六百乘

邾나라와 같이 한다는 것은 6백 乘이다.

9) 〔附注〕 林曰 終之以魯見晉 從諸侯之制[*)]

〔부주〕林: 끝내 魯君을 晉侯에게 알현시킨다면 諸侯의 制度를 따르는 것이라는 말이다.

*) 역주〕終之以魯見晉 從諸侯之制 : 끝내 吳王이 魯君을 데리고 가서 晉侯를 알현한다면 이는 盟主의 制度가 아닌 일반 諸侯의 制度를 따르는 것이 된다는 말이다.

10) 謂景伯欺之

景伯이 속였다고 여겨 후회한 것이다.

11) 何 景伯名〔附注〕林曰 言己已立後 不避囚執

何는 景伯의 이름이다.

〔부주〕林: 내가 이미 後繼者를 세웠으니 囚執(囚禁)되는 것을 피하지 않겠다는 말이다.

12)〔附注〕林曰 將以二乘之車 官屬六人從行

〔부주〕林: 장차 두 채의 수레와 官屬 여섯 사람을 데리고서 따라가겠다는 말이다.

13)〔附注〕林曰 吳人遂囚景伯以歸

〔부주〕林: 吳人이 드디어 景伯을 囚禁하여 데리고 돌아갔다.

14) 戶牖 陳留外黃縣西北東昏城是

戶牖는 陳留 外黃縣 서북쪽에 있는 東昏城이 그것이다.

15)〔附注〕林曰 景伯告吳太宰嚭

〔부주〕林: 景伯이 太宰 嚭에게 고한 것이다.

16)〔附注〕林曰 有事 祭也

〔부주〕林: 有事는 제사이다.

17) 역주〕魯將以十月上辛……季辛而畢 : 周正의 10월은 上帝와 先公께 제사 지내는 시기가 아니고, 또 제사는 새벽이면 끝나니, 上辛日에 시작한 제사가 季辛日에 끝나는 일은 없다. 吳人이 鬼神을 믿기 때문에 子服景伯이 거짓말로 吳人에게 겁을 준 것이다.〈正義〉

18) 有職於祭事

祭事에 맡은 職責이 있는 것이다.

19) 魯襄公

魯나라 襄公이다.

20)〔附注〕林曰 若今年不會祭

〔부주〕林: '만약 금년에 祭祀에 참여하지 않으면'이라는 말이다.

21) 言魯祝宗將告神云 景伯不會 坐爲吳所囚 吳人信鬼 故以是恐之

魯나라 祝宗이 아마도 神에게 "景伯이 제사에 참여하지 않은 것은 吳나라에게 囚禁되었기 때문이다."라고 告할 것이라는 말이다. 吳人은 鬼神을 믿기 때문에 이 말로써 겁을 준 것이다.

22) 역주〕賤者七人 : 何(子服景伯)와 그 從者 6人이 모두 卿이 아니기 때문에 '賤者七人'이라고 한 것이다.

23) 適爲惡名
단지 惡名이 될 뿐이라는 말이다.

吳申叔儀乞糧於公孫有山氏[1)]曰 佩玉橤兮나 **余無所繫之**[2)]오 **旨酒一盛兮**나 **余與褐之父睨之**[3)4)]로다 **對曰 粱則無矣**[5)]나 **麤則有之**하니 **若登首山以呼曰 庚癸乎**아하면 **則諾**[6)7)]하라

吳나라 申叔儀가 公孫 有山氏에게 가서 糧穀을 求乞하며 말하기를 "佩玉을 늘어뜨렸으나 나는 찰 패옥이 없고, 맛난 술이 그릇에 가득하나 나와 비천한 자들은 구경만 할 뿐이오."라고 하자, 有山氏가 대답하기를 "쌀은 없지만 거친 곡식은 있으니, 내가 首山에 올라가서 '庚癸야'라고 부르면 대답하시오."라고 하였다.

1) 申叔儀 吳大夫 公孫有山 魯大夫 舊相識
申叔儀는 吳나라 大夫이고, 公孫 有山은 魯나라 大夫인데, 전부터 서로 알고 지낸 사이이다.

2) 橤然 服飾備也 己獨無以繫佩 言吳王不恤下〔附注〕林曰 佩玉橤兮 言上之人服飾備也
橤然은 服飾을 갖춘 것이다. 나만이 홀로 佩玉을 차지 못하였다는 것은 吳王이 아랫사람을 救恤하지 않는다는 말이다.
〔부주〕林: 佩玉이 늘어졌다는 것은 윗사람의 복식이 갖추어졌다는 말이다.

3) 一盛 一器也 睨 視也 褐 寒賤之人 言但得視 不得飮
一盛은 한 그릇이다. 睨는 보는 것이다. 褐은 貧賤한 사람이니, 단지 보기만 할 뿐 마실 수 없다는 말이다.

4) 역주〕佩玉橤兮……余與褐之父睨之 : 吳王은 復飾을 갖추어 佩玉을 주렁주렁 찼지만 나는 찰 佩玉이 없고, 단지에 술이 가득하지만 나와 卑賤한 사람들은 구경만 할 뿐 마시지 못한다는 말로 吳王이 아랫사람을 돌보지 않아 飢渴이 심하다는 것을 隱喩한 말이다.

5) 〔附注〕林曰 粱 精米也
〔부주〕林: 粱은 精米이다.

6) 軍中不得出糧 故爲私隱 庚 西方主穀 癸 北方主水 傳言吳子不與士共飢渴 所以亡〔附注〕林曰 蓋有山氏素備糧食 登山待其呼 則諾而與之也
軍中에서는 糧穀을 내어놓을 수 없기 때문에 사사로이 숨긴 것이다. 庚은 西方에 穀食을 主管하는 神이고, 癸는 北方에 물을 主管하는 神이다. 傳文은 吳子가 軍士들과 飢渴을 함께하지 않았기 때문에 亡한 것을 말한 것이다.
〔附注〕林: 대개 有山氏는 평소에 糧食을 준비한 듯하다. 그러므로 산에 올라가서 부르기를 기다려 대답하고서 주겠다고 한 것이다.

7) 역주〕若登首山……則諾 : 〈正義〉에는 "쌀밥을 요구한다면 없지만 거친 밥은 있으니, 내

가 산에 올라가서 '庚癸야'라고 부르거든 그대는 대답하라고 한 것이다. 軍中에서는 남에게 糧食을 내어줄 수 없기 때문에 隱語로써 사사로이 期約한 것이다. 庚은 西方에 있고 곡식은 가을에 익는다. 그러므로 庚이 곡식을 주관하고, 癸는 北方의 水의 자리에 있으니 물을 주관한다. 밥과 마실 것을 주고자 한 것이다."고 하여, 有山氏가 산에 오르는 것으로 말하였고, ≪左氏會箋≫에는 "그대가 山으로 올라가서 '庚癸야'라고 부르면 내가 대답할 것이라고 하였으니, 남모르게 首山에서 그에게 음식을 주려 한 것이다."고 하여, 林注와 같이 申叔儀가 산에 올라가는 것으로 말하였다. 누구의 말이 옳은지 알 수 없으나, 일단 〈正義〉의 설에 의거하여 번역하였다.

王欲伐宋하야 殺其丈夫하고 而囚其婦人[1)]하다 大宰嚭曰 可勝也[2)]나 而弗能居也[3)]라하니 乃歸[4)]하다

吳王이 宋나라를 토벌하여 그 남편(宋君을 이름)을 죽이고 그 아내를 囚禁하고자 하였다. 太宰 嚭가 말하기를 "勝利할 수는 있으나 宋나라에 오래 있을 수는 없습니다."고 하니, 吳王은 곧 돌아왔다.

1) 以宋不會黃池 故言吳子悖惑

宋公이 黃池의 會合에 오지 않았기 때문이다. 그러므로 吳子가 道理를 거스르고 迷惑하였음을 말한 것이다.

2)〔附注〕林曰 吳强宋弱 故可必勝

〔부주〕林: 吳나라는 强하고, 宋나라는 弱하기 때문에 반드시 勝利할 수 있다고 한 것이다.

3)〔附注〕林曰 吳去宋遠 故不能居

〔부주〕林: 吳나라는 宋나라와 거리가 멀기 때문에 居住할 수 없다고 한 것이다.

4)〔附注〕林曰 乃不伐宋而歸

〔부주〕林: 이에 宋나라를 토벌하지 않고 돌아갔다.

冬에 吳及越平[1)]하다

겨울에 吳나라가 越나라와 和平하였다.

1) 從〔終〕[*)]伍員之言

끝내 〈3년 뒤부터 吳나라가 衰弱해질 것이라고 한〉 伍員의 말과 같이 되었다.

*) 역주〕 저본에는 '從'으로 되어 있으나, ≪十三經注疏≫本에 의거하여 '終'으로 바로잡았다.

東洋古典譯註叢書 7

譯註 春秋左氏傳 7　　　　정가 25,000원

2009년 12월 30일 초판 발행
2014년 3월 10일 초판 3쇄

譯 註 鄭太鉉
編 輯 古典國譯編輯委員會
發行人 李啓晃

發行處 社團法人 傳統文化研究會
서울시 종로구 낙원동 284-6 낙원빌딩 411호
전화 : (02)762-8401 전송 : (02)747-0083
전자우편 : juntong@juntong.or.kr
홈페이지 : juntong.or.kr
사이버書堂 : cyberseodang.or.kr
등록 : 1989. 7. 3. 제1-936호

인쇄처 : 한국법령정보주식회사(02-462-3860)

ISBN 978-89-91720-55-8 94140
978-89-85395-71-7(세트)

※ 이 책은 2009년도 교육과학기술부 고전문헌 국역지원사업 지원비에 의해 출판되었음.